# 内部統制システムの
# 法的展開と実務対応

the Establishment and Operation
of Effective Internal Control

大塚和成（二重橋法律事務所パートナー弁護士）
柿﨑　環（明治大学法学部教授）
中村信男（早稲田大学商学学術院教授）　　［編者］

青林書院

# はしがき

　社会的にも大きく注目された平成12年（2000年）の大和銀行株主代表訴訟事件や2001年のアメリカのエンロン事件以来，会社の業務の適正および財務報告の適正をそれぞれ確保するための効果的な内部統制システムの構築・運用が，会社法および金融商品取引法における重要課題の一つとなっていることは周知の通りです。当初，内部統制システムについては，最判平成21年7月9日判例時報2055号147頁等の判例・裁判例が会社役員の会社または第三者に対する責任の有無との関連においてこれを位置づけていることもあり，内部統制システムをめぐる法的議論が，主として，法令遵守を確保し，またその点に関する取締役や監査役の善管注意義務，とりわけ監視義務の履行の有無を評価するためのインフラストラクチャーのあり方という観点から行われてきたという経緯があります。この点は依然として重要な会社法・金商法上の論点であるということができます。

　しかし，同時に，コーポレートガバナンス・コードの適用開始を受け，コーポレート・ガバナンスのあり方が企業価値の向上に向けた制度基盤の問題として検討されている今日では，会社経営に伴う各種のリスクを的確に評価したうえで積極的なリスクテークを行い，同時にこれを適切にコントロールすることが求められています。こうしたリスク管理との関係においても，内部統制システムの設計・構築・運用のあり方が極めて重要な経営課題の一つになっていると言っても過言ではありません。

　このように，内部統制システムの構築・運用は，会社役員の義務・責任の履行を確保するものという意味で，この問題に関する法理論の裏づけを必要とするとともに，これを実際に運用し会社業務および財務報告の適正を確保するための具体的なシステム設計の問題でもあるという意味で，内部統制システムの設計・構築・運用および改善に係る実務上の工夫・取組みをケース・スタディとして参照することも，有益です。また，内部統制システムの設計・

構築・運用については，法律専門家としての弁護士や会計専門家としての公認会計士の関与・協力が実際には不可欠といえることから，専門家の目線から見た内部統制システムの構築等をめぐる問題点等を示すことが，各会社が自社およびグループ企業の内部統制システムの構築・運用状況を検証する際のポイントの提示に繋がり，有用であると考えられます。

　本書では，こうした問題意識に立ち，まず，歴史的にみて，内部統制規定が米国連邦証券取引所法に初めて法定された経緯を示し，資本市場の公正な情報開示に資する企業のコーポレート・ガバナンスを確保するためにSEC登録企業に要求された点を明らかにして，その後の現在までの法規制の展開を提示しました。そうした比較法的見地を踏まえたうえで，本書は，わが国の株式会社（特に，上場株式会社）における内部統制システムのあり方を会社法および金融商品取引法の規律内容に即しながら理論的に検討して，その法的意義・ポイントを明示するとともに，実務における取組みをケース・スタディとして例示することで，わが国の株式会社における内部統制の実効性向上に資する取組みの好例を提示しようとするものです。周知のように，会社法の一部を改正する法律（平成26年法律第90号）が本年5月1日から施行されているところ，同法では，企業集団内部統制の一部を会社法本体で規定し，これを当該株式会社・子会社から成る企業集団としての全体的取組みとして明確に位置づけるに至っています。昨今の有名企業における不祥事や会計不正等の多くが企業グループをベースにして発生していることに鑑みると，企業集団として実効性のある内部統制システムを設計・構築して運用することが極めて重要であるといえます。本書は，こうした問題意識から，平成26年改正後の会社法とこの法改正を受けた会社法施行規則等の一部を改正する省令（平成27年法務省令第6号）による改正後の会社法施行規則に基づく規律を踏まえ，グループ内部統制のあり方にも焦点を当てているものです。また，本書では，グローバルな内部統制のデファクト・スタンダードであるCOSOフレームワークを刷新した2013年COSO改訂版についても法的な視点から分析を加えてあります。

　本書が成るに当たっては，当初の企画からかなり時間を要したため，執筆にご協力いただいた実務家の方々には度重なるリスケジュール等のご迷惑を

おかけしましたが，反面で，出版のタイミングが会社法の一部改正法および会社法施行規則の一部改正省令の施行時期と重なるという幸運に恵まれたものです。本書が，内部統制システムの法的側面に関心をもつ多くの研究者・実務家の方々に参照していただくことがあれば，編者として望外の幸せです。

　最後に，発刊の遅延はひとえに私ども編者の責任ですが，これまで我慢強くお付き合いくださった三菱商事株式会社の藤田和久様，宝印刷株式会社の田村義則様をはじめ，三菱商事株式会社の渡部修平様（現在は株式会社メタルワン出向中），新日本有限責任監査法人・公認会計士の鈴木裕司様に，多大なご協力と示唆に富んだご寄稿をいただいたことに心より感謝を申し上げます。また，本書がこの度発刊に至るのも，本書の企画から発行までの間，粘り強く，かつ，入念・細心の編集作業をしてくださった青林書院編集部の長島晴美さんのご尽力の賜物でもあります。ここに記して謝意を示します。

平成 27 年 6 月

編者　大　塚　和　成<br>
柿　﨑　　　環<br>
中　村　信　男

## 凡　例

### 1. 用字・用語等
　本書の用字・用語は，原則として常用漢字，現代仮名づかいによったが，法令等に基づく用法，及び判例，裁判例，文献等の引用文は原文どおりとした。

### 2. 関係法令等
　関係法令等は，原則として平成27年5月末日現在のもの（制定後同日までに改正法等による改正があったときは，改正後のもの）によった。

### 3. 本文の注記
　判例，裁判例，文献の引用や補足，関連説明は，脚注を用いた。法令等の引用，例示などは，本文中にカッコ書きで示した。

### 4. 法令等の引用表示
　本文解説中における法令等条項は，原則として正式名称で引用した。
　カッコ内における法令等条項のうち主要な法令等名称は，以下の略語によった。

〔主要法令等略語〕
　会社　　　　会社法（平成17年法律第86号）
　会社則　　　会社法施行規則（平成18年法務省令第12号）
　金商　　　　金融商品取引法（昭和23年法律第25号）
　商特　　　　株式会社の監査等に関する商法の特例に関する法律（昭和49年法律第22号，平成18年5月1日廃止）
　商則　　　　商法施行規則（平成14年法務省令第22号）
　内部統制府令　財務計算に関する書類その他の情報の適正性を確保するための体制に関する内閣府令（平成19年内閣府令第62号）
　監査証明府令　財務諸表等の監査証明に関する内閣府令（昭和32年大蔵省令第12号）
　監査役実施基準　内部統制システムに係る監査の実施基準（公益社団法人日本監査役協会平成19年4月5日制定，平成23年3月10日最終改正）

　＊会社法の一部を改正する法律（平成26年法律第90号）による改正で変わっ

た会社法の改正後の条項については「改正会社」，会社法施行規則等の一部を改正する省令（平成27年法務省令第6号）による改正で変わった会社法施行規則の改正後の条項については「改正会社則」と表記する場合がある。

## 5. 判例，裁判例の引用表示

本文及び脚注における判例，裁判例の引用は，原則として次の〔例〕のとおりとした。その際に用いた略語は〔裁判集等略語〕によった。

〔例〕平成17年11月10日最高裁判所判決，最高裁判所民事判例集59巻9号2428頁
　　　→最判平17・11・10民集59巻9号2428頁
　　　平成14年2月19日大阪地方裁判所判決，判例タイムズ1109号170頁
　　　→大阪地判平14・2・19判タ1109号170頁

〔判例集等略語〕

| | | | |
|---|---|---|---|
| 最 | 最高裁判所 | 集民 | 最高裁判所裁判集民事 |
| 高 | 高等裁判所 | 商事 | 旬刊商事法務 |
| 地 | 地方裁判所 | 金判 | 金融・商事判例 |
| 支 | 支部 | 金法 | 旬刊金融法務事情 |
| 判 | 判決 | 判タ | 判例タイムズ |
| 決 | 決定 | 判時 | 判例時報 |
| 民集 | 最高裁判所民事判例集 | 労判 | 労働判例 |
| 刑集 | 最高裁判所刑事判例集 | | |

## 6. 判例，裁判例の引用表示

脚注に引用した文献について，著者（執筆者）及び編者・監修者の姓名，『書名』（「論文名」），巻数又は号数（掲載誌とその巻号又は号），出版者，刊行年，引用（参照）頁を掲記した。

主要な雑誌等は，以下の略語によった。

〔主要雑誌等略語〕

| | | | |
|---|---|---|---|
| 監査 | 月刊監査役 | 曹時 | 法曹時報 |
| 金判 | 金融・商事判例 | 判時 | 判例時報 |
| 金法 | 旬刊金融法務事情 | 判評 | 判例評論 |
| ジュリ | ジュリスト | 法時 | 法律時報 |
| 商事 | 旬刊商事法務 | | |

# 編著者・執筆者紹介

## 編 著 者

**大塚　和成**（おおつか　かずまさ）【第Ⅰ部第6章担当】

　　1999年弁護士登録（第二東京弁護士会），2002年東京商工会議所企業行動規範特別委員会幹事，2006・2007年度明治学院大学法科大学院非常勤講師（会社法），2011年二重橋法律事務所に設立メンバーとして参画
　　現職：二重橋法律事務所パートナー弁護士，公益社団法人能楽協会監事，株式会社CDG社外監査役，株式会社ユニバーサルエンターテインメント社外取締役，日本ハム株式会社企業価値向上委員会委員
　　主要著書：〔編著〕『内部統制対応版企業コンプライアンス態勢のすべて〔新訂版〕』（金融財政事情研究会，2012年），〔共編著〕『Q&A平成26年改正会社法〔第2版〕』（金融財政事情研究会，2015年），『非公開化の法務・税務』（税務経理協会，2013年）ほか多数

**柿﨑　　環**（かきざき　たまき）【第Ⅰ部第1章，第2章，第5章担当】

　　法学博士（早稲田）。跡見学園女子大学マネジメント学部准教授，東洋大学専門職大学院法務研究科教授，横浜国立大学大学院国際社会科学研究院教授を経て，2014年明治大学法学部教授。元公認会計士試験試験委員
　　現職：明治大学法学部教授，神奈川県情報公開審査会委員
　　主要著書：〔単著〕『内部統制の法的研究』（日本評論社，2005年）第11回「大隅健一郎賞」受賞，内部監査協会・第20回「青木賞」受賞，公認会計士協会・第34回「学術賞」受賞，〔共著〕「米国FCPA法執行にみるコンプライアンス・プログラムの資本市場法的意義」『資本市場の変容と証券ビジネス』（公益財団法人日本証券経済研究所，2015年），「SOX法制定後の内部統制の展開と取締役の監視義務」『比較企業法の現在—その理論と課題　石山卓磨先生・上村達男先生還暦記念』（成文堂，2011年）ほか多数

**中村　信男**（なかむら　のぶお）【第Ⅰ部第3章担当】

　　1991年3月早稲田大学大学院法学研究科博士後期課程民事法学専攻満期退学後，同年4月愛知学院大学法学部専任講師，1994年4月早稲田大学商学部専任講師，その後同学部助教授を経て，2001年4月同学部教授
　　現職：早稲田大学商学学術院教授，税務大学校講師，独立行政法人日本貿易振興機構及び独立行政法人日本貿易保険の契約監視委員会委員・委員長，早稲田大学商学学術院総合研究所所長
　　主要著書：〔単著〕『会社法による定款作成の実務—全株懇モデルの検討と解説』（中央経済社，

2006年),〔共編著〕『リスクマネジメント実務の法律相談』(青林書院, 2014年),『ロースクール演習会社法〔第4版〕』(法学書院, 2015年) ほか多数
主要論文:「親子会社と影の取締役・事実上の主宰者の責任」日本大学大学院法務研究科「法務研究」第7号 (2011年),「組織再編の差止」鳥山恭一＝福島洋尚編『平成26年会社法改正の分析と展望』金融・商事判例1461号 (2015年) ほか多数

## 執 筆 者  (執筆順)

### 高谷　裕介 (たかや　ゆうすけ)【第Ⅰ部第4章担当】

2007年弁護士登録 (第二東京弁護士会), 2011年二重橋法律事務所に設立メンバーとして参画

現職:二重橋法律事務所パートナー弁護士, 株式会社ユニマットそよ風社外監査役
　役員責任追及訴訟をはじめとする会社法関連訴訟, 経営支配権争い, 内部統制・コンプライアンス態勢構築, Ｍ＆Ａ, 資本政策, 不祥事対応を主に取り扱う。

主要著書:〔共編著〕『Q＆A平成26年改正会社法〔第2版〕』(金融財政事情研究会, 2015年),〔共著〕『非公開化の法務・税務』(税務経理協会, 2013年),『日本版クラス・アクション制度ってなに』(中央経済社, 2012年) ほか

### 藤田　和久 (ふじた　かずひさ)【第Ⅰ部第6章担当】

1985年4月三菱商事株式会社入社, 1992年英国ケンブリッジ大学 (法学修士) 取得, 1992～1993年英国Clifford Chance弁護士事務所勤務, 1996年～2001年三菱商事欧州支社 (在ロンドン), 2009年10月ハーバード・ビジネススクール・アドヴァンスト・マネジメント・プログラム終了, 2010年7月三菱商事株式会社法務部長

現職:三菱商事株式会社法務部長

主要著書:〔共著〕『内部統制対応版企業コンプライアンス態勢のすべて〔新訂版〕』(金融財政事情研究会, 2012年) ほか

### 西岡　祐介 (にしおか　ゆうすけ)【第Ⅱ部第1章担当】

2004年弁護士登録 (第二東京弁護士会), 2011年二重橋法律事務所に設立メンバーとして参画

現職:二重橋法律事務所パートナー弁護士
　株主総会指導, 取締役会運営支援, 内部統制・コンプライアンス態勢構築, ヘルプライン制度構築・外部窓口業務, Ｍ＆Ａ, ＭＢＯ・非公開化, 敵対的企業買収, プロキシー・ファイト, 役員責任追及訴訟, 新株・新株予約権発行差止裁判, 株式買収請求, 不祥事調査・対応, 第三者委員会運営支援を主に取り扱う。

主要著書:〔共編著〕『Q＆A平成26年改正会社法〔第2版〕』(金融財政事情研究会, 2015年),〔共著〕『非公開化の法務・税務』(税務経理協会, 2013年) ほか多数

**渡部　修平**（わたなべ　しゅうへい）【第Ⅱ部第2章担当】

1991年4月三菱商事株式会社入社，2004年2月米国三菱商事（在ニューヨーク），2008年7月三菱商事業務改革・内部統制推進部次長，2011年4月三菱商事連結経営基盤体制構築推進室次長，2013年4月三菱商事MCグループ・ビジネスインフラ・サポート室長兼コーポレート部門付人事・企画チームリーダー，2014年5月株式会社メタルワン出向（営業管理部長）

執筆当時：三菱商事株式会社MCグループ・ビジネス・インフラ・サポート室長として，三菱商事グループの連結ベースでの経営インフラの構築に従事

主要著書：〔共著〕『その手があったか！ニッポンの「たたき台」』（フォーラム21梅下村塾，2013年）


**田村　義則**（たむら　よしのり）【第Ⅱ部第3章担当】

日本証券業協会店頭登録審査部（現東証JASDAQ市場）審査第一課長，この間上場（店頭登録）審査業務を17年経験，新日本監査法人（現新日本有限責任監査法人）公開業務推進部長，起業経験等を経て宝印刷株式会社取締役常務執行役員

現職：宝印刷株式会社取締役常務執行役員（CSR部門，研究部門担当）
　現在，会社の内部統制，内部監査部門，金商法，会社法等に係るディスクロージャー書類のチェック部門を担当

主要著書：〔共著〕『新規上場実務ガイド〔第2版〕』（中央経済社，2014年），『コーポレート・ガバナンス報告書分析と実務』（中央経済社，2007年），『要点解説金融商品取引法』（中央経済社，2007年），『初めて公開に携わる人の株式公開実務ガイド』（中央経済社，2003年），『ベンチャー市場株式公開マニュアル』（中央経済社，2001年），『わかりやすい店頭登録Q＆A』（金融財政事情研究会，1996年），『店頭特則市場とベンチャー企業』（経済法令研究会，1995年）ほか


**鈴木　裕司**（すずき　ゆうじ）【第Ⅱ部第4章担当】

1996年公認会計士登録

現職：新日本有限責任監査法人シニアパートナー
　上場会社の会計監査および株式公開準備支援業務に関与するともに，内部統制報告制度対応の支援業務にも従事

主要著書：〔共著〕『どこが変わった？変わらない？内部統制実務Q＆A』（中央経済社，2011年），『業種，組織形態等に特有な会計と税務』（税務経理協会，2010年），『実務で使える内部統制の構築・評価Q＆A』（中央経済社，2007年）ほか

# 目　次

## 第Ⅰ部　内部統制を理解するための基本理論

### 第1章　総論　内部統制の法的意義とその形成の経緯　3

Ⅰ　資本市場の公正な情報開示とコーポレート・ガバナンスをつなぐ内部統制……………………………………………………………………………3
Ⅱ　内部統制の法的展開―米国における形成の経緯と機能から…………6
　1　米国における初の内部統制規定の法定の意義…………………………6
　2　内部統制の充実・強化に向けた取組み…………………………………8
　3　SOX法にみる内部統制の展開……………………………………………9
　　(1)　SOX法404条「経営者による内部統制評価」　10
　　(2)　SOX法302条「財務報告に対する会社責任」　11
　4　その後の展開―SOX法の内部統制規定に対する反応………………12
　5　新たなるステージへ―FCDA内部統制規定への原点回帰……………16
　　(1)　FCPA法執行の増加とその背景　16
　　(2)　FCPA法執行手段の多様化　18
　　(3)　FCPA法執行の実効性を補完する他の法制度　21
　　(4)　今後のFCPA法執行の行方　23
Ⅲ　わが国の新しい内部統制構築に向けて―本書の視座………………25
　1　わが国における内部統制法制の現状……………………………………25
　2　今，改めて問われる内部統制整備・運用に向けた取組み……………26

### 第2章　改訂版COSOフレームワークの概要と法的意義　29

Ⅰ　COSOフレームワークの展開とその法的意義……………………………29
Ⅱ　改訂版COSOフレームワークにみる内部統制の目的と機能―法的視点からの分析………………………………………………………………31

Ⅲ 改訂版 COSO の構成要素と法的視点からみた留意点……………36
　1 統制環境（Control Environment）…………………………36
　2 リスク評価（Risk Assessment）……………………………39
　3 統制活動（Control Activities）……………………………42
　4 情報と伝達（Information and Communication）…………43
　5 モニタリング活動（Monitoring Activities）………………45

## 第3章　会社法上の内部統制体制　　　　　　　　　　　　　　48

Ⅰ　内部統制の構築………………………………………………………48
　1 内部統制概念と会社法の求める内部統制システム……………48
　　(1) 株式会社の業務の適正を確保するための体制としての会社法上の内部統制システム　48
　　(2) 会社法上の内部統制システムと会社業務の妥当性と効率性の確保　50
　　(3) 会社法上の内部統制概念と金融商品取引法上の内部統制概念の関係　51
　2 会社法上の内部統制とその構築強制会社の範囲………………53
　　(1) 会社法の定める内部統制システム構築強制会社の範囲　53
　　(2) 構築強制会社の実態と内部統制システムの整備義務との関係　57
　　(3) 大会社でない指名委員会等設置会社と内部統制システム　59
　3 中小株式会社における内部統制システムの構築………………62
　4 会社法による内部統制システムの構築強制とその法的意義…64
Ⅱ　会社法および会社法施行規則に定める内部統制体制の基本的枠組み…66
　1 監査等委員会設置会社・指名委員会等設置会社以外の株式会社の場合……………………………………………………………66
　　(1) 平成26年改正前会社法のもとでの規律　66
　　(2) 平成26年改正会社法のもとでの規律　67
　2 監査等委員会設置会社の場合……………………………………71
　3 指名委員会等設置会社の場合……………………………………74
Ⅲ　関連問題………………………………………………………………78
　1 内部統制システムの定期的な点検・検証と改善………………78
　2 企業集団内部統制システム構築・整備義務の会社法本体への格上げ

　　　　と親会社取締役の子会社管理・監督義務の有無……………………79
　Ⅳ　事業報告における内部統制の開示………………………………………81

# 第4章　内部統制と会社役員の責任をめぐる関連判例の分析　　83

　Ⅰ　はじめに………………………………………………………………………83
　　1　求められる内部統制システムの構築…………………………………83
　　2　判例・裁判例から見る内部統制システム構築義務…………………84
　Ⅱ　日本システム技術事件判例以前の主な裁判例……………………………85
　　1　取締役の善管注意義務違反が肯定された事例………………………85
　　　(1)　大和銀行事件　85
　　　(2)　丸荘証券事件　90
　　　(3)　ジャージー高木乳業事件　93
　　　(4)　新潮社フォーカス事件　95
　　　(5)　大起産業事件　97
　　　(6)　役員責任査定決定に対する異議事件　99
　　2　取締役の善管注意義務違反が否定された事例………………………103
　　　(1)　ダスキン事件　103
　　　(2)　ヤクルト事件　106
　　　(3)　新潮社貴乃花事件　112
　　　(4)　日経インサイダー事件　115
　　　(5)　西松建設事件　117
　　3　下級審裁判例の検討……………………………………………………118
　Ⅲ　日本システム技術事件の分析………………………………………………120
　　1　事案の概要………………………………………………………………120
　　2　原審の判断………………………………………………………………123
　　　(1)　事業上，内在していたリスクについて　123
　　　(2)　代表取締役の予見可能性について　124
　　　(3)　不正行為の発覚が遅れたことについて　124
　　3　本判例の判断……………………………………………………………125
　　　(1)　構築されていた管理体制の水準について　126
　　　(2)　不正行為の想定可能性について　126
　　　(3)　不正行為発生を予見すべき特別の事情について　126

(4) リスク管理体制の機能について　127
　4　原審と本判例の違い……………………………………………………127
　　(1) 原　　審　127
　　(2) 本 判 例　128
　5　本判例の評価と射程……………………………………………………130
　　(1) ①通常想定される不正行為を防止しうる程度の管理体制について　130
　　(2) ②実際に発生した不正行為が通常容易に想定しがたい不正行為であるかについて　132
　　(3) ③当該不正行為を予見すべき特別な事情について　133
　　(4) ④リスク管理体制が機能していなかった事情について　134
　　(5) 本判例の射程　134
Ⅳ　親会社取締役の子会社管理責任に関する主な裁判例………………135
　1　親会社取締役の子会社管理責任に関する動向………………………135
　2　裁 判 例…………………………………………………………………138
　　(1) 野村證券事件　138
　　(2) りそなホールディングス事件　139
　　(3) 雪印牛肉偽装事件　140
　　(4) 福岡魚市場事件　141
　　(5) ユーシン事件　145

# 第5章　公正な情報開示の確保に向けた内部統制システム構築のあり方　147

Ⅰ　金融商品取引法が求める内部統制システム体制の整備……………147
　1　これまでの経緯…………………………………………………………147
　2　内部統制報告制度………………………………………………………148
　　(1) 意　　義　148
　　(2) 適 用 会 社　149
　　(3) 内部統制報告書の記載事項　150
　　(4) 内部統制報告書の開示　156
　3　内部統制監査──内部統制報告書に対する監査証明………………156
　　(1) 概　　要　156
　　(2) 内部統制監査報告書への記載事項　158
　　(3) 財務諸表監査と内部統制監査の一体監査　170

4　外国会社またはSEC登録済み本邦会社の場合………………………173
　　(1)　外国会社の財務報告に係る内部統制　173
　　(2)　SECに登録済みの本邦上場企業における「財務報告に係る内部統制」　174
　5　内部統制規定に違反した者の責任……………………………………175
　6　確　認　書……………………………………………………………176
Ⅱ　金融商品取引所規則による内部統制システム整備・評価・開示………177
　1　適時開示に関する宣誓書と「適時開示体制の整備状況」の書面提出
　　………177
　2　「コーポレート・ガバナンス」に関する報告書………………………178
　3　上場制度総合整備プログラムが要求する内部統制システムの整備…178

# 第6章　会社法における内部統制システムの整備の実務──会社法および会社法施行規則の解釈を踏まえて　182

Ⅰ　会社法における内部統制システムの内容…………………………………182
Ⅱ　継続的な内部統制システムの整備の重要性………………………………186
Ⅲ　内部統制システムの18項目………………………………………………187
Ⅳ　業務執行機関内部の統制……………………………………………………190
　1　取締役（執行役）の職務の執行に係る情報の保存および管理に関する規程その他の体制……………………………………………………190
　　(1)　総　　説　190
　　(2)　「情報」の範囲　191
　　(3)　重要な情報の文書化，保存・管理についての体制整備──文書管理規程　192
　　(4)　守秘性を担保するための体制──情報取扱規程　193
　　(5)　情報セキュリティマネジメントシステム　194
　2　損失の危険の管理に関する規程その他の体制………………………195
　　(1)　総　　説　195
　　(2)　組　　織　196
　　(3)　規　　程　198
　3　取締役（執行役）の職務の執行が効率的に行われることを確保するための体制……………………………………………………………199

(1)　総　　説　199
　(2)　職務分掌および効率的な組織編制　199
　(3)　業務プロセスの見直し・改善　202
　(4)　ITの活用による効率化　204
4　取締役（執行役）・使用人の職務の執行が法令および定款に適合することを確保するための体制……………………………………205
　(1)　総　　説　205
　(2)　組　　織　206
　(3)　規　　程　208
　(4)　社内啓発活動　209
　(5)　報告・相談ルートの確立（内部通報制度）　209
　(6)　危機管理体制　210
Ⅴ　企業集団における体制………………………………………212
1　はじめに……………………………………………………212
2　当該株式会社およびその子会社から成る企業集団における体制……213
　(1)　総　　説　213
　(2)　親会社における子会社管理の組織　216
　(3)　グループ運営規程　217
　(4)　グループコンプライアンス体制　217
　(5)　グループ監査体制　219
3　当該株式会社およびその親会社から成る企業集団における体制……220
　(1)　総　　説　220
　(2)　親会社の計算書類または連結計算書類の粉飾に利用されるリスクに対する対応　220
　(3)　取引の強要等親会社による不当な圧力に関する予防・対処方法　221
　(4)　親会社の役員等との兼任役員等の子会社に対する忠実義務の確保に関する事項　222
4　上場子会社について………………………………………223
Ⅵ　業務執行機関の外部の機関である監査役・監査等委員会・監査委員会による業務執行機関の統制………………………………224
1　会社形態の違いに応じた体制の整備………………………224
2　補助使用人に係る体制………………………………………227
　(1)　監査役がその職務を補助すべき使用人を置くことを求めた場合におけ

る当該使用人（［監査等委員会／監査委員会］の職務を補助すべき取締役および使用人）に関する事項　227
　(2)　使用人の取締役からの独立性に関する事項　228
　(3)　監査役（監査等委員会／監査委員会）のその職務を補助すべき（取締役および）使用人に対する指示の実効性の確保に関する事項　228
　(4)　具体的な体制整備　229
　3　監査役（監査等委員会／監査委員会）への報告に係る体制…………230
　(1)　監査役（監査等委員会／監査委員会）への報告に関する体制　230
　(2)　報告をした者が当該報告をしたことを理由として不利な取扱いを受けないことを確保するための体制　232
　4　監査役（監査等委員会／監査委員会）の職務の執行について生ずる費用の前払または償還の手続その他の当該職務の執行について生ずる費用または債務の処理に係る方針に関する事項…………………………233
　5　その他監査役（監査等委員会／監査委員会）の監査が実効的に行われることを確保するための体制……………………………………………234
　6　内部監査部門との関係……………………………………………………234

# 第Ⅱ部　企業における内部統制の実務と弁護士・公認会計士の関与の実際

## 第1章　内部統制システムの構築および運用段階における弁護士の役割　241

Ⅰ　はじめに……………………………………………………………………241
Ⅱ　役員向けのコンプライアンス研修………………………………………241
Ⅲ　リスク評価と対応のためのデュー・ディリジェンス…………………242
Ⅳ　コンプライアンス担当部署と顧問弁護士との連携……………………243
Ⅴ　コンプライアンス委員会の委員の委嘱…………………………………244
Ⅵ　規程類の整備・チェック…………………………………………………244
Ⅶ　ヘルプラインの構築………………………………………………………245
Ⅷ　現場の従業員に対する日常的な研修……………………………………247

Ⅸ　不祥事発覚時の対応指導……………………………………………247
　Ⅹ　不祥事発覚時の第三者委員会の委員の委嘱…………………………248
　Ⅺ　反社会的勢力対応関連………………………………………………249

## 第2章　連結ベースでの経営基盤整備の観点からの内部統制対応
　　　　──三菱商事株式会社の事例　　　　　　　　　　　　　　252

　Ⅰ　会社の概要……………………………………………………………252
　　1　三菱商事について……………………………………………………252
　　2　コーポレート・ガバナンスに対する取組み………………………253
　　　(1)　取締役会　254
　　　(2)　取締役会の諮問機関　254
　　　(3)　業務執行　254
　　　(4)　監査役監査　255
　　　(5)　内部監査　255
　　　(6)　会計監査　255
　　　(7)　役員報酬　255
　　3　内部統制に対する取組み……………………………………………255
　Ⅱ　連結ベースでの経営基盤整備の観点からの内部統制対応…………257
　　1　連結ベースでの経営基盤整備………………………………………257
　　2　連結経営基盤整備の一環としての「経営体制水準の明確化」……260
　　　(1)　「経営基盤チェックリスト」──金商法の財務報告に係る内部統制と会社法の内部統制対応の連携　261
　　　(2)　「MCグループ経営理念及びMCグループ企業運営に係る基本ポリシー」　263
　　3　連結経営基盤の観点からの内部統制対応の浸透・定着に向けて……265
　　　(1)　連結ベースでの情報共有サイト　266
　　　(2)　連結ベースでのサポート体制　268
　　　(3)　連結ベースでの研修・説明会　273
　　　(4)　連結ベースでの専任組織　274
　Ⅲ　おわりに………………………………………………………………276

## 第3章　宝印刷株式会社の内部統制システムについて　　　279

| Ⅰ | 会社の概要……………………………………………………………………279 |
|---|---|
| Ⅱ | CSR 経営について……………………………………………………………281 |
| Ⅲ | CSR 経営に対応する体制……………………………………………………282 |
|   | 1　情報システムの管理……………………………………………………282 |
|   | 2　各種の認証ならびに内部統制に関連するコンピュータシステム概要図………………………………………………………………………283 |
|   | 3　マネジメントシステムの相互関係……………………………………283 |
| Ⅳ | 会社法上の内部統制システム………………………………………………283 |
|   | 1　企業統治の体制…………………………………………………………283 |
|   | 2　株 主 総 会………………………………………………………………286 |
|   | 3　取締役会・取締役・執行役員制度……………………………………286 |
|   | 4　監査役会・監査役・会計監査人………………………………………287 |
|   | 5　役 員 報 酬………………………………………………………………288 |
|   | 6　内部監査体制……………………………………………………………288 |
|   | 7　業務の適正性を確保するための体制…………………………………288 |
| Ⅴ | 金融商品取引法上の財務報告に係る内部統制の構築……………………298 |
|   | 1　2007 年度の対応…………………………………………………………298 |
|   | 2　2008 年度の対応…………………………………………………………299 |
|   | 3　評価範囲の検討および業務プロセスの文書化………………………300 |
|   | 4　適用初年度の対応および 2 年目以降…………………………………302 |
|   | 5　お わ り に………………………………………………………………303 |

## 第 4 章　内部統制システムの整備・構築と実務対応──財務報告に係る内部統制システム構築・運用と監査役監査・会計監査　　305

| Ⅰ | 内部統制報告制度………………………………………………………………305 |
|---|---|
|   | 1　金融商品取引法上の内部統制…………………………………………305 |
|   | （1）　導入経緯　305 |
|   | （2）　改訂までの経緯　306 |
|   | （3）　内部統制報告制度の全体像　307 |
|   | 2　会社法上の内部統制との関係……………………………………………308 |

- (1) 相違点　309
- (2) 実務対応　310

### 3　内部統制報告制度運用実績……311
- (1) 開示すべき重要な不備　311
- (2) 意見不表明　311
- (3) 訂正内部統制報告書　312
- (4) 総括　313

## Ⅱ　内部統制評価・報告スケジュール……314

### 1　評価範囲の決定……314
### 2　全社的な内部統制の評価……315
### 3　決算・財務報告プロセス……315
### 4　業務プロセスに係る内部統制の評価……318
### 5　IT全般統制……318
### 6　経営者による報告……320
- (1) 財務報告に係る内部統制の基本的枠組み　321
- (2) 評価の範囲，基準日および評価手続　321
- (3) 評価結果　322
- (4) 付記事項　327
- (5) 特記事項　328

## Ⅲ　経営者の視点でみる実務対応……330

### 1　柔軟な制度対応……330
### 2　リスク対応……331
- (1) 財務報告リスクの絞り込み　331
- (2) 財務報告リスクとアサーション　332
- (3) リスク評価体制　334
- (4) 重要性の判断　334

### 3　統制上の要点（キーコントロール）……335
- (1) リスクと統制上の要点　335
- (2) キーコントロールの絞り込み　336

### 4　内部統制の有効性評価……338
- (1) 評価範囲の決定　338
- (2) 全社的な内部統制の評価　338
- (3) 業務プロセスに係る内部統制の評価　340

(4) 不備等への対応，経営者による有効性の評価　340
Ⅳ　監査役の視点でみる実務対応…………………………………………341
　1　内部統制報告制度と監査役監査との関係………………………………341
　2　業務監査上の留意点………………………………………………………343
　　(1) トップダウン型のリスク・アプローチ　343
　　(2) 状況ヒヤリング　344
　　(3) 不備等の報告　344
　3　不備が見つかった場合の対応……………………………………………344
　　(1) 不備等の報告　344
　　(2) 監査役監査報告書への記載　345
Ⅴ　監査人の視点でみる実務対応…………………………………………348
　1　財務諸表監査と内部統制監査の一体化…………………………………348
　2　監査計画と評価範囲の検討………………………………………………349
　　(1) 監査計画　349
　　(2) 評価範囲の変更　350
　3　内部統制監査の実施と報告………………………………………………350
　　(1) 全社的な内部統制の評価の検討　350
　　(2) 業務プロセスに係る内部統制の整備・運用状況の検討　350
　　(3) 不備の検討　351
　　(4) 関係者とのコミュニケーション　352
　4　財務報告リスクへの対応…………………………………………………353
　　(1) 財務報告リスク区分　353
　　(2) 誤　謬　353
　　(3) 不　正　358

事項索引　367
判例索引　373

# 第Ⅰ部

## 内部統制を理解するための基本理論

# 第1章 総論　内部統制の法的意義とその形成の経緯

## I　資本市場の公正な情報開示とコーポレート・ガバナンスをつなぐ内部統制

　今日，企業に対して内部統制構築を求める各国の法規制が，世界的規模で広がりつつある。その規制のあり方は一律ではないにせよ，共通する法的な意義はどこにあるのだろうか[☆1]。歴史的にみれば，内部統制とは，近代監査としての財務諸表監査の手法である「試査」の前提として展開してきたが，その一方で，経営者にとっては従業員の不正を発見する経営者の内部牽制システムとしての意味をもち，企業の経営効率性を向上させる目的が重視されていた。しかし，今日の内部統制は，コーポレート・ガバナンスの一翼を担う役割が明確になりつつあり，こうした役割の変化をもたらした要因については，資本市場の発展を抜きに語ることはできない。

　もとより，企業に適切な内部統制システムの整備・運用を要求する今日の世界的機運の高まりは，米国資本市場の根幹を揺るがしたエンロン事件などを教訓に，世界的規模で発展する資本市場の公正な機能を確保するために制定された2002年SOX法（Public Company Accounting Reform and Investor Protection Act of 2002）などの一連の法改革のなかで，その意義を把握する必

---

☆1　米国をはじめ，英国，ドイツ，フランス，カナダ等においては，法体系上の位置づけの違いこそあれ，既に国内法として内部統制システム構築を法的に要求する規制が整いつつある。根田正樹＝菅原貴与志＝松嶋隆弘編著『内部統制の理論と実践』（財経詳報社，2007年）18～81頁参照。

要がある。

　今日，高度にIT化，複雑化，グローバル化した資本市場のもとでは，上場企業の内部統制に重大な問題があり，これを原因としてチェックされなかった企業情報の不実性が露呈すると，それは瞬時に不特定多数に対して伝播し，さらにその不実情報に起因する信用リスクやレピュテーション・リスクの影響は，ときとして予測不能なほどの甚大なものとなるおそれさえあり，それによる被害者および損害額の認定は，法的にはますます難しい状況となりつつある。同業他社への影響，ひいては資本市場システムへの不信の払拭は，財務諸表の虚偽記載などに対する民事・刑事責任など，既存の事後的救済によるだけでは不充分な場合さえ出現している。それゆえ，ひとたび侵害されると事後的救済・回復が難しい今日の資本市場の機能については，いわば重要な公共財として確保されるべき法益の意義を，より一層明確にしなければならない状況にある。

　もとより資本市場に対する情報の発信源である企業において，その企業内部の情報生成・発信システム自体に欠陥がありながら放置される場合には，そこで生成され，市場に伝達される情報に虚偽が含まれるおそれがあり，資本市場の主要な機能である公正な価格形成に必要となる「企業価値を適正に反映した情報」とはいえず，投資家が投資判断の基礎として利用するにはふさわしいものとはいえない。他方，時々刻々絶え間なく最新の情報を反映して変動する資本市場には，できるかぎり企業の最新情報を提供することが，「適正な企業価値の反映」に貢献するものであるが，IT技術の進歩と相俟って，今日ではリアルタイム・ディスクロージャーが実現可能なものとなりつつある。したがって，およそ資本市場を活用する企業に対しては，適時開示の要請に対応可能な，企業内の情報生成・発信システムとしての内部統制の整備・運用が，公正な資本市場の機能を確保する観点から世界レベルで普遍的に要請されつつあるといえる。

　こうした資本市場の基本的機能にとって必須の条件である「公正な情報開示」を確保することは，資本市場を活用して資金調達を図ろうとする企業経営者の果たすべき重大な責務となりつつある。そのため，今日の上場企業に求められる内部統制とは，従業員不正のみならず，不実の情報開示の最大の

原因ともいえる経営者不正にも対処できる内容を有するものとして変容を迫られている。今日の内部統制が，ガバナンスの中核としての機能を要請されているのは，こうした高度化する資本市場の機能を確保するため，資本市場の適格参加者たる条件のひとつとして意義づけられているからに他ならない。その意味で，後述する金融商品取引法により企業に要求される内部統制体制は，ガバナンスの充実と切り離して把握されるべきではない。

　もっとも，わが国の会社法制において，平成17年商法改正によって上場会社でなくとも大会社には，内部統制システムに関して，「取締役の職務の執行が法令及び定款に適合することを確保するための体制その他株式会社の業務の適正を確保するために必要なものとして法務省令で定める事項」を整備する取締役会の決議が，会社法上，義務づけられ（会社348条4項，362条5項，416条2項），その具体化として内部統制システム構築に必要な構成要素や方法に関する決議項目が，法務省令において定められている（会社98条，100条，112条）。また，大会社でなくとも任意に内部統制システムを整備する場合には，代表取締役または執行役に委譲しえない決議事項として，取締役会または複数取締役の権限に留保され，業務執行担当者に対する牽制機能を期待する趣旨で規定されている。

　さらに平成26年会社法改正においては，「企業集団の業務の適正を確保するために必要な」体制の整備についても施行規則事項から法令事項に格上げして要請され（会社348条3項4号，362条4項6号等），その実効性を確保する親会社監査役への情報集約の報告体制等の整備（会社則100条3項4号ロ・5号等）とともに，内部統制の決議事項にとどまらず，その運用状況についても事業報告書に記載することが求められることとなった（会社則118条2号等）。したがって，今や内部統制の充実は，企業の規模や公開性の有無により，その要求の程度に違いはあるものの，すべての株式会社のガバナンスにつき共通の拠り所となることで，結果的にガバナンス機能の底上げとして働き，株式会社における業務の公正性と効率性を確保する基盤を提供することが期待されている。

　次節Ⅱでは，わが国の内部統制をめぐる法体制のあり方を検討する前に，内部統制に関する法規制を世界で初めて導入した米国の歴史的展開を概観

し，内部統制の法的意義を改めて考えてみたい。

## II 内部統制の法的展開
――米国における形成の経緯と機能から

### 1 米国における初の内部統制規定の法定の意義

　もともと内部統制システムの構築が，正面から法的に要請されたのは，米国の1977年海外不正支払防止法（Foreign Corrupt Practice Act of 1977：FCPA）の制定による[☆2]。1970年代初頭，米国の資本市場の規制主体である米国証券取引委員会（U. S. Securities and Exchange Commission：SEC）は，公開会社の不正な財務報告の蔓延に悩まされており，その原因は公開会社のガバナンス・システムの機能不全にあり，そこになんらかのメスを入れなければ，根本的な解決は期待できないと考えていた。そこで当時から，SECは，34年連邦証券取引所法（以下「34年法」という）登録会社（資産1000万ドル超，株主500名以上の証券発行会社）に対して，裁判所に対する差止請求（injunction）とともに判例法上認められた付随的救済（ancillary relief）を駆使するなどの（たとえば，独立取締役からなる監査委員会の創設を要求するなど）多様な法執行（enforcement）を行うことによって，適正なガバナンス・システムの構築を促してきたのである。もっとも，こうしたSECの法執行による積極的なガバナンスへの関与に対しては，連邦会社法をもたない米国では，ガバナンスに関する事項は州会社法の専属領域に属するものであるから，州会社法に対する権限逸脱ではないかという批判を受けることがあった。しかし，1970年代前半にウォーターゲート事件に端を発するロッキード社などの企業不祥事が起こり，これを契機に多くの企業の会計不正が発覚すると，SECは，やはり企業のガバナンスに対して実質的に介入を行う権限がなければ，財務報告の信頼性，ひいてはこれを基礎とする資本市場の公正な機能は確保できないとの認識から，自らの法執行に明確な根拠を与える規定の制定を求めて，内部統制の構

---

☆2　FCPAにおける内部統制規定の制定経緯および法執行ついての詳細は，柿﨑環『内部統制の法的研究』（日本評論社，1995年）30頁以下。

築義務を法定するように議会に働きかけていった。その結果1977年制定のFCPAに，初めて内部統制構築義務が明文で導入されることになったのである。もともと，FCPAは，米国企業による海外の公務員に対する賄賂・不正行為の防止を目的としていたが，およそ会計帳簿記録の不備や粉飾は，会社不正につながるとの発想から，海外のみならず国内の企業活動に適用が及ぶものとして，いわゆる内部統制規定は34年法13条(b)(2)に置かれ，違反した場合には，一般の34年法違反と同様に刑事罰にも服するものとして規定された。これにより，SEC登録会社に適切なコーポレート・ガバナンスを促すSECの法執行の根拠規定が以前よりも一層，明確になり，1977年にニューヨーク証券取引所（NYSE）が監査委員会の設置を上場要件としたことと相俟って，次第に独立取締役を構成員とする取締役会や監査委員会の設置などが，SEC登録会社に対しては整備されていったのである。

この34年法13条(b)(2)の規定内容とは，第1に，会社の取引および資産の処分を正確かつ公正に反映した，帳簿，記録の維持を義務づけ，第2に，取引が具体的権限の委譲に基づいて行われ，資産が保全され，かつ米国会計基準（US-GAAP）に基づく財務諸表が作成されることを合理的に保証する内部会計統制システムの構築をSEC登録会社に義務づけたものである。この条項の「内部会計統制（internal accounting control）」という文言は，米国の監査基準書1号に由来するが，SECは，当時から内部会計統制規定の目的は，財務諸表の適正性を確保するだけのものではないことを表明している。また実際にも，FCPAの制定後，初の法執行の対象とされた事例は，当時の財務諸表監査による対応では発見・予防が難しいとされていた違法な簿外債務や経営者トップの不正に関わる国内での内部会計統制違反であった。したがって，米国の法的な内部統制概念は，当初から，資本市場に対する「公正な情報開示」と，それを支えるための公開会社のガバナンスとを連動させたものとして位置づけられていたのである。

また，1988年のFCPAの改正により，34年法13条(b)(2)の内部統制構築義務は，その子会社に対しても及ぶこと，および不明瞭だった刑事罰の故意要件の見直しが行われた。これにより，SEC登録会社は，連結企業単位で内部統制構築義務を負うことになり，他方，刑事罰による厳罰で臨む必要の

ある場合の内部会計統制規定違反の基準が明示された。さらに、この改正時の議論では、諸外国にFCPAと同様の趣旨の立法がないため、贈収賄や不正な利益供与を許す取引慣行がある状況では、米国が国際商取引競争で劣勢となる懸念が示され、議会は諸外国にも同様の規制を導入するよう国際機関に働きかけることを大統領に要請した。これが契機となって、後の1997年に経済協力開発機構（OECD）の「外国公務員贈賄防止条約」に結実することとなり、後述するように、現在もその批准国において贈収賄および不正利益供与等を防止する仕組みが一定の成果をあげつつある。

## 2　内部統制の充実・強化に向けた取組み

こうして、34年法13条(b)(2)という法執行の明確な根拠を得たSECは、内部会計統制規定違反の公開会社に対しては、その法執行手法のひとつである付随的救済を駆使して、内部会計統制の構築、財務諸表の修正、役員・取締役による会社への資金の返還等の要求はもとより、独立取締役からなる監査委員会の設置といった基本的なガバナンス・システムの整備を要求していった。もっとも、この34年法13条(b)(2)に対するSECの法執行について運用指針が明らかではないとの批判の声が上がると、SECは、1981年に解釈通牒を出して説明し、このなかで、従業員の不注意な記録ミスや、社内に合理的な管理プロセスを講じても発見できなかった違反に対してまで法執行を行うものではなく、あくまで「経営者不正」を原因とする場合や、管理プロセスに欠陥があり、繰り返されるおそれのある内部会計統制違反に対して、対処するものであることを強調した。ここに、SECがねらった34年法の内部会計統制規定の導入の真の意図が顕れている。また、内部会計統制規定に違反したためSECの法執行対象となった多くの企業は、起訴事実を認めてしまうと、後に株主代表訴訟の危険にさらされることになるので、訴追に対して肯定も否定もしないまま、付随的救済内容に同意する審決に服するという対応をとった。そのため、最後まで争って判例として裁判所の見解が示される例が極めて少なかったが、1983年にSEC v. World-Wide Coin Investments Ltd事件では、連邦地方裁判所が、内部会計統制規定の解釈指針を初めて示している。すなわち、34年法13条(b)(2)に定められる「内部会

計統制システム」とは,「単なる会計システムとは異なり,その会社の会計システムに生じうる誤謬や不正を回避・発見するための手続も含んでいる」と判示し,さらに「内部会計統制環境」を決定する要因として「社員に対する権限委譲の程度と態様」や「職務分掌のチェックを行う組織体制の有無」などを挙げ,内部会計統制システムの有効性は「監査委員会や内部監査部門の有効性」などの検討が不可欠であることを既にこの時点で指摘している。

その後の SEC の法執行の動向についてみると,FCPA の制定当初は,SEC に対する不正な財務報告を契機として,SEC 登録会社の内部会計システムの未整備を追及していくという傾向がみられたが,1980 年代後半には,帳簿上の虚偽記載と内部統制システムの不備を分けて検討する例もあり,また虚偽記載がなくとも,内部統制システムに問題がある場合には,その不正を是正する法執行を行う方針である旨の SEC による表明もみられた。さらに 1990 年代前半には,内部統制の有効性に関する経営者評価の要求や,監査委員会の同意なしには内部監査人を解任できないとすること,監査委員会構成員に少なくとも 1 名の財務専門家を要求すること,経営者による内部統制の有効性評価を監査人がレビューすることを要求するなどのように,後述する 2002 年 SOX 法の一部を先取りする内容の付随的救済の例が既に見受けられた。

## 3　SOX 法にみる内部統制の展開

エンロン・ワールドコムの破綻を契機として 2002 年に制定された SOX 法の目的は,「証券諸法に従った会社の情報開示の正確性および信頼性を高めることを通じて,投資家を保護すること」にある。したがって,企業の情報開示は,あくまで証券諸法の法目的に合致した形式,内容を要求されること,さらに投資家保護の要請は,経済的弱者を恩恵的に保護するという発想ではなく,資本市場の情報開示・会計・監査制度という社会インフラ整備の立て直しを通じてこそ図られるというアプローチに基づくものである。その一環として,SOX 法には内部統制の充実・強化を目的とした 404 条および 302 条が規定された[☆3]。

(1) SOX 法 404 条「経営者による内部統制評価」

　まず，SOX 法 404 条および同条の SEC 規則は，年次報告書において経営者による内部統制の有効性評価の報告およびその報告書に対する監査人の証明を SEC 登録会社に正面から義務づけたものである[☆4]。すなわち，404 条の適用対象となる内部統制は，SEC 規則により「財務報告に係る内部統制 (internal control over financial reporting)」に限定されているが，SEC の説明によれば，この「財務報告に係る内部統制」とは，34 年法 13 条(b)(2)に規定された従来からの内部会計統制と同一線上の概念であり，34 年法の法目的に照らして，「財務情報」の記録および資産保全に対応できる内部統制の構築が要請されている。そして「財務報告に係る内部統制」が単に存在するだけでなく有効に機能していることを，証拠資料保持義務に基づき経営者に評価させ，それを開示することが義務づけられた。この経営者の開示については，原則として年次報告書に含まれ，「重要な欠陥（material weakness）」があれば「財務報告に係る内部統制」が有効であるとの結論を出してはならないとされていた。そして，有効性の評価を行う時期についても会計年度末として統一されたこと，また評価基準について開示の対象とされたことは，投資対象情報の比較可能性をより一層高める意義を有する。また期末の評価日以降の「財務報告に係る内部統制」に重大な影響を与える変化があれば，これを四半期報告書にも開示することが義務づけられ，これにより会計記録の継続性および資産保全に貢献する内部統制システムを確保することが期待されている。さらにこうした経営者による「財務報告に係る内部統制」の評価に対して，外部監査人の証明を付与することが義務づけられた。これにより，内部統制を支える法制度上の要請として，FCPA に導入された内部統制自体を構築する義務に加えて，その有効性に対する経営者評価，およびそれに対する監査人の監査証明というフルセット規格での内部統制規制が登場するこ

---

　☆3　SOX 法 404 条および 302 条の制定経緯の詳細については，柿﨑・前掲注（☆2）280 頁以下参照。

　☆4　SOX 法の制定以前にも，金融機関に対しては連邦預金保険公社改善法（Federal Deposit Insurance Corporation Improvement Act of 1991: FDICIA）に基づいて，内部統制報告書とそれに対する監査証明を義務づけられていた。

ととなった。

(2) SOX法302条「財務報告に対する会社責任」

次に，こうしたSOX法404条が規定する「財務報告に係る内部統制」が実効的に機能するように，302条および同条のSEC規則では，さらに広範囲にわたる実質的な内部統制の構築を経営者に対して義務づけており，これには監査人による証明までは要求しないものの，その有効性の評価に対する署名役員の宣誓を求めている。その内容として，概ね次に述べる4点につき，34年法に基づく年次報告書，四半期報告書において，上級役員の宣誓が義務づけられている。

第1は，年次・四半期報告書をレビューし，自ら知るかぎりにおいて重要な事実の省略や不実記載がないこと，第2は，自らの知るかぎりにおいてキャッシュ・フローを含む財務情報がすべての重要な点で公正に表示されていること，第3は，「開示・統制手続（disclosure controls and procedures）」および「財務報告に係る内部統制」の構築・維持責任を負い，その有効性を報告書の対象期間末に評価したこと（「開示統制・手続」は四半期と年次報告書，「財務報告に係る内部統制」は原則として年次報告書に限定される），さらに「財務報告に係る内部統制」に関しては，重大な影響を与える変更を四半期報告書において開示したこと，第4は，「財務報告に係る内部統制」の最新の評価に基づき発見された「財務報告に係る内部統制」上の「著しい不備（significant deficiencies）」および「財務報告に係る内部統制」上の重要な役割を果たす経営者・従業員の不正があれば，重要性の有無を問わず，監査人および監査委員会に報告したこと，である。この規定は，財務情報の公正性はもとより，開示に関わるタイムリーな意思決定を可能とする内部統制の実現プロセスを確保することを目的としているが，ここで注目すべきは，SOX法302条のSEC規則において，初めて登場した「開示統制・手続」という概念である。この概念は，「34年法に基づく年次・四半期報告書に開示される情報が，確実かつ適時に記録，処理，要約されるように設計された統制・手続」と定義され，財務諸表の作成目的にとどまらず，34年法に基づく報告書に開示される情報の正確性，完全性を迅速に確保するために要請され，「財務報告に係る内部統制」よりも，対象範囲がより広範な統制・手続として位置づけら

れている。したがって，302条の適用対象となる情報には，財務情報はもとより，非財務情報も含まれるので，その収集・処理にも柔軟・迅速に対応できる会社内での体制整備が必要となる。それゆえ，GAAPに従った財務諸表の作成を確保すれば足りると一般に考えられがちであった「内部統制」概念とは切り離して，「開示統制・手続」の構築・維持の宣誓義務が役員に課せられたことの意義は重要である。

それまでSECは，34年法13条(b)(2)を根拠として，財務報告のための内部会計統制の構築を義務づけ，それを支える企業の実効的なガバナンス整備を多様な法執行を駆使することにより促してきたが，SOX法制定を機に同法404条に基づき，経営者に「財務報告に係る内部統制」の有効性を評価させ，その評価報告書の信頼性を確保するため監査人による証明を要求し，他方で，その実効性を高めるために，非財務情報も含めた広範でかつ迅速な情報収集・分析・開示を可能とする302条の「開示統制・手続」とをあわせて法制化することになった。これによってSECは，全体として34年法の法目的に合致する内部統制システムの実現を目指そうとしたのである。この当時，SECは「開示統制・手続」の確立のために，会社内に情報開示委員会の設置を奨励している。この委員会は，開示情報の重要性の検討および適時開示情報の決定に責任を負うものであり，構成員として，たとえば，主席会計担当役員，法律顧問，主席リスク担当役員，主席IR担当役員などが挙げられている。なお，後述する2013年改訂版COSO (Committee of Sponsoring Organization of the Treadway Communication) ではこの法規制にも対応するべく非財務報告の信頼性の確保を内部統制の目的のひとつとして明示することとなる。

## 4　その後の展開—SOX法の内部統制規定に対する反応

米国のSOX法対応にあたり，最も批判を受けたのが，このSOX法404条対応に要する過重な企業の整備コスト負担の問題であった[☆5]。SECの小

---

☆5　William J. Carney, *The Costs of Being Public After Sarbanes-Oxley : The Irony of "Going Private"*, 55 Emory L. J. 141, 141-42 (2006), *available at* http://ssrn.com/abstract=896564.

規模公開会社諮問委員会（Advisory Committee on Smaller Public Companies）の調査によれば，404条の実施にあたり，公開会社会計監視委員会（Public Company Accounting Oversight Board：PCAOB）が公表した監査基準2号は，監査人による内部統制監査のための指針であったにもかかわらず，経営者による内部統制の有効性評価の拠り所がなく，経営者はこの詳細な監査のため指針に基づいて内部統制の構築・評価を行ったため，これが過剰な整備コスト増をもたらしたとされている[6]。

さらに，同調査では，企業の時価総額別にみたSOX法404条対応コストは，時価総額50億ドル以上の大規模上場会社の場合には，売上高の0.06％にすぎないのに対して，時価総額1億ドル未満の中堅以下の上場会社では，2.25％にも相当し，小規模上場会社の負担がかなり大きいことが示されている[7]。もっとも見方を変えれば，これは米国株式市場の時価総額のわずか6％程度にすぎない中小規模上場会社が，社数のうえでは米国上場会社総数の約80％という圧倒的な比率を占めるため，その不満が蔓延して，米国の世論形成に影響を与えていたとみることもできる。しかし，小規模上場会社については，大規模上場会社と比較するかぎり，相対的に内部統制体制の整備に伴う重いコスト負担が問題であることは事実である。そこで，SECはこれに対応するべく，幾つかの方策を講じてきた。

第1に，数度にわたってSOX法404条の適用延期がなされた。すなわち，大規模上場会社のうち，早期適用会社（accelerated filed）については2004年11月15日以降終了の事業年度から適用されていたが，その他の中小規模上場会社の場合，経営者の内部統制評価については，2007年12月15日以降に終了する事業年度まで，外部監査人による内部統制監査については，2008年12月15日以降に終了する事業年度まで，それぞれ適用が延期された[8]。

---

[6] Advisory Committee on Smaller Public Companies, Final Report of the Advisory Committee on Smaller Public Companies to the United States Securities and Exchange Commission（April 23, 2006）, at 30, *available at* http://www.sec.gov/info/smallbus/acspc.shtml. なお，本報告書の全体の詳細については，小立敬「企業規模に応じた証券法規制を模索する米国SEC」資本市場クォータリー vol. 10-1（2006年）39頁以下参照。

[7] *Id.* at 33.

また，SEC 登録外国会社のうち大規模上場会社については，2006 年 7 月 15 日以降終了の事業年度まで適用が延期され，さらにそれ以外の SEC 登録外国会社については，経営者の内部統制評価は，2006 年 7 月 15 日以降終了の事業年度まで適用が延期され，外部監査人による内部統制監査は，その翌年の 2007 年 7 月 15 日以降終了の事業年度まで延期された。これは，SOX 法 404 条対応の整備をめぐる準備期間を延長することで，404 条をめぐる混乱の沈静化と，整備初期費用の負担の軽減に応えようとするものであった。

第 2 は，中小規模上場会社に対する対応である。この点，SEC は，2005 年 3 月に中小規模上場会社に対する証券規制のあり方に関する見直しを行う目的で小規模公開会社諮問委員会を設置したが，この委員会が 2006 年 4 月に最終報告書を提出し，そのなかで小規模上場会社を 2 つの類型に分け，「最小規模上場会社（microcap companies）」で売上高 1 億 2500 万ドル未満の場合，および「小規模上場会社（smallcap companies）」で売上高 1000 万ドル未満の場合には，SOX 法 404 条の内部統制評価とその監査証明の全面免除を提案し，また最小規模上場会社で売上高が 1 億 2500 万ドル以上 2 億 5000 万ドル未満の場合，および小規模上場会社で売上高が 1000 万ドル以上 2 億 5000 万ドル未満の場合には，かかる監査証明の義務づけの免除を提言した[☆9]。ここで，「小規模上場会社」とは，米国株式市場時価総額の 5 ％を占める会社で，具体的には時価総額 1.28 億ドル以上 7.87 億ドル未満の会社群を指し，社数ベースでは，上場会社全体の 30 ％に当たるものである。また，最も規模の小さい「最小規模上場会社」とは，米国株式市場時価総額 1 ％を占める会社で，具体的には，1.28 億ドル未満の会社群を指し，社数ベースでは，全体の 50 ％に当たるものである。この小規模公開会社諮問委員会による提言は，小規模上場会社の特性を考慮しつつ，財務報告の信頼性を確保する制度設計をすべきとするところに主眼がある。すなわち，そもそも内部統制における統

---

☆8　Internal Control over Financial Reporting in Exchange Act Periodic Reports of Foreign Private Issuers that are Accelerated Filers, Exchange Act Release No. 54294A（August 9, 2006）, *available at* 2006 SEC LEXIS 1822.

☆9　Final Report of the Advisory Committee on Smaller Public Companies to the United States Securities and Exchange Commission, *supra* note 6, at 43-49.

制活動の要ともいえる職務分掌は,人的資源の乏しい小規模上場会社にとっては,事実上困難な場合もあり,財務報告のプロセスには経営者が直接関与せざるをえず,従業員不正に対しては,むしろ経営者の直接的な統制活動の方が効を奏するともいえること,また企業内外の状況の変化に,迅速かつ柔軟に対応できる点こそが小規模会社の強みであるともいえる。ともすれば業務活動の過剰な文書化を要求されるおそれのある SOX 法 404 条対応は,むしろ弊害が大きいと考えられるため,小規模会社に特質に見合った体制の整備を要求することによって,財務報告の信頼性を確保すべきであるとする[10]。それゆえ,この提言は,一定の小規模な上場会社に対して 404 条の免除を認めるとしても,SOX 法以前から存在する内部統制規定である 34 年法 13 条(b)(2)の遵守,財務諸表監査,外部監査人による経営者および監査委員会への報告義務等はそのまま適用され,免除されてはいない点に注意したい。さらに,財務報告の信頼性を脅かす小規模上場会社の経営者不正リスクに対しては,監査委員会の権限強化と独立性を要請する 34 年法 Rule10A-3,上級財務担当役員のための倫理規定(code of ethics)を採用させるなど,ガバナンス強化の代替的措置を追加するように求めていた。要は,小規模上場会社には,SOX 法 404 条による文書管理のルーティン化などが要求される内部統制に対する外部監査人の監査証明付与という手法よりも,むしろ経営者不正に対するガバナンス強化による内部統制支援の方が財務報告の信頼性確保には適合的という考え方が根底にあったものと考えられる。

しかし,当初 SEC は法規範の浸透と公平性確保の観点から,小規模上場会社に対しても,SOX 法 404 条内部統制監査を免除するのではなく,中小規模上場会社に適合的な監査証明の基準となる枠組みの提示を PCAOB や COSO に対して要求した[11]。これに応える形で COSO は,2006 年 7 月 11 日に中小規模上場会社向けの COSO の指針として『財務報告に係る内部統制—中小規模上場会社のためのガイダンス』を公表し[12],さらに,SEC も,

---

[10] *Id.* at 36–37.

[11] Final Report of the Advisory Committee on Smaller Public Companies to the Unitered States Securities and Exchange Commission, *supra* note 6, at 52–56.

経営者による内部統制構築のためのSOX法404条対応ガイダンスを新たに公表するなど☆13，SOX法における内部統制の充実を図っていた。ところが，こうした攻防の末，皮肉なことに，SOX法制定から10年を迎える2012年に「JOBS法（Jumpstart Our Business Startups Act（新規事業活性化法））」の成立により，新興成長企業（Emerging Growth Company）はIPO後の最長5年間は，コスト軽減の配慮から，外部監査人による内部統制監査が免除される結果となった（JOBS法103条）。そのため，米国の中小上場企業における内部統制の確保は外部監査人の証明によるのではなく，別のアプローチによって模索されていくこととなる。

## 5 新たなるステージへ
### ――FCDA内部統制規定への原点回帰

(1) FCPA法執行の増加とその背景

近年，米国の内部統制規制をめぐって，新たな展開がみられる。もともと世界で最初に内部統制構築義務を法律に盛り込んだ1977年FCPAに基づき，SECおよび司法省（DOJ）が行う法執行の件数が増加傾向を示している。前述のように，FCPAには，①外国公務員への贈賄行為等を禁じる賄賂禁止条項と②会社取引・資産処分を公正に反映した帳簿・記録の維持とともに，これを合理的に保障する内部会計統制システムの構築を義務づける内部会計統制条項が盛り込まれ，賄賂禁止条項は，DOJが管轄し（発行会社および役員に対する民事制裁は，SECが管轄），内部会計統制条項は，民事についてはSECが，刑事についてはDOJが管轄している。

その法執行の運用上，留意すべき点とは，第1に，賄賂条項における「汚

---

☆12　COSO, Internal Control Over Financial Reporting—Guidance for Smaller Public Companies (2006). 詳細は，町田祥弘「COSO『財務報告に係る内部統制―中小規模公開企業のためのガイダンス』の意義と概要」月刊監査研究32巻9号（2006年）9頁以下参照。

☆13　See SEC, SEC Announces Next Steps for Sarbanes-Oxley Implementation, Press Release 2006-75 (May 17, 2006) available at http://www.sec.gov/news/press/2006/2006-75.htm.

職の意図」の立証が困難であったり，「外国公務員」への贈賄には当たらない民間の商業賄賂であった場合でも，会計帳簿上に不正確な記載があれば，内部会計統制条項違反の責任を追及される可能性があること，第2に，内部会計統制条項の適用対象には，その違反行為を行った「発行者」たるSEC登録会社と共謀した者も含まれることから，たとえば，内部会計統制条項の適用対象である「発行者」と日本の企業が合弁事業を行った場合，発行者に同条項の違反があれば，日本企業による共謀・幇助があると認定されたときは，責任追及される可能性があることである。条文上の解釈では，このように適用対象を広範に捉えることが可能であるが，SECは，前述のように，差止訴訟とそれに伴う付随的救済により企業の歪んだ内部統制システムの是正を試みようとした。もっともその権限は必ずしも十分なものとはいえず2000年代に入るまでは活発な法執行は行われていなかったといってよい☆14。

　その後，エンロン事件を契機に成立した2002年SOX法では，FCPAによってSEC登録企業には内部統制構築義務があることを前提にして，その有効性を経営者に評価させ，さらにそれを監査人に監査させる形で企業の財務報告の信頼性を確保しようとするフルセット規格の内部統制規制を導入されたことから，「財務報告に係る内部統制」の整備には一定の成果が得られたといえよう。しかし，近年，サブプライム・ローン等の金融危機の例を挙げるまでもなく，企業不正や迅速に対処しなければならない不正が企業内部で隠蔽されたまま，企業実態を反映しない企業情報として資本市場にもたらされ，その後その事実が発覚したときの市場に与える影響の度合いは，資本市場のグローバル化・複雑化・連鎖化によって，ますます深刻になっている。こうした公正な資本市場機能を阻害する要因となる事実をSEC自らが企業内部に介入し，調査することには限界があり，むしろ，企業不正の萌芽段階で，企業自身がこれを発見し，深刻な事態に発展する前に自ら是正する方向性に誘導する方が，効率的に規制の効果を上げるとの認識をもつようになって

---

☆14　差止訴訟の場合，訴訟の長期化のおそれがあり，迅速に資本市場の違法状態を除去するには適当でないという理由から，1990年証券法執行救済・低額株法改革法により，SECは，排除措置命令を行う行政処分権限を獲得するなど，次第に，法執行権限を強化していった。

いった☆15。また，SECの法執行手段が，その後の法改正により，次第に強化されていたとはいえ，依然として2002年SOX法制定の当時には，SECが行政手続により民事制裁金を課す権限には制約があり，単独で排除措置命令を実施できたとしても，なお民事裁判と並行しなければ実効的なエンフォースメントの効果は上がらず，公正な資本市場機能の確保には，必ずしも十分とはいえなかった。

(2) FCPA法執行手段の多様化

そこで，2005年以降には，SECやDOJが法執行の運用を工夫することで，企業内部において不正や重大なリスクの芽を早期に発見し，自ら是正する体制の整備を促す手法が考え出された☆16。それは，DOJから始まり，第1は，訴追を受けた者が検察官との間で起訴事実・罪を認め，捜査協力を約し，裁判所に有罪答弁契約書を提出する有罪答弁合意（Plea Agreement）である。裁判所が有罪答弁合意の内容を合理的と認めれば，検察による犯罪事実の立証なく有罪が確定するが，この合意に応じたことが量刑判断の段階で斟酌されて有利な量刑を得ることができる。検察にとっては，訴訟コストの負担が軽減され，被告にとっては，陪審裁判による不確実性を避けることができるとともに，上記の量刑上のメリットが受けられる点で有利である。

第2は，訴追延期合意（Deferred Prosecution Agreement）という手法であり，これまでのところ，ほとんどのFCPA事案はこの手法により解決されている。これは，訴追対象企業とDOJとの間で，一定の合意項目を一定期間（通常2〜3年）遵守すれば，DOJがいったん裁判所に提出した起訴状につき，

---

☆15　SECでは現在，資本市場に影響を及ぼし投資家を害するおそれのある原因を早期に除外するため，SECの法執行に対する個人および法人の調査協力を求める「法執行協力プログラム（Enforcement Cooperation Program）」を実施しており，訴追延期合意および訴追免除合意もその一環として位置づけられている。SEC, Enforcement Cooperation Program, *available at* http://www.sec.gov/spotlight/enfcoopinitiative.shtml

☆16　近年のSECおよびDOJによる法執行手段の多様化の詳細および法執行の具体例については柿﨑環「II金融規制　第6章　米国FCPA法執行にみるコンプライアンス・プログラムの資本市場法的意義」『資本市場の変貌と証券ビジネス』（公益社団法人・日本証券経済研究所，2015年）。

訴えの却下を求めるという合意を結ぶものである。これにより訴追が猶予され，遵守期間経過後は訴追を免除される。その交渉項目には，事実認定の範囲，罰金の支払，公表内容，是正措置等が含まれるが，遵守期間経過後であっても，罰金が返還されるわけではない。また，交渉を行う前提として，時効利益の放棄，関連する捜査への継続的な協力義務，一定レベルのコンプライアンス・プログラムの導入（後述する連邦量刑ガイドライン基準へ合致を要求），独立の企業コンプライアンス監視人（Independent Corporate Compliance Monitor）の受入れ，または自己監査・報告，ないし将来の法令違反の報告義務が要求される。なお，このコンプライアンス監視人は，所定の受入れ期間中，原則として取締役会や重要会議に同席することとなり，かつ何か疑惑のある行為が発見されれば，すぐに規制当局に報告されるという企業にとっては極めて重い負担となる。ここで，DOJ と訴追対象企業との間で訴追延期合意のために要求される一般的合意事項とは，具体的には以下の項目が挙げられる場合が多い。すなわち，①FCPA 違反その他の汚職法令違反を拒絶する明確な企業指針，②公正かつ適正な計上を確保する会計上の内部統制を含む財務・会計システム，③FCPA 等の違反を発見するためのコンプライアンス規程および手続，④担当者となる上級役員の選任，⑤定期的な研修，年次の宣誓書などコンプライアンス制度を役員または関係する第三者に対して周知徹底する制度，⑥内部通報制度，⑦違反者に対する懲戒手続，⑧第三者デュー・ディリジェンス，⑨コンサルタント，エージェンシー等の第三者との契約に挿入する定型の契約文言（FCPA を違反しない旨の宣誓書，監査権限，違反の場合の解除権），⑩コンプライアンス制度の有効性を確認するための定期的確認等である。これらの内容とその程度を勘案して，DOJ は訴追延期合意を結ぶかどうかを判断することになる。訴追延期合意に至り，所定期間経過後は，訴追対象者が有罪判決を受けることはなく，それに伴う入札資格停止処分等の不利益を回避できることからも，企業にとっては有罪答弁契約よりも有利であるとされる。

　さらに，第 3 の訴追免除合意（Non-Prosecution Agreement）は，DOJ と訴追対象企業との間で被疑事実について訴追を免除する合意を結ぶ場合をいう。訴追延期合意のときと同様に，訴追対象企業には関連捜査の協力等を求めら

れるが，その対応がより徹底して合理的であった場合，訴追延期ではなく，訴追免除合意を結ぶことがある。訴追延期合意の場合と異なり，裁判所に起訴状を提出しないまま，合意内容で定めた期間の経過により刑事訴追が行われないことが確定する点で違いがある。そのため，この合意は，あくまでもDOJと企業間の契約であり，原則として裁判所が関与するものではない。ただし，合意内容に企業が違反すれば，訴追免除は取り消され，制裁金が追加される[17]。

第4に，捜査が開始されたものの，一定の条件が満たされれば不起訴とする処分がある（Declination）。この場合には，当該企業の同意がなければ捜査内容等の事実の公開もなされない。

次に，SECのFCPA法執行手法についてみると，2010年に，それまでDOJのみが採用していた訴追延期合意および訴追免除合意の司法取引の手法をSECも採用すると宣言し，SECによるFCPA法執行も，DOJによる訴追延期合意・訴追免除合意等の手法を取り入れる形で展開している[18]。

第1に，SECの訴追延期合意は，SECと個人または企業との文書による法執行の延期についての契約であり，一般的な合意条件としては，①SECの調査および関連処分に対して誠実に徹底して協力すること，②出訴期限の延期合意（tolling agreement）[19]，さらに③訴追延期期間には合意条項に従うことであり，ここでも，一定のコンプライアンス・プログラムの実施，コンプライアンス監視人の受け入れを要求されることが多い。さらに④として，SECが連邦証券諸法違反を主張する基礎となる事実について承認するか争わないことに同意すること，以上を条件として，訴追延期合意がなされるの

---

[17] DOJは1990年代から既にこの司法運用を行っており，FCPAに関しては2005年からこの手法を採用している。

[18] See SEC, Announces Initiative to Encourage Individuals and Companies to Cooperate and Assist in Investigation, *available at* http://www.sec.gov/news/press/2010/2010-6.htm. 木目田裕＝山田将之「企業のコンプライアンス・プログラム体制の確立と訴追延期合意―Deferred Prosecution Agreement」商事1801号（2007年）43～54頁参照。

[19] これは特に海外子会社などの不正取引の場合，SECの調査や証拠収集に時間がかかることをあらかじめ見越して，合意により出訴期限を延期させるためになされる。

が一般的である。なお，最初の訴追延期合意の事例が公表されたのは，2011年5月であった[20]。

第2に，訴追免除合意は，企業内部で不正支払などの問題が発覚した場合には，直ちにこれを自主的にSECに申告し，SECの調査に対して徹底して協力し，再発のおそれのないようにコンプライアンス・プログラムを改善するなどの程度が，より顕著であるとSECに判断された場合に結ばれる。実際に，SECが最初に結んだ訴追免除合意は，2013年4月であり，現時点ではそれほど多数の事例があるわけではない[21]。

そして，第3に，SECが調査段階で調査を取りやめる場合には，不起訴処分となる。したがって，民事・刑事を問わず，FCPA違反により訴追対象となった企業は，こうした司法運用によって対応され，正式な裁判となるのは，極めて悪質もしくは，このような合意交渉に応じない場合に限られているのが現状である。

(3) FCPA法執行の実効性を補完する他の法制度

さらに，米国のその他の法制度との有機的な連携が，こうしたFCPA法執行の積極的運用に拍車をかけている。

その第1は，連邦量刑ガイドラインである[22]。通常，米国の企業犯罪に

---

[20] See SEC, Press Release, U.S. Sec. and Exch. Comm'n, Tenaris to Pay $5.4 Million in SEC's First-Ever Deferred Prosecution Agreement, Press Release No. 2011-112 (May 17, 2011), available at http://www.sec.gov/news/press/2011/2011-112-dpa.pdf

[21] SECが最初に訴追免除合意を認めたのは，2013年4月22日のRalph Lauren Corporation事件においてである。available at http://www.sec.gov/news/press/2013/2013-65-npa.pdf

[22] 梅津光弘「改正連邦量刑ガイドラインとその背景：企業倫理の制度化との関係から」三田商学研究第48巻1号（2005年）147〜158頁，釜田薫子「内部統制システムに関する米国取締役の義務・責任──改正連邦量刑ガイドラインと判例法を参考に」『内部統制の新潮流と課題』監査504号別冊付録（2005年）39〜44頁参照。1987年から現在までの量刑ガイドラインマニュアルについては，以下を参照。http://www.ussc.gov/guidelines-manual/guidelines-manual-archives なお，従来の量刑ガイドライン（U. S. SENTENCING GUIDELINES MANUAL）は，2012年に連邦量刑委員会ガイドライン（U. S. SENTENCING COMMISON GUIDELINES MANUAL）と改名されている。

は高額の罰金刑が科されるが，裁判所がその量刑を判断するにあたり，一定レベルのコンプライアンス・プログラムを備えていた企業には，量刑上の軽減を認めるとして，そのための基準を示したガイドラインである。このガイドラインは，1991年に組織犯罪についての項目が導入されて以来，2002年SOX法制定を受けて2004年に改正され，さらに2010年Dodd-Frank（D-F）法を受けて改正されたが，その間，量刑軽減上の条件として要求されるコンプライアンス・プログラムの方向性に変化がみられた。すなわち，2004年時点には，「違法行為の予防・防止」に焦点を当てていたものが，2010年には，「違法行為の早期発見・報告・是正プロセスの強化」を可能とするコンプライアンス・プログラムの整備を要求するようになり，法執行を契機にして，企業内の情報ラインの透明化，不正発見時に企業の迅速な対応と改善を確保するコンプライアンス体制を誘導する機能を果たしている。

第2は，2010年D-F法に導入された内部告発者報奨金プログラム制度（Whistleblower Bounties Program）である☆23。この制度は，内部告発者から自主的に提供された連邦証券諸法違反に関する独自の情報を契機として，企業に対して100万ドル以上の制裁金を課す法執行がなされた場合には，徴収された制裁金のうち10％から30％の範囲で，当該内部告発者に対して報奨金を与える制度である（D-F法922条等）。最初にSEC等に対して独自情報をもたらした者が報奨金授与の対象となるが，この制度運用にあたり，SECは，企業自身のコンプライアンス体制強化の機運を損ねないようにするため，企業内部のホット・ラインに通報した場合であっても，その日から120日以内にSECに対して通報した者には報奨金授与資格を与えることとした。しかし，こうした配慮は，企業が従業員から内部告発を受けた場合には，120日以内に自主的な調査報告の結果をSECに届け出なければ企業自体が連邦量刑ガイドラインの恩恵が得られず，また訴追延期合意を結べなくなる可能性を生じさせた。そのため，企業には内部通報を受けた場合の迅速な調査・是

---

☆23 この制度の詳細については，柿﨑環「Dodd-Frank法における内部告発者報奨金プログラムとその資本市場規制的意義」証券経済研究76号（2011年）63頁以下参照。

正を可能とするコンプライアンス体制の整備を実質的に誘導する効果を及ぼしている。

第3は，前述した国際商取引の公正な競争を確保するため贈収賄行為を禁止する，OECD の「外国公務員賄賂防止条約」の締結（1997年）による圧力である[24]。この条約に基づき，FCPA の法執行を適切に実施する旨の勧告を受けた米国では 2005 年以降の FCPA の法執行数は激増し，また，2010年の勧告では，規制当局による FCPA のエンフォースメントの判断基準の明確化が求められ，2012 年に DOJ と SEC の共同所管で FCPA 法執行指針がガイダンスとして公表された。そこには，両規制当局が，FCPA の法執行にあたって考慮する企業の有効なコンプライアンス体制の項目が記載されている[25]。

(4) 今後の FCPA 法執行の行方

近年の FCPA 法執行事例を特徴的に述べるとすれば，3 つの意味でボーダレス化が起こっているといえる。すなわち，国境を超え（域外適用の拡大），法人格を超え（海外子会社への適用），当事者である会社を超える（関係取引先・エージェントへのコンプライアンス・プログラムの実施要求）といった広範な適用範囲に影響を及ぼすことにより，徹底した調査協力体制，早期発見，早期是正を可能とするコンプライアンス・プログラムの整備が，企業にとっての訴追延期合意等の恩恵を得られるだけでなく，これらが不充分な場合には当局からペナルティを課される状況に至っている。

このような多角的な要因により増加した FCPA の法執行は，単に FCPA 対応のコンプライアンス体制を企業に整備させるだけでなく，企業の不正一般に対するコンプライアンス・プログラムの機能を底上げし，ひいては内部統制システム機能の向上に貢献することが期待されている。こうした米国における内部統制規制のアプローチの変化は，近年の資本市場が急速にグローバル化，高度な IT 化，複雑化に起因するところが大きい。現在の資本市場

---

[24] OECD, Convention of Combating bribery of Foreign Public Officials in International Business Transactions (1997).

[25] 柿﨑・前掲注（[16]）192 頁以下参照。

においては，タイムレス・コストレスで不特定多数に広がる企業情報が，ひとたび不実であることが発覚すれば，その影響の程度は予測不能な事態が生ずるステージに入っており，事後にその影響を除去し，原状回復することが事実上困難な重大なリスクの顕在化に対しては，資本市場の機能を確保する事前規制や予防的対応が，従来とは異なる次元で重要となってくる。そのため，SEC は，正式な裁判手続に入る前段階において，訴追延期合意や，訴追免除合意という DOJ が用いた司法取引の手法を活用し DOJ と連携することにより，不正の早期発見・早期是正を確保するコンプライアンス・プログラムを整備する企業は優遇し，これを実施していない企業に対しては，厳格に対処するという，いわゆる「アメとムチ」の対応をとるアプローチを採っている。

　さらに，直近では（2014 年以降），SEC による法執行手法に新たな変化の兆しがみられる。従来，民事制裁金について SEC が行政審判で命じることができたのは，ブローカー・ディラーや，投資アドバイザーに限定されていたが，DF 法により，SEC の法執行権限が強化されたため，今後は，誰に対しても，SEC は行政審判のみで民事制裁金を課すことが可能となった[☆26]。そのため，これまでは一般の SEC 登録会社に対して，SEC が高額の制裁金を課すためには，民事裁判手続によらなければならなかったが，今後は，不正の発覚した訴追対象企業が SEC の調査に協力せず，社内の是正措置が不十分であった場合には，利益の吐き出しに限らず，より積極的に高額の民事制裁金を SEC の行政審判（具体的には，排除措置命令）により課せられる可能性があり（現に，2014 年の SEC による FCPA 法執行のほとんどは排除措置命令によるものであった），他方で，徹底したコンプライアンス・プログラムを整備していた企業には不起訴処分または訴追免除合意を結ぶ一方，実際に不正に関与した個人に対して責任を追及していく傾向がみられる。

　このように現在の米国における内部統制規制は，SOX 法上の「財務報告

---

[☆26]　Dodd-Frank Wall Street Reform and Consumer Protection Act§929P(a), Pub. L. No. 111-203, 124 Stat. 1376, 1862 (2010). なお，D－F 法における SEC の法執行手段の強化に関する邦語文献として，山本雅道「米国 SEC の法執行における行政手続の強化と活用」商事 2047 号（2014 年）42 頁参照。

に係る内部統制」の有効性確保を外部監査人による内部統制監査に期待するだけでなく，SEC が当初目指した，企業の不実情報が資本市場に流出する前に，企業内部で早期に問題を発見し，是正することを可能とする内部統制の整備を企業自身に促す規制アプローチに焦点が当たっており，いわば原点回帰する形での FCPA の内部統制規制が活用されている。加えて，高額の制裁金を課す権限を得た SEC の域外適用は，日本をはじめ海外子会社等により商取引を行うグローバル企業にとっては，重大な脅威となっている。こうした変容しつつあるグローバル資本市場を前提とした企業社会の規律の変化に立ち向かうために内部統制システムの整備は，今，新たなステージを迎えようとしている。

##  わが国の新しい内部統制構築に向けて
―――本書の視座

### 1 わが国における内部統制法制の現状

わが国の内部統制をめぐる法体制の整備は，西武鉄道，カネボウ，ライブドア事件などに象徴される，有価証券報告書の虚偽記載や粉飾決算を伴う企業不祥事の続発が直接の契機とされるが，これまでみてきた米国での内部統制の展開が，わが国における内部統制の議論の淵源にあることは否定できない。さらには，内部統制をめぐる法規制の整備が米国に限らずグローバルな要請となりつつある現在，その世界標準の内部統制に係る法整備の要請が何を目的としたものであるか，その本質を見誤ると，個々の企業に要求される膨大な内部統制整備の対応作業が的外れな徒労となるおそれさえある。

もとより，わが国の内部統制に対する法的対応の議論は，大和銀行株主代表訴訟事件に端を発しており，内部統制構築義務は，当初から判例上，取締役等の善管注意義務の一部として位置づけられてきた。2006年に施行された会社法上も，「内部統制」という言葉こそ使用していないが，内容的には内部統制システムの構築を要求する「業務の適正を確保するための体制」の整備義務が大会社に課されている（会社348条4項，362条5項，416条2項）。ところが，その一方で，米国の SOX 法が連邦証券規制の一部として位置づけ

られたことに平仄を合わせる形で，経営者による「財務報告に係る内部統制」の評価報告書の提出義務と，これに対する監査人による監査証明の要求が金融商品取引法に導入されたため（金商24条の4の4第1項，193条の2第2項），この両者の関係が判然としない状況がもたらされている。

　しかしながら，前述の米国における内部統制規定の沿革や意義，グローバルな資本市場の要請に鑑みれば，わが国においても，この両法律の内部統制規制は，表裏一体のものとして包括的に把握されていくべきである。すなわち，金融商品取引法上に規定された「財務報告に係る内部統制」は，金融商品取引法の法目的に掲げられた「資本市場の機能の十全な発揮による金融商品等の公正な価格形成等を図」（金商1条）るための前提となる，公正な企業情報の開示を可能とする企業の基盤部分のガバナンスが確保されていて，初めて有効に機能するといえる。また，大会社ではないが上場している公開会社に対しては，会社法上の内部統制構築義務は課されていないものの，およそ市場参加者の適格要件として，金融商品取引法の法目的の要請に耐えうる内部統制の構築・整備が求められていると考えられる 。このように会社法上の内部統制規定と金融商品取引法の財務報告内部統制規定をいかに有機的に結びつけていくかが，模索され続けている。

## 2　今，改めて問われる内部統制整備・運用に向けた取組み

　平成19年6月から東京証券取引所に上場する企業の場合，内部統制の関連事項は，コーポレート・ガバナンス報告に関する開示項目の一部として，東京証券取引所のホームページにおいて閲覧可能であり，内容に変更があれば随時，更新されることとなり，実務上の運用をみても，会社法に基づく内部統制に関する取締役会決議が求められる事項に沿って開示が行われている。また未上場の株式会社であっても，内部統制に関する取締役会の決議を行った会社は，期末には監査役による内部統制に関する監査を受け，その監査結果は事業報告に開示されてきた。さらに，平成26年会社法改正においては，内部統制規制についても重要な変更が加えられた（詳細は後述の第3章参照）。なかでも，従来は大会社や委員会設置会社につき内部統制システムの体制整備が定められている限りであり（会社348条3項4号・4項，461条1項

1号ホ，会社則98条，112条2項），その運用の実効性を確保する規定がなかったが，改正会社施行規則では，内部統制システムの運用状況を事業報告の内容に追加することとした（会社則118条2号）。もっとも，これは金融商品取引法上の「財務報告に係る内部統制」の有効性に対する経営者評価と同様な評価までも要求するものではないが，従来の取締役会の内部統制の大綱の決議内容のみならず，それに基づきどのように運用されているかを客観的に記載することが求められている。したがって，およそ内部統制の整備・運用に関する情報開示は，会社法上の決議項目に沿って示されることになるのであるから，おのずと他社の開示する内部統制システムの整備・運用状況との比較・検討が進み，それによって規模・業種ごとに一定のレベル感のある地点に収斂していくことが予想される。そのため，業務執行には広範な裁量が認められるとはいえ，その水準に達していない内部統制しか備えていない企業では，ひとたび内部統制に重大な問題があって会社に損害が発生した場合には，経営判断原則による保護の範囲内の事柄とはいいがたく，同規模の同業他社と比較して，本来備えるべき水準の内部統制システムを備えていなかったという司法判断につながりやすいと考えられる。求められる内部統制システムの整備・運用レベルが，国内外の様々な要因によって，日々高められていく以上，その変化に即応して，取締役会決議の内容を見直しながら，不断の改善作業を重ねることを可能とする社内体制の整備こそが肝要である。

　さらに金融商品取引法の適用対象会社は，会社法上の内部統制システムの整備・充実を土台としながら，いわゆる日本版SOX法への対応にも引き続き取り組まなければならない。金融商品取引法においては，後述するように（第Ⅰ部第5章参照），経営者は内部統制報告書において，企業内に整備した「財務報告に係る内部統制」の有効性を評価し（金商24条の4の4第1項），その報告書に対して公認会計士が監査証明を付するものである（金商193条の2第2項）。もとより金商法適用会社に対しては，金融商品取引法1条に掲げられた「資本市場の機能の十全な発揮による金融商品等の公正な価格形成等を図」るという法目的を達成するために，資本市場に対する適時・適正な情報開示が求められている。その目的の実現に見合う会計・監査の実質を確保する内部統制システムでは，「財務報告の信頼性」の目的を強調することになる。

他方，平成27年「コーポレートガバナンス・コード」では，非財務情報の開示への主体的な取組みを求めており，それを支えるガバナンスも，資本市場からの要請に耐えうるレベルを要求されることになる。したがって，上場する公開株式会社に対しては，会社法上要求される内部統制構築レベルも相対的に高くなり，それが取締役等に対して求められる善管注意義務の判断水準を形成していくこととなろう。

　もっとも上場していない株式会社であっても，大会社については，ひとたび重大な企業不祥事が生じた場合に，株主，債権者に与える影響の大きさに鑑みて，会社法上の内部統制システム構築の取締役会決議を義務づけられている。加えて，大会社や上場会社でない株式会社の場合も，内部統制システム構築の決議を取締役会（取締役会非設置会社は複数取締役）において任意に行うこともできる。こうした会社は，たとえば，銀行からの融資条件として，あるいは企業集団における内部統制構築の一環として親会社からの指示によって，内部統制システムの構築に取り組むことがあるだろう。その場合であっても，あくまで取締役会（または複数取締役）の決議事項に留保することで牽制機能を発揮させ，代表取締役等の自己規律を促し，また，少なくとも正確な会計帳簿作成に貢献するなど，会社規模や業種に応じて過不足ない程度の内部統制システムを構築が求められている。

　さらに，上場・非上場や会社規模の大小を問わず，今後，海外展開する日本の企業は，FCPAの法執行の脅威に曝されるおそれも現実のものとなっている。したがって，およそすべての株式会社にとって，これらの法的要請に対応する不正の早期発見・早期是正を可能とするコンプライアンス・プログラムを含む内部統制の整備が喫緊の課題となっているのである。

◆柿　﨑　　環◆

# 第2章 改訂版COSOフレームワークの概要と法的意義

 **COSOフレームワークの展開とその法的意義**

　現在の内部統制の世界標準は、1992年に米国で公表されたCOSO報告書によるフレームワークに端を発したとされている☆1。しかしながら、第1章で述べたように、米国証券取引委員会（SEC）および米国議会は1980年代のたび重なる会計不正や企業不祥事を憂慮して、内部統制構築・評価・開示・監査制度を連邦証券法規制に導入しようとしていた。その立法提案のプロセスにおいてはCOSO報告自体、それに対抗する会計プロフェッション等の自主的取組みのひとつにすぎないともいえる。もっとも法規制上は、COSOを踏まえて変更された内部統制に関する監査基準の内容に対しても、連邦証券諸法の目的達成水準に達していなければ、SECが、証券市場規制機関としてその内容の変更・修正を求める権限を行使することになる（34年連邦証券取引所法〔以下「34年法」という〕10A条参照）。

　したがって、COSO報告書が示したフレームワークの法的意義とは、それまで外部監査人や経営者によって様々に理解されていた内部統制の内容を、企業関係者が共通して把握できる統一的な行為規範の基盤として提供したと

---

☆1　Committee of Sponsoring Organizatim of the Treadway Commission（COSO）, Internal Control-Integrated Framework（1992）. なお、邦訳として、トレッドウェイ委員会支援組織委員会／鳥羽至英ほか共訳『内部統制の統合的枠組み　理論編』（白桃書房，1996年）参照。

ころにある。すなわち，経営者による内部統制と，監査人による証明対象としての内部統制が別々で内容も曖昧であったときには，その構築義務や監査証明について，法的責任を厳格にリンクさせることは難しかったが，COSOフレームワークによりこれらが企業関係者にとって共通の基準に基づく認識対象となることにより，そこに法規範性を認める基盤が確保されたとみることができる。その後，エンロン事件等の会社不正の発覚を契機に，証券市場の早急な信頼回復を至上命令として，SOX法が驚異的なスピードで制定されたが（第1章❶参照)，同法において内部統制の構築・評価・開示・監査証明という一連の内部統制システムの法規制体制が確立できた背景には，COSOフレームワークの提案した内部統制が，既に広く企業関係者間で共通の基盤として普及していたことの影響は大きい。

さらに2004年にCOSOフレームワークをマネジメント・プロセスの一環として発展させた「全社的リスク・マネジメントのフレームワーク（Enterprise Risk Management：ERM)」が公表された☆2。これは，「事業体に影響の及ぼす可能性のある潜在事象を識別し，リスクを許容限度内に収めて，事業体の目的達成に合理的な保証を提供する」という趣旨に基づくCOSOフレームワークの発展系である。ERMでは，これまでのCOSOフレームワークの3つの目的に「戦略」が追加され，またCOSOフレームワークの構成要素の「リスク評価」の前に，「目的の設定」と「事象の識別」が追加され，さらに「リスク評価」の要素の後に「リスクへの対応」が明示的に示された（COSOフレームワークが示す目的，構成要素についての詳細は，❷，❸を参照)。こうしたERMが登場した背景には，COSOフレームワークでは，リスク評価に対応したリスク管理が統制活動の一環として現場レベルに任され，経営者レベルでの一貫した対応が明確でないという批判があった☆3。

続いて2006年には，中小規模公開会社向けに，内部統制の整備・運用に過重な負担とならないように「財務報告に係る内部統制―中小規模上場会社

---

☆2　COSO, Enterprise Risk Management-Integrated Framework（2004)．
☆3　その他のCOSOによるフレームワークの展開については町田祥弘『内部統制の知識〔第3版〕』（日本経済新聞出版社，2015年）71頁参照。

のためのガイダンス」が公表された[☆4]。これも，SOX法404条対応について，中小規模公開会社に対する適用開始期限が迫っていたため，中小企業には負担が重過ぎると批判のあった内部統制監査に対応することが念頭におかれたものであった（第1章Ⅱ4参照）。

　現在においても，内部統制に関するグローバルな法規制の基礎には，COSOフレームワークに基づく内部統制の考え方が横たわっており，内部統制を考えるうえでは，やはりそのフレームワークの理解を避けて通ることはできない。わが国においても，内部統制に関する規定を整備した会社法，金融商品取引法，または東京証券取引所の適時開示規則等においても，COSOフレームワークがベースであるとの明言はないものの，少なくともその理解を前提としているのであって，今後の内部統制をめぐるグローバルな展開に沿う方向で各社が身の丈にあった内部統制の整備を進めることが肝要である。わが国の現状においては，内部統制システムの具体的な整備・運用にあたり，発展するCOSOフレームワークが示す内容を，ソフト・ローとして把えることで，その意義を改めて問うことができるといえよう。

##  改訂版COSOフレームワークにみる内部統制の目的と機能──法的視点からの分析

　2013年5月，COSO報告書が1992年に公表されてから約20年ぶりにCOSOフレームワーク全体の見直しが行われた[☆5]。この改訂は，1992年以降のビジネス環境の激変，法規制の改正，利害関係者の期待の変化に伴って，従来のフレームワークを刷新することがねらいとされていた。本章では，従来のCOSOフレームワークと併せて，改訂版COSOフレームワーク（以下「改訂版COSO」という）の概要と従来版との違いについて法的視点から分析してみたい。

　改訂版COSOでは，従来の内部統制を構成する5つの構成要素（①統制環境，

---

☆4　COSO, Internal Control Over Financial Reporting－Guidance for Smaller Public Companies（2006）.
☆5　COSO, Internal Control-Integrated Framework（2013）.

②リスク評価，③統制活動，④情報と伝達，⑤モニタリング）に変更はないものの，これらの構成要素をより理解しやすくするため，新たに 17 の原則が公表された。さらには，内部統制の整備・運用の際に，それらの原則が有効に機能しているかの評価に役立つ 87 の着眼点 (point of focus) が各原則に具体的に示され，内部統制の整備・評価が円滑に行われるように工夫されている。もっとも，87 の着眼点ごとに原則が機能しているかについて，すべて評価することを改訂版 COSO が要求しているわけではない。これらの着眼点は，従来の内部統制の構成要素が，組織体内で一体として機能しているのかを評価するガイダンスを提供するものである。

内部統制の定義自体は，「事業体の取締役会，経営者およびその他の構成員によって実行され，業務，報告，およびコンプライアンスに関連する目的の達成に関連して合理的な保証を提供するために整備されたひとつのプロセスである」として，概ね，当初の COSO フレームワークの定義で示された内容と変わりはない。しかし，重要な変更点として指摘されるべきは，旧 COSO フレームワークの目的として掲げられた 3 つの目的（①財務報告の信頼性，②業務の有効性，③関連法規の遵守）のうち，改訂版では，「財務」という限定がとれた「報告」に関連する目的に変更され，非財務情報に関する報告の信頼性についても内部統制の目的に含められることとなった点である。したがって，改訂版 COSO の目的は，①報告の信頼性・適時性・透明性，②業務の有効性と効率性，③関連法規の遵守となった。「報告」目的の明確化は，今後の内部統制システム全体のあり方との関連から，重要な変更といえる。

この「報告」のカテゴリーは，財務・非財務の視点のみならず，外部・内部の視点からも区分がなされ，以下の 4 領域の報告目的への貢献が求められることが明らかにされた。すなわち，新たに内部統制の目的とされる報告は，従来からある①「財務情報に関する外部報告」以外に，②「財務情報に関する内部報告」，③「非財務情報に関する内部報告」，④「非財務情報に関する外部報告」に区分できる。したがって，これまで①について SOX 法 404 条が規律してきた「財務報告に係る内部統制報告」以外にも，②では，財務会計と管理会計の連携を図り，企業内部において，より精緻な会計情報の報告を行うことで，経営者が企業運営における意思決定を見誤らないようにする

ことが期待されている。③では，企業内部での非財務情報について，現場からの情報が遮断されることなく，適時にトップに伝えられる「内部通報制度」を，より実効性の高いものとする取組みが要請されることになろう。さらに，④については，企業の社会的責任報告などが例示されているが，今後はさらにサステナビリティ報告，企業戦略の開示等がこれまで以上に重視されるものとなるだろう。

また，内部統制の報告目的が財務関連に限定されないことを受けて，改訂版 COSO では，内部統制上の不備について，これまでとは異なる視点で，内部統制の有効性に影響を及ぼす不備を定義している。旧 COSO フレームワークでは，事業体の目的達成に影響を及ぼす可能性のある内部統制上の欠陥を「重要な欠陥（material weakness）」としていたが，SOX 法上，経営者による評価が要請されるのは，「財務報告に係る内部統制」の有効性であったため，最終的に財務報告の信頼性に影響を及ぼす可能性のないものは，それほど顧みられない傾向があった。改訂版 COSO では，新たに内部統制の有効性の評価にあたり「事業体の目的達成可能性を大きく減少させる1つまたは複数の不備の組合せ」を「重大な不備（major deficiency）」という概念として定めた。今後は，財務報告に限らず，こうした複数の構成要素の欠陥が組み合わさって，事業体の目的達成を大きく妨げるおそれがあると判断すれば，経営者は内部統制が有効であるとの評価はできないことになる。同時に，こうした内部統制上の不備に関する情報は，最終的に財務報告に影響があるかどうかにかかわらず，適時に，内部統制の不備に関する是正権限を有する者へ報告されるべきことが，第17原則においても強調されている。

以下では，まず，改訂版 COSO フレームワークの目的と機能およびその構成要素について法的視点から概観するとともに，それが日本における内部統制システムの整備運用にどのように影響を与えるものであるかについて考察を加えてみたい。

第1に「内部統制の目的」の理解についてである。とりわけ，改訂版 COSO の大きな変更点のひとつである「報告」目的の範囲について非財務情報まで拡大した点の影響を理解することが重要である。もともと，非財務情報については，内部統制監査においても，財務諸表監査との統合監査を行う

前提として当然に考慮されてきたはずである。しかし，ここにきて，非財務情報の重要性が強調されるようになったのは，企業社会全体のニーズの変化，すなわち持続可能な企業を目指すのであれば，財務情報に注視するだけでは将来の方向性を見誤るおそれがあり，環境問題，人権問題，不正汚職等のコンプライアンスなど，多様な非財務情報にも配慮し，リスク・マネジメントの充実を図ることが，投資家のニーズと経営者の適切な意思決定に貢献するものと考えたからであるといえる。さらに上記の3つの目的は，図式的には独立しているが，相互に重複・補完される関係にあり，単一もしくは複数の統制手続が，異なる範疇の統制目的の達成に資するものである。また，これらの目的は，内部統制の整備を要請する法令によって，その内容や強調すべき目的が異なっている。たとえば，わが国の会社法に基づく内部統制の整備は，ガバナンスの一環として，「取締役の職務の執行が法令・定款に適合することを確保するための体制」整備の決議が求められているため（会社348条3項4号・4項，会社則98条），内部統制の目的のうち「関連法規の遵守」が最も強調される。他方，これを土台としたうえで金融商品取引法適用会社においては，資本市場の公正性を確保するため，さらに「財務報告の信頼性」の確保の目的が強調されることになる。同時に，各種業法等（たとえば個人情報保護法，銀行法など）において求められる内部統制についても，それぞれの法律固有の目的の達成に耐えうる内部統制の整備が求められることになる。これらの各法律に基づく内部統制の関係については，たとえば，上場した公開株式会社は，金融商品取引法が要請する内部統制の目的を実現するレベルの内部統制の整備が会社法上の善管注意義務の内容としても求められており，さらにその公開株式会社が銀行等である場合には，金融商品取引法のみならず銀行法の目的遂行にも耐えうる内容の内部統制の充実が，会社法レベルのガバナンスにおいても実現されていなければ，「業務の適正を確保する体制」が整備されているとはいえないだろう。

　第2に，「内部統制がプロセスである」ことの理解である。すなわち，内部統制が業務のプロセスとして，業務内容に組み込まれていること，そのプロセスの実施状況が，法的には取締役等の善管注意義務の履行に適うものであることが求められている。また，外部監査人など，内部統制を独立して評

価する者にとっても，その役割の変化が求められている。すなわち，外部監査人は，監査結果の意見を表明するだけでなく，期中の監査業務のプロセスにおいて発見した内部統制上の不備に関する問題を経営者に対して報告し，早期是正を図るように助言・勧告するなど，内部統制構築のプロセスに関与することで，企業の付加価値の創出にも寄与することが求められている。

　他方，資本市場に対する「公正な企業情報の開示」の要請において，今日の外部監査人に課せられた役割は，「財務諸表」のみを対象とした監査ではなく，「財務報告プロセス」の監査にまで拡大している。すなわち，多様性や複雑性を増した現代企業において，その財務状況を適正に表示するためには，企業の規模や業種によって会計基準の適用に一定の幅を許容せざるをえない。したがって，財務情報を「共通のものさし」（企業会計基準）を用いて，「共通の資格者」（公認会計士）が評価することではじめて担保される他社情報との比較可能性を確保することは，今日，実はそれほど容易なことではない。また，こうした会計基準の適用に裁量の幅があることを逆手にとって，短期的には財政状態が良好に「見える」会計操作を仕組むなど，権限濫用のおそれがないとはいえない。そこで，外部監査人には，財務情報そのものが共通の基準に合致して記載されているかを判断する「財務諸表の適正性」に対する意見表明はもとより，財務報告のプロセスが適切かを監査すること，すなわち，内部統制プロセスの監査を通じて，「財務諸表の適正性」の判断自体を手続的公正さの観点から考慮するアプローチを求められている。

　第3に，COSO改訂版が示した3つの目的達成に対して「合理的な保証を提供する」ことの法的意義は，業務執行担当取締役等の損害賠償責任の免責事由との関係において，あるいは，取締役の監視義務における信頼の権利（抗弁）に関連づけることができる。もとより内部統制は，上記の目的の達成を絶対的に保証するものではなく，個々の企業の業種・規模等の個別の事情に則して合理的なレベルにおける保証が求められているにすぎない。内部統制構築義務を負う業務執行担当者にとっては，「合理的な保証」としての限定があることにより，合理的なレベルの内部統制システムによっても回避しえなかった損害発生については，結果責任を免れることができるので，かかるレベルの内部統制構築のインセンティブを与える意味もある。他方，取締役

等の監視義務違反の責任の範囲も，「信頼の権利」に基づく合理的なレベルが想定されている。ここで，信頼の権利（抗弁）とは，一般に，とくに疑念を差し挟む特段の事情がないかぎり，取締役が，他の取締役や従業員が提供する情報や資料に依拠したとしても，監視義務違反には問われないことを指すが，このとき情報を提供した担当者の行為を合理的に信頼しうる体制が整備されていることが必要とされる。したがって，信頼の権利が保護され，取締役が監視義務違反に基づく責任を免れるためには，内部統制システムが，その目的達成に合理的なレベルの保証を提供し，有効に機能するものでなければならないだろう。もっとも，同時にそうした合理的レベルの保証が維持されず，内部統制構築義務者への情報提供が不十分であったため，会社に対する損害発生の予見可能性が低い場合であっても，それが合理的レベルの内部統制構築・運用義務を怠っていたものと評価される場合には，「知らなかった」という抗弁は通用しないという意味において，取締役等の責任は厳格化されていると理解することもできる。

さらに，合理的な保証の提供には，それを示す証拠が必要であり，その証拠の収集・分析・判断それ自体についても合理的保証が求められることについても注意が必要である。

## Ⅲ 改訂版 COSO の構成要素と法的視点からみた留意点

### 1 統制環境（Control Environment）

改訂版 COSO に示された内部統制の構成要素の第 1 に挙げられる「統制環境」は，すべての内部統制の構成要素の基盤としての意義を有する。統制環境のなかで，とりわけ内部統制の構築義務を負う経営者の誠実性や倫理性が重要であるのは，内部統制の有効性が，それを設定・管理・監視する人々の誠実性と倫理的価値観の水準を超えることはできないからである。しかし，そうであるからこそ，こうした要素が，統制環境の不可欠な部分として企業内の体制や組織のなかに適切に具現化される仕組みが重要となるのである。

第 2 章 ◆ 改訂版 COSO フレームワークの概要と法的意義　37

　改訂版 COSO では，内部統制の第1の構成要素である「統制環境」について，以下の5つの原則が有効に機能しているかを提示した着眼点から検討することを求めている。

　第1原則は，組織体は，誠実性および倫理的価値に対する関与を表明することである。この原則についての着眼点としては，①経営者層が，内部統制システムをサポートする誠実性，倫理性を自ら指示し，行動態度で示しているか，これが「トップの気風の確立」として求められている。また，それが具体的には，②事業体の行動規範によって明確化され，従業員をはじめ全階層の構成員に理解されているか，③その遵守を評価するプロセスが確立されているか，および④その不遵守に対する適時の対応が実施されているかという着眼点から，この原則の有効性を評価することが必要である。

　第2原則は，取締役会は，経営者から独立していることを表明し，内部統制の整備・運用状況の監督を行うことである。この原則は，法的にみても統制環境の有効性を評価するうえで要となる原則であり，着眼点としては，①取締役会の内部統制に対する監督責任が確立されているか，②その監督責任を果たすため，取締役会の構成員が上級役員に対して実効性のある質問等ができる専門的知識や能力を備えているか，③経営者から独立して客観的な評価と決定を行うことができるか，さらには，④内部統制の5つの構成要素（統制環境，リスク評価，統制活動，情報と伝達，モニタリング）について，整備・運用状況の監督に関わる事項がそれぞれ列挙されており，取締役会が，内部統制の監督責任を果たすためのポイントが示されている。

　第3原則は，組織体は，内部統制の目的遂行のため，取締役会の監督のもとで，経営者による組織構造，報告ライン，および適切な権限と責任を確立することである。その着眼点には，①検討する対象として，法人組織をはじめ，事業単位や，地域的な区分，外部委託先など複合的な組織構造が想定されており，②組織構造ごとに報告ラインが確立されているか，③組織の様々な階層に権限と責任が分担され，他方，職務分掌などの制約が課されているかが挙げられている。

　第4原則は，内部統制の目的達成にふさわしい有能な人材を雇用，育成，保持する努力を示すことである。着眼点には，①内部統制の目的達成をサ

ポートするために必要なものと想定される業務遂行能力を示した「方針と実務」が確立されているか，②その「方針と指針」に照らして，組織全体および外部委託先が業務遂行能力を有しているかを評価し，不足する場合には，適宜対処しているか，③人員育成のための必要な指導研修を行い，④後継者育成の計画と準備を行っているかが挙げられている。

　第5の原則は，組織体は，内部統制の目的遂行における個人の内部統制上の責任を明らかにすることである。着眼点には，①情報伝達の仕組みを確立し，個々人の内部統制に対する説明責任を履行させているか，②全階層の構成員に，責任に相応する成果の測定基準，インセンティブ，報酬を設定しているか，③その基準等について，内部統制に対する適合性を継続的に評価しているか，④成果の評価にあたって，目的達成のためのプレッシャーが過度でないかを評価し，適宜調整しているか，⑤成果評価および個人に対する賞罰が適切に実施されているか等が挙げられている。

　こうした統制環境を法的に捉えてみれば，内部統制の構築義務を負う者が，事業に関わるすべての関係者による実効的な組織活動を確保するうえで要請されるものであり，善管注意義務の履行の前提あるいはその一部として把握される。とりわけ，ガバナンスの観点からは，「統制環境」の内容のうち，業務執行者を監視・監督する者の独立性の確保，構成員の経験と能力，専門性，陣容の十分性などの評価が重要である。もっとも，監査論における内部統制概念の変遷からみれば，会計統制（accounting control）と経営統制（administrative control）に区別された内部統制の構成要素のうち，経営者のための「経営統制」に当たる部分が統制環境の一部として抜き出され，そこに経営者に対する牽制機能が追加されることにより，統制環境の担う役割が質的に変容し，経営者規律を含むガバナンスに直結する概念として再構成されたものと考えられる。すなわち，統制環境の整備は，それ自体，経営者自らに自己規律を求めるものであり，その自己規律を担保する体制の整備として位置づけられることによりガバナンス全体の底上げを図る効果が期待されている。したがって，業務執行者の自己規律が有効であるかを監視する企業内部の仕組みとして，わが国においては，監査役等や監査人の独立性や機能の有効性の確保は，統制環境の重要な一部として検証されるべき事柄なのであ

る。

## 2　リスク評価（Risk Assessment）

次に，統制環境の基盤が整備されたうえで，改訂版COSO報告書では，旧版と同様に経営者が事業体のリスクを評価することを求めている。リスク評価とは，統制目的の達成に関連するリスクを識別し（洗い出し），かつ分析することによって，そのリスクをいかに管理すべきかを決定する基礎を提供することである。事業体の内外の状況は変化し続けるものであるから，その変化に関連したリスクを識別して，対処するための仕組みが必要となる。

改訂版COSOにおける「リスク評価」には，以下の第6原則から第9原則の4つの原則が挙げられている。

第6原則は，組織体が，リスクを特定し評価できるように，内部統制のリスクに関する目的を明確に定めることである。その着眼点は，さらに項目が分かれており，「業務目的」については，①組織構造，業界動向，事業体の成果に関する経営者の選択を，業務目的に反映しているか，②経営者が，業務目的の達成に関わるリスク許容度を検討しているか，③業務上，財務上の成果についての要求レベルを業務目的に反映させているか，④要求レベルを達成するために必要な経営資源を配分する基礎として，業務目的を活用しているかについてみていく必要があるとする。次に，「外部財務報告目的」については，①適切かつ適用可能な会計原則に準拠しているか，②経営者は，財務諸表の表示における重要性を考慮しているか，③外部報告に，定性的な特徴や経営者の主張を示すため，基礎となる取引・事象を反映させているか，等を考慮する。「外部非財務報告目的」については，①経営者は，法令やしかるべき外部組織が設定した基準等に準拠した非財務報告目的を設定しているか，②経営者は，利用者のニーズに適合するよう求められる正確性の水準を検討しているか，③外部報告には，基礎となる取引と事象を許容可能な範囲で反映させているかをみていく。「内部報告目的」については，①内部報告は，経営者の選択，経営スタイルに基づいて，事業体の経営に必要な正確かつ網羅的な情報を，経営者に提供しているか，②経営者は，内部のニーズに適合する正確性の水準を検討しているか，③許容可能な範囲で，基礎とな

る取引・事象を内部報告に反映させているかをみていく。さらに「コンプライアンス目的」については，①コンプライアンス目的に組み込むべき最低限の行為基準を定めた法令・規則等を，その目的に反映させているか，②コンプライアンス目的の達成に関わるリスク許容度を検討しているかを着眼点としている。

第7原則は，いかにしてリスクに取り組むべきかを判断するため，組織全体に係る内部統制の目的に対するリスクを特定し分析することである。着眼点として挙げられているのは，①目的達成を阻害するリスクを，事業体，子会社，事業部，事業ユニット，機能別組織ごとに，識別・評価しているか，②リスクの識別において，内部要因・外部要因と，それらが目的達成に対して及ぼす影響を分析しているか，③しかるべき階層の経営者がリスク評価に関わる仕組みを導入しているか，④識別されたリスクの重要性を，発生可能性と影響度，伝搬速度，リスク顕在化後の影響の持続性の観点から見積もっているか，⑤リスク管理において，リスクの許容，回避，低減，共有といったリスク対応策を決定しているかである。

第8原則は，内部統制の目的達成のリスクを評価するにあたり，不正の可能性を検討することである。着眼点は，①様々なタイプの不正および違法行為の結果，発生しうる不適切な報告，資産喪失の可能性，汚職等について検討しているか，②不正リスクを評価するにあたり，その動機とプレッシャーを検討しているか，③不正リスクを評価するにあたり，資産を承認なく取得・使用・廃棄すること，事業体の報告記録の改ざんといった不適切な行為を犯す機会があるかを検討しているか，④不正リスクの評価にあたり，経営者や構成員が不正に関与する可能性，またはそれを正当化する可能性を検討しているかである。

第9原則は，内部統制システムに著しい影響を与える変化を特定し，評価することである。着眼点には，①リスクの識別プロセスにおいて，事業体の規制環境，経済環境等の外部環境の変化を検討しているか，②新規事業，事業構成の大幅な変更，事業の買収・売却といった，内部統制等に重要な影響を与えるビジネス・モデルの大きな変化を検討しているか，③経営者の交代に伴う，内部統制システムに対する経営者の姿勢および理念の変化を検討し

ているかが，挙げられている。

　以上のように，リスク評価の前提には，まず統制目的の設定が求められ，当該会社の個別事情に則して，事業目的の達成に照らした固有のリスクを経営者が評価することが必要であり，そのリスク評価に基づく対応のための体制整備が求められていると解すべきである。これを法的にみれば，「リスク評価」というプロセスを内部統制の一部として経営者に課すことにより，損害発生をもたらす行為の予見可能性の基礎が与えられ，善管注意義務違反を問う根拠が明確になると解される。リスク管理には，リスク評価が不可欠であり，リスクを洗い出し，その頻度と影響の大きさを認識する前提があって，そのリスクに対する経営判断の方向性が決まる。どのようなリスク対応を選択するかが，経営判断の基礎として評価されることになろう。もとより業務執行の裁量の範囲内において受容されるリスクもあるが，そのリスクの識別・分析自体が著しく合理性を欠いている場合には，それに基づく経営判断の妥当性も疑わしいものとなる。したがって，こうしたリスク評価の合理性の判断が，次に述べる取締役の責任の前提としてクローズアップされてくる。

　すなわち，取締役等の役員による善管注意義務違反に基づく民事責任との関係で考えてみれば，一般には，こうした義務違反の疑いを生ぜしめる事情を知り，または知りうべかりし場合には，業務執行の監視・監督を担う立場の者には調査義務が発生し，さらには，責任発生原因となるべき行為を知り，または知りうべかりしときには，その是正義務が生ずると考えられ，これらに対する義務違反の認定の問題となる☆6。内部統制のリスク評価は，こうした民事責任の根拠としての調査義務または是正義務違反を認定する際に，その前提として，義務違反を生ぜしめる事情または責任発生原因となるべき行為を認識しうる合理的な水準と範囲内であったかを判断するうえで重要な要素として位置づけられる☆7。そして，その「事情を知り，または知りうべか

---

☆6　笠原武朗「監視・監督義務違反に基づく取締役の会社に対する責任について㈢」法政研究70巻2号（2003年）参照。

☆7　ダスキン事件大阪高裁判決（大阪高判平18・6・9判タ1214号115頁）では，経営者が，著しい損害発生のおそれを認識する前と後によって，求められる取締役の対応が異なるものであり，明確な認識以前であれば，相対的に経営判断を尊重するが，

りし状況」を導くものとして，次に述べる「統制活動」,「情報と伝達」および「モニタリング」の構成要素が実効的に機能しているかが問われることになる。

## 3　統制活動 (Control Activities)

　こうしたリスクを評価し，事業体の目的達成に伴うリスクに対処するためには，それに見合う統制の方針と手続が経営者によって確立され，実施されることが必要であるが，統制手続に基づく統制活動は，ひとつの目的だけではなく，複数の統制目的に貢献する場合もある。統制活動は，組織全体を通じてすべての組織階層において実施され，そのなかには，承認，権限の付与，検証，調整，業績評価，資産の保全および職務の分離などの広範な活動が含まれる。改訂版COSOの「統制活動」に関しては，以下のように第10原則から第12原則までの3つの原則を挙げている。

　第10原則は，組織体は，許容できるレベルにまで目的達成のリスクを軽減するための統制活動を選別し，実施することである。着眼点としては，①評価されたリスクに対応した形で統制活動が適時適切に行われているか，②事業体の業務に係る環境，複雑性，特性，対象領域といった組織特有の性質が，統制活動の選択と実施に与える影響を検討しているか，③経営者は，統制活動が必要な業務プロセスを決定しているか，④複数の種類の統制活動（取引レベルの統制活動タイプ，テクノロジーを用いた統制活動等）を合わせて評価しているか，⑤事業体の様々な階層における内部統制を検討しているか，⑥職務分掌を考慮して統制活動を整備しているかが，挙げられている。

　第11原則は，目的達成を支援するため統制活動全体に係るテクノロジーを選別し，実施することである。着眼点として，①業務プロセス・自動化された統制・IT全般統制の相互関係を理解し，決定しているか，②IT全般統制のうち，インフラに関わる統制活動を構築しているか，③IT全般統制の

　　認識後であれば，損害発生に向けた是正措置を怠ったことにつき，経営判断原則の範囲において保護されるべきではないことが指摘されている。「リスク評価」の対応が取締役の善管注意義務のあり方に影響を及ぼすことを認めた先駆的な判例として評価される。

うち，セキュリティ管理に関わる統制活動を整備しているか，④IT全般統制のうち，ITの取得，開発，保守に関わる統制活動を整備しているかが挙げられている。

第12原則は，期待を明確化した方針，およびその方針を実行する関連手続を通じ，統制活動を展開することである。着眼点は，①経営者は，期待を明確化した方針および行動指針を，業務プロセスや日常業務に組み込むことで統制活動を展開しているか，②経営者は，関連リスクが存在する業務ユニットや機能別の責任者に対して，上記方針等に従った業務遂行責任および説明義務を付与しているか，③各責任者は，方針・手続等に従って適時に統制活動を実行しているか，④各責任者は，統制活動を実行した結果，識別された問題点を調査し，改善しているか，⑤十分な権限と職務遂行能力をもつ構成員が統制活動を実行しているか，⑥継続的な目的適合性を確保するため，方針・手続を定期的にレビューし，適宜更新しているかである。

これらを法的視点からみれば，識別されたリスクの頻度と影響度に応じて，合理的な方針と手続がとられ，これに対応した統制活動が実施されているのか，さらに統制手続を通じて判明した問題状況に対応する事後的是正措置が実施されているのか等が，取締役等による善管注意義務の履行の判断材料として考慮されることとなろう。

## 4 情報と伝達 (Information and Communication)

内部統制は，事業体の全構成員によって遂行されるプロセスであるため，彼らが職務上の責任を果たすには，必要十分な情報が，必要なときに提供されるシステムが求められている。そのためには提供される情報が，一定の「質」を確保する「情報システム」と，その情報が適切に伝達されるプロセスが確保された「伝達システム」が必要となる。ここで要請される情報の「質」には，情報のアクセス可能性，適時性，信頼性が確保されていることが求められている。伝達された情報の利用は，内部統制の3つの目的のうちのひとつだけに奉仕するとは限らないことが，ここでも強調されている。すなわち，財務情報は，財務諸表の作成のためだけではなく，業務上の意思決定にも戦略的経営判断に関わる一方，業務情報も，財務報告の信頼性を確保する

ために必要であるので，相互に補完的関係を有するものである。

　改訂版COSOの「情報と伝達」についても，以下のように第13原則から第15原則までの3つの原則が掲げられている。

　第13原則は，内部統制の他の要素の機能を支援するために，質の高い関連情報を入手し生み出すことである。その着眼点には，①内部統制の他の構成要素を機能させ，事業目的を達成するうえで必要となる情報を特定するプロセスがあるか，②企業内部または外部のデータソースを把握しているか，③情報システムを利用して関連データを加工し，情報としているか，④情報システムは，適時性，最新性，正確性，完全性，アクセス可能性があり，かつ，保護され，検証可能性を有し，保持されるべき情報を作成しているか，またその情報は，内部統制の他の構成要素をサポートする関連性があるかを評価するレビューが行われているか，⑤伝達情報が達成目標に見合う性質，品質，正確性をもち，コストと比較衡量できているかである。

　第14原則は，内部統制の目的とそれを遂行する各自の責任を含め，内部統制の他の要素を支援する情報について内部での意思疎通を図ることである。その着眼点は，①内部統制の各責任者が，責任遂行にあたり必要な情報を伝達されるプロセスが存在するか，②企業の目的に関連する職務を遂行するのに必要な情報を共有するため，経営者と取締役会の間で情報伝達が行われているか，③内部通報制度のような独立した伝達経路が整備され，通常の伝達経路が機能不全を起こした場合でも，匿名または秘密の情報伝達が可能となる二重の安全装置となっているか，④情報伝達の時期，情報の受領者，情報の性質に応じた伝達方法が検討されているかである。

　第15原則は，内部統制の機能に影響を与える事項に関して第三者と意思疎通を図ることである。着眼点は，①目的適合的な適時情報を，外部の関係者へ伝達するプロセスが整備されているか，②外部からの情報伝達経路が開かれており，経営者および取締役会に対して目的適合的な情報を提供しているか，③企業の活動に関する外部の評価に基づく目的適合的な情報が取締役会に伝達されているか，④企業と外部者との通常の情報伝達経路が機能しない場合，通報制度（ホットライン）等，通常とは別に情報伝達経路が確保されているか，⑤情報伝達の時期，対象，性質，法令および受託者責任に関する

要請に応じた情報伝達方法が検討されているかである。

以上のように「情報システム」は，統制を実行する意思決定に必要な情報を捕捉するためだけでなく，戦略的活動の実行にも対応する。とりわけ業務と統合化されたシステムは，リアルタイムで取引を追跡し，記録することを通じて，事業活動のプロセスに対する統制に役立っているが，こうした文書記録の保管は，資本市場に対する開示情報の基礎を提供し，事後的には訴訟リスクに対処する際にも有効に機能することが期待されている。

次に情報の「伝達システム」については，現場管理者から組織の上層部に対する情報伝達手段の確保が内部伝達システムとして必要であるが，通常の伝達チャンネルが機能しない場合に，安全弁として別の伝達ラインが稼動することも，「伝達システム」の有効性を担保するうえで重要である。さらに報告者に対する報復禁止などが確保された内部通報制度があること，またこれらのシステムの有効性を検証する取締役の監視・監督義務の履行の前提として，取締役会やその他の委員会に対する最新情報の提供が挙げられている。さらに通常の情報の伝達ラインを補完するための体制の整備が要求されており，外部伝達システムとしては，外部監査人からの内部統制上の重要な情報の提供，各規制・監督機関による検査結果の報告等が挙げられている。

「リスク評価」において述べたように，取締役等の監視義務違反に対する損害賠償責任を問う前提には，損害発生の事実が予見可能であったことが必要であるため，取締役が「知り，または知りうべかりし状況」にあったことの立証が求められる。したがって，ともすれば取締役は担当業務範囲以外の事項に関しては，信頼の権利を楯にとり，できるだけ自ら情報と接触しない状況に身を置くインセンティブが働きかねない。こうした事態を回避するには，実効的な「情報と伝達」の要素が体制として十分に確保されていることを要求することが肝要である。

## 5　モニタリング活動（Monitoring Activities）

モニタリングは，企業の内外の状況変化の把握も含め，内部統制システムが有効に機能しているのかを評価時点において判断し，内部統制の機能不全があれば，その是正措置を促す自己修復機能を企業内において確保すること

に重点がある。この活動は①日常的監視活動と②独立的評価によって実施される。

第1の日常的監視活動は，業務の過程で実施されるが，第2の独立的評価については，リスクの評価を前提に日常的監視手続の有効性に基づいて，その頻度と範囲が決定される。独立的評価とは，日常的・継続的監視活動とは別立てで，統制手続が有効に機能しているかを評価対象から独立した者によって評価される機会があることを指す。こうした独立的評価プロセスにおいて，評価者は内部統制システムの構成要素を理解し，その有効性，すなわち，当初の予定どおりに機能しているかを評価する。これを内部監査人が行う場合には，経営管理者との討議や文書のレビューが重要となる。文書化の程度は，事業体の規模，複雑性等の要因によって異なるが，文書化が適切な水準であれば，内部統制の評価は一層効率的に行うことができる。

改訂版COSOの「モニタリング活動」については，以下のように第16原則から第17原則まで2つの原則が挙げられている。

第16原則は，内部統制の構成要素が，実在し機能していることを確かめるため，日常的評価・独立的評価を選択し，適用し，実践することである。その着眼点は，①経営者は，日常的評価と独立的評価のバランスを検討事項に含めているか，②日常的評価および独立的評価を整備するにあたり，事業および事業プロセス・リスクの変化の速度を考慮しているか，③内部統制システムの設計と現状を踏まえて，日常的および独立的評価の基準を確立しているか，④日常的および独立的評価を行う評価者は，対象を理解する十分な知識をもっているか，⑤日常的評価は，業務プロセスに組み込まれ，事業プロセスの変更に応じて調整されているか，⑥経営者は，リスクに応じて独立的評価の範囲とその頻度を変更しているか，⑦独立的評価を定期的に行い，客観的なフィードバックを得ているかである。

第17原則は，組織は，適時に内部統制の不備を評価し，必要に応じて，それを適時に上級経営者および取締役会を含む，是正措置を講ずる責任者に対して伝達することである。その着眼点は，①経営者および取締役会は，適宜，日常的評価および独立的評価の結果を評価しているか，②内部統制の不備が，是正措置を実施する責任部署および，適宜，上級経営者および取締役

会に伝達されているか，③経営者は，内部統制の不備が適時に是正されているかを追跡管理しているかである。

　ここでの「内部統制上の不備」とは，内部統制システムの一部における潜在的または現存の欠陥を示すものであり，その報告については，通常，是正措置を講じる責任を負う者と，その者よりも上位の経営者の双方に報告することにより，是正措置の実効性を確保することが期待されている。また，違法または不適切な行為など慎重に取り扱うべき情報の報告には，通常とは別の伝達経路の確保が必要であり，法規制によっては，外部への報告が必要な場合がある。さらに，是正措置のモニタリングについて，適時に改善されていない不備があるときは，是正措置を講ずる責任を負う者よりも上位の経営者へ伝達される必要があるとする。かかる内部統制の不備が是正措置により，改善されるまで，日常的および独立的評価の組合せを含めて，モニタリング活動の選択と展開を見直さなくてはならない場合もある点には留意が必要である。こうしたモニタリング活動を法的視点からみれば，内部統制システムの整備にあたり取締役等の善管注意義務の履行の程度を吟味する際には，単に内部統制上の不備の発見が合理的に可能である内部統制システムの整備だけではなく，適時性・実効性の確保された是正措置の在り方にまで配慮することではじめて有効な内部統制システムが確保されるものであることには留意が必要である。

◆柿　﨑　　環◆

# 第3章 会社法上の内部統制体制

 **内部統制の構築**

## 1 内部統制概念と会社法の求める内部統制システム

(1) 株式会社の業務の適正を確保するための体制としての会社法上の内部統制システム

　会社法は，大会社（監査等委員会設置会社および指名委員会等設置会社を除く）と監査等委員会設置会社および指名委員会等設置会社について，「株式会社の業務の適正を確保するために必要な体制の整備」を義務づけている（会社348条3項4号・4項，362条4項6号・5項，399条の13第1項1号ロ・ハ・2項，416条1項1号ロ・ホ・2項）。一般的に会社法上の内部統制システムといわれているものが，この「株式会社の業務の適正を確保するために必要な体制」であり，会社法施行規則がその基本的要素を敷衍して追加的に規定している（会社則98条，100条，110条の4，112条）。

　ところで，内部統制の定義には必ずしも画一的なものがあるわけでもなく，その具体的内容は，内部統制システムに担わせる主たる機能との関係において定まるものであろう。しかし，これをあえて統一的な概念を探るとすれば，内部統制概念に係る基本フレームワークを提示すると考えられているCOSO（the Committee of Sponsoring Organizations of the Treadway Commission）の内部統制概念フレームワークが参考とされてきた経緯がある。それによれば，内部

統制（internal control）とは，取締役会，業務執行機関その他により実施されるプロセスであって，組織としての諸目標が達成されうることの合理的保証を与えるものと定義され，統制環境，リスク評価手続，統制活動および情報・伝達という内部統制システムの設計・運用に関連する4要素と，内部統制システムが実効的に機能し続けることを確保するための監視活動（monitoring）とからなる合計5つの要素で構成されると説明されている。そのうえで，内部統制システムの運用により実現すべき目的として，業務（operations）の実効性と効率性，財務報告の信頼確保および法令遵守が掲げられている[☆1]。

　これに対し，会社法は「株式会社の業務の適正を確保するために必要なもの」という観点から内部統制概念を把握し，その具体的枠組みを明示してきた。しかし，平成26年6月20日に成立し平成27年5月1日より施行されている「会社法の一部を改正する法律」（以下「平成26年改正会社法」という）は，多重代表訴訟制度の導入（会社847条の3）をはじめとする親子会社法制整備の一環として，こうした規定振りを改め，内部統制システム概念につき会社法本体において企業集団の内部統制に言及し，「取締役の職務の執行が法令及び定款に適合することを確保するための体制その他株式会社の業務並びに当該株式会社及びその子会社から成る企業集団の業務の適正を確保するために必要なものとして法務省令で定める体制」と規定する（会社348条3項4号，362条4項6号，399条の13第1項1号ハ，416条1項1号ホ）。いずれにせよ，会社法上の内部統制概念とCOSOモデル等で示された上記の内部統制概念のうち法令遵守を目的とする部分とが対応関係にあることは明らかであろう。問題は，（会社）業務の実効性と効率性の確保や財務報告の信頼性確保を目的とする内部統制のフレームワークまで会社法上の内部統制概念が包摂するものかどうかである。

---

☆1　The Committee of Sponsoring Organizations of the Treadway Commission, Internal Control？ Integrated Framework（1992），pp. 13, 15.（以下「COSO報告書」という。）。なお，COSO報告書の邦語訳として，トレッドウェイ委員会組織委員会／鳥羽至英ほか共訳『内部統制の統合的枠組み　理論編』（白桃書房，1996年）がある。また，同報告書の内部統制概念を法的に分析した優れた研究として，柿﨑環『内部統制の法的研究』（日本評論社，2005年）136頁以下（「第4章　内部統制の充実と有効性の評価に向けた展開」）がある。

(2) 会社法上の内部統制システムと会社業務の妥当性と効率性の確保

　第1に，会社法は，2人以上の取締役がある取締役会非設置会社において取締役の過半数の決定をもって，また取締役会設置会社では取締役会の決議をもってそれぞれ定めるべき会社法上の内部統制システムの一要素として，「取締役の職務の執行が効率的に行われることを確保するための体制」（会社則98条1項3号，100条1項3号，110条の4第2項3号）・「執行役の職務の執行が効率的に行われることを確保するための体制」（会社則112条2項3号）を掲げている。そのため，会社法では，「株式会社の業務の適正」という文言が，株式会社の業務の適法性のみならず効率性をも含む文言として用いられている（会社348条3項4号，362条4項6号，399条の13第1項1号ハ，416条1項1号ホ参照）。前述のように，内部統制システムに係るフレームワークを提示するCOSO報告書モデルでは，内部統制システムの目的に会社業務の妥当性と効率性の確保が含まれている。会社法の立案担当者の説明では，会社法上の内部統制概念と，COSO報告書にいう内部統制概念とは必ずしも直接的な関係にないものの，同報告書で掲げられている業務執行機関内部での統制も会社法上の内部統制の重要な一内容となると指摘されていること[☆2]から，会社法では「株式会社の業務の適正の確保」の一内容として会社業務の効率性確保まで含むことになったのであろう。

　しかしながら，会社法が義務的に整備を求める「株式会社の業務並びに当該株式会社及びその子会社から成る企業集団の業務の適正を確保するため」の社内体制の一要素として，「会社業務の妥当性・効率性の確保」を含めることについて理論的見地から疑義が呈されており，取締役等の職務執行の効率性確保を図るものとしてどのような体制を整備すべきかが必ずしも判然としない。それだけにかえって実務に混乱を生じさせるおそれがあることが懸念されている[☆3]。また，会社法関連法務省令の制定ならびに公布にあたり法務省からパブリックコメントのために公表された「株式会社の業務の適正

---

[☆2] 相澤哲ほか編著『論点解説　新・会社法』（商事法務，2006年）333頁（Q 458）。
[☆3] 吉本健一「会社法における内部統制システムの意義と機能」森淳二朗＝上村達男編『会社法における主要論点の評価』（中央経済社，2006年）170頁。

を確保する体制に関する法務省令案」に対する意見において既に,「会社業務の適正」と「効率性」とが概念として相反する可能性も否定できないこと等が指摘されており，それを理由として会社業務の適正確保の一環として取締役等の職務執行の効率性確保を含めることに反対する見解も有力に提唱されていた[☆4]。取締役および執行役の職務執行の効率性の確保は，経営上の要請として当然に求められるものであり，各会社の経営上の工夫の問題でもあることからも，法律上整備が強制される会社業務の適正確保のための体制にはなじまず，その体制の一環として組み込むことにそもそも問題があったというべきであろう。

(3) 会社法上の内部統制概念と金融商品取引法上の内部統制概念の関係

第2に，理論的な観点から，会社法上の内部統制概念と金融商品取引法に基づく財務報告に係る内部統制概念との関係をどのように理解するかはひとつの検討事項となろう。実務上も，金融商品取引法により上場会社（その他政令所定のものを含む）を対象に義務づけられる「当該会社の属する企業集団及び当該会社に係る財務計算に関する書類その他の情報の適正性を確保するために必要な体制」（金商24条の4の4第1項）と，会社法上の内部統制概念との関連が問題とされていた。COSO報告書にいう内部統制概念では，財務報告の信頼性確保と法令遵守とが独立の項目として規定されているが，これをわが国の法制上の問題としてどのように考えるべきか。

まず，会社法では株式の上場の有無を問わず株式会社の規模の基準に基づく要請として，また一定の機関設計（たとえば監査等委員会設置会社および指名委員会等設置会社となること）に伴う措置として，同法にいう内部統制システムの整備を求める（会社348条4項，362条5項，399条の13第2項，416条2項）。これに対し，金融商品取引法は上場会社に係る財務報告の適正確保の観点からそ

---

☆4 「会社法施行規則案等法務省令案に対する早稲田大学教授等意見」（以下「早大意見」という）四意見2参照（早稲田法学82巻2号（2007年）213頁）。同意見は，少なくとも委員会設置会社以外の株式会社については，取締役の職務の執行が効率的に行われることを確保する体制を「株式会社の業務の適正を確保する体制」の一要素として掲げていた「株式会社の業務の適正を確保する体制に関する法務省令案」4条1項4号および5条1項3号の削除を提言していた。

の目的に資する体制として、同法にいう内部統制システムの整備を求めるものである（金商24条の4の4第1項）。それだけに、両者の間には対象会社の範囲はもとより制度目的の点においても大きな相違があるかのように見える。また、監査論の立場から、内部統制を、制度・組織・手続および規程等から構成される仕組みとしての「体制」と、その機能状況としての「態勢」とに概念区分したうえで、会社法が前者に主眼をおき、もっぱら内部統制の仕組みの整備のいかんを規制の対象とするのに対し、金融商品取引法は内部統制の機能状況（態勢）を問題とするものであり、この点に現時点における会社法上の内部統制（実務）と金融商品取引法上の内部統制（実務）との大きな違いがあると指摘する説も見られる☆5。

　しかし、会社法において内部統制システムの整備が義務づけられる株式会社のうち上場会社では、会社法上の内部統制システムの一要素である「法令の遵守」のなかに、当然遵守すべき法令として金融商品取引法が含まれることはいうまでもない。その意味で、上場会社に関するかぎり、会社法の求める内部統制概念は、金融商品取引法上の要請を包摂するものと考えることができる。他方で、金融商品取引法上の内部統制システム整備義務の適用を受けない株式会社にあっても、会社法上、適時にかつ正確な会計帳簿を作成すべき義務が課され、決算公告義務も法定されている（会社432条1項、440条1項）。このことから、金融商品取引法の射程から外れる株式会社にも、財務報告の適正確保は会社経理の正確を担保するための制度的枠組み、すなわち法令遵守の一環としてその整備が要請されているとみるべきであろう☆6。

　もとより、上場会社の場合は、非上場会社とは異なり、証券市場を利用する立場にある企業として投資家の投資判断形成を公正ならしめるための適時かつ完全な情報開示が要請されるので、上場会社に求められる内部統制システムは非上場会社のそれとは果たすべき役割や機能に違いがあることも事実である。それが、金融商品取引法が上場会社を対象に財務報告に関する内部

---

☆5　鳥羽至英『内部統制の理論と制度』（国元書房、2007年）156～157頁。
☆6　青木浩子「会社法と金融商品取引法に基づく内部統制システムの整備」浜田道代＝岩原紳作編・会社法の争点〔ジュリ増刊〕（2009年）152頁も同旨か。

統制整備等を定める理由であろう☆7が，広義においては，株式会社一般について，財務報告の適正性確保を図るための体制が会社法の求める内部統制システムの一部として組み込まれていると考えることもできよう☆8。

## 2 会社法上の内部統制とその構築強制会社の範囲

(1) 会社法の定める内部統制システム構築強制会社の範囲

　会社法は，最低資本金制度や有限会社制度の廃止等により株式会社の利用対象企業の範囲を中小企業にまで拡大したこと，大規模株式会社のなかにも完全子会社や合弁会社のように閉鎖的株式会社があること等を勘案し，株式会社の機関設計について株式会社の公開・非公開の別と規模の大小により規制区分を設けている☆9（会社326条，327条）。旧商法会社編と比べて，株式会社の機関設計に係る定款自治の範囲は格段に増しているが，その一方で，大会社（監査等委員会設置会社および指名委員会等設置会社を除く）ならびに監査等委員会設置会社および指名委員会等設置会社には，内部統制システムの整備について取締役の過半数（取締役会非設置会社の場合）または取締役会の決議（取締役会設置会社の場合）をもって決定することが会社法上明文で義務づけられている（会社348条3項4号・4項，362条4項6号・5項，399条の13第1項1号ロ・ハ・2項，416条1項1号ロ・ホ・2項）。

### (a) 会社法施行以前の法状況

　もともと，会社法施行以前の旧商法会社編では，株式会社のうち大会社またはみなし大会社の機関設計として監査役会設置会社と委員会等設置会社の

---

☆7　柿﨑環「証券取引法（金融商品取引法）・内閣府令および東証規則に見る内部統制」金法1770号（2006年）24頁。

☆8　中村信男＝大塚和成「会社法における内部統制と実務対応」金法1770号（2006年）16頁。

☆9　株式会社の機関設計に係る規制区分については，宝印刷株式会社証券研究会編／中村信男著『会社法による定款作成の実務』（中央経済社，2006年）7〜13頁，山下友信「機関設計の柔軟化」浜田＝岩原編・前掲注（☆6）122〜123頁を参照。また，平成26年改正会社法における株式会社の機関設計の規律については，石山卓磨『会社法改正後のコーポレート・ガバナンス』（中央経済社，2014年）1〜17頁が参考になる。

選択を認めながら，こと内部統制に関しては，「株式会社の監査等に関する商法の特例に関する法律」（商法特例法）21条の7第1項2号が，委員会等設置会社にかぎり，「監査委員会の職務の遂行のために必要なものとして法務省令で定める事項」を委員会等設置会社の取締役会が決定すべきものと規定するにとどまっていたことは周知のとおりである。

　しかしながら，内部統制システムは，機関設計のいかんを問わず会社業務の適正を確保するための措置であるから，一定の規模以上の株式会社に共通のシステムとして構築し稼動すべきものであろう。実務上は，程度の差こそあれ，委員会等設置会社以外の株式会社にあっても経営上の必要から内部統制システムを構築し運用する会社も少なくなかったと思われる。

　また，会社法施行前の判例においても，取締役の善管注意義務履行の問題として，当該会社の規模や事業特性等に応じ社内管理体制の整備が法律上求められると明言するものが見られ☆10，委員会等設置会社以外の株式会社にあっても相応の内部統制の整備が法運用のレベルでは求められていた。たとえば，下級審ながらこの面での代表的なケースとされる大和銀行ニューヨーク支店損失事件株主代表訴訟第1審判決（前掲注（☆10）大阪地判平12・9・20）は，「健全な会社経営を行うためには，目的とする事業の種類，性質等に応じて生じる各種のリスク，例えば，信用リスク，市場リスク，流動性リスク，事務リスク，システムリスク等の状況を正確に把握し，適切に制御すること，すなわちリスク管理が欠かせず，会社が営む事業の規模，特性等に応じたリスク管理体制（いわゆる内部統制システム）を整備することを要する。」として，内部統制システム整備義務の存在を指摘する。そのうえで，同判決は，このことと各取締役の善管注意義務との関係について，「重要な業務執行に

---

☆10　たとえば，大和銀行事件として有名な大阪地判平12・9・20判タ1047号86頁・判時1721号3頁・金判1101号3頁や，東京地判平16・12・16判タ1174号150頁・判時1833号3頁・金判1216号19頁（ヤクルト本社株主代表訴訟事件1審判決），大阪地判平16・12・22判タ1172号271頁・判時1892号108頁・金判1214号26頁（ダスキン事件）等。最近の注目すべき判例として，東京高判平20・5・21判タ1281号274頁・金判1293号12頁（ヤクルト本社株主代表訴訟事件控訴審判決），最判平21・7・9判タ1307号117頁・判時2055号147頁・金判1330号55頁も参照。過去の関連判例の簡潔な整理と分析として，青木・前掲注（☆6）153頁を参照。

ついては，取締役会が決定することを要するから……，会社経営の根幹に係わるリスク管理体制の大綱については，取締役会で決定することを要し，業務執行を担当する代表取締役及び業務担当取締役は，大綱を踏まえ，担当する部門におけるリスク管理体制を具体的に決定するべき職務を負う。この意味において，取締役は，取締役会の構成員として，また，代表取締役又は業務担当取締役として，リスク管理体制を構築すべき義務を負い，さらに，代表取締役及び業務担当取締役がリスク管理体制を構築すべき義務を履行しているか否かを監視する義務を負うのであり，これもまた，取締役としての善管注意義務及び忠実義務の内容をなすものと言うべきである。」と判示していた。このアプローチによれば，株式会社一般の問題として，当該株式会社の状況に合致した内部統制システムを整備し稼動することが，取締役等がその善管注意義務（とりわけ，監視義務）を適切に履行したとの主張（免責の抗弁）を行うための前提条件となるともいえるであろう。

　学説上も，株式会社の規模や事業内容等に応じた内部統制システムの構築が取締役の義務として一般的に認められると解するのが多数説であり，上記判例を支持する立場が一般的であったといえよう☆11。企業活動がおよそリスク管理と無縁でありえない以上，こと株式会社に関するかぎりは，取締役

---

☆11　岩原紳作「大和銀行代表訴訟事件一審判決と代表訴訟制度改正問題(上)」商事1576号（2000年）11頁，川村正幸〔大阪地判平12・9・20判批〕金判1107号（2001年）63頁等を参照。なお，江頭憲治郎『株式会社・有限会社法〔第4版〕』（有斐閣，2005年）405頁は，「ある程度以上の規模の会社」の代表取締役に業務執行の一環として会社の損害を防止する内部統制システムを整備する義務があると指摘しておられた。このほか，早くから，取締役の監視義務の履行の問題と内部統制システムとを関連づけ，内部統制システムの整備・稼動により取締役に免責の抗弁が認められることを指摘されていた学説として，神崎克郎「会社の法令遵守と取締役の責任」曹時34巻4号（1982年）855頁を参照。これを敷衍しアメリカ法を参考にして，内部統制システムの構築と整備に努めることで，取締役の業務執行者や従業員の誠実性に対する信頼が保護され，取締役の信頼の権利が認められるとする見解として，たとえば，山田純子「取締役の監視義務」森本滋ほか編『企業の健全性確保と取締役の責任』（有斐閣，1997年）221頁以下，伊勢田道仁「会社の内部統制システムと取締役の監視義務」金沢法学42巻1号（1999年）55頁以下がある。

の善管注意義務の具体化の一つとして，内部統制システムの構築と稼動が求められるものと考えるべきであるから，判例やこれを支持する多数説の立場が妥当であったと考えられる。

(b) **会社法上の内部統制システム構築義務**

　こうした観点から，会社法は，まず監査等委員会設置会社および指名委員会等設置会社以外の株式会社についてはいわゆる規模の基準による規制強制の問題として，大会社（会社 2 条 6 号）に対し，内部統制システムの整備について取締役（2 人以上ある場合は取締役の過半数）または取締役会が決定または決議することを義務づけている（会社 348 条 4 項，362 条 5 項）。取締役会非設置会社で取締役を 2 人以上有するものでは，取締役は，この決定または決議を各取締役に委任することができないし（会社 348 条 3 項柱書），取締役会設置会社では，この決定または決議を取締役に委任することができない☆12（会社 362 条 4 項柱書）。

　これに対し，会社法は，監査等委員会設置会社および指名委員会等設置会

---

☆12　取締役会非設置会社で取締役が 2 人以上あるものについては，会社法 348 条 2 項で，株式会社の業務は取締役の過半数で決定することを原則的方法としたうえで，定款に別段の定めを置くことを許容している。これを受け，相澤ほか編著・前掲注（☆ 2）356〜357 頁（Q 494）は，同条 3 項が定款の定めをもってする同項各号所定の事項の決定の各取締役への委任まで禁止する趣旨ではないと明言する。この立場によれば，同項 4 号の決定も定款の定めをもってすれば，各取締役に委任することができることになろう。

　しかし，第 1 に，会社法 348 条 3 項は，少なくとも同項各号列挙の事項については同条 2 項にいう取締役の過半数の決定を強制し，定款の定めによる各取締役への決定の委任を認めない趣旨と理解するのが素直な読み方であろう。第 2 に，2 人以上の取締役を有する取締役会非設置会社の各取締役が，会社法上は依然単独機関として位置づけられている以上，その種の株式会社における業務の適正確保を図るためには，各取締役間の相互牽制が要請されるはずであるから，そのための枠組みの構築を各取締役の決定に委ねることは妥当といえまい。こうした点を勘案すると，株式会社の業務の適正を確保するための体制の決定を含む会社法 348 条 3 項各号所定の事項の決定を各取締役に委任する定款の定めは，同項柱書の文言ないし趣旨に反する無効なものと考えるべきであろう。中村信男「会社法における非公開会社の管理運営機構とその運用上の問題点および残された課題（2・完）」月刊商事法研究（No.54）（2008 年）3 頁。同旨，江頭憲治郎『株式会社法〔第 6 版〕』（有斐閣，2015 年）401 頁（注 2）。

社については規模の大小を問わず，内部統制システムの整備について取締役会が決定すべきものと定め，取締役および執行役に委任することができない取締役会の必要的決議事項として法定している（会社399条の13第2項，416条2項）。

(2) 構築強制会社の実態と内部統制システムの整備義務との関係

　会社法が株式会社の業務の適正を確保する体制の整備につき，大会社と監査等委員会設置会社および指名委員会等設置会社に対し，取締役会の決議（取締役会非設置会社で取締役が2人以上である場合は取締役の過半数の決定）を行うことを義務づけることについては，第1に，会社法が大会社について公開の有無，株主数等の事情のいかんに関わりなく内部統制の構築を強制するものであるとしてこれを疑問視する論者もある☆13。そうした批判を踏まえてか，会社法の立案担当者（当時）からも，大会社または指名委員会等設置会社といっても上場会社から非上場の資産管理会社等にいたるまで実情は様々であることや，当該会社において取締役ないし取締役会が決定することを要するのが「体制の整備」についてと規定されていることから，会社法は，内部統制システムの整備の要否も含め各会社が自社の実情に応じて構築の有無等を判断すべきこととしたものであるとの説明が行われていた。そのうえで，こうした理解を前提に，たとえば取締役会を設置しない大会社では内部統制システムを設けない旨の決定を行うことも差し支えないことが示唆されている☆14。

　たしかに，会社法の定める内部統制システムの構築強制は，これを，会社業務の健全性ないし適正と財務報告の正確性の確保に関し取締役および執行役等の善管注意義務が求めるところを具体的手続等の形に可視化しようとするものと考えることもできる。その意味では，当該会社の状況や実態に鑑みて，特段の体制整備を行わなくとも，会社業務の適正や財務報告の正確性の確保について取締役等が十分に善管注意義務を履行することができる場合も

---

☆13　黒沼悦郎「株式会社の業務執行機関」ジュリ1295号（2005年）67頁。
☆14　相澤ほか編著・前掲注（☆2）334頁（Q459）。平成26年改正会社法の立案担当者から，平成26年改正会社法のもとでも同様の解釈が維持されるとの見解が示されている。坂本三郎ほか「平成26年改正会社法の解説〔VI〕」商事2046号（2014年）12頁（注95）。

あるのかもしれない。しかし，会社法上の制度のあり方として，一定規模の会社について利害関係人の利益保護の観点から所要の規制ないし手続を強制することはむしろ必要なことであって，会社法の定める内部統制の体制整備は，会計監査人設置強制との関係はもとより一定規模の会社であることに伴う社会的影響の重大さに由来する，規模の基準に基づく規制強制の一環であるとも説明することができる☆15。

また，平成26年改正会社法においても，明文をもって大会社ならびに監査等委員会設置会社および指名委員会等設置会社は，内部統制に係る体制の整備について取締役会の決議（取締役会非設置会社において取締役が2人以上であるときは，取締役の過半数による決定）が求められているだけに，「整備をしない」旨を決議することは考えにくいとの鋭い指摘もなされている☆16。その意味で，会社法が大会社と監査等委員会設置会社および指名委員会等設置会社に対し取締役の決定または取締役会の決議を求めるのは，文字どおり，会社法および会社法施行規則の定めるところに従って内部統制システムの基本的枠組みを整備することであって，それを行わないことは許されないと解するべきであろう☆17。

それでも，会社法立案担当者の説明に従って，大会社でありながら取締役が1名ないし2名程度で従業員も数名であって，事業内容も特定資産（不動

---

☆15 内部統制システムの構築を，基本的に規模の基準から導かれる制度強制の問題として捉えると，会社法が，持分会社とりわけ合同会社について，大規模なものであっても会計監査も内部統制の構築も義務づけていないことの説明がつきにくくなる。小舘浩樹ほか「会社法における内部統制システムの構築」商事1760号（2006年）48頁（注14）。現に，合同会社がその運営手続の簡便さ等に鑑み大規模な合弁会社の一形態として利用される例が見られるが，会社法上はそのような大規模合同会社に会計監査人の監査が強制されていない。しかし，合同会社についても本来は，規模の基準による制度強制の問題として，一定規模以上の合同会社を対象として，会計監査と内部統制構築が義務づけられるべきものなのであろうが，そこでの主たる保護法益は，合同会社の債権者の利益ということになろう。
☆16 前田雅弘ほか「〈座談会〉新会社法と企業社会」法時78巻5号（2006年）18頁〔中村直人発言〕。同様の指摘は，監査等委員会設置会社にも妥当するであろう。
☆17 同旨，受川環大「有価証券投資による会社の損失と取締役の責任」駒澤法曹3号（2007年）58頁。

産等）の管理に限られる株式会社のように，会社法および会社法施行規則の定める体制を整備しなくとも会社業務の適正確保を図ることができると取締役において判断し，内部統制システムの整備を行わないとの決定を行った場合に，当該株式会社において法令および定款に違反する事態が生じ損害が発生したときは，取締役等の任務懈怠責任が不問に付されることはあるまい[☆18]。内部統制システムは取締役等の監視義務を具体化したものであるといえるから，少なくとも大会社や監査等委員会設置会社および指名委員会等設置会社に関するかぎり，程度の差こそあれ内部統制システムの構築と整備は法律上の要件と考えるべきであり，その構築および整備において所要の方策が講じられているかぎり，免責の抗弁として機能しうるということであろう。これを裏返していえば，合理的注意を払って当該会社の実情を踏まえた内部統制システムの整備を行っているかぎり，それでも生じることとなった取締役または使用人の任務懈怠について，他の取締役や監査役等は法的責任を回避しうると解される。

(3) **大会社でない指名委員会等設置会社と内部統制システム**

第2に，指名委員会等設置会社について，会社法はその利用対象株式会社の範囲を特に限定していないため，大会社以外の株式会社（以下「中小株式会社」という）が定款の定めに基づいて指名委員会等設置会社を選択することも認められる。その場合も，指名委員会等設置会社であることに伴う法的義務として内部統制システムの整備について取締役会において決定することを強制

---

☆18 相澤ほか編著・前掲注（☆2）334頁（Q 459）。経済産業省企業行動課編『コーポレート・ガバナンスと内部統制』（経済産業調査会，2007年）34頁。ほぼ同旨，吉本健一『会社法〔第2版〕』（中央経済社，2015年）259頁。吉本教授は，「内部統制システムの整備は，取締役の監視義務の履行に関係する」としたうえで，「内部統制システムを整備しないことが，それ自体取締役の責任原因となるわけではない」とされるが，取締役が当該会社の内部統制システムの整備状況に応じて監視義務を尽くす必要がある以上，大規模株式会社では，個々の取締役が当該会社の業務の全般にわたって監視義務を尽くすことが事実上不可能であることから，内部統制システムが整備されていないことが，不祥事などが生じた場合の取締役の責任問題に直結する可能性があると指摘される（同書259頁）。なお，受川・前掲注（☆17）58頁も参照。

される。これは指名委員会等設置会社においては会計監査人監査が強制されるうえに（会社327条5項），監査委員会監査が組織監査を基調とすることや，常勤監査委員の制度が設けられていないことから，指名委員会等設置会社のガバナンスが構造的に内部統制システムの存在を前提としているからであると説明されている[19]。このことは，監査等委員会設置会社にも当てはまる。

もともと指名委員会等設置会社は，旧商法会社編では大会社の経営管理機構の選択肢として導入された経緯をもつことから（商法特例法1条の2第3項参照），その機関設計の形態と大会社という規模の基準とが一致していたことが看過されてはなるまい。それを会社法は，実際上のニーズ，利用例の有無のいかんはともかく，制度上は株式会社の規模の大小を問わず指名委員会等設置会社を利用できることとしているために（会社326条2項），旧商法会社編の体制と異なり，指名委員会等設置会社に関してそのガバナンスの形態と会社の規模とを関係づけない結果となっている。それだけに，従来の説明がそのまま会社法のもとでも妥当するかは，理論的に一つの問題であろう[20]。

しかし，コスト負担の大きさに鑑みれば，現実問題として，中小の非公開株式会社はもとより，大会社でない公開会社が，監査等委員会設置会社や指名委員会等設置会社の制度を利用することは基本的に考えにくい。その意味で，法規制と会社の実態とのギャップはほとんど生じることがないともいえようが，今後，監査等委員会設置会社や指名委員会等設置会社制度の利用実態を踏まえ内部統制システムや会計監査人制度に係る規制の区分を改めて検討する必要が生ずる余地は残されているであろう。

ちなみに，学説上は，会社法が内部統制システムの構築を義務づける大会社と指名委員会等設置会社については同時に会計監査人の設置が強制されること（会社327条5項，328条1項・2項）を踏まえ，内部統制システムの構築・

---

[19] 前田雅弘「V　経営管理機構の改革（日本私法学会シンポジウム資料　検証・会社法改正）」商事（2003年）1671号30～31頁，小舘ほか・前掲注（[15]）43頁。同旨，吉本・前掲注（[3]）166頁。

[20] 同様の問題は，指名委員会等設置会社であることに伴う会計監査人の設置強制（会社327条5項）についても指摘することができる。監査等委員会設置会社についても同様である（会社327条5項）。

整備の必要性を会計監査人の設置と関連づけて捉える立場がある[☆21]。この説によれば，財務報告の信頼性確保という側面で内部統制システムが会計監査人の職務である会計監査と密接な関連性を有することから，内部統制システムの整備が会計監査の実効性の確保と向上にとって重要な機能を営むと考えられることになる。同様の説明は，やはり会計監査人の設置が強制される監査等委員会設置会社にも妥当しうる。こうした観点から，立法政策として，会計監査人設置会社（会社2条11号）を対象として内部統制システムの構築を義務づけることもありえたとされる[☆22]。

　傾聴に値する指摘であるが，会社法が規定する内部統制システムの主眼が株式会社の業務の適正の確保にある以上，必ずしも会計監査人の設置と内部統制システム構築・整備の法的強制とは制度的連関を有するものとはいえまい。また，株式会社における財務報告の信頼性の確保の要請が会社法の定める内部統制システムの果たすべき役割の一つであるとしても，その要請は少なくとも債権者との関係においては程度の差こそあれ，会計監査人設置の有無に関わりなく妥当するものと考えられる。そうした要請は中小株式会社においても相当程度認められる。これらの点を勘案すると，会計監査人設置会社と，内部統制システムの整備・構築を会社法上強制されるべき会社とを一致させるべきとの上記見解には，にわかに賛成することができない。

　もとより，会社の規模や利害関係人の数，事業内容のいかん等の諸事情により，どのような体制整備を行うべきか，という程度面の差異は認められよう。しかし，社内における業務や経理面での牽制の仕組み等が求められる点に変わりはないと考えられるので，監査等委員会設置会社や指名委員会等設置会社の形態を選択しない中小株式会社にあっても，会社業務の適正確保のための仕組みを社内の体制として整備すべき必要性があるといえよう。その意味で，内部統制システムの整備義務の有無を会社の規模や機関設計と連関させるべき必然性は必ずしも認められないのではなかろうか。

---

[☆21] 吉本・前掲注（☆3）166頁。
[☆22] 吉本・前掲注（☆3）166～167頁。

## 3　中小株式会社における内部統制システムの構築

　監査等委員会設置会社や指名委員会等設置会社の形態を選択しない中小株式会社については，会社法は，内部統制システムの構築は取締役の過半数（取締役会非設置会社で取締役が2人以上ある会社）または取締役会の決議（取締役会設置会社）により定めるべきものとし，その決定を取締役に委任することができないと規定するのみで（会社348条3項柱書，362条4項柱書），明文をもってその整備に係る決定を当該会社の業務執行機関の義務として法定しているわけではない。そのため，監査等委員会設置会社や指名委員会等設置会社を選択しない中小株式会社では，内部統制の導入および整備が各会社の任意に委ねられていると解せなくもないであろう。

　データとしては古くなるが，現に，社団法人日本監査役協会が会社法施行後に行った中小規模会社（本章では，以下「中小株式会社」という）の監査制度の運用実態と監査役の意識等の調査によれば，同協会のアンケートに対し回答を寄せた593社のうち，内部統制システムに係る取締役会の決議または取締役間の決定を行った会社は194社（32.7%）であるのに対し，そのような決議または決定を行わなかった会社が377社（63.6%）にのぼっていた[☆23]。同協会は，その調査のなかで，対象となった中小株式会社における親会社の有無についても調べており，この調査結果と内部統制システムに係る取締役会決議等の有無に関する回答とを合わせると，親会社をもつ224社のうち内部統制システムに係る取締役会決議または取締役間の決定を行ったものは83社（37.1%）で，そのような決議等を行っていない会社が136社（60.7%）であった。これに対し，親会社をもたない362社のうち，内部統制システムに係る取締役会決議等を行ったものは109社（30.1%）であり，そのような決議等を行わなかった会社が240社で66.3%にものぼっており[☆24]，親会社のない会社ほ

---

☆23　社団法人日本監査役協会事務局「中小規模会社の監査制度の運用実態と監査役の意識等調査結果」（平成19年5月10日）4頁（http://www.kansa.or.jp/support/el007_070529b.pdf）。なお，同調査結果では，22社については内部統制システムに係る取締役会の決議または取締役間の決定を行ったかどうかが不明であるとされていた。

ど，内部統制システムに係る機関決定を行う会社の比率が低下する傾向が見られた。いずれにせよ，会社法の文言上は法律により内部統制システム構築義務を課されていない中小株式会社では，内部統制システムの導入および整備につき積極的な対策を講じていないのが実態であったといえるであろう。

　しかしながら，第1に，日本監査役協会の前記調査によれば，監査役監査を阻害する要因として掲げられているものであるが，中小株式会社の経営が親会社を含む大株主の利益だけを考えて行われたり，経営者と株主とが一致しているために経営に対する牽制が効かないワンマン経営の体制に陥ったりしている等の弊害が現存することが指摘されている☆25。また，取締役としての権限や義務および責任に対する認識の不足のほか，会社法その他の関連法令に対する理解の不十分さも問題点として挙げられている☆26。そのような中小株式会社の実態に今も大きな変化がないとすると，内部統制システムを整備すべき必要性は，むしろこの種の株式会社の方こそ現実問題として非常に大きいといえるであろう。

　第2に，近時の裁判例☆27を見ると，取締役の善管注意義務の具体化である監督義務ないし監視義務の履行の一環として当該会社の規模や事業特性等に応じた社内管理体制の整備が法律上求められると解されているようであり，その懈怠については取締役等の任務懈怠責任を問われるおそれが大きい。その意味では，中小株式会社（監査等委員会設置会社や指名委員会等設置会社を選択したものを除く）にあっても，その事業規模や事業の性質等からリスク管理

---

☆24　社団法人日本監査役協会事務局・前掲注（☆23）4～5頁。
☆25　社団法人日本監査役協会事務局・前掲注（☆23）10～11頁。
☆26　社団法人日本監査役協会事務局・前掲注（☆23）11～12頁。
☆27　前掲注（☆10）大阪地判平12・9・20（大和銀行事件），神戸地裁平14・4・5所見・商事1626号52頁（神戸製鋼株主代表訴訟），前掲注（☆10）東京地判平16・12・16（ヤクルト株主代表訴訟），前掲注（☆10）大阪地判平16・12・22（ダスキン株主代表訴訟）。現に，大会社に該当しない監査役設置会社の代表取締役が，「違法行為の続発を防止することができる社内体制を構築・整備」すべき義務の懈怠につき重過失があったとして第三者（会社従業員による違法行為の被害者）に対し旧商法266条ノ3第1項（会社法429条1項）に基づく損害賠償責任を負わされた裁判例（大阪地判平14・2・19判タ1109号170頁）がある。また，名古屋

の問題として，あるいは問題が生じたときに取締役または監査役（置かれている場合）の免責が認められるかどうかの問題として，内部統制システムの構築が法的に義務づけられていると考えられるであろう[28]。

## 4 会社法による内部統制システムの構築強制とその法的意義

会社法の定める内部統制システムの整備義務は，文言上は，大会社と監査等委員会設置会社や指名委員会等設置会社だけに課されたものとなっているが，以上に見たように株式会社の規模や公開・非公開の別等の実態の違いにかかわらず，株主および会社債権者の利益保護の観点からすべての株式会社に共通する法的要請としてこれを捉えることができるし，むしろそのように理解すべきものと考えられる。そうだとすると，会社法による内部統制システムの構築強制は，基本方針についての取締役または取締役会による決定または決議強制と，取締役または監査役の善管注意義務としての監視・監督義務の履行の問題という2つの側面からなるものであって，後者の側面は株式会社一般に共通する。それゆえ，大会社および監査等委員会設置会社や指名委員会等設置会社における内部統制システムの整備のための取締役会決議等の強制は，後者の面を定型化し規定したにすぎないともいえるであろう[29]。

---

高金沢支判平17・5・18判時1898号130頁・労判905号52頁（高木乳業事件）（取締役の第三者に対する責任追及事例）では，比較的小規模な会社にあっても，代表取締役等による直接的な会社業務の監督が困難である場合は，内部統制システムを構築しこれにより違法行為を防止すべき義務があるのに，これを悪意または重大な過失により怠ったとして，取締役の第三者に対する損害賠償責任を認めている。会社に対する責任についても，同様のことがいえるであろう。なお，この高木乳業事件の概要については，森亮二ほか『実践内部統制のポイント』（商事法務，2008年）48～52頁，中村信男「会社法・金商法（JSOX）における内部統制システムの調整等と関連問題」リーガルマインド289号（2009年）8～10頁参照。

[28] 大塚和成編著『内部統制対応版企業コンプライアンス態勢のすべて〔新訂版〕』（金融財政事情研究会，2012年）47頁参照〔大塚和成〕，酒巻俊雄「〈インタビュー〉内部統制の解釈と『第三者意見』の必要性」新会社法AtoZ Vol.23（2007年）53頁。同旨，社団法人日本監査役協会事務局・前掲注（[23]）15頁，中村・前掲注（[27]）10頁。

[29] 中村=大塚・前掲注（[8]）14頁，酒巻・前掲注（[28]）53頁。

ちなみに、会社法が一定範囲の株式会社に対し、内部統制システムの整備を取締役において決定または取締役会で決議することを要するとの文言となっていることから、何らかの内部統制に係る体制整備の決定または決議さえあれば会社法348条3項4号・4項、362条4項6号・5項および416条1項1号ホ・2項の要件を満たしたことになり、その決定ないし決議の内容が当該会社の規模や事業内容等から見て一定水準の内容であることまで要しないとの見解が、会社法制定に携った立案担当者から示されている[☆30]。

しかし、この説明は多分にミスリーディングであり、問題なしとしない。前述した会社法施行前の裁判例（たとえば、前掲注（☆10）大阪地判平12・9・20〔いわゆる大和銀行ニューヨーク支店損失事件株主代表訴訟〕）は、「健全な会社経営を行うためには、目的とする事業の種類、性質に応じて生じる各種のリスク……の状況を正確に把握し、適切に制御する」体制を「会社が営む事業の規模、性質などに応じ」て整備することを要すると判示し、内部統制システムの構築を取締役等の善管注意義務の履行の具体化の一場面として捉えている。また、取締役の第三者に対する責任（会社429条1項）に関するものであるが、会社法施行後に内部統制システムと（代表）取締役の監視義務との関係に言及した最高裁判例である前掲注（☆10）最判平21・7・9（日本システム技術事件）は、職務分掌規程等の制定により事業部門と財務部門を分離していること、営業部とは別の部署において注文書や検収書の形式確認等を実施して財務部に売上報告が行われる体制が採られていること、監査法人と財務部が定期的に販売会社宛てに確認書を送り、その返送を受けて売掛債権の残高確認をしていたことから、同事件で問題となった上場会社では通常想定される架空売上げの計上等の不正行為を防止しうる程度の管理体制が整備されていたと認定し、代表取締役には従業員による不正行為（架空売上計上）を防止するためのリスク管理体制を構築すべき義務に違反した過失は認められないと判示している。

こうした理解からすると、取締役（会）には、当該会社の事業の規模や態様、

---

☆30 　相澤哲ほか「〈座談会〉会社法関係法令法務省案の論点と今後の対応」商事1754号（2006年）24頁〔相澤哲発言〕。監査等委員会設置会社についても同様に解することになろうか。

性質その他を勘案して合理的な水準・内容の体制作りが求められているというべきである☆31。また，内部統制システムに係る取締役の決定または取締役会の決議の概要は，事業報告に記載・記録されるとともに（会社則118条2号），監査役（会）設置会社と監査等委員会設置会社および指名委員会等設置会社では，監査役，監査等委員会または監査委員会の監査の対象とされたうえで，監査役等において当該決定および決議の内容が相当でないと認めるときは，その旨と理由を監査報告に示すことが必要とされていること（会社則129条1項5号，130条2項2号，130条の2第1項2号，131条1項2号），また，平成26年改正会社法のもとでは，内部統制システムの運用状況の概要も事業報告の記載事項とされていること（改正会社則118条2号）からすれば，会社法そのものが，当該会社にとって合理的な程度の内部統制システムが構築され，運用されていることを予定しているともいえる☆32。

##  会社法および会社法施行規則に定める内部統制体制の基本的枠組み

### 1　監査等委員会設置会社・指名委員会等設置会社以外の株式会社の場合

(1)　平成26年改正前会社法のもとでの規律

　平成26年改正前会社法は，構築すべき内部統制システムを，委員会設置

---

☆31　この点，鳥羽・前掲注（☆5）164〜165頁は，「取締役会は，会社規模，事業の多様性と複雑性，事業・業務遂行に伴うリスク，当該会社を親会社とする会社グループの規模，利用可能な経営資源，従業員の技能・知識水準，業界関連法規による規制，内部統制に対する法的規制やこれまでの判例などを勘案し，達成可能でしかも取締役の職務の遂行として，十分に許容できる水準の内部統制を決定しなければならない」と指摘したうえで，実現不可能な理想目標ともいうべき内容と水準の内部統制が法律上求められているのではないと断りつつ，「目標を少し高めにおきながらも，全社一丸となって努力すれば達成できる水準の内部統制」を取締役会が決定してこれを代表取締役等が実施することを要するとする。

☆32　鳥羽・前掲注（☆5）は，監査役の役割として，取締役ないし取締役会が定めようとしている内部統制システムの内容があまりにも水準の低いものでないかについても，取締役の職務執行の監査の一環として評価することを要すると指摘される。

会社（平成26年改正会社法では指名委員会等設置会社）以外の株式会社については，「取締役の職務の執行が法令及び定款に適合することを確保するための体制その他株式会社の業務の適正を確保するために必要なものとして法務省令で定める体制」と規定していた（平成26年改正前会社348条3項4号，362条4項6号）。会社法施行規則はこれを受け，法務省令所定の体制として，以下の5項目を基本要素として定めてきた（平成27年改正前会社則98条1項各号，100条1項各号）。

(ア) 取締役の職務の執行に係る情報の保存および管理に関する体制
(イ) 損失の危険の管理に関する規程その他の体制
(ウ) 取締役の職務の執行が効率的に行われることを確保するための体制
(エ) 使用人の職務の執行が法令および定款に適合することを確保するための体制
(オ) 当該株式会社ならびにその親会社および子会社から成る企業集団における業務の適正を確保するための体制

そのうえで，当該株式会社が監査役設置会社（監査役会設置会社を含む）であるときに整備すべき付加的要素として，監査役監査の実効性確保を図るための次の4項目が規定されてきたところである（平成27年改正前会社則98条4項各号，100条3項各号）。

(カ) 監査役がその職務を補助すべき使用人（以下「監査役補助使用人」という）の設置を求めた場合の当該使用人に関する事項
(キ) 監査役補助使用人の取締役からの独立性に関する事項
(ク) 取締役および使用人が監査役に報告をするための体制その他の監査役への報告に関する体制
(ケ) その他監査役監査の実効性を確保するための体制

(2) 平成26年改正会社法のもとでの規律

(a) **企業集団レベルでの内部統制システム整備**

これに対し，平成26年改正会社法およびこれを受けた平成27年改正会社法施行規則は，内部統制システムの構成要素につきいくつかの重要な見直し・変更を加えている。

第1に，従来は会社法施行規則に規定されていた「企業集団における業務の適正を確保するための体制」という文言が会社法本体に移されている。こ

れにより，法務省令への委任をまつことなく，株式会社の取締役および取締役会として整備すべき当該株式会社としての内部統制システムの要素に企業集団の業務の適正確保のための体制が含まれることが明らかにされている（改正会社 348 条 3 項 4 号，362 条 4 項 6 号，399 条の 13 第 1 項 1 号ハ，416 条 1 項 1 号ホ）。その趣旨は，近時，株式会社とその子会社から成る企業集団によるグループ経営が進展し，とりわけ持株会社形態が普及していることから，親会社およびその株主にとっては，子会社の経営の効率性および適法性の確保が極めて重要な要請となっており，こうした現状に鑑み，平成 26 年改正会社法は企業集団の業務の適正の確保のための体制の整備についてこれを法務省令ではなく会社法本体に規定することが適切と考えられたことによる☆33。平成 26 年改正会社法は親子会社法制の整備の一環として多重代表訴訟制度（特定責任追及の訴え）（改正会社 847 条の 3）を導入しているところ，内部統制システムの整備に係る規律についても親子会社法制整備の方向性に即して上記の措置が講じられたものといえる。

　ちなみに，平成 26 年改正会社法本体では，企業集団レベルの内部統制システムは，株式会社およびその子会社から成る企業集団の業務の適正確保のための体制と規定されているが，これを受けた平成 27 年改正会社法施行規則は改正前会社法施行規則と同様，「株式会社並びにその親会社及び子会社から成る企業集団における業務の適正を確保するための体制」と規定しており（改正会社則 98 条 1 項 5 号，100 条 1 項 5 号，110 条の 4 第 2 項 5 号，112 条 2 項 5 号），親会社の業務の適正確保のための体制の構築および整備を子会社でも行うことが明文上求められるかどうかに違いが生じている。

　しかし，株式会社の事業報告には，当該株式会社とその親会社等との間の

---

☆33　坂本ほか・前掲注（☆14）11 頁。取締役や執行役の職務執行に係る情報の保存と管理に関する体制は，取締役や執行役および補助使用人の職務執行に関わる情報の管理等を中核としながら，その他の使用人の職務執行に関わる情報の保存等も含め全社的ないしグループ全体的な体制が定められる必要があるところ，平成 26 年改正会社法および平成 27 年改正会社法施行規則は，取締役等の職務執行の状況に関する情報の保存および管理に関する体制を企業集団レベルで求める規定振りとなっていないが，企業集団の業務の適正確保のための体制の中に含まれていると解される。

取引（株式会社と第三者間の取引であって，当該株式会社と親会社等との利益が相反するものを含む）であって当該株式会社の個別注記表における注記（関連当事者取引の注記）を要するものについて，当該株式会社が当該取引をするにあたり当該株式会社の利益を害さないように留意した事項，当該取引が当該株式会社の利益を害さないかどうかについての当該株式会社の取締役（取締役会設置会社の場合は取締役会）の判断とその理由，および，当該株式会社が社外取締役を置く場合において取締役（取締役会）の上記判断が社外取締役と異なるときは社外取締役の意見を記載することが求められている（改正会社則 118 条 5 号）。平成 27 年改正前会社法施行規則が，子会社に親会社との関係においても業務の適正を確保するための体制を構築することを求め，その具体的内容として，立案担当者から，子会社の監査役と親会社の監査役等との連携のほかに，取引の強要など親会社による不当な圧力に対する予防および対処の方法☆34，親会社の役員等を兼任する子会社の役員等の子会社に対する忠実義務の確保に関する事項が例示されていたが☆35，これらは，平成 27 年改正会社法施行規則 118 条 5 号が子会社に事業報告への記載を求める上記事項と共通する。こうした点を勘案すると，企業集団内部統制については，平成 26 年会社法改正・平成 27 年会社法施行規則の改正により基本的に変更が加えられていないとみるべきであろう。

(b) **内部統制システムの具体的な構成要素の拡充**

第 2 に，平成 27 年改正会社法施行規則では，株式会社の業務（企業集団における業務）の適正確保のための体制の具体的内容として，以下のものを新規に追加し規定している（改正会社則 98 条 1 項 5 号イ～ニ，100 条 1 項 5 号イ～ニ）。

(ア) 当該株式会社の子会社の取締役，執行役，業務執行社員その他これら

---

☆34 こうした事態への対処の実効性を確保するために，不当な指示を行った親会社や親会社役員の子会社に対する責任が法律上明確にされる必要があると思われる。その理論構成として，たとえば，当該親会社等を子会社の実質的取締役（影の取締役または執行役）として扱い所要の責任を課すことも検討に値しよう。この点につき，中村信男「判例における事実上の主宰者概念の登場」酒巻俊雄編『近時の会社争訟の焦点と課題』〔判タ臨増 917 号〕（1996 年）108 頁以下参照。

☆35 相澤哲＝石井祐介「新会社法関係法務省令の解説(3)株主総会以外の機関」商事 1761 号（2006 年）15 頁。

に相当する者（以下(ｳ)および(ｴ)において「取締役等」という）の職務の執行に係る事項の当該株式会社への報告に関する体制
- (ｲ) 当該株式会社の子会社の損失の危険の管理に関する規程その他の体制
- (ｳ) 当該株式会社の子会社の取締役等の職務の執行が効率的に行われることを確保するための体制
- (ｴ) 当該株式会社の子会社の取締役等および使用人の職務の執行が法令および定款に適合することを確保するための体制

そのうえで，当該株式会社が監査役設置会社である場合には，以下の4項目が，取締役・取締役会において決定すべき内部統制システムの具体的内容として追加規定されている（改正会社則98条4項3号・4号ロ・5号・6号，100条3項3号・4号ロ・5号・6号）。

- (ｵ) 監査役がその職務を補助すべき使用人（以下，「監査役職務補助使用人」という）を置くことを求めた場合における当該監査役職務補助使用人に関する事項
- (ｶ) 当該会社の子会社の取締役，会計参与，監査役，執行役，業務執行社員，使用人またはこれらの者から報告を受けた者が当該会社の監査役に対し報告をするための体制
- (ｷ) 当該会社または子会社の取締役，会計参与，使用人等が監査役に対する報告をしたことを理由として不利益な取扱いを受けないことを確保するための体制
- (ｸ) 監査役の職務執行につき生ずる費用の前払いまたは償還の手続その他の監査役の職務執行について生ずる費用または債務の処理に係る方針に関する事項

これら追加項目のうち(ｱ)ないし(ｴ)と(ｶ)および(ｷ)は親子会社法制整備の一環として企業集団レベルの内部統制の要素を定めたものといえる。これに対し，(ｵ)と(ｸ)は，事の性質上，子会社を含めたものではなく，監査役が所属する株式会社の内部体制の問題にとどまるが，監査役の職務執行の実効性確保の観点から極めて重要な意味をもつと考えられる。

## 2　監査等委員会設置会社の場合

　平成26年改正会社法は，すべての株式会社が選択することができる任意のコーポレート・ガバナンス体制として監査等委員会設置会社の制度を導入する。指名委員会等設置会社と同様，監査等委員会設置会社を選択しなければならない株式会社は規定されず，規模の大小や公開・非公開の別を問わず株式会社全般において選択し，採用することができる会社統治構造として規定されているが，監査等委員会設置を選択すると，最低2名の社外取締役を選任しなければならないこと（改正会社331条6項），および，会計監査人の設置が強制されること（改正会社327条5項）から，実際には大会社での利用が中心になろう。

　監査等委員会設置会社を選択した株式会社は，取締役会設置会社となるため（改正会社327条1項3号），取締役を3人以上選任することを要するが（改正会社331条5項），監査等委員会を設置するため，これを組織する監査等委員として3人以上の取締役を選任し，かつ，その過半数が社外取締役であることを要する（同条6項）☆36。このほか，監査等委員会設置会社は会計監査人を設置しなければならないとされるが（改正会社327条5項），他方で，監査役を置くことはできない（同条4項）。これは指名委員会等設置会社と同様の取扱いである。

　このように監査等委員会設置会社では，会社の業務執行を担う取締役（業務執行取締役）と業務執行の監査等を担当する取締役（監査等委員＝非業務執行取締役）とがともに取締役会の構成員となる点に一つの特色がある。これにより，監査等委員も取締役として，取締役会の招集請求権のみならず提案権および議決権まで行使することができ，その点で監査役よりも監督機能の強化

---

☆36　監査等委員会設置会社は，取締役会の設置義務との関係で3人以上の取締役を選任しなければならないが，このうち監査等委員である取締役が3人以上必要とされるので，業務執行を担当する取締役が最低1人必要となり，取締役の総数としては最低で4名となるはずである。ただ，現実問題としては，業務執行担当取締役は会社の規模や業務部門の数等を勘案して複数選任されるのが一般的であろうと予想される。

が図られているが，内部統制システムについても，平成26年改正会社法および平成27年改正会社法施行規則で明文の規定が設けられている。

　まず，監査等委員会設置会社は，規模の大小にかかわりなく，監査等委員会の職務の執行のため必要なものとして法務省令で定める事項，ならびに，取締役の職務の施行が法令および定款に適合することを確保するための体制その他株式会社の業務ならびに当該株式会社及び子会社から成る企業集団の業務の適正を確保するために必要なものとして法務省令で定める体制の整備について取締役会で決定することを要する（改正会社399条の13第1項1号ロ・ハ，2項）。この規定の意義については，監査等委員会設置会社および指名委員会等設置会社以外の株式会社に係る説明が基本的に妥当する。

　そのうえで，平成27年改正会社法施行規則は，第1に，監査等委員会の職務執行のため必要な事項として以下のものを規定する（改正会社則110条の4第1項1号～7号）。

　(ア)　監査等委員会の職務を補助すべき取締役および使用人（以下「監査等委員会職務補助取締役等」という）に関する事項（同項1号）

　(イ)　監査等委員会職務補助取締役等の当該株式会社の他の取締役（監査等委員である取締役を除く）からの独立性に関する事項（同項2号）

　(ウ)　監査等委員会の監査等委員会職務補助取締役等に対する指示の実効性の確保に関する事項（同項3号）

　(エ)　監査等委員以外の取締役および会計参与ならびに使用人が監査等委員会に対し報告をするための体制（同項4号イ）

　(オ)　監査等委員会設置会社の子会社の取締役，会計参与，監査役，執行役，業務執行社員，使用人その他これらの者に相当する者またはこれらの者から報告を受けた者が当該監査等委員会設置会社の監査等委員会に対し報告をするための体制（同項4号ロ）

　(カ)　監査等委員会に対し報告をした上記(エ)または(オ)の者が当該報告をしたことを理由に不利益な取扱いを受けないことを確保するための体制（同項5号）

　(キ)　当該監査等委員会設置会社の監査等委員会の職務の執行につき生ずる費用の前払いまたは償還の手続その他の監査等委員会の職務執行につい

(ク) 監査等委員会の監査が実効的に行われることを確保するための体制（同項7号）

第2に，平成27年改正会社法施行規則は，監査等委員会設置会社の取締役の職務の執行が法令および定款に適合することを確保するための体制その他当該監査等委員会設置会社の業務ならびに当該会社および子会社から成る企業集団の業務の適正を確保するために必要な体制として以下の事項を規定する（改正会社施規110条の4第2項1号～5号）。

(ケ) 当該株式会社の取締役の職務執行に係る情報の保存および管理に関する体制（同項1号）

(コ) 当該会社の損失の危険の管理に関する規程その他の体制（同項2号）

(サ) 当該会社の取締役の職務執行が効率的に行われることを確保するための体制（同項3号）

(シ) 当該会社の使用人の職務執行が法令および定款に適合することを確保するための体制（同項4号）

(ス) 当該会社の子会社の取締役，執行役，業務執行社員，その他これらの者に相当する者（以下(ソ)および(タ)において「取締役等」という）の職務執行に係る事項の当該会社への報告に関する体制（同項5号イ）

(セ) 当該会社の子会社の損失の危険の管理に関する規程その他の体制（同項5号ロ）

(ソ) 当該会社の子会社の取締役等の職務執行が効率的に行われることを確保するための体制（同項5号ハ）

(タ) 当該会社の子会社の取締役等および使用人の職務執行が法令および定款に適合することを確保するための体制（同項5号ニ）

(チ) その他の当該会社ならびにその親会社および子会社から成る企業集団の業務の適正を確保するための体制（同項5号柱書）

監査等委員会設置会社において整備すべき内部統制システムの具体的項目は，基本的には，後述する指名委員会等設置会社のそれと共通する。また，監査等委員会設置会社では，監査等委員の独任制が基本原則とされず，監査等委員会による組織監査を基調とすること，常勤監査等委員の選定が強制さ

れていないこと等により，同委員会の職務執行が内部統制システムに依拠して行われること☆37を踏まえてか，同委員会の職務の執行を補助すべき取締役または使用人の設置が法律上の要請とされている点も，監査役（会）設置会社に対する特色といえるであろう。

なお，監査等委員会は，その職務として，第1に，取締役の職務の執行の監査および監査報告の作成，第2に，株主総会に提出する会計監査人の選解任等に関する議案の内容の決定のほか，第3に，監査等委員でない取締役の選任もしくは解任または辞任および報酬等に関する監査等委員会としての意見の決定を行うものとされている（改正会社399条の2第3項1号～3号）。このうち第3の職務は，監査役設置会社の監査役や指名委員会等設置会社の監査委員会には見られない，監査等委員会の独自の職務とされているが☆38，これらを通じて監査等委員会の業務執行者に対する監督機能の強化が図られている☆39ため，業務執行を担当する取締役の業績等に関する情報を定期的に収集し，それを評価する仕組み作りが併せて求められると考えられる。その意味では，上記の内部統制システムの一内容として，監査等委員会が業務執行取締役の業績等について定期的な把握を行い，それをもとに業務執行取締役の選任もしくは解任または辞任および報酬等について意見を決定することができるような体制の構築とその整備および運用も求められることになろう。

## 3　指名委員会等設置会社の場合

指名委員会等設置会社における会社法上の内部統制システムの基本的枠組みは，(i)「監査委員会の職務の執行のため必要なものとして法務省令で定める事項」および(ii)「執行役の職務の執行が法令及び定款に適合することを確保するための体制その他株式会社の業務並びに当該株式会社及びその子会社から成る企業集団の適正を確保するために必要なものとして法務省令で定め

---

☆37　坂本三郎ほか「平成26年改正会社法の解説〔Ⅱ〕」商事2042号（2014年）23頁・26頁。
☆38　坂本ほか・前掲注（☆37）23頁。
☆39　坂本ほか・前掲注（☆37）23頁。

る体制」からなる（改正会社 416 条 1 項 1 号ロ・ホ）。

　このうち第 1 に，(i)については，以下の項目が具体的な構成要素として列挙されている。

　(ア)　監査委員会の職務を補助すべき取締役および使用人（以下「監査委員会職務補助取締役等」という）に関する事項（会社則 112 条 1 項 1 号）

　(イ)　監査委員会職務補助取締役等の執行役からの独立性に関する事項（会社則 112 条 1 項 2 号）

　(ウ)　監査委員会の監査委員会職務補助取締役等に対する指示の実効性の確保に関する事項（改正会社則 112 条 1 項 3 号）

　(エ)　当該指名委員会等設置会社の監査委員以外の取締役，執行役および会計参与ならびに使用人が当該会社の監査委員会に報告をするための体制（改正会社則 112 条 1 項 4 号イ）

　(オ)　当該指名委員会等設置会社の子会社の取締役，会計参与，監査役，執行役，業務執行社員その他これらの者に相当する者および使用人またはこれらの者から報告を受けた者が当該指名委員会等設置会社の監査委員会に報告をするための体制（改正会社則 112 条 1 項 4 号ロ）

　(カ)　その他の当該指名委員会等設置会社の監査委員会への報告に関する体制（改正会社則 112 条 1 項 4 号柱書）

　(キ)　当該指名委員会等設置会社の監査委員会に(エ)または(オ)に掲げる者が報告をしたことを理由として不利益な取扱いを受けないことを確保するための体制（改正会社則 112 条 1 項 5 号）

　(ク)　当該指名委員会等設置会社の監査委員の監査委員会としての職務の執行について生ずる費用の前払いまたは償還の手続その他の当該職務執行について生ずる費用または債務の処理に係る方針に関する事項（改正会社則 112 条 1 項 6 号）

　(ケ)　以上のほか，監査委員会の監査が実効的に行われることを確保するための体制（改正前会社則 112 条 1 項 4 号，改正会社則 112 条 1 項 7 号）

　これらのうち，(ウ)，(オ)，(キ)および(ク)が平成 26 年改正会社法および平成 27 年改正会社法施行規則により新規に追加された項目であり，いずれも内部統制システムの具体的内容として，またその運用を支えるものとして重要な意

義を有する。また，㈨については，従来，監査委員会への報告をする主体が執行役と使用人とされていたが（改正前会社則112条1項3号），これに監査委員でない取締役が追加されている。会社法上，監査委員会に対し報告を行う者として想定されているのは，執行役と使用人であるが（会社405条1項，419条1項参照），監査委員以外の取締役も取締役会の一員として業務執行に対する監視義務を負うことから，その具体的な履行方法の一つとして監査委員会に報告を行う場合が想定されるため，そのことを明文化したものと考えられる。

第2に，(ii)については，次の項目が具体的な構成要素として規定されている。

㈰ 指名委員会等設置会社の執行役の職務の執行に係る情報の保存および管理に関する体制（会社則112条2項1号，改正会社則112条2項1号）

㈯ 指名委員会等設置会社の損失の危険の管理に関する規程その他の体制（会社則112条2項2号，改正会社則112条2項2号）

㈲ 指名委員会等設置会社の執行役の職務執行が効率的に行われることを確保するための体制（会社則112条2項3号，改正会社則112条2項3号）

㈱ 指名委員会等設置会社の使用人の職務執行が法令および定款に適合することを確保するための体制（会社則112条2項4号，改正会社則112条2項4号）

㈲ 指名委員会等設置会社の子会社の取締役，執行役，業務執行社員その他これらの者に相当する者（以下㈧および㈩において「取締役等」という）の職務執行に関する事項の当該指名委員会等設置会社への報告に係る体制（改正会社則112条2項5号イ）

㈲ 指名委員会等設置会社の子会社の損失の危険の管理に関する規程その他の体制（改正会社則112条2項5号ロ）

㈧ 指名委員会等設置会社の子会社の取締役等の職務執行が効率的に行われることを確保するための体制（改正会社則112条2項5号ハ）

㈩ 指名委員会等設置会社の子会社の取締役等および使用人の職務の執行が法令および定款に適合することを確保するための体制（改正会社則112条2項5号ニ）

(ツ) その他の当該指名委員会等設置会社ならびにその親会社および子会社から成る企業集団における業務適正を確保するための体制（改正会社則112条2項5号柱書）

このうち，(ii)の執行役の職務の執行が法令及び定款に適合することを確保するための体制その他株式会社およびその子会社から成る企業集団の業務の適正を確保するために必要なものとして法務省令で定める体制は，業務執行機関が主導しその責任において整備すべきことはいうまでもあるまい。

これに対し，(i)の監査委員会の職務の執行のため必要な体制は，取締役会の専決事項とされているが（会社416条1項参照），むしろ監査委員会が適切な職務遂行のための環境整備の問題として主体的に取り組むべき事項であるので，その体制の整備については監査委員会の主導性が発揮される必要があるといえる。日本監査役協会が策定した「監査委員会監査基準」の11条でも，監査委員会が上記(i)について，「監査委員会としての基本方針を決定又は決議し，必要があると認めたときは，取締役会に対し報告もしくは提案又は意見の表明を行わなければならない」と定めているのは，監査委員会として取り組むべき問題であるとの認識に基づくものであろう。後述のように，これを敷衍するものとして，前記監査委員会監査基準は，監査委員会職務補助取締役等，監査委員会への報告に関する体制等，内部監査部門等との連係体制，会計監査人との連係体制，企業集団における監査体制の各項目について，監査委員会として講ずるべき措置や果たすべき役割をそれぞれ規定している（監査委員会監査基準12条～15条，37条1項）。さらに，会社法では，指名委員会等設置会社において取締役と執行役の兼任が認められている（会社402条6項）うえに，執行役兼務取締役が取締役会の過半数を占めうる余地も制度上残されていること☆40を考えると，そのような極端な運用が実務上なされるかどうかはともかく，監査委員会の職務の執行のために必要とされる体制の整備につき監査委員会がこれを積極的に主導する必要があるといえるであろう。

---

☆40 アメリカでは，エンロン事件等の後の制度改革により，少なくともニューヨーク証券取引所上場会社等では，取締役会の構成員の過半数が独立取締役（independent director）でなければならないとされており（NYSE, Listed Company Manual, 303A.01），取締役会の監督機能の確保のための体制が整えられているといえる。

**関連問題**

## 1　内部統制システムの定期的な点検・検証と改善

　監査等委員会設置会社および指名委員会等設置会社とそれ以外の株式会社とでは，監査補助者が当然必要とされるかどうか等の点で違いがあるが，基本項目それ自体には実質的な差がない。また，内部統制システムは一度それを整備すれば足りるというものではなく，PDCA（Plan-Do-Check-Action）サイクルにより，必要な体制整備に向けた基本方針等を立案したうえで，その実行の後，定期的な検証を継続的に実施するとともに，必要に応じて改善等を施して内部統制システムとしての有効性ならびに実効性を確保することに留意が必要である☆41。平成26年会社法改正を受けた会社法施行規則の改正で，すべての株式会社に共通の要件として，事業報告に内部統制システムの運用状況の概要を記載させるとともに（改正会社則118条2号），これを監査役（会），監査等委員会および監査委員会の監査の対象とすること（改正会社則129条1項2号，130条の2第1項2号，131条1項2号）は，内部統制システムの定期的な運用状況の確認および有効性と実効性の有無の検証と所要の改善措置を講じることが法律上予定されていることを踏まえたものといえるであろう。

　したがって，取締役会とすれば，一度その決議をもって構築した当該会社の内部統制システムについて，監査役監査等の結果等も踏まえつつ，定期的に当該会社およびグループ企業としての会社業務の適正確保を図ることができる体制と認めうるかどうかを点検し，不備等があればその是正を可及的速やかに実施することが責務として求められる。その具体例としては，法令遵守については，不祥事が起きた後に，それに対する今後の再発防止策として法令遵守体制を強化する必要から，所要の見直しを実施する会社も見られる。たとえば，従業員が会社の内部情報を利用したインサイダー取引を行った会社で，情報管理につき非常に厳格な規律を設ける対応がこれである。

---

☆41　大塚編著・前掲注（☆28）71頁〔大塚和成〕。

反社会的勢力への対応も，内部統制システムの見直し項目の一つである。反社会的勢力の意義や概念は比較的広範であって，暴力団だけでなくて，総会屋などもここに含まれるが，ともかく反社会的勢力との関係を遮断しないと，場合によっては会社法120条違反，すなわち株主の権利行使に関する違法な利益供与の問題にもつながりかねない。また，株主権の行使に関しなくても，反社会的勢力に対して資金を流入すること自体が当該会社の信頼を失墜させる原因となることは，過去のその種の実例からも明らかであるし，場合によっては取締役の背任の問題にもつながる可能性がある。それだけに，反社会的勢力との関係をもつことに対する未然防止策（たとえば，反社データベースの構築☆42），あるいはそれが判明した場合の事後対応策についても，内部統制システムにおける法令遵守の一環として対応整備を行うことが求められていることが看過されるべきではあるまい。

　しかも，この問題は，当該会社自体が反社会的勢力との取引等を行うことが基本的に考えられない場合でも，その取引先が反社会的勢力との関係をもち，当該取引先に対して支払われた対価が最終的に反社会的勢力に流れ込むという形で具体化することもありうる。それだけに，反社会的勢力との関係遮断のための措置を，当該会社の取引先が反社会的勢力との関係をもつにいたるという場面にまで拡張し，取引先において反社会的勢力との関係を有するという事実が明らかになれば，当該会社と当該取引先との契約関係を失効させる旨の条項を基本契約書に盛り込んだり，当該会社の取締役会決議でこの対応を追加決定したりすることが考えられる。

## 2　企業集団内部統制システム構築・整備義務の会社法本体への格上げと親会社取締役の子会社管理・監督義務の有無

　平成26年改正会社法は，最終完全親会社等の株主（議決権総数または発行済株式総数の100分の1以上の議決権または株式を〔公開会社の場合は6か月以上継続して〕有する株主）に一定の完全子会社の役員等の特定責任を追及する訴え，すな

---

☆42　竹内朗ほか編著『リスクマネジメント実務の法律相談』（青林書院，2014年）363〜364頁〔森原憲司〕。

わち多重代表訴訟制度を導入した（改正会社847条の3）。周知のとおり，この制度の導入に至るまでの議論においては，法務省民事局参事官室が平成23年12月に公表した「会社法制の見直しに関する中間試案」が，多重代表訴訟制度を導入する旨のA案と，これを導入しないものとするB案を併記したうえで，B案を採用する場合には，親会社株主保護の観点から，親会社の取締役会の職務として，子会社の取締役の職務執行を監督することを明記し，子会社の役員等の任務懈怠等により親会社に損害が生じた場合に，親会社が子会社の有責役員等の責任追及等の訴えの提起等の措置を講じないときは，親会社取締役の任務懈怠を推定する旨の規定を新設すること等を併記していた（中間試案の第2部・第1・1 A案，B案，B案（注））。法制審議会ではこの点について賛否両論の激しい議論が展開されたが，最終的に，こうした規律を明文化することについてコンセンサスが得られなかったため，法制審議会「会社法制の見直しに関する要綱」（平成24年9月7日決定）には，親会社取締役会が子会社取締役の職務執行の監督を行う職務を有すること等を内容とする明文規定を創設する旨の提案は見送られ，平成26年改正会社法にもその旨の明文規定が設けられなかったという経緯がある☆43。

　その一方で，平成26年改正会社法は，株式会社の取締役および取締役会として整備すべき内部統制の基本的枠組みの一つとして，当該株式会社とその子会社から成る企業集団の業務の適正を確保するための体制を会社法本体に掲げるとともに，その運用状況を事業報告に記載させ，それを監査役（会），監査等委員会および監査委員会による監査の対象としたことで，子会社管理を親会社取締役または取締役会の職務内容に包摂するものと見ることもできる。そのため，明文の規定はないものの，親会社の取締役または取締役会の職務のなかに子会社の取締役または執行役等による業務執行を監督すべき一般的義務が観念されるのかどうかが解釈上の重要な論点となる。内部統制システムの構築と整備が取締役の監視義務の具体化の一つであるという理解に立ったうえで，平成26年改正会社法における多重代表訴訟制度の導入までの議論状況や，企業集団内部統制システムの会社法本体への格上げも勘案す

---

☆43　坂本ほか・前掲注（☆14）12頁。

ると，親会社取締役には子会社全般を対象として子会社取締役等の職務執行の状況について，子会社の重要性の大小等を踏まえ相応の監督を行う義務があると解されるであろう☆44。

##  事業報告における内部統制の開示

　株式会社は，毎事業年度ごとに計算書類とともに作成すべき事業報告（会社435条2項）において，公開会社と非公開会社とを問わず，当該会社の状況に関する重要な事項とともに，当該会社の内部統制システムに係る取締役の決定または取締役会の決議の概要を掲載しなければならないとされている（会社則118条2号）。これに加え，平成27年改正会社法施行規則は，内部統制システムの運用状況の概要の記載も求めている（改正会社則118条2号）。

　事業報告における開示の対象となる事項は，当該会社において採用する内部統制システムとその運用状況の概要とされているので，詳細な対応等まで事業報告に盛り込む必要はない。他方，取締役による決定または取締役会の決議により当初定めた内部統制システムの基本的体制が，当該会社および当会社を含む企業集団における具体的取組みとして実際に稼動していないものがあるときは，事業報告ではその実情を踏まえた開示を行う必要があることはいうまでもない。平成27年改正会社法施行規則で企業集団レベルでの内部統制システムの運用状況の概要の開示が求められるのは，そのためであろう。したがって，当該会社ならびに当該会社およびその子会社を含む企業集団の業務の適正確保のための具体的取組みとして実際に稼動していないものがあるときは，改めて取締役の決定または取締役会の決議を行い，必要な軌道修正を内部統制システムの基本的体制に加える必要があろう。そうした見直しをせず，実態と異なる内部統制システムを事業報告で開示した場合に，当該会社において取締役および使用人の法令違反等が発生し，会社に損害が生じたときには，取締役や監査役が任務懈怠責任を免れることはかなり困難

---

☆44　野村修也＝奥山健志編著『平成26年改正会社法―改正の経緯とポイント〔規則対応補訂版〕』（有斐閣，2015年）87～88頁〔奥山健志〕。

であると考えられる。それだけに，取締役および取締役会としては，現状認識を踏まえたうえで，当該会社として行いうる改善策を継続的に講ずることが必要であり，そのために必要な資源の配分等も検討すべきであろう。

◆中　村　信　男◆

# 第4章 内部統制と会社役員の責任をめぐる関連判例の分析

## I　はじめに

### 1　求められる内部統制システムの構築

　従業員などにより不正行為が行われ，会社に損害が発生した場合，取締役や監査役が，たとえ直接そのような不正行為を直接は知らなかったとしても，事後に株主や会社債権者から，内部統制システムの構築義務違反やその監視・監査義務違反の任務懈怠責任を問われ，損害賠償請求（会社423条1項・429条）を受ける可能性がある。

　そして，従業員の不正行為が発生する可能性は，想像力をめぐらせば，会社に発生しうるリスク全般に際限なく想定しうるともいえ，それらを回避する措置も，コストを度外視すれば一応講じることは可能とも思える。

　しかしながら，取締役が従業員のあらゆる不正行為を想定し，完璧な対策を講じておかなければ，事後に不正行為が発生した場合に責任追及をされるとすれば，会社役員の人材確保は困難になってしまうであろうし，膨大なコストがかかって会社経営の効率性も害されることになる。そのため，会社に求められる内部統制システムは，あらゆる不正を防止するに足りるものである必要はないと解されている☆1。

　そこで，会社役員としては，内部統制システム構築義務違反の問われた判例・裁判例上，取締役にはどの程度のレベルの内部統制システムを構築する

義務があると判断されているのかを見極めたうえで，自社で不正行為が発生した場合に責任を追及されないレベルの内部統制システムを構築・運用しておくことが，最低限，必要となる。

## 2　判例・裁判例から見る内部統制システム構築義務

それでは，判例・裁判例上，会社役員には，どの程度のレベルの内部統制システムを構築する義務があるとされているのであろうか。

この点，会社役員の内部統制システムの構築義務については，近年，判例・裁判例が集積しており，これらによって取締役が，どの程度の内部統制システムを構築しておけば，善管注意義務違反及び忠実義務違反を問われないのかが，次第に明らかになりつつある。

とくに，日本システム技術事件[☆2]（以下「本判例」という）は，代表取締役の内部統制システム構築義務違反により損害を被った株主が会社法 350 条に基づき会社の責任を追及した事件における事例判断であり，一般論として会社役員の内部統制システム構築義務の内容が述べられているわけではない点に留意を要するが，わが国で初めて会社役員の内部統制システム構築義務違反の有無に関して具体的な判断をした最高裁判例であり，企業実務・裁判への影響は大きいものといえる。

本判例は，従業員による架空売上の計上等の不正行為に関するものであるが，代表取締役が①通常想定される架空売上げの計上等の不正行為を防止しうる程度の管理体制は整えていたこと，②不正行為が通常容易に想定しがたい方法によるものであったこと，③不正行為の発生を予見すべき特別な事情もみあたらないこと，④リスク管理体制が機能していなかったということはできないことから，代表取締役の内部統制システム構築義務違反を否定した。

---

☆1　弥永真生「有価証券報告書の虚偽記載と内部統制システム構築責任」ジュリ 1385 号（2009 年）60 頁，野村修也『会社法判例百選〔第 2 版〕〔別冊ジュリ 205 号〕』（2011 年）112 頁，中村直人『判例に見る会社法の内部統制の水準』（商事法務，2011 年）61 頁以下。

☆2　最判平 21・7・9 判タ 1307 号 117 頁・判時 2055 号 147 頁・金判 1330 号 55 頁・金法 1887 号 111 頁・集民 231 号 241 頁。

この点，従来の会社役員の内部統制システム構築義務に関する主要な下級審裁判例においては，以前にも同種の違法行為が発生していたようなケースを除き，取締役に対して内部統制システム構築義務を過度に厳格に課すことには消極的な傾向があった。本判例は，代表取締役の内部統制システム構築義務を厳格に捉えた原審の判断を覆して，取締役の内部統制システム構築義務違反を否定したものであり，下級審裁判例の一般的な傾向を踏襲するものであると評価されている☆3。

以下では，内部統制システム構築義務に関する主な下級審裁判例を検討し，下級審裁判例の一般的な傾向を検討したうえで（下記Ⅱ），本判例について，地裁，高裁の判断との比較も含め，判断枠組みと射程について検討し，本判例と下級審裁判例に照らせば，会社役員の内部統制システム構築義務として，何をどの程度まで実施することが求められているのかについて，検討を加える（下記Ⅲ）。さらに平成9年の持株会社の解禁後，持株会社形態が急増したことを受けて関心が高まっている親会社取締役の子会社管理責任に関する裁判例についても紹介する（下記Ⅳ）。

## Ⅱ 日本システム技術事件判例以前の主な裁判例

### 1 取締役の善管注意義務違反が肯定された事例

(1) 大和銀行事件 ☆4

大和銀行事件大阪地裁判決は，役員の内部統制システム構築義務について初めて言及した裁判例であり，その後，同判決が一般論として示した取締役の内部統制システム構築義務に関連して，平成17年改正会社法で大会社における内部統制システムの基本方針の決定義務が立法化されるに至った（会

---

☆3 弥永・前掲注（☆1）61頁，志谷匡史「取締役の内部統制構築・運用責任」監査561号（2009年）12頁，川島いずみ「判例研究―売上げの架空計上による有価証券報告書の虚偽記載と内部統制システム整備義務」商事法研究77号（2009年）13頁。
☆4 大阪地判平12・9・20判タ1047号86頁・判時1721号3頁・金判1101号3頁。控訴審で和解により事件は終結している。

社 348 条 3 項 4 号・362 条 4 項 6 号，348 条 4 項・362 条 5 項）。もっとも，取締役に 800 億円超の多額の損害賠償責任を認めた結論には批判も多く[☆5]，議員立法による平成 13 年商法改正における取締役の責任限定制度（現行会社法 425 条〜427 条）導入の契機にもなった。

### (a) 事案の概要

大和銀行ニューヨーク支店の行員 A[☆6] が，財務省証券の無断かつ簿外取引を行って多額の損失を出し，それを隠ぺいするため同支店が保管していた財務省証券（米国財務省証券のことで，償還期限まで 10 年超の利付国債と認定されている。行員 A はトレーダーとして同証券の取引業務を担当していた）を無断売却し同銀行に約 11 億ドルの損害を与えたことにつき，株主らが，代表取締役およびニューヨーク支店長の地位にあった取締役には上記不正行為を防止し損失の拡大を最小限にとどめるための内部統制システムを構築すべき善管注意義務および忠実義務があったのにこれを怠り，また，その余の取締役および監査役も，代表取締役らが内部統制システムを構築しているか監視する善管注意義務または忠実義務があったのにこれを怠ったため，上記無断取引等を防止できなかったとして，代表訴訟により役員らに対し損害賠償を求めた事件である（その他，上記損害発生を米国当局に隠匿したことなどにより大和銀行が米国で刑事訴追を受け罰金等を支払ったことについての責任追及もなされている）。

### (b) 判　旨

**会社役員の内部統制システム構築義務一般**について，「健全な会社経営を行うためには，目的とする事業の種類，性質等に応じて生じる各種のリスク，例えば，信用リスク，市場リスク，流動性リスク，事務リスク，システムリスク等の状況を正確に把握し，適切に制御すること，すなわちリスク管理が欠かせず，会社が営む事業の規模，特性等に応じたリスク管理体制（いわゆる内部統制システム）を整備することを要する。」としたうえで，**役員間の責任分担**について，「重要な業務執行については，取締役会が決定すること

---

☆5　岩原紳作「大和銀行代表訴訟事件一審判決と代表訴訟制度改正問題(上)」商事 1576 号（2000 年）4 頁，森本滋「判批」判評 508 号〔判時 1743 号〕（2001 年）207 頁ほか。
☆6　なお，行員 A は，この事件により逮捕された獄中で事件についての手記を公表し，ベストセラーとなった（井口俊英『告白』（文春文庫，1999 年））。

第 4 章 ◆ 内部統制と会社役員の責任をめぐる関連判例の分析　　87

を要するから（商法260条2項），会社経営の根幹に係わるリスク管理体制の大綱については，取締役会で決定することを要し，業務執行を担当する代表取締役及び業務担当取締役は，大綱を踏まえ，担当する部門におけるリスク管理体制を具体的に決定するべき職務を負う。この意味において，取締役は，取締役会の構成員として，また，代表取締役又は業務担当取締役として，リスク管理体制を構築すべき義務を負い，さらに，代表取締役及び業務担当取締役がリスク管理体制を構築すべき義務を履行しているか否かを監視する義務を負うのであり，これもまた，取締役としての善管注意義務及び忠実義務の内容をなすものと言うべきである。監査役は，商法特例法22条1項の適用を受ける小会社を除き，業務監査の職責を担っているから，取締役がリスク管理体制の整備を行っているか否かを監査すべき職務を負うのであり，これもまた，監査役としての善管注意義務の内容をなすものと言うべきである。」と判示した。

　そして，構築すべき内部統制システムの水準の判断時期については，「整備すべきリスク管理体制の内容は，リスクが現実化して惹起する様々な事件事故の経験の蓄積とリスク管理に関する研究の進展により，充実していくものである。したがって，様々な金融不祥事を踏まえ，金融機関が，その業務の健全かつ適切な運営を確保するとの観点から，現時点で求められているリスク管理体制の水準をもって，本件の判断基準とすることは相当でないと言うべきである。」と**不祥事発生時を基準とする**と判示した。

　さらに，「どのような内容のリスク管理体制を整備すべきかは経営判断の問題であり，会社経営の専門家である取締役に，広い裁量が与えられている」と**経営判断原則に基づく取締役の広い裁量**を認めた。

　そのうえで，具体的なあてはめにおいて，証券売買部門と資金決済，事務管理部門との分離（フロント・オフィスとバック・オフィスの分離，財務省証券取引業務とカストディ業務〔証券保管業務のこと〕の分離），財務省証券の残高確認の方法等について検討を加え，このうち，財務省証券の残高確認の方法について，「カストディ業務には，担当者が，自己又は第三者の利益を図り，保管中の証券を無断で売却する危険性（事務リスク）がある。この事務リスクを適切に管理するためには，預かり保管する証券の性質に応じた適切な方法によっ

て保管残高を検査することが必要である。本件無断売却された財務省証券は証券が発行されない登録債であって証券の現物との突合を行うことはできず，かつ，ニューヨーク支店がバンカーズ・トラストにその保管を再委託していてバンカーズ・トラストに対する照会を行うほかに適切な方法がないから，保管残高を検査するには，カストディ業務の担当者を介さず，直接バンカーズ・トラストに対して保管残高の照会を行うことが考えられる。」，「これを本件についてみるに……店内検査，内部監査担当者による監査，検査部による臨店検査，米州企画室による検査，会計監査人による監査のいずれの場合においても，検査対象であるニューヨーク支店あるいはカストディ係にバンカーズ・トラストから財務省証券の保管残高明細書を入手させ，その保管残高明細書と同支店の帳簿とを照合するという確認方法を採用していたため，Aが本件無断売却の事実がないように作り替えた保管残高明細書と，同支店の帳簿とを照合する結果となり，本件無断売却及び本件訴因 14 ないし 20（虚偽のバンカーズ・トラストの保管残高明細書の作成及び虚偽の保管残高明細書のファクシミリ送信）に係る行為を発見，防止することができなかった。したがって，カストディ業務に内在する事務リスクを適切に管理するための，財務省証券の保管残高を確認する仕組みは，整備され，かつ実施されていたものの，その検査方法は，検査対象者に隠ぺいの機会を残すものであったと評価される。」とした。そして，大和銀行のニューヨーク支店における財務省証券取引およびカストディ業務に関するリスク管理体制は，大綱のみならずその具体的な仕組みについても整備されていなかったとまではいえないとしたが，財務省証券の保管残高の確認は，その方法において，著しく適切さを欠いていたとして，大和銀行のリスク管理体制は，この点で実質的に機能していなかったと認定した。

　また，役員らによる大和銀行が採用していた財務省証券の保管残高の確認方法は，当時の検査方法として他の銀行においても通常行われていたものであるとの主張については，「検査方法に重大な不備がある以上，仮に，他の金融機関で同じ方法が採られていたとしても，そのことから，大和銀行の検査方法が不適切でなかったものと評価される訳ではない。」と排斥した〔**通常レベルの内部統制システムの構築による免責の否定**〕。

さらに，不正が発見できなかったのは，行員Aの異常に巧妙な隠ぺい工作によるとの主張についても「重大な過誤を犯したために，本件無断売却を発見できなかったのであり，Aが異常に巧妙な隠ぺい工作を採ったから本件無断売却を発見できなかった訳ではない。」と排斥した〔**不正行為者の隠蔽行為等による発見困難性を考慮せず**〕。

　そのうえで，結論として，検査部の担当取締役，ニューヨーク支店長の取締役，米州企画室の担当取締役，往査をした監査役らは，財務省証券の保管残高の確認方法が適切さを欠いていたことにつき，任務懈怠の責めを負うとした。

　もっとも，担当取締役の上司である頭取や副頭取については，「財務省証券の保管残高の確認については，これを担当する検査部，ニューヨーク支店が設けられており，この両部門を担当する業務担当取締役がその責任において適切な業務執行を行うことを予定して組織が構成されているのであって，頭取あるいは副頭取は，各業務担当取締役にその担当業務の遂行を委ねることが許され，各業務担当取締役の業務執行の内容につき疑念を差し挟むべき特段の事情がない限り，監督義務懈怠の責を負うことはないものと解するのが相当である。」として責任を否定し，また，担当外取締役についても，「ニューヨーク支店における財務省証券取引及びカストディ業務に関するリスク管理体制は，その大綱のみならず具体的な仕組みについても，整備がされていなかったとまではいえず，ただ，財務省証券の保管残高の確認方法が著しく適切さを欠いていたものであること，検査業務については，検査部という専門の部署が設けられていたこと，検査の専門の部署が……基本的な過誤を犯すことを想定することは困難であること等の諸事情によれば，ニューヨーク支店における財務省証券の保管残高の確認方法について疑念を差し挟むべき特段の事情がない限り，不適切な検査方法を採用したことについて，取締役としての監視義務違反を認めることはできない」として，責任を否定した。これらは担当外の取締役について，**信頼の原則**（信頼の権利，信頼の抗弁とも呼ばれる）を認めたものといえる。

　(c) 評　　価

　本裁判例が認めた**会社役員の内部統制システム構築義務**については，その

後の学説・裁判例も一貫して承認するところであり，役員間の責任分担（①取締役会でリスク管理体制（内部統制システム）の大綱（基本方針）を決定することを要し，②代表取締役および業務執行取締役は，当該大綱を踏まえた具体的なリスク管理体制を構築する義務を負い，③他の取締役は，代表取締役等がリスク管理体制の構築義務を履行しているかを監視する義務を負い，④監査役は取締役がリスク管理体制を整備しているか監査する義務を負う）についての考え方も，おおむね賛同されており，たとえばダスキン事件大阪高裁判決（後掲注（☆14）〔103頁以下〕）では，ほぼそのまま踏襲されている。構築すべき内部統制システムの水準の判断時期を**不祥事発生時**と解する点，内部統制システムの構築について**経営判断原則に基づく取締役の広い裁量**を認める点，担当外取締役に**信頼の原則**を認める点についても，おおむねその後の学説・裁判例でも承認されているところである。

他方で，**通常レベルの内部統制システムの構築による免責の否定**については，厳格すぎるとの批判が学説・実務からされている☆7。また，会計監査人の往査でも不正が認められなかったにもかかわらず，ニューヨーク支店に往査した監査役の責任が認められている点についても**信頼の原則**の観点などから批判がなされている☆8。

(2) **丸荘証券事件** ☆9

(a) **事案の概要**

本件は，丸荘証券株式会社（以下「丸荘証券」という）の顧客が，同社の販売員から勧誘を受けて，インドネシアの投機的な格付けしかない企業が発行した約束手形を担保とする外国債券（以下「本件債権」という）を購入したが，償還期限を過ぎても本件債権の全部または一部は償還されず，その後丸荘証券は破産宣告を受けた。そこで，顧客が，丸荘証券の取締役であった被告らに対し，丸荘証券における本件債権の販売にあたって，リスクの説明を十分に行う販売体制を構築していなかった任務懈怠がある等として，平成17年改正前商法266条ノ3（現行会社法429条）に基づき，損害賠償請求を求めた事

---

☆7 岩原・前掲注（☆5）13頁，森本・前掲注（☆5）207頁，中村・前掲注（☆1）64頁等。

☆8 森本・前掲注（☆5）207〜208頁。

☆9 東京地判平15・2・27判時1832号155頁。

案である。

**(b) 判　　旨**

　判示は，丸荘証券の販売員について，「原告ら等は，丸荘証券の販売員から面前で，あるいは電話で，本件債券の購入を勧誘された。そのほとんどの場合において，外国証券販売説明書の提示はなく，その内容に基づく説明はなされなかった。丸荘証券の販売員の多くは，原告ら等に対し，本件債券の内容につき，日本の国債や中期国債ファンド，MMFと同様に安全な商品であり，元本が確実に保証される債券である，定期預金に預けるのと同じようなものであるなどと説明して，その購入を勧誘した。そして，原告ら等の中で，①本件債券の担保となる資産が，インドネシアの企業が発行した約束手形であり，この約束手形の支払いがなされないと償還ができないこと，②当該インドネシアの企業については，格付会社の格付けがないか，いわゆる投機的といわれる格付けしかなされていないこと，③格付会社による格付けの意味，④インドネシアの企業の発行した約束手形の支払いがなされないときに，証券発行会社である AIIL, ING（US）FHC, あるいはペレグリン証券等のいかなる会社も本件債券の償還を保証していないことについて，販売員から明示的な口頭による説明を受けた者はいない。」とし，「原告ら等は，いずれも，丸荘証券の販売員から**本件債券の安全性やリスクについて十分な説明を受けず，本件債券が国債などと同程度に安全な商品である**と認識し，本件債券についてのリスクについての認識を欠いた状態で購入を決めたと認められるところ，丸荘証券の販売員は，以下のとおり原告ら等に対する本件債券の購入の勧誘にあたり，説明義務を怠ったものと解するのが相当」と販売員らの説明義務違反を認定した。

　そのうえで判示は，丸荘証券の販売体制について，「このように**多数の顧客に対して，本店及び7支店の約35名にも及ぶ販売員が説明義務に違反する勧誘を行った**ということからすると，丸荘証券において本件債券の販売に当たってそのリスクの説明を十分に行うという販売体制が構築されていなかったと言わざるを得ない。そして，このことは，とりもなおさず，多数の販売員が説明義務に違反して販売するようなずさんな販売体制が構築されていたものと評価せざるを得ない。」と認定した。

そのうえで，役員ごとの責任について，①代表取締役社長について，業務執行全般について指揮統括する立場にあったとし，「販売員が説明義務を十分に尽くすという販売体制を構築する職責を有していたというべきであり，かつ，少なくとも販売体制が適切なものであるかを常時監視し，それが顧客に対する説明義務を全うするには足りないものであったときには，これを是正するべき職責を有していたというべき」とし，その任務懈怠があったとし，代表取締役会長についても同様に責任を認めた。

また，②常務取締役兼商品本部長については，「本件債券などの外国債券の仕入手続の実務を担当し，外国証券販売説明書，転売制限等告知書，投資確認書を作成していた訴外Bの上司という立場となり，同人を指揮監督すべき職責を有していた」と認定したうえで，「本件債券のリスクを顧客に説明するための外国証券販売説明書等の説明書を作成する部署の責任者として，販売員による口頭によるリスク説明の必要性を販売部門担当部署に伝え，適切な販売体制を構築する必要のあることを助言，提案する職責を有しており，仮に，営業担当部門が十分な販売体制をとっていない場合にはこれを是正することを助言，提案する職責を有していた」とし，その任務懈怠があったとして，責任を認めた。

また，③丸荘証券の国際部，営業推進調査部，各支店担当の取締役については，「各支店における本件債券の販売体制に問題がある以上，この是正を図るべき職責を有していた」とし，その任務懈怠があったとして，責任を認めた。

さらに，④丸荘証券の営業部担当の取締役についても，「商品を顧客に販売する際の販売体制に関与しうる立場にあった」とし，その任務懈怠があったとして，責任を認めた。

他方，⑤法人顧客への取引を統括していた取締役については，「商品を個人顧客に販売する際の販売体制とは関係のない部署に在籍していた」として，また，⑥顧客との取引にあたり従業員に違法行為がないか等を事後的に検査する監査部の担当取締役については，「監査部の立場の者が販売体制の是正を図ることができたかどうかについての証拠はない」として，それぞれ責任を否定した。

(c) **検　　討**

　本件は，法令遵守が一般の事業会社より厳格に求められる証券会社において，35名という多数の勧誘員について説明義務違反があったという事例であり，適切な販売体制を構築することについて関与しうる立場にあった取締役らについて，任務懈怠責任が認められた。

　証券会社については，本件事件の発生した平成9年当時も，情報格差のある顧客に対する積極的な説明義務が認められており（これに違反すると不法行為が成立しうる），とくに本件の丸荘証券の販売員の顧客に対する本件債券に関する説明内容は，リスクの高い外国債券について国債などと同程度に安全であると虚偽の説明をし，リスク説明もほとんどしなかったという悪質なものであった。

　証券会社において，販売員の顧客に対する商品説明について，適正な社内体制を構築すること（適切な販売書面の作成や教育体制，人的体制，規程類の整備等）は，証券会社の個人向け商品販売に係るリスク管理体制の最も基本的な事項であるにもかかわらず，丸荘証券では，上記のような**悪質な違法勧誘が，多数の販売員によって多数の顧客に対し行われていた**のであり，一部従業員により秘密裡に不正行為が行われたという事例とは異なる。このような**違法な販売体制を漫然と放置していた**以上，個人顧客に販売する際の販売体制の構築に関与しえた取締役について，重大な過失が認められたのは当然といえよう。

　もっとも，商品を個人顧客に販売する際の販売体制とは関係のない部署に在籍していた取締役や，顧客との取引にあたり従業員に違法行為がないか等を事後的に検査する部署に在籍していた取締役については責任を否定しており，必ずしも全取締役について厳格な判断をしているわけではない点に留意が必要である。

(3)　　ジャージー高木乳業事件　☆10

(a) **事案の概要**

　本件は，牛乳等の製造販売業を営む乳業会社（以下「本件会社」という）の代

---

☆10　名古屋高金沢支判平17・5・18判時1898号130頁・労判905号52頁。

表取締役Aが，雪印乳業の集団食中毒事件を受けた調査で，本件会社では製造後出荷されずに冷蔵庫に残った乳製品や返品された乳製品を加工乳等の原材料として再利用していたことが判明していたところ，保健所から衛生管理の状況が不明なものや品質保持期間切れのものを混入することは食品衛生法に抵触するから，牛乳製造の原料として使用することは許されないとの指導を受け，B部長に違法な再利用をしないよう指示したが，B部長のとった措置の内容やその結果を報告させ，法令違反状態の解消を確認しなかった結果，B部長の指示で回収された牛乳の再利用がなされ，これを原因とする食中毒事件が発生し，その後，本件会社は解散し従業員を解雇するに至ったところ，元従業員らが代表取締役に対し，旧商法266条ノ3（現行会社法429条）に基づき2年分の給与の損害賠償請求をした事例である。

(b) **判　　　旨**

判示は，**代表取締役の義務**について，「Aは，雪印乳業事件及び金沢市保健所の本件指導により，それまでの本件会社における牛乳等製品の再利用には食品衛生法に違反する再利用があることを知ったのであるから，本件会社の代表取締役として，直ちに同法に違反する再利用を廃止する措置を講ずるのはもとより，すみやかに今後同様の違法な再利用が行われることのないようにするための適切な措置（牛乳等製品の再利用に関する取扱基準の策定，従業員に対する牛乳の再利用に関する教育・指導等の徹底等）を講じて，法令を遵守した業務がなされるような社内体制を構築すべき職責があったものというべきである。そして，上記職責を有するAとしては，上記措置を自ら講ずることなく，会社内の職掌分担に従ってこれを部下に任せるとしても，部下が取った措置の内容及びその結果を適宜報告させ，法令違反状態が解消されたこと等を確認し，仮になお法令に適合しない再利用がなされている状態が残存する場合には，自ら速やかに是正を指示するなどの指揮監督権限を行使して，違法な牛乳から牛乳への再利用をしない社内体制を築くべき義務があった」とし，**事前に違法状態の認識がある場合には，法令遵守体制を構築する義務と，部下から報告を受けるなどして違法状態の解消を確認する義務**があると判示した。

そのうえで，「Aは，従前本件会社において行われていた牛乳等製品の再

利用には食品衛生法に違反する再利用があることを知りながら，B部長に対して金沢市保健所の本件指導を遵守して違法な再利用をしないよう指示し，また，一旦出荷された牛乳等製品の再利用についてはその再利用をしない措置を講じたが，出荷されずに本件会社内の冷蔵庫に保管されていた牛乳を牛乳製造のための原料として使用する再利用に関しては，自ら特段の措置を講ずることなく，その取扱いをB部長に任せ切りとして，かつ，B部長から，上記再利用の有無に関する実情を聴取することもしなかったため，本件会社で，なお牛乳から牛乳への再利用という法令に違反する状態が続いていることを知らずに，そのため，同違法状態が是正されないまま継続されることとなったものであるから，Aには，上記職責に違反する任務違背があった」と代表取締役の任務懈怠を認めた。

(c) **検　　討**

本裁判例は，同業他社の不祥事を契機に，代表取締役が会社の違法状態を事前に認識し，部下に法令遵守の指示を出し一定の対策を講じたが，その後，部下から報告を受けるなどして違法状態が解消されたことを確認せずに放置し，その結果，不正行為が発生した事案であり，取締役が事前に違法状態を認識していた場合には，取締役の内部統制システム構築および運用は，具体的に認識した違法状態を解消させるレベルのものである必要があると，厳格に捉えている点に特徴がある。これは，次の新潮社フォーカス事件にも共通する視点である。

(4) **新潮社フォーカス事件**　☆11

(a) **事案の概要**

本件は，株式会社新潮社の発行する写真週刊誌フォーカスに法廷内写真やイラスト画などを掲載された和歌山毒入カレー事件の刑事被告人が，名誉毀損，肖像権侵害を理由に，株式会社新潮社や編集長らに対し，損害賠償請求等をした事件である。刑事被告人は，同社の取締役に対しては，出版社としての影響力の大きさから人権侵害を回避すべく自社の従業員等に対して是

---

☆11　（第1審）大阪地判平14・2・19判タ1109号170頁，（控訴審）大阪高判平14・11・21民集59巻9号2488頁，（上告審）最判平17・11・10民集59巻9号2428頁・判タ1203号74頁・判時1925号84頁。

正，指導，注意喚起等の措置をとるべき職務上の義務を負っていたにもかかわらず，これを懈怠したとして，平成17年改正前商法266条ノ3（現行会社法429条）に基づく任務懈怠責任を追及した。

(b) **判　　旨**

第1審は，代表取締役らの任務懈怠責任を認め，控訴審も，代表取締役らの任務懈怠責任を認めた。

控訴審の判示は，出版社の責任について「出版・報道という企業活動は，その性質上，他者の社会的評価や名誉感情を侵害する危険性を常に有しているところであるから，出版ないし報道を主要な業務とする株式会社の取締役は，その業務を執行するに際して，自社の出版・報道行為が会社外の第三者に対する権利侵害を生じないように注意すべき義務を負う」とし，フォーカス編集部のリスク管理体制については，「本件写真週刊誌の編集部では，編集長以下，デスク，中堅記者，新人記者，カメラマンという取材現場の経験に応じた上下関係が構築されており，その中で先輩から後輩へと取材上のノウハウや注意事項が伝えられていたこと，控訴人山本〔筆者注：代表取締役のこと〕は，本件写真週刊誌の取材として行われた入院中の人物の撮影を違法とする判決が確定後，編集部員に同様の取材をしないように指示していたこと，後藤取締役は，長年にわたり控訴人会社の発行する『週刊新潮』の編集業務に携わり，本件写真週刊誌の初代編集長であり，そこで，控訴人山本は，同取締役に掲載記事の内容等について適宜相談をしていたことが認められる。」と認定した。

そのうえで，代表取締役の信頼の原則について，「株式会社の代表取締役は，一般にその業務全般につき執行権限を有するものであるが，大規模な株式会社において，会社の内部で業務が組織化され，各取締役が業務を分担する制度が確立されている場合においては，各取締役の業務の執行につき違法あるいは不当であるとの疑念を抱くべき理由がない限り，代表取締役が各担当取締役にその業務執行を委ね，そのため業務執行に違法あるいは不当な結果が生じたとしても，直ちに代表取締役にその業務執行につき懈怠があったものということはできない。」と認めつつ，「本件写真週刊誌の取材・報道行為に関し少なからざる違法行為がなされてきた」と過去に違法行為が繰り返され

ていたことから,「控訴人会社としては,社内的にこのような違法行為を繰り返さないような管理体制を取る必要があった」とし,**代表取締役**の義務についても「肖像権の侵害等を防止するために従来の組織体制につき疑問を持ってこれを再検討し,肖像権の侵害や名誉毀損となる基準を明確に把握して,本件写真週刊誌の取材や報道行為に関し違法行為が発生しそのため当該相手方等に被害を生ずることを防止する管理体制を整えるべき義務があった」が,それを怠ったとして任務懈怠責任を認めた(他の取締役の任務懈怠責任は認められていない)。

  (c) **検　　討**

本裁判例では,出版社特有の名誉権侵害,肖像権侵害等の人権侵害がなされるリスクが認定されたうえで,出版社で過去に取材・報道に関して違法行為が繰り返されていた場合,これを繰り返さないためのリスク管理体制を構築すべきとされ,代表取締役について任務懈怠責任が認められた。前掲のジャージー高木乳業事件と同様,過去に不祥事が発生すれば,その発生原因等の分析を踏まえて再発防止策を策定・実施することは,内部統制上の基本的な対応と解されるところ,かかる対策が取られていることが,その後の内部統制システム構築義務の水準となりうることを示した裁判例といえる。

(5) **大起産業事件**☆12

  (a) **事案の概要**

本件は,顧客が,商品先物取引会社(以下本項において「本件会社」という)に委託して行った商品先物取引において損失を被ったことにつき,本件会社の従業員には,適合性原則違反,説明義務違反等の違法行為があり,これらは取締役会の営業方針に従って組織営業として行われた会社ぐるみの不法行為であり,また,本件会社の取締役らには,従業員の教育および顧客との紛争を防止するための管理体制の整備義務違反ならびに会社法所定の内部統制システムの構築義務違反があるなどと主張して,本件会社のほか,取締役に対し,会社法429条等に基づく損害賠償請求を求めた事案である。

---

☆12　(第1審)名古屋地判平24・4・11判時2154号124頁・金法1974号111頁,(控訴審)名古屋高判平25・3・15判時2189号129頁・金法1974号91頁。

(b) **判　　旨**

　第1審は，本件会社の責任を認めるとともに，その取締役の内部統制システムの構築義務違反も認め，控訴審もこれを支持した。

　控訴審判決は，本件会社の内部統制システムについて，「控訴人会社においては，業務に関する準則やマニュアルの制定，従業員に対する研修制度や業務監査制度の導入，主務省及び商品取引所の監査や指導等を受けての業務改善など，法令遵守体制の整備及び紛議防止のための諸施策が実施され，教育管理体制及び内部統制システムの構築がされてきたようにも見受けられる」と認定しつつ，「控訴人会社が，長年にわたり顧客との間で多数の紛争を抱え，全国各地で多数の訴訟を提起され，本件と同様に委託者が借入金で取引を行った事例を含め，適合性原則違反や特定売買などの違法行為を認める判決が数多く出されていたこと，控訴人会社が，行政当局等から，適合性原則違反や無敷・薄敷等を繰り返し指摘されて業務の改善を求められ，日本商品先物取引協会から過去3度にわたって過怠金を含めた制裁を受けていた上，平成20年12月には，本件取引の4か月半後に行われた立入検査等の結果に基づき，主務省から受託業務停止処分（14営業日）及び業務改善命令という極めて重い行政処分を受けるに至ったこと，上記行政処分の中で，控訴人会社における内部管理体制の抜本的な見直しと体制整備の必要性が指摘されたこと，控訴人会社では，取締役会及び経営会議を毎月開催するなどして改善策を協議するなどしていたが，その後も依然として顧客との間で多数の苦情，紛争，訴訟が発生し続けていたこと，このような状況であるにもかかわらず，控訴人会社で長年管理部の責任者をしてきた控訴人Aが，判決の内容に不服がある場合には，担当者に対してそれほどの指導はしていない旨，繰り返し被告として訴訟提起された従業員についても，起きている苦情につき当該従業員にそれほど非があるとは考えていない旨の供述をし，また，長年，控訴人会社の代表取締役を務めてきた控訴人Bも，控訴人会社に組織的な欠陥はなく，上記の受託業務停止処分及び業務改善命令に対して納得のいかない部分があるなどと供述していること，控訴人C及び控訴人Dが，これまでも繰り返し違法行為をしたとして委託者から訴訟提起をされてきたことなどの事情を総合すれば，前記イの各種制度や諸施策の実効性は疑問であ

り，本件取引が行われた平成20年2月当時，控訴人Bら5名は，**控訴人会社の従業員が適合性原則違反などの違法行為をして委託者に損害を与える可能性があることを十分に認識しながら，法令遵守のための従業員教育，懲戒制度の活用等の適切な措置を執ることなく，また，従業員による違法行為を抑止し，再発を防止するための実効的な方策や，会社法及び同法施行規則所定の内部統制システムを適切に整備，運営することを怠り，業務の執行又はその管理を重過失により懈怠したものというべきである**」と判示し，取締役の任務懈怠責任を認めた。

　(c) **検　討**

　本件事案は，本件会社が，**主務官庁や業界団体から繰り返し業務上の法令違反等について指導・処分を受けており**，さらに，**顧客からの多数の抗議や訴訟が発生していたにもかかわらず，取締役らが業務改善をしてこなかった**ことを認定し，取締役の内部統制システムの整備・運営に関する任務懈怠を認めた事案である。

　過去に違法行為が繰り返されており，それを取締役が認識していたにもかかわらず，これに対応する適切な内部統制システムの構築をしなかった事案であり，このような放置事例で取締役の責任を認めてきた下級審裁判例の傾向に沿う判断といえる。

(6)　**役員責任査定決定に対する異議事件**[13]

　(a) **事案の概要**

　資金繰りが非常に逼迫しているジャスダック上場会社（のちに破産した。以下「破産会社」という）において，**代表取締役が**，平成21年8月頃から，①新株予約権行使に係る払込金を有価証券届出書の資金使途とは異なる，甲社に対する回収可能性に疑義があり必要性・合理性に欠ける融資にあてたり，②取締役会決議を経ずに同じく甲社に実質融資を行ったり，③山林を20億円と著しく過大に評価して現物出資による募集株式の発行を決定したり，④実際の借入金額をはるかに上回る額面の約束手形を振出したり，**善管注意義務および忠実義務に違反する任務懈怠行為を繰り返していた状況下で**，取締役

---

[13]　大阪地判平25・12・26判時2220号109頁・金判1435号42頁。

のリスク管理体制（内部統制システム）の構築義務や，監査役のリスク管理体制に対する監視義務違反が問われた事案である（監査役の責任を認めた役員責任査定決定に対し，当該監査役が原告となって異議の訴えを提起した事案）。

(b) **判　　旨**

裁判所は，まず，**取締役のリスク管理体制の構築義務**について，「取締役は，健全な会社経営を行うために，会社の規模の大小を問わず，善管注意義務の一環として，他の取締役等が法令・定款に違反することなく適法・適正に職務を行うことについて監視する義務があるほか，取締役等が法令・定款に違反する行為に及ぶことを事前に防止するためのリスク管理体制を構築する義務を負っていると解される。そして，取締役が構築すべきリスク管理体制の内容は，会社の規模や状況，問題となる違反の内容，当時の監査水準等を考慮して決められ，取締役において不十分なリスク管理体制が構築されたにとどまる場合には，取締役の善管注意義務及び忠実義務に違反するといえる。」と判示した。

また，**監査役のリスク管理体制に対する監視義務**については，「監査役は，取締役に対する業務監査権限に基づく善管注意義務の一環として，取締役がリスク管理体制を構築する義務を果たしているか，構築したリスク管理体制が妥当なものであるかについて監視することが義務付けられている。そして，**監査役は，会社において，リスク管理体制が構築されていない場合や，これが構築されているとしても不十分なものである場合には，取締役に対して，適切なリスク管理体制の構築を勧告すべき義務を負う**」と監査役の取締役に対するリスク管理体制構築についての勧告義務を認めた。

そのうえで，取締役のリスク管理体制構築義務違反について，「Ａ〔著者注：破産会社の代表取締役のこと〕の上記各行為は，いずれも善管注意義務及び忠実義務に違反し，会社に対する任務懈怠にあたるのであって，Ａは，遅くとも，平成 21 年 8 月ころから，これらの任務懈怠行為を繰り返しており，平成 22 年 9 月ころからは，さらにエスカレートさせ，取締役会及び監査役会をないがしろにして行動していたといえる。そして，これらの一連の任務懈怠行為は，いずれも破産会社がジャスダック上場廃止になることを回避するために行われたものであると推認されるとしても，Ａは，そのために，破産会社の

手元に資金がない場合には，支払原因が不明確な約束手形等を振り出して資金を調達し，新株予約権の払込金等により破産会社の手元に資金がある場合には，……使途不明の出金を行うなど，代表取締役としての任務に懈怠する行為を繰り返していたと認められる。そうすると，破産会社の財務状況やAによる上記任務懈怠行為の反復を十分に認識していたBら取締役としては，破産会社の財務状況を著しく悪化させる，Aの約束手形の振出しや使途不明の出金を防止しうるだけのリスク管理体制を構築しなければならないと認められる。具体的には，Bら取締役は，Aによる約束手形の振出しを防止するリスク管理体制のほか，破産会社の手元に資金がある場合にはその資金流出を防止するリスク管理体制（例えば，被告管財人が指摘するように，一定の金額以上の支払を伴う取引や出金等を取締役会決議事項とした上で，その旨を取締役会規程等に明記するとともに，現預金取扱規程等の社内規程を策定し，これを従業員（経営管理本部長及び出納責任者等）に周知徹底させる措置等）を構築すべきであった。」「しかるに，Bら取締役は，『手形取扱規程』を設け，Aによる約束手形の振出しを防止するリスク管理体制を一応整えたにとどまり，Aが不当な資金流出を行うことを防止するリスク管理体制は構築していない。したがって，Bら取締役には，Aの不当な資金流出を防止するためのリスク管理体制を構築する義務に違反していたというべきである。」として，取締役のリスク管理体制構築義務違反を認めた。

次に，監査役のリスク管理体制構築に対する監視義務違反について，「原告ら監査役もまた，取締役会において報告を受けるなどして，**破産会社の財務状況やAの上記任務懈怠行為の反復について十分に認識していた**と認められるから，Aが，破産会社の手元に資金がない場合には，支払原因が不明確な約束手形等を振り出して資金を調達し，破産会社の手元に資金がある場合には，使途不明の出金を行うことを繰り返しており，今後もこれらの任務懈怠行為が繰り返されるおそれがあることを予見できたといえる。とりわけ，破産会社では，平成22年12月29日に，本件募集株式の発行による払込金として多額の現金が入金されることとなっていたのであるから，原告としては，遅くとも平成22年12月7日開催の定時取締役会の時点で，Aが同払込金を不当に流出させるおそれがあることを予見できたといえ，**取締役会に対**

し，直ちに，Aによる資金流出を防止するための前記……で述べたリスク管理体制（例えばA単独の指示では金庫からの出金をしないよう経営管理本部長及び出納責任者に指示する等）を直ちに構築するよう勧告すべきであった。」「しかるに，原告は，Aら取締役に対し，本件貸付行為等に疑義がある旨の意見と，それが容れられない場合に原告ら監査役が辞任することも考えている旨の表明はしたものの，その勧告をしなかったのであるから，原告には善管注意義務の違反があるというべきである。」として，リスク管理体制の監視義務違反を認めた。さらには，「また，原告ら監査役が再三に亘り，Aの行為が不適切であることは指摘したにもかかわらず，それが受け入れられなかったことが繰り返されたという状況に鑑みると，原告には，上記リスク管理体制構築義務違反に係る勧告義務にとどまらず，Aの代表取締役からの解職及び取締役解任決議を目的事項とする臨時株主総会を招集することを勧告すべき義務もあったと認められる。」と判示した。

なお，「破産会社の取締役は，Aの代表取締役からの解職を検討したものの，破産会社が実質的にA個人が支配する会社であり，Aに代わって他の者が代表取締役になったとしても，取引先や株主が付いてくる保証はなかったことからこれを見送ったという経緯」から「原告がBら取締役に対してAの代表取締役からの解職等を勧告したとしても，Bら取締役が，同勧告に従って行動した可能性はさほど高くなかった」と認定しつつ，「取締役会をないがしろにして会社財産を違法ないし不当に流出させる行為が繰り返される以上，それを防止する措置（Aの解職ないし解任の勧告）を原告ら監査役がなすべきことは当然である。また，原告がそのような勧告をすれば，事実上にしろ，Aを掣肘する効果が期待できるものである。」と判示し，監査役が勧告義務を免れるわけではないとした。他方で，監査役の違法行為差止めの仮処分を申し立てるべき義務については，違法な金員交付を具体的に予見できたとまでは認められないとして否定している。

(c) 検　　討

本件は，代表取締役が善管注意義務及び忠実義務に違反する任務懈怠行為を繰り返していた状況下において，当該任務懈怠行為を認識していた他の取締役や監査役がどのような行為義務を負うかについて判示したうえで，取締

役および監査役のリスク管理体制の構築義務ないし監視義務違反を認めた。裁判所は，他の取締役については，**代表取締役の違法行為をやめさせるだけのリスク管理体制を構築すべき義務**（具体的には，一定の金額以上の支払を伴う取引や出金等を取締役会決議事項としたうえで，その旨を取締役会規程等に明記するとともに，現預金取扱規程等の社内規程を策定し，これを従業員に周知徹底させる措置など）があるとして当該義務違反を認定し，また，監査役については取締役会に対し代表取締役による資金流出を防止するためのリスク管理体制を直ちに構築するよう勧告すべき義務ならびに代表取締役からの解職および取締役解任決議を目的事項とする臨時株主総会を招集することを勧告すべき義務があるとして，これらの義務違反を認めた。監査役において，単に代表取締役の行為に疑義がある旨の意見を表明したり，辞任を示唆したりするだけでは，足りないとされている。

また，破産会社が実質的にA個人が支配する会社であり，Aに代わって他の者が代表取締役になったとしても取引先や株主が付いてくる保証がないという状況にあったことをもって上記監査役の勧告義務が免責されるわけではないことも判示している。これは，そのような理由で監査役の勧告義務すら否定してしまえば，誰もAの暴走を止める役割を果たす者がいなくなってしまう以上，当然であろう。

代表取締役が既に任務懈怠行為を行っている状況下における，他の取締役および監査役の内部統制に関する具体的な義務の内容について判示した裁判例として，参考になる。

## 2　取締役の善管注意義務違反が否定された事例

### (1)　ダスキン事件　☆14

#### (a)　事案の概要

本件は，株式会社ダスキン（以下「ダスキン」という）が経営する「ミスタードーナツ」において，食品衛生法上，使用が禁止されている食品添加物が混

---

☆14　（第1審）大阪地判平16・12・22判タ1172号271頁・判時1892号108頁・金判1214号26頁，（控訴審）大阪高判平18・6・9判タ1214号115頁・判時1979号115頁，（上告審）最決平20・2・12公刊物未登載。

入した肉まんが販売され，それが新聞・テレビ等で大々的に報道されて，ミスタードーナツの売上げが低下し，ダスキンが加盟店に売上げ減に対する補償等の出費をしたことについて，株主代表訴訟により，取締役および監査役の善管注意義務違反が問われた事案である。

### (b) 判　旨

　第1審，控訴審とも，違法行為を未然に防止するための法令遵守体制は，本件販売当時，整備されていなかったとまではいえないとして，内部統制システム構築義務違反による会社役員の責任を否定した。

　控訴審判決は，取締役の内部統制システム構築義務一般について，「健全な会社経営を行うためには，目的とする事業の種類，性質等に応じて生じる各種のリスク，例えば，信用リスク，市場リスク，流動性リスク，事務リスク，システムリスク等の状況を正確に把握し，適切に制御すること，すなわちリスク管理が欠かせず，会社が営む事業の規模，特性等に応じたリスク管理体制（いわゆる内部統制システム）を整備することを要する。」としたうえで，構築すべき内部統制システムの水準の判断時について「もっとも，整備すべきリスク管理体制の内容は，リスクが現実化して惹起する様々な事件事故の経験の蓄積とリスク管理に関する研究の進展により充実していくものである。したがって，現時点で求められているリスク管理体制の水準をもって，本件の判断基準とすることは相当でない」と**不祥事発生時を基準**とした。また，「どのような内容のリスク管理体制を整備すべきかは基本的には経営判断の問題であり，会社経営の専門家である取締役に，広い裁量が与えられている」と**取締役の広い裁量**を認めた。これらは，大和銀行事件大阪地裁判決（前掲注（☆4））とほぼ同様の内容である。

　そのうえで具体的なあてはめにおいて，「ダスキンは，当時，担当取締役は経営上の重要な事項……を取締役会に報告するよう定め，従業員に対しても，ミスや突発的な問題は速やかに報告するよう周知徹底しており，違法行為が発覚した場合の対応体制についても定めていた（「内部摘発」による違法行為の発覚も想定されている。）」とし，「その上で，実際に起こった食中毒に関する企業不祥事の事案を取り上げて注意を促すセミナーも開催していた」として，**違法行為が発覚した場合の対応体制の整備**と，**セミナーの実施**

を根拠に，違法行為を未然に防止するための法令遵守体制は，本件販売当時，整備されていなかったとまではいえないとした。

そして，株主らによる，違法行為等があれば即座に「コンプライアンス部門」または「品質管理機関」を通して取締役会に報告される体制を構築し周知徹底しておかなければならなかった旨の主張について，食品を販売する会社であれば当然にかつ一律にそのような機関を設置しなければならないものではないとした。

また，肉まんに違法な食品添加物が混入したことを知った従業員が事業グループ外の機関に報告をしなかったことについても，「フードサービス事業グループは……ダスキンにおいて，他の事業部門と並んでそれ自体あたかも一つの企業のように独立して一定の権限と責任を与えられた一つの事業部門である」ところ，上記従業員が事業部門における指揮命令系統に従って上司Aに上記事実を報告して指示を仰ぎ，その事実はAを通じて当該事業部門の最高責任者Bにも報告されたことから「フードサービス事業グループの指揮命令系統は正常に機能していた」とし，ただ本件はAおよびBが「稟議規定に違反して上記事実を取締役会に報告せず秘密裏にあえて違法行為を行うという意思決定をしたという事案であり，本件販売当時，そのような場合をも想定して，従業員に対し，自己の属する事業部門の指揮命令系統に従って情報を伝達するのみならず，当該事業部門の外にある機関にも同じ情報を伝達することを義務づける体制を構築しておかなければならなかったとまではいうことができない。」とし，不正行為者の隠蔽行為等まで想定して体制構築をしなければならないわけではない旨判示し，**不正者の隠蔽行為等による不正発見の困難に配慮している。**

また，株主らによる，カンパニー制度を設けて事業部門の独立性を認める場合にも取締役の監視義務は全社に及ぶのであるから，当該事業部門限りで情報がとどまることがないように，現場からの情報が複数のルートを通って伝達されるように体制づくりをする必要があるとの主張についても，「事業部門の独立性を高めるのは，当該会社が多岐に亘る事業経営をしているため，一定の基準を設けて，その範囲内では当該部門内部で処理が可能なこととして経営効率の向上を目指すものであるから，情報の全てを他の部門に伝達す

ることを要求するのはその趣旨に反する。」とし、「経営上の重要な情報を取締役会への報告事項と定めていたから、各取締役が定められた義務を果たせば、各事業部門に生じる問題を全社的に議論することが可能になっていた」として、会社経営の効率性との兼ね合いにも配慮した判示をしている。

(c) 検　　討

本裁判例は、取締役の内部統制システム構築義務、構築すべき内部統制システムの水準の判断基準時を不祥事発生時とする考えること、取締役の広い裁量を認めるなどの一般論部分は、大和銀行事件大阪地裁判決をほぼ踏襲したものである。そして、具体的なあてはめでは、違法行為が発覚した場合の対応体制の整備と、セミナーの実施を根拠に、違法行為を未然に防止するための法令遵守体制は、本件販売当時、整備されていなかったとまではいえないとした。さらに不正者の隠蔽行為等による不正発見の困難や会社経営の効率性との兼ね合いにも配慮しており、取締役に対し、内部統制システム構築義務を過度に厳格に課すことを避けたものといえる。

(2)　**ヤクルト事件** ☆15

(a) **事案の概要**

本件は、乳酸菌飲料等の製造販売事業を営む東証一部上場企業のヤクルト本社において、平成3年10月から平成10年3月までの間、投資銀行、証券会社等の金融機関との間で、複数のデリバティブ取引（以下「本件取引」という）を行った結果、最終的に533億2046万8179円の損失を被ったところ、株主らが役員らに対し、適切なリスク管理体制を構築して監視し本件取引を中止させるべき義務を怠ったとして株主代表訴訟により会社に対する損害賠償を求めた事案である。

(b) **判　　旨**

控訴審判決は、デリバティブ取引に関する取締役の内部統制システム構築義務について、「デリバティブ取引は、少額の原資で多額の取引ができるため、投機性が高く、市場動向の見通しが的中すると多額の利益が得られる反面、

---

☆15　（第1審）東京地判平16・12・16判タ1174号150頁・判時1888号3頁・金判1216号19頁、（控訴審）東京高判平20・5・21判タ1281号274頁・金判1293号12頁、（上告審）最決平22・12・3資料版商事法務323号11頁。

見通しを誤ると会社の存立にも関わるような巨額な損失が生ずるおそれがあるものであり，かつ，市場動向は完璧には予測ができないものであるから，損失の発生を完全に回避することは不可能といえる。したがって，事業会社が，本業とは別に，このような投機性の高いデリバティブ取引を行うについては，市場動向の見通し等について可能な限り情報収集をし，それを分析，検討して適切な判断をするように務める必要があるほか，このようなデリバティブ取引により発生する損失によって会社の存立にまで影響が及ぶような事態が生ずることを避ける目的で，損失が生じた場合の影響を一定の限度に抑えられるよう，リスク管理の方針を立て，これを適切に管理する体制を構築する必要が生ずるというべきである。」とした。

そのうえで，「もっとも，デリバティブ取引から生ずるリスク管理の方針及び管理体制をどのようなものにするかについては，当該会社の規模，経営状態，事業内容，デリバティブ取引による資金運用の目的，投入される資金の性質，量等の諸般の事情に左右されるもので，その内容は一義的に定まるようなものではないのであり，そこには幅広い裁量がある」と**取締役の広い裁量**を認めた。

また，「デリバティブ取引のリスク管理の方法等については，当時未だ一般的な手法は確立されておらず，模索の段階にあったのであるから，リスク管理体制の構築に向けてなされた取締役の判断の適否を検討するに当たっては，現在の時点における知見によるのではなく，その当時の時点における知見に基づき検討すべき」と，構築すべき内部統制システムの水準の判断時については，**不祥事発生時の知見を基準**にすべきとした。

次に，役員間の役割分担について，「〈2〉実際にデリバティブ取引の実務を担当する取締役は，取締役会等の会社の機関において定められたリスク管理の方針，管理体制に従い，そこで定められた制約に従って取引をする注意義務を負うとともに，個々の取引の実行に当たっては，法令，定款，社内規則等を遵守したうえ，事前に情報を収集，分析，検討して，市場の動向等につき適切な判断をするよう務め，かつ，取引が会社の財務内容に悪影響を及ぼすおそれが生じたような場合には，取引を中止するなどの義務を負う」とした。

さらに「〈3〉会社の業務執行を全般的に統括する責務を負う代表取締役や個別取引報告書を確認し事後チェックの任務を有する経理担当の取締役については，デリバティブ取引が会社の定めたリスク管理の方針，管理体制に沿って実施されているかどうか等を監視する責務を負うものであるが，ヤクルト本社ほどの規模の事業会社の役員は，広範な職掌事務を有しており，かつ，必ずしも金融取引の専門家でもないのであるから，自らが，個別取引の詳細を一から精査することまでは求められておらず，下部組織等（資金運用チーム・監査室，監査法人等）が適正に職務を遂行していることを前提とし，そこから挙がってくる報告に明らかに不備，不足があり，これに依拠することに躊躇を覚えるというような特段の事情のない限り，その報告等を基に調査，確認すれば，その注意義務を尽くしたものというべきである。」とし，「〈4〉その他の取締役については，相応のリスク管理体制に基づいて職務執行に対する監視が行われている以上，特に担当取締役の職務執行が違法であることを疑わせる特段の事情が存在しない限り，担当取締役の職務執行が適法であると信頼することには正当性が認められるのであり，このような特段の事情のない限り，監視義務を内容とする善管注意義務違反に問われることはない」と代表取締役やその他の取締役等について信頼の原則を認めた。

さらに，「〈5〉監査役は，『取締役ノ職務ノ執行ヲ監査』すべき職責を負い（旧商法274条），平成17年法律第87号による廃止前の株式会社の監査等に関する商法の特例に関する法律22条1項が適用される場合を除き，取締役の職務執行の状況について監査すべき権限を有することから，上記リスク管理体制の構築及びこれに基づく監視の状況について監査すべき義務を負っていると解されるが，〈3〉と同様，監査役自らが，個別取引の詳細を一から精査することまでは求められておらず，下部組織等（資金運用チーム・監査室等）が適正に職務を遂行していることを前提として，そこから挙がってくる報告等を前提に調査，確認すれば，その注意義務を尽くしたことになる」と同じく信頼の原則を認めた。

そのうえで，下記のとおり認定をし，役員の内部統制システム構築義務や監視監査義務の懈怠を否定した。

「イ(ア)……〈1〉ヤクルト本社においては，デリバティブ取引を行う部署を

経理部財務課に属する資金運用チーム，決裁権者を管理本部長である被控訴人 $Y_{10}$ とそれぞれ定め，被控訴人 $Y_{10}$ の決済により資金運用チームがデリバティブ取引を行い，デリバティブ取引の実現損益については，独立の勘定科目を設けて，月次損益計算書に表示した上，毎月経営政策審議会に報告させ，四半期，中間期，期末ごとに取締役会にも報告させ，さらに，中間期及び期末には，有価証券報告書，半期報告書，株主総会添付資料等により，投資家及び株主にもこれを開示する体制が採られていた。そして，上記取引の監査を行う監査室を強化するため，当初管理本部に属していたものを社長直属に組織変更がされ，また，本件監査法人は，当初から，中間期及び期末において，すべてのデリバティブ取引の契約書のコピーを提出させて，その内容等について監査を行っていた。」

「〈2〉平成7年ころ，株価暴落によりデリバティブ取引の含み損額が増大したが，その際，本件監査法人は計算上の含み損額のシミュレーションをしてこれをヤクルト本社に伝えたところ，ヤクルト本社においては，被控訴人 $Y_{10}$ に対し，想定元本額を増大させないこと，単純な期日延長は行わないこと，リスク切り抜けのための契約条件の変更はリスクを増大させない方法で行うことなどの本件制約を課し，さらに，資金運用チームに対し，個別契約の締結，解約，条件変更ごとに個別取引報告書を作成させ，これに契約書の写しを添付して，経理担当の取締役である被控訴人 $Y_9$ に提出させ，その閲覧後，上司である被控訴人 $Y_{10}$ 管理本部長に回し，同人の承認を経た上で，監査室に提出させて，監査室に監査させるとともに，監査室には，月ごとの明細書及び調査結果に関する資料を作成させ，毎月1回，調査資料及び個別取引報告書を常勤監査役である被控訴人 $Y_{11}$ に対し交付・報告させる体制を採るようにした。さらに，資金運用チームに対し，半期ごとに含み損のシミュレーション表を作成させて監査室に報告させ，監査室にこれを監査させた上，常勤監査役である被控訴人 $Y_{11}$ に提出させるようにし，被控訴人 $Y_{11}$ は，上記資料に基づき監査をし，その結果を代表取締役社長である亡 A に報告するようになったのである。また，本件監査法人も，中間期及び決算期末ごとに，すべての契約書のコピーの提出を求め，複雑な取引については資金運用チームに説明を求めるなどして，含み損等について詳しく監査をしていたばかり

か，想定元本額の上限を上回らないよう指摘もしていた。」

「さらに，〈3〉ヤクルト本社においては，株価の上昇による含み損減少の状況の中で，平成8年11月，徐々に特金等の運用資産を整理・縮小するという現状の方針を当面は継続していくこと，デリバティブ取引等は2年程度で収束させること，資金運用に関する管理及び決裁に関する規程を見直すこと，これまで行ってきたものと異なる資金運用については行わないこと等の本件常務会決定をし，平成9年3月には，デリバティブ取引について，取引の執行（新規取引，変更取引及び決済取引）の都度担当役員及び常勤監査役に報告すること，取引残高を月々把握し必要事項を担当役員及び常勤監査役に報告すること，担当役員は社長の承認を得て想定元本限度枠及び時価評価の限度枠を設定すること，市場の急変により想定元本限度枠等の基準を超過若しくはその恐れがあるときは，担当部長は直ちに担当役員へ報告し，その判断を仰ぐこと等を定める本件規程を制定した。また，代表取締役社長である被控訴人$Y_5$は，重ねてデリバティブ取引は今後2年間で清算する，今後は新規の本取引はしない，現時点の取引は収束の方向で処理する，との指示をした上，平成9年5月以降，監査室から計算上の含み損の金額を適宜報告させ，これらを常時把握した上で，デリバティブ取引がヤクルト本社の経営に与える影響等を直接監督するようになったのである。」

「〈4〉そして，代表取締役社長である被控訴人$Y_5$は，平成9年8月以降の株価暴落後，含み損額が増大したので，必要な調査をし，検討をした結果，現時点で本件デリバティブ取引を完全に打ち切ったとしても，自己資本（任意積立金）の範囲内で処理し得るが，このまま本件デリバティブ取引を継続する場合は，上記範囲を超えるリスクが発生し，ヤクルト本社の経営に危険を生じさせるものと判断し，デリバティブ取引の中止を決定し，取締役会の決議を経て，これを実行したものである。」

「(イ)　したがって，ヤクルト本社は，デリバティブ取引の内容を開示させた上，リスクの程度に応じてリスク管理体制を順次整備し，資金運用チーム，監査室，経理等担当取締役，常勤監査役，経営政策審議会，常務会，代表取締役，取締役会，監査法人等が互いに不足部分を補い合って有機的に連携し，想定元本額，計算上の含み損を指標として，デリバティブ取引を実施する被

控訴人 $Y_{10}$ に対して，本件制約，本件常務会決定などの制約を課すなどして，デリバティブ取引のリスクを管理していたということができる。そして，当時のヤクルト本社の財務状況に照らせば，制限に係る想定元本額が不合理といわれるほど巨額であったということもできない。また，デリバティブ取引に係るリスク管理の方法が模索されていた当時の状況においてみると，このようなリスク管理体制は，確かに金融機関を対象に，大蔵省金融検査部が平成6年11月に発表した『デリバティブのリスク管理体制の主なチェック項目』（別紙1）や日銀が平成7年2月に発表した『金融派生商品の管理に関するガイドライン』（別紙2）には劣るものの，他の事業会社において採られていたリスク管理体制に劣るようなものではなかったということができる。そして，本件デリバティブ取引の中止は，このようなリスク管理の結果であるということができ，これによって，ヤクルト本社は回復し難いまでの損失を被るという事態の発生を免れたということができる」。

「ウ　以上によると，当時のデリバティブ取引についての知見を前提にすると，ヤクルト本社においては，相応のリスク管理体制が構築されていたといえるのであって，この点に関する被控訴人等の善管注意義務違反は認められないというべきである。」

(c) 検　　討

控訴審判決は，取締役の広い裁量を認める点，構築すべき内部統制システムの水準の判断時期について不祥事発生時の知見を基準にすべきとする点，担当外の取締役らに信頼の原則を認める点など，それまでの裁判例の考え方をおおむね踏襲しつつ，取締役に厳格な内部統制システム構築義務を課すことを避けたものといえる。控訴審判決や第1審判決に対しては，定立した基準についてはおおむね支持されているものの，具体的なあてはめについては，デリバティブ取引を担当者である取締役管理本部長 $Y_{10}$ の専権として実効的なモニタリング制度を設けなかった点や，制限に係る想定元本額が不合理といわれるほど巨額であったということもできないとした点などについては，批判も強い[16]。

---

[16] 野村修也「内部統制への企業の対応と責任」企業会計58号5号（2006年）98頁，

### (3) 新潮社貴乃花事件 ☆17

#### (a) 事案の概要

本件は，大相撲の元横綱で貴乃花部屋を運営する $X_1$ と，その妻である $X_2$ が，週刊誌「週刊新潮」を発行する株式会社新潮社と，その代表取締役であるA，控訴人会社に所属し週刊新潮編集長であるBに対し，週刊新潮の記事により名誉を毀損され，また財産上の損害を被ったとして，Bに対し民法709条，新潮社に対し同法715条，控訴人Aに対し，旧商法266条ノ3（控訴人Bとの関係において民法719条）に基づき，損害賠償請求等をした事案である。

#### (b) 判　示

まず第1審判決は，株式会社新潮社と編集長Bの名誉毀損による不法行為の損害賠償責任を認めるとともに，代表取締役Aについても，「被告会社内でとられていた仕組，体制を検討するに，……一般的研修体制としては，週刊新潮編集部で，弁護士を交えて名誉毀損等の勉強会を開き，編集部員全員を出席させていたものの，その頻度は，2年に1回程度にすぎず，その成果は，『何らかの認識が深まる程度』にとどまっていたこと，また，出版物発行前のチェック体制としては，発行雑誌毎に担当取締役を定め，担当取締役が各編集部を監督する体制をとっていたが，週刊新潮の記事については，本件各記事掲載当時，週刊新潮担当取締役Cに一任されており，同取締役は，毎週，週刊新潮の原稿に目を通し，また，日常的に編集長と話し合っていたものの，個々の記事の内容の正否，当否の判断は，基本的に編集部がすべきであると考え，編集長の説明に対し，いくつか質問をする程度にとどまっていたこと，それ以外には，被告会社には，名誉毀損惹起を防止すべき仕組，体制は作られていなかったことが認められる。」と認定して，代表取締役Aの平成17年改正前商法266条ノ3に基づく責任を認めた。

---

福島良治「資金運用を目的としたデリバティブ取引に関する会社の内部統制」金法1763号（2006年）25頁，受川環大「デリバティブ取引による資金運用と取締役・監査役の責任」金判1325号（2009年）18頁，中村信男「役員の会社に対する任務懈怠責任と内部統制システム」商事法研究70号（2009年）10頁等。

☆17　（第1審）東京地判平21・2・4判タ1299号261頁・判時2033号3頁，（控訴審）東京高判平23・7・28公刊物未登載。

これに対し，控訴審判決は，第 1 審同様，株式会社新潮社と編集長Ｂの名誉毀損による不法行為の損害賠償責任は認めたが，代表取締役Ａについては，以下のとおり判示して旧商法 266 条ノ 3 の責任を否定した。

まず，出版社の責任については「出版，報道といった企業活動は，性質上，他者の名誉を毀損する危険性を常に伴うから，出版，報道を主要な業務とする株式会社の代表取締役は，業務を執行するに際し，出版，報道によって，第三者の権利を侵害しないよう注意し，第三者の権利を侵害する結果を防止し得る仕組み，社内体制を整備，構築する義務を負う」と，新潮社フォーカス事件（前掲注（☆11））の第 1 審判決・控訴審判決と同様の判示をした。

ただし，「内部統制システムの内容そのものは，各会社の業種や規模等に応じて様々であり得，どのような内容のリスク管理体制を整備するかは経営判断の問題でもあると解せられる」と取締役の広い裁量を認めた。

そのうえで，「控訴人会社では，出版物の編集から販売までの全過程を扱っているところ，業務の各分野に関して代表取締役が全てを把握し管理することは困難であるため，業務の効率性を維持するため，事業ごと及び出版物の種類ごとに担当取締役制をとっている。そして，和歌山カレー事件に関する訴訟の判決において，控訴人会社ので社内体制が構築，整備されていなかった旨を認定されたことを契機に，控訴人Ａは，平成 14 年 10 月，週刊新潮の編集に当たっては，編集の経験が豊富なＣ取締役を担当取締役として，同人が編集長と打合せをし，毎週ゲラのチェックをし，控訴人Ａは，自らはゲラをチェックすることはしないものの，Ｃ取締役に委ねて，日常的に個々の記事に目を通させて問題点を指摘させることとしていた。」と経験豊富な取締役がゲラをチェックしていたこと，「控訴人Ａは，Ｃ取締役に対し，編集部員に対する違法行為防止のための教育を任せ，同人は，2 年に 1 度の割合で勉強会を実施していた。」と違法行為防止のための勉強会を実施していたこと，「控訴人Ａは，弁護士の見解を聞く機会を確保するため，社員住所録に顧問弁護士の事務所を記載し，法律専門家による相談体制を整え」法律専門家による相談体制を整備していたこと，「掲載された記事について編集部に抗議があった場合は，重要なものにつき，編集長からＣ取締役に報告が上がり，Ｃ取締役は編集部から控訴人Ａへ裁判の結果の報告をさせていた」との

報告体制を整備していたことを根拠に,「控訴人Aは,控訴人会社が発行する週刊新潮に掲載する記事によって,他人の名誉が毀損されるなどの違法行為が生じないように,控訴人会社における一応の社内体制を整えるなどの対応をしていたと認められる」として代表取締役Aの旧商法266条ノ3に基づく責任を否定した。

ただし,判示は「もっとも,被控訴人ら主張のとおり,本件各記事が掲載された時期に近接した時点の民事訴訟において,控訴人会社の名誉毀損による不法行為責任が認められた判決が相当程度に多数存在することは,前記……のとおりであり,上記の社内体制が当時十分に機能していなかったと評価できる面があるが,しかし他方,ほぼ同時期以降において,控訴人会社の不法行為責任が否定された判決等が相当数あることも前記……のとおりであって,上記の社内体制が機能不全に陥っていたとまでは認定できない」,「そうすると,本件各記事が掲載された当時においては,違法行為防止のために控訴人Aが構築,整備した社内体制は,不十分ながらもその役割を果たしていたと評価すべきであり,これを前提とすると,上記の社内体制の構築,整備についての不備(義務懈怠)が存するとしても,控訴人Aに,その職務を行うについての悪意があったとは認められないのみならず,重大な過失があったとまでは認めるに足りないことになる(なお,もとよりこの認定判断は,本件各記事が掲載された当時におけるものであり,その後の状況下における判断は,異なることがあり得ることを付記しておく。)」とした。

(c) **検　　討**

上記 Ⅲ 1(4)(95頁)の新潮社フォーカス事件と同じ,株式会社新潮社の内部統制システム構築義務が問題になっており,同事件において前掲注(☆11)大阪地判平14・2・19および前掲注(☆11)大阪高判平14・11・21が同社の代表取締役らの任務懈怠責任を認めた後の裁判例であるため,かかる裁判例を踏まえて,代表取締役の内部統制システム構築義務違反が検討されている。

第1審判決が代表取締役の責任を認めたのに対し,控訴審判決は内部統制システム構築義務について経営判断原則に基づく広い裁量を認めたうえで,**経験豊富な取締役がゲラをチェックしていたこと**,違法行為防止のための勉

強会を実施していたこと法律専門家による相談体制を整備していたこと，報告体制を整備していたことを根拠に，代表取締役の責任を否定した。

ただし，本件はあくまで任務懈怠について重過失が要件となる旧商法266条ノ3の責任についての事案であり，第1審判決は代表取締役の責任を認め，控訴審判決も，株式会社新潮社の社内体制が当時十分に機能していなかったこと，判示があくまで記事掲載時の判断であり，その後の状況下の判断は異なりうることを留保するなど，限界事例であったことを示唆している点に注意を要する。

### (4) 日経インサイダー事件 [18]

#### (a) 事案の概要

本件は，株式会社日本経済新聞社（以下「日本経済新聞社」という）の従業員が，平成17年8月ころから平成18年1月までの間，同社が管理するコンピュータ内の広告主の法定公告に関する情報を利用してインサイダー取引を行い刑事罰を受けたことにより，同社の社会的信用が失墜しコーポレートブランド価値が毀損したとして，株主らが取締役ら（代表取締役，社長室担当取締役または広告担当取締役）について，従業員によるインサイダー取引を防止することを怠った任務懈怠責任を追及した株主代表訴訟の事案である。

#### (b) 判　　旨

判示は，取締役の責任について「補助参加人〔著者注：日経新聞社のこと〕は，経済情報を中心として日経新聞など5紙を発行する我が国有数の報道機関であり，その報道機関としての性質上，多種多様な情報を大量に取り扱っており，その従業員は，報道部門や広告部門なども含めて，業務遂行上，秘密性のある情報や未公表情報などのインサイダー情報に接する機会が多いといえる。したがって，補助参加人の取締役としては，それらの事情を踏まえ，一般的に予見できる従業員によるインサイダー取引を防止し得る程度の管理体制を構築し，また，その職責や必要の限度において，従業員によるインサイダー取引を防止するために指導監督すべき善管注意義務を負う」と**一般的に予見できる不正リスクを防止しうる程度の管理体制を構築すべき**とした。

---

[18] 東京地判平21・10・22判夕1318号199頁・判時2064号139頁。

そのうえで，日経新聞がインサイダー取引を防止するために構築していた管理体制である，情報管理体制およびインサイダー取引防止に関する管理体制について検討し，情報管理体制については，取締役らは「アドバンス内の情報管理に関して，アドバンスを独立したクローズドシステムとして構築した上，その専用端末はすべて広告局の各部署の事務スペースに設置し，かつ，広告局員に対しても，業務上の必要性を考慮した上，個人又は各部署ごとのID等を付与して，業務上の必要性に応じてアドバンス内の情報を取得できるなどの体制をとっていた」，「情報管理一般についても，社内規定である情報管理規定を制定して，平成17年1月1日に施行し，東京本社広告局においては，同局長を情報管理統括者，管理部長を情報管理責任者として，同局内の情報を同局の責任において管理するものとし，アドバンス内の広告申込情報を『社外秘』（外部への情報漏洩は遮断されるべきであるが，局内においては業務のために共有される情報）と分類してその管理をするなど，現に同規定に基づいて運用される体制をとっていた」と認定したうえで，「会社が，その有する多種多様な情報について，どのような管理体制を構築すべきかについては，当該会社の事業内容，情報の性質・内容・秘匿性，業務の在り方，人的・物的態勢など諸般の事情を考慮して，その合理的な裁量に委ねられている」と情報管理の内部統制システム構築に関する広い裁量を認めたうえで，上記管理体制は「一般的にみて合理的な管理体制であった」とした。

インサイダー取引防止に関する管理体制については，取締役の裁量については判示せず，「インサイダー情報に接した従業員がインサイダー取引を行うことを防止するために，就業規則の附属規定として『インサイダー取引規制に関する規定』を制定し，各局における内規を設けて以来，これらの社内規定や内規に基づき，従業員に対し，法令遵守に関する社内研修等を実施して周知を図っていた。」として，規程整備と研修の実施等による周知をもって，事件当時，「一般的にみて合理的な管理体制をとっていた」とした。

(c) 検　討

本裁判例は，経済紙を発行する報道機関特有の従業員によるインサイダー取引発生のリスクを認定したうえで，取締役に「一般的に予見できる従業員によるインサイダー取引を防止し得る程度」の管理体制を構築すべき善管注

意義務を認め，そのうえで具体的な管理体制を検討のうえ，義務違反はないとしている。「一般的に予見できる」程度のリスク管理体制という基準により，後知恵で取締役の責任を認めることを排除しているものと解される。

### (5) 西松建設事件[19]

#### (a) 事案の概要

本件は，西松建設の株主である原告が，政治資金規正法により，企業の政治献金が大きく制限されることとなったにもかかわらず，西松建設において，政治団体（以下「本件政治団体」という）を設立したうえで，従業員の一部を本件政治団体の会員として登録させたうえで会費を支払わせ，当該会費分等を当該従業員の賞与に上乗せして支出する方法や，本件政治団体の主催する政治資金パーティーのパーティー券を購入し，その代金として西松建設が支出した金員を支店長等の個人名を使用して振込送金する方法（以下総称して「本件スキーム」という）により，西松建設の資金を本件政治団体に移していたところ，これらは政治資金規正法に違反するものであって，西松建設の取締役である被告らが，①故意に本件スキームに関与し，②過失により本件スキームによる会社財産の流出等を阻止せず，または③法令遵守の体制を構築せず，善管注意義務に違反したことにより，西松建設に違法な支出をさせたなどと主張して，株主代表訴訟により取締役らの善管注意義務違反（会社法423条等）を追及した事案である。

#### (b) 判　旨

裁判所は，政治資金規正法違反に関する役員の善管注意義務違反については，一部の役員について認めたが，内部統制システムの構築義務違反については，以下のとおり判示してこれを否定した。「取締役は，取締役会の構成員としてリスク管理体制の大綱を決定し，代表取締役又は業務担当取締役としてリスク管理体制を構築すべき義務を負い，さらには取締役として代表取締役又は業務担当取締役がリスク管理体制を構築すべき義務の履行状況を監視する義務を負うものと解するのが相当であるところ，リスク管理体制の具体的内容は経営判断に係るものであって，取締役はリスク管理体制の具体的

---

[19] 東京地判平26・9・25資料版商事法務369号72頁。

内容を決定するに当たり一定程度の裁量を有していると解するのが相当である。」と取締役の裁量を認めたうえで，「これを本件についてみると，前記1の認定事実によれば，西松建設は，平成7年1月以前から，政治資金規正法を含む法令の遵守のために，西松建設企業行動規範を作成しており，政治資金規正法に関する事項（政治献金やパーティー券購入を含む。）についても，本社の総務部及び支店の事務部に管理体制の強化のための役割を担当させ，本社の総務部長及び支店の事務部長を相談窓口と定めていたことが認められるから，西松建設は，平成7年1月時点において，一応のリスク管理体制を整備していたものというべきであるから，仮に原告が主張するような体制が構築されていなかったとしても，原告が主張するようなリスク管理体制の構築義務の違反があるとまではいえない。」

(c) **検　　討**

本件裁判例は，会社ぐるみで政治資金規正法違反が行われた事案であり，本件スキームを認識し，または認識しえた取締役の法令違反による善管注意義務違反については役員責任を認めたが，内部統制システム構築義務違反については，取締役の裁量を認めたうえで，企業行動規範を作成し，政治資金規正法について本社と支店に管理体制強化のための役割を担当させ，本社と支店に相談窓口を定めていた，という3点から，これを否定した。

内部統制システムの構築義務に関する事実認定は，簡単なものにとどまっているが，内部統制システム構築義務違反を認めることに慎重な下級審裁判例の傾向に沿うものといえる。もっとも，実際には会社ぐるみで政治資金規正法違反が行われていたわけであるから，内部統制システムが機能していたとはいいがたい事案であろう。

### 3　下級審裁判例の検討

以上の主要な下級審裁判例について俯瞰すると，どの程度の内部統制システムを構築するかについては，取締役に経営判断原則に基づく取締役の裁量を認め（大和銀行事件大阪地裁判決，ダスキン事件大阪高裁判決，新潮社貴乃花事件東京高裁判決，日経インサイダー事件東京地裁判決），構築されるべき内部統制システムの基準については不正行為時を基準に判断し（大和銀行事件大阪地裁判決，ダ

スキン事件大阪高裁判決，新潮社貴乃花事件東京高裁判決，日経インサイダー事件東京地裁判決)，他の取締役等に対する信頼の原則を認める（大和銀行事件大阪地裁判決，新潮社フォーカス事件大阪高裁判決，ヤクルト事件大阪高裁判決)，という大きな傾向が認められる。また，構築すべき内部統制システムの水準については，明確な判示をしない裁判例が多いが，同業他社並みの水準の体制が構築されていたか否かや（ヤクルト事件東京高裁判決)，一般的に予見できる不正リスクを防止しうる程度の管理体制が構築されていたか（日経インサイダー事件東京地裁判決）により善管注意義務違反の有無を判断するものがある。

そして，内部統制システム構築義務違反の有無についての判断においては，**報告・対応体制の整備**（ヤクルト事件東京高裁判決，ダスキン事件大阪高裁判決，新潮社貴乃花事件東京高裁判決)，**相談窓口の整備**（西松建設事件東京地裁判決)，**管理体制強化のための担当者の設置**（西松建設事件東京地裁判決)，**担当者の権限の制限**（ヤクルト事件東京高裁判決)，**行動規範や規程類の整備**（日経インサイダー事件東京地裁判決，西松建設東京地裁判決)，**研修・セミナー・勉強会などの実施**（ダスキン事件大阪高裁判決，新潮社貴乃花事件東京高裁判決，日経インサイダー事件東京地裁判決）といった体制整備についての各要素のほか，**不正行為者の隠蔽行為等による発見困難性**（ダスキン事件大阪高裁判決)，**会社経営の効率性との兼ね合い**（ダスキン事件大阪高裁判決）なども考慮され，一般的には，取締役の責任を認めるには，慎重な態度をとっている。

もっとも，一部，取締役の内部統制システム構築義務を厳格に捉える裁判例があり（大和銀行事件大阪地裁判決，下記Ⅲの日本システム技術事件の東京地裁判決および東京高裁判決)，また，**取締役や監査役が違法行為やその発生リスクを認識しつつ（または容易に認識しえたにもかかわらず）これを放置していたケース**（丸荘証券事件東京地裁判決，ジャージー高木乳業事件名古屋高裁金沢支部判決，新潮社フォーカス事件，大起産業事件名古屋高裁判決，役員責任査定決定に対する異議事件大阪地裁判決）では，取締役の内部統制システム構築義務違反が認められやすい傾向にある。

既に違法行為が存在し，今後もその違法行為が継続するリスクや再発するリスクが顕在化しており，そのことを取締役が認識している場合，取締役として，その防止を可能とする内部統制システムを構築し，機能させるべきこ

とは当然である。それにもかかわらず，取締役や監査役がそのような状態を放置した場合（いわば「違法行為の認識・放置のケース」），内部統制システムの構築義務違反や監視義務違反を問われるのは，やむをえないであろう。内部統制システムの構築・運用・監視にあたっては，このような裁判例の傾向を十分に念頭に置く必要があり，違法行為が発生した場合には，その再発防止のための施策を適切にとっておく必要がある。なお，このような取締役の違法行為等のリスクの認識や認識可能性を重視する裁判例の傾向に照らせば，同業他社等で違法行為が発生し，それが広く報道され，そのような違法行為が自社でも発生する可能性があることが容易に予見できるような場合にも，取締役においては，そのようなリスクを防止するに足りる内部統制システムを構築し，運用することが求められる可能性があるので（ジャージー高木乳業事件参照），この点も注意を要する。

## Ⅲ　日本システム技術事件の分析

次に，上記Ⅱの下級審裁判例も踏まえて，本判例を検討する。

### 1　事案の概要

① 日本システム技術株式会社（以下「対象会社」という）は，ソフトウェアの開発および販売等を業とする東証2部上場企業であり，Aは対象会社設立以降現在まで代表取締役の地位にある。

② 対象会社の事業は，注文に応じてソフトウェアの受託開発等を行うソフトウェア事業と大学向けの事務ソフト等の既製品を開発し販売するパッケージ事業に大別され，パッケージ事業本部にはGAKUEN事業部が設置されている。

③ Bは，平成12年4月に対象会社のGAKUEN事業部の部長に就任した。
　当時，GAKUEN事業部には，Bが部長を兼務する営業部のほか，注文書や検収書の形式面の確認を担当するBM課（ビジネスマネージメント課）および事務ソフトの稼働の確認を担当するCR部（カスタマーリレーション部）が設置されていた。

また，当時の対象会社の職務分掌規定によれば，財務部の分掌業務は，資金の調達と運用・管理，債権債務の管理等とされ，GAKUEN 事業部の分掌業務は，営業活動，営業事務（受注管理事務，債権管理事務，売掛金の管理および不良債権に対する処理方針の決定を含む）等とされていた。

④　対象会社のパッケージ事業は，対象会社が，顧客である日本アイ・ビー・エム株式会社ほか 1 社（以下，2 社を単に「販売会社」という）に事務ソフト等の製品を販売し，販売会社がエンドユーザーである大学等にさらにこれを販売するというものである。

　平成 12 年当時のパッケージ事業における事務手続（以下「本件事務手続」という）の流れは，以下のとおりであった。

　ア　GAKUEN 事業部の営業担当者が販売会社と交渉し，合意に至ると販売会社が注文書を営業担当者に交付する。営業担当者は，注文書を BM 課に送付し，同課は受注処理を行ったうえ，営業担当者を通じて販売会社に検収を依頼する。

　イ　CR 部の担当者が，販売会社の担当者およびエンドユーザーである大学の関係者とともに，納品された事務ソフトの検収を行う。

　ウ　BM 課は，販売会社から検収書を受領したうえ，売上処理を行い，対象会社の財務部に売上報告をする。財務部は，BM 課から受領した注文書，検収書等を確認し，これを売上げとして計上する。

⑤　B は，高い業績を達成し続けて自らの立場を維持するため，平成 12 年 9 月以降，GAKUEN 事業部の営業担当者である部下数名（以下「営業社員ら」という）に対し，後日正規の注文が獲得できる可能性の高い取引案件について，正式な注文がない段階で注文書を偽造するなどして実際に注文があったかのように装い，売上げとして架空計上する扱い（以下「本件不正行為」という）をするよう指示した。B の指示を受けて行われた本件不正行為の手法は，次のとおりであった。

　ア　営業社員らは，偽造印を用いて販売会社名義の注文書を偽造し，BM 課に送付した。

　イ　BM 課では，偽造に気づかず受注処理を行って検収依頼書を作成し，営業社員らに交付した。しかし，検収依頼書は販売会社に渡ることは

なく，営業社員らによって検収済みとされたように偽造され，BM課に返送された。実際には大学に対して製品は納品されておらず，CR部担当者によるシステムの稼働の確認もされていなかったが，Bおよび営業社員ら（以下「Bら」という）は，納品および稼働確認がされているかのような資料を作成した。

ウ　BM課では，検収書の偽造に気づかず売上処理を行い，財務部に売上げの報告をした。財務部は，偽造された注文書および検収書に基づき売上げを計上した。

エ　財務部は，毎年９月の中間期末時点で，売掛金残高確認書の用紙を販売会社に郵送し，確認の上返送するよう求めていた。また，毎年３月の期末時点には，対象会社との間で監査契約を締結していた監査法人も，売掛金残高確認書の用紙を販売会社に郵送し，確認のうえ返送するよう求めていた。

　　ところが，営業社員らは，Bの指示を受けて，販売会社の担当者に対し，対象会社等から封書が郵送される可能性があるが，送付ミスであるから引き取りにいくまで開封せずにもっていてほしいなどと申し向け，これを販売会社から回収したうえ，用紙に金額等を記入し，販売会社の偽造印を押捺するなどして販売会社が売掛金の残高を確認したかのように偽装し，財務部または監査法人に送付していた。

　　財務部および監査法人は，偽造された売掛金残高確認書において対象会社の売掛金額と販売会社の買掛金額が一致していたため，架空売上げによる債権を正常債権と認識していた。

⑥　Bらは，当初は契約に至る可能性が高い案件のみを本件不正行為の対象としていたが，次第に可能性が低い案件についても手を付けざるをえなくなり，売掛金の滞留残高は増大していった。

⑦　財務部は，回収予定日を過ぎた債権につき，GAKUEN事業部から売掛金滞留残高報告書を提出させていたが，Bらは，回収遅延の理由として，大学においてシステム全体の稼働が延期されたことや，大学における予算獲得の失敗および大学は単年度予算主義であるため支払が期末に集中する傾向が強いことなどを挙げていた。財務部は，これらの理由が

合理的であると考え，また，販売会社との間で過去に紛争が生じたことがなく，売掛金残高確認書も受領していると認識していたことから，売掛金債権の存在についてとくに疑念を抱かず，直接販売会社に照会等をすることはしなかった。また，監査法人も，平成 16 年 3 月期までの対象会社の財務諸表等につき適正であるとの意見を表明していた。
⑧ 対象会社は，監査法人から売掛金残高の早期回収に向けた経営努力が必要である旨の指摘を受け，代表取締役である A が販売会社と売掛金残高について話をしたところ，双方の認識に相違があることが明らかになり，平成 16 年 12 月ころ，本件不正行為が発覚した。

## 2　原審の判断

本件事件について，原審[20]は，おおむね原々審[21]の判示を追認して，以下のとおり判示した。

(1) 事業上，内在していたリスクについて

本件不正行為当時，GAKUEN 事業部はソフトウェア商品の納入，売掛金の回収，不良債権の処理方針の決定および各種伝票資料の管理を含む幅広い業務を分掌しており，注文書や検収書の形式面の確認を担当する BM 課およびエンドユーザーである大学に赴き，事務ソフトの稼働の確認を担当する CR 部が同事業部に直属していたことが認められる。このような対象会社の組織体制に基づき構築されたものと解される本件事務手続においては，BM 課が作成した検収書は，元営業社員を経由して販売会社に送付することとされていたが，これが元事業部長らによる検収書の偽造を可能とした要因であったと認めることができる。また，本件事務手続においては，ソフトウェア商品の出荷，納品および大学におけるシステムの稼働確認といった業務をすべて同事業部が行うこととされていたために，実際には商品の出荷，納品および CR 部の担当者による大学におけるシステムの稼働確認がなされていないにもかかわらず，元事業部長らによってこれらの作業がなされたかのよ

---

[20]　東京高判平 20・6・19 金判 1321 号 42 頁。
[21]　東京地判平 19・11・26 判時 1998 号 141 頁・金判 1321 号 43 頁。

うな資料を作成することが可能となったものと認めることができる。

　このようにみると，本件不正行為当時のGAKUEN事業部の組織体制および本件事務手続には，元事業部長ら同事業部の上層部が企図すれば，容易に本件不正行為を行いうるリスクが内在していたというべきである。

(2)　代表取締役の予見可能性について

　そして，対象会社代表者は，対象会社の取締役および代表取締役として，対象会社の健全な運営を図るため，各部門の適切なリスク管理体制を構築し，機能させる義務を負うものと解するのが相当であるところ，上記本件事務手続の流れを踏まえて，不正行為がなされる可能性を意識すれば，本件不正行為当時においても，対象会社代表者が上記リスクが現実化する可能性を予見することは可能であり，また，当該リスクを排除ないし低減させる対策を講じることが可能であったというべきである。

　にもかかわらず，対象会社代表者は，各部門に不正はないものと過信し，組織体制や本件事務手続を改変するなどして当該リスクを排除ないし低減させる対策を講じることをせず，適切なリスク管理体制を構築すべき義務を怠ったものというべきである。

(3)　不正行為の発覚が遅れたことについて

　本件不正行為の発覚が遅れたことについては，元事業部長らが，売掛金債権の回収が遅れている原因について，大学業界の特殊性等によるなどと一見合理的に思える説明をしていたことおよび正規案件の入金を架空の売掛金債権に対する入金として消込みを行うなどの隠蔽工作を行ったことが一因となったことは否定できない。

　しかしながら，そもそも対象会社においては，債権債務の管理および売掛金債権の回収遅延管理は財務部の担当とされていたにもかかわらず，取引先からの入金と個々の売掛金債権との照合を財務部が直接行うことをせず，事業部からの消込み明細情報の提供を受けて行うこととされていたのであって，元事業部長らに前記消込み工作を可能にする余地を残した原因はこの点にあるというべきである。

　また，この点を措いても，前記認定のとおり，GAKUEN事業部の大学向け事務ソフトの売掛金債権の回収は，場合によっては売上計上されてから回

収まで1年半程度かかることがあったものの，2年間以上回収がなされないことは例外的であったところ，本件不正行為に係る売掛金債権には，2年間以上経過しても未回収のものも生じていたのであり，控訴人の経理規程62条，63条によれば，債権は，契約書に定められた期間中に回収するものとし，この期間を超えて債権がなお未回収の場合は，業務責任者から本社の経理部門に報告するとともに適切な保全措置をとらなければならず，債権，債務については，本社の経理部門会計責任者は相手先と残高を照合し，常に正確な残高を把握するとともに必要に応じて相手先からその残高確認を取り寄せねばならないこととされていたのであるから，本社の経理部門である財務部としては，同事業部が一見合理的な回収遅延理由を報告したり，日本IBM2社名義の売掛金残高確認書が存したとしても，財務部が独自に直接日本IBM2社に対して売掛金債権の存在や遅延理由を確認したり，対象会社に対する入金額がどの売掛金債権に対するものなのかを確認したりすべきであったものというべきであり，また，財務部がこれらの措置を採ることは可能であったというべきである。

にもかかわらず，財務部はこれらの措置を採ることを怠り，その結果本件不正行為の発覚が遅れたことが認められる。そして，このことは，対象会社代表者が財務部に適切な措置を採らせることを怠り，財務部によるリスク管理体制を機能させていなかったことを意味するものといえるから，対象会社代表者は，この点においても，前記の各部門の適切なリスク管理体制を構築し，機能させる義務を怠ったものというべきである。

## 3 本判例の判断

これに対し，本判例[22]は，以下のとおり判示し，原判決を破棄し，代表

---

[22] 本判例の解説ないし評釈として，大塚和成「判批」銀行法務21・53巻10号（2009年）56頁，弥永・前掲注（[1]）60頁，高島志郎「日本システム技術事件判例システム技術事件最高裁判決の検討」商事1876号（2009年）20頁，志谷・前掲注（[3]）12頁，川島・前掲注（[3]）13頁，山田剛志「判批」増刊金判1336号（2010年）222頁，中井稔「粉飾決算の防止と会社機関の責任」監査565号（2010年）130頁，藤原俊雄「内部統制システム構築義務と取締役の責任」民事法情報280号3頁（2010年），酒井太郎「判批」・判評617号〔判時2075号〕（2010年）193頁，王子田誠「判

取締役Aの内部統制システム構築義務違反を否定した。

(1) **構築されていた管理体制の水準について**

　本件不正行為当時，対象会社は，〈1〉職務分掌規定等を定めて事業部門と財務部門を分離し，〈2〉GAKUEN事業部について，営業部とは別に注文書や検収書の形式面の確認を担当するBM課およびソフトの稼働確認を担当するCR部を設置し，それらのチェックを経て財務部に売上報告がされる体制を整え，〈3〉監査法人との間で監査契約を締結し，当該監査法人および対象会社の財務部が，それぞれ定期的に，販売会社あてに売掛金残高確認書の用紙を郵送し，その返送を受ける方法で売掛金残高を確認することとしていたというのであるから，対象会社は，**通常想定される架空売上げの計上等の不正行為を防止しうる程度の管理体制は整えていた**ものということができる。

(2) **不正行為の想定可能性について**

　そして，本件不正行為は，GAKUEN事業部の部長がその部下である営業担当者数名と共謀して，販売会社の偽造印を用いて注文書等を偽造し，BM課の担当者を欺いて財務部に架空の売上報告をさせたというもので，営業社員らが言葉巧みに販売会社の担当者を欺いて，監査法人および財務部が販売会社あてに郵送した売掛金残高確認書の用紙を未開封のまま回収し，金額を記入して偽造印を押捺した同用紙を監査法人または財務部に送付し，見掛け上は対象会社の売掛金額と販売会社の買掛金額が一致するように巧妙に偽装するという，**通常容易に想定しがたい方法によるもの**であったということができる。

(3) **不正行為発生を予見すべき特別の事情について**

　また，本件以前に同様の手法による不正行為が行われたことがあったなど，

---

批」金判1353号（2010年）8頁，松井秀征「架空売上げの計上を防止するためのリスク管理体制構築義務違反の有無」判例リマークス41号〔2010(下)〕222頁，上甲悌二＝清水良寛「上場企業の『リスク管理体制』構築義務訴訟」法セミ662号(2010年)38頁，鳥山恭一「判批」法セミ663号（2010年）121頁，松嶋隆弘「会社法上の内部統制システムにおいて要求される水準と措置について」日本法学76巻2号（2010年）307頁，野村・前掲注（☆1）112頁，松本伸也「内部統制システムは何のためにあるか」NBL971号（2012年）8頁など。

対象会社の代表取締役であるＡにおいて**本件不正行為の発生を予見すべきであったという**特別な**事情もみあたらない。**

⑷　リスク管理体制の機能について

　さらに，売掛金債権の回収遅延につきＢらが挙げていた理由は合理的なもので，販売会社との間で過去に紛争が生じたことがなく，監査法人も対象会社の財務諸表につき適正であるとの意見を表明していたというのであるから，財務部が，Ｂらによる巧妙な偽装工作の結果，販売会社から適正な売掛金残高確認書を受領しているものと認識し，直接販売会社に売掛金債権の存在等を確認しなかったとしても，**財務部におけるリスク管理体制が機能していなかったということはできない。**

## 4　原審と本判例の違い

⑴　原　　審

　本件事件の原審は，①まず，対象会社の不正行為発生時のGAKUEN事業部の組織体制および本件事務手続を分析し，「本件不正行為当時のGAKUEN事業部の組織体制および本件事務手続には，元事業部長ら同事業部の上層部が企図すれば，容易に本件不正行為を行いうるリスクが内在していたというべき」と認定したうえで，②「本件事務手続の流れを踏まえて，不正行為がなされる可能性を意識すれば，本件不正行為当時においても，対象会社代表者が上記リスクが現実化する可能性を予見することは可能であり，また，当該リスクを排除ないし低減させる対策を講じることが可能であった」と，取締役の予見可能性，結果回避可能性を認め，適切なリスク管理体制を構築すべき義務を怠ったと認定した。③また，不正行為の発覚が遅れた点についても，元事業部長らの隠蔽工作を行ったことが一因であるとしつつ，取引先からの入金と個々の売掛金債権との照合を担当部である財務部が直接行うことを行わなかったこと，財務部が独自に直接日本IBM2社に対して売掛金債権の存在や遅延理由を確認するなどしなかったことが原因であるとし，このことは代表取締役が財務部に適切な措置を採らせることを怠り，財務部によるリスク管理体制を機能させていなかったことを意味すると認定している。

　かかる判断枠組みは，まず，実際に発生した不正行為を認定したうえで，

不正行為の発生時,取締役において,それが予見可能だったか,回避可能だったかを検討することで,取締役の内部統制システム構築義務違反の有無を判断するアプローチであるといえる。ただし,原審においては,「上記本件事務手続の流れを踏まえて,不正行為がなされる可能性を意識すれば」という根拠しか示されないまま,取締役の予見可能性や結果回避可能性が認定されており,その判断基準や判断根拠が不明確となっている。このような原審の判断枠組みをベースにすると,裁判官は,実際に発生した不正行為を認定したうえで,当該不正行為が行為当時の取締役にとって予見可能だったか,回避可能だったかを,明確な基準や根拠も示さず判断することになり,取締役の善管注意義務違反の判断が主観的で不安定なものになろう。また,不正行為発生当時の状況を実際には知らない裁判官が事後的に検討すれば,実際に不正行為が発生した客観的事実があるため,予見可能性や結果回避可能性が認められやすくなるおそれがあり,取締役に後知恵の結果責任を負わせる結論となる懸念がある。このような原審の判断枠組みに対しては,学説・実務からも批判が多い[23]。

(2) 本 判 例

これに対し,本判例は,

① 通常想定される不正行為を防止しうる程度の管理体制は整えていたか
② 実際に発生した不正行為は,通常容易に想定しがたい不正行為か
③ 当該不正行為を予見すべき特別な事情があったか
④ リスク管理体制は機能していたか

という4つの判断要素から,内部統制システム構築義務違反の有無を検討している。

まず①「通常想定される不正行為を防止しうる程度の管理体制」が整えられていたかという一般的・客観的な水準により,対象会社の内部統制システムが評価されている。これは,本件事案においては,取締役の内部統制システム構築義務の水準は,原則として「通常想定される不正行為を防止しうる

---

[23] 酒井・前掲注([22])33頁,中村・前掲注([1])130頁,松本・前掲注([22])11頁。

程度の管理体制」で足りるという判示である。

　そして，本判例は，①を肯定したうえで，②実際に発生した不正行為について，通常容易に想定しがたい不正行為であったと認定している。これは，「通常想定される不正行為を防止しうる程度の管理体制」が整備されていたなか，「通常容易に想定しがたい不正行為」が発生した場合には，原則として取締役の内部統制システム構築義務違反を否定するという判示であると解される。

　そのうえで，本判例は，③「当該不正行為を予見すべき特別な事情」の存否を検討している。これは，代表取締役には原則「通常想定される不正行為を防止しうる程度の管理体制」の構築義務のみが課せられているとしても，本件以前に同様の手法による不正行為が行われたことがあったなど，不正行為を事前に予見すべき「特別な事情」がある場合は，例外的に，それを防止しうる程度の管理体制の構築が義務づけられると考えているものといえる。

　さらに，本判例は，④リスク管理体制が機能していなかった事情はあるかについても検討している。これは，①「通常想定される不正行為を防止しうる程度の管理体制」が構築されていたとしても，実際にそれが機能していなければ，代表取締役は内部統制システム構築義務を果たしたとはいえないところ，そのような機能不全の事実の存否を検討したものと解される。

　このように本判例は，原審のような実際に発生した不正行為に対する取締役の当時の予見可能性・結果回避可能性を，裁判官が事後的に検証するというアプローチではなく，①「通常想定される不正行為を防止うる程度の管理体制」がされていることを判示したうえで，②実際に発生した不正行為が①の範囲外のものであったか，③実際に発生した想定しがたい不正行為を予見可能だった特別な事情がないか，④①の体制が機能していなかった事情はないか，について検討するというアプローチをとっている。

　このようなアプローチは，①「通常想定される不正行為を防止しうる程度の管理体制」という一般的・客観的な基準をベースに取締役の内部統制システム構築義務違反の検討をしている点で，原審の判断枠組みに比べ，より客観的で，後知恵を排除しうる判断枠組みであると評価することができよう。

## 5 本判例の評価と射程

(1) ①通常想定される不正行為を防止しうる程度の管理体制について

本判例は、少なくとも本事案においては、代表取締役の整備すべき内部統制システムについて、原則として、通常想定される不正行為を防止しうる程度の管理体制で足りることを前提に判断をしている。これは、従来の下級審裁判例との関係でどのように捉えることができるであろうか。

主要な下級審裁判例について俯瞰すると、前掲 Ⅱ 3 (118頁) のとおり、どの程度の内部統制システムを構築するかについては、経営判断原則に基づく取締役の裁量を認め (大和銀行事件大阪地裁判決, 新潮社貴乃花事件東京高裁判決, ダスキン事件大阪高裁判決, 日経インサイダー事件東京地裁判決)、構築されるべき内部統制システムの基準については不正行為時を基準に判断する (大和銀行事件大阪地裁判決, ダスキン事件大阪高裁判決, 新潮社貴乃花事件東京高裁判決, 日経インサイダー事件東京地裁判決) という大きな傾向を読み取ることができる。また、構築すべき内部統制システムの水準については、明確な判示をしない裁判例が多いが、同業他社並みの水準の体制が構築されていたか (ヤクルト事件東京高裁判決)、一般的に予見できる不正リスクを防止しうる程度の管理体制が構築されていたか (日経インサイダー事件東京地裁判決) により善管注意義務違反の有無を判断するものがある。

本判例は、不正行為当時、「通常想定される不正行為を防止しうる程度の管理体制」が構築されていたかを基準に代表取締役の内部統制システム構築義務違反の有無を検討しており、経営判断原則については触れられていないが、一般に学説・裁判例上、経営判断原則に基づく善管注意義務違反の有無の判断時期および基準は、後知恵による評価を排除するため、行為当時の状況に照らし、当該会社の属する業界における通常の経営者の有すべき知見および経験を基準として判断すべきとされている[24]。そのため、内部統制シ

---

[24] 吉原和志「取締役の経営判断と株主代表訴訟」小林秀之＝近藤光男編『新版株主代表訴訟大系』(弘文堂, 2002年) 96頁等通説。東京地判平16・9・28判時1886号111頁ほか一般的な裁判例も同様の基準によっている (東京地方裁判所商事研究会編『類型別会社訴訟Ⅰ〔第2版〕』(判例タイムズ社, 2008年) 239～240頁)。

ステム構築義務についても，これに経営判断原則の適用を認める場合，その適否は，行為当時の状況に照らし，当該会社の属する業界における通常の経営者の有すべき知見および知識を基準として判断されるべきであり，取締役により，当該会社の属する業界における通常レベルの内部統制システムが構築されていれば，原則として，取締役の善管注意義務違反を認めるべきではないと解される。そして，本判例が原則として取締役の構築すべき内部統制システムは通常レベルのもので足りるとしている点からは，本判例も内部統制システムの構築に経営判断原則が適用されることを前提にしていると解することもできるであろう。

そして，本判例は，「通常想定される不正行為を防止しうる程度の管理体制は整えていた」との認定の根拠として，

〈1〉 職務分掌規定等を定めて事業部門と財務部門を分離していたこと

〈2〉 GAKUEN 事業部について，営業部とは別に注文書や検収書の形式面の確認を担当するBM課およびソフトの稼働確認を担当するCR部を設置し，それらのチェックを経て財務部に売上報告がされる体制を整えていたこと

〈3〉 監査法人との間で監査契約を締結し，当該監査法人および対象会社の財務部が，それぞれ定期的に，販売会社あてに売掛金残高確認書の用紙を郵送し，その返送を受ける方法で売掛金残高を確認していたこと

を挙げている。

しかし，なぜ，上記〈1〉から〈3〉が「通常想定される不正行為を防止しうる程度の管理体制」といえるのかについては一般論の判示はなく，上記〈1〉および〈2〉は，ごく初歩的な内部牽制制度であるし，〈3〉も通常は上場企業であれば監査法人から実施を求められるであろうから，上記〈1〉〜〈3〉は，対象会社のような東証二部上場企業であれば，本件不正行為の発生した平成13年当時，最低限，採用していたであろう内部統制システムであったともいえ，本判例は取締役の内部統制システム構築義務を相当程度，緩やかに捉えていると考えられる。そのため，学説からは，下級審裁判例と本判例の傾向について，事件当時の状況を追認するだけになり，適切な内部統制システム整備の基準を示すことができないのではないかとの危惧も示されていると

ころである☆25。

　この点，「整備すべきリスク管理体制の内容は，リスクが現実化して惹起する様々な事件事故の経験の蓄積とリスク管理に関する研究の進展により，充実していくものである」（大和銀行事件大阪地裁判決，ダスキン事件大阪高裁判決）という裁判例の考え方に照らせば，あくまで本判例は，平成 13 年時点における東証二部上場企業における「通常想定される不正行為を防止しうる程度の管理体制」であり，内部統制システムに関する議論や認識が深化した現在においても，同様の事案で「通常想定される不正行為を防止しうる程度の管理体制」として認められるかについては，慎重な判断が必要であろう。

　また，たとえば，学説では，金融機関の取締役，金融機関の公益性から取締役の裁量も限定されると解されており☆26，最高裁も銀行の破綻懸念先への融資判断のケースでは事業会社のケース☆27 より厳格な基準で判断をしているところ☆28，内部統制システム構築義務についても，金融機関などとくに公益性の高い事業においては，別のより厳格な基準で判断されることもありうるものと解される。

(2)　②実際に発生した不正行為が通常容易に想定しがたい不正行為であるかについて

　本判例は，実際に発生した不正行為が通常容易に想定しがたい不正行為であると認定している。これは，前記(1)（130 頁）のとおり，「通常想定される不正行為を防止しうる程度の管理体制」が整備されていたなか，「通常容易に想定しがたい不正行為」が発生した場合には，原則として取締役の内部統制システム構築義務違反を否定するという判示であると解される。

　そして，本判例は，

〈1〉　本件不正行為は，GAKUEN 事業部の部長がその部下である営業担

---

☆25　川島・前掲注（☆3）13 頁。

☆26　岩原紳作「金融機関取締役の注意義務」落合誠一先生還暦記念『商事法への提言』（商事法務，2004 年）173 頁。

☆27　最判平 22・7・15 判タ 1332 号 50 頁・判時 2091 号 90 頁・金判 1353 号 26 頁・金法 1916 号 89 頁・集民 243 号 225 頁（アパマン事件）。

☆28　最決平 21・11・9 刑集 63 巻 9 号 1117 頁・判タ 1317 号 142 頁・判時 2069 号 156 頁・金法 1986 号 71 頁（拓銀特別背任事件）。

当者数名と共謀して，販売会社の偽造印を用いて注文書等を偽造し，BM課の担当者を欺いて財務部に架空の売上報告をさせたものであること

〈2〉 営業社員らが言葉巧みに販売会社の担当者を欺いて，監査法人および財務部が販売会社あてに郵送した売掛金残高確認書の用紙を未開封のまま回収し，金額を記入して偽造印を押捺した同用紙を監査法人または財務部に送付し，見掛け上は対象会社の売掛金額と販売会社の買掛金額が一致するように巧妙に偽装したものであること

を根拠に，通常容易に想定しがたい方法によるものであったと認定している。この認定については，この方法により当初，売上高と売掛金の架空計上が露見しなかったとしても，その後，売掛金の異常な増加額から長期間にわたり不正が露見しない方法であるとはいえないのではないかとの指摘もあり，評価の分かれるところである[29]。

(3) ③当該不正行為を予見すべき特別な事情について

本判例は，対象会社の代表取締役であるAにおいて本件不正行為の発生を予見すべきであったという特別な事情もみあたらないことを代表取締役の内部統制システム構築義務違反を否定する理由として挙げている。

そして，例示として，本件以前に同様の手法による不正行為が行われたことがあったことが挙げられているが，これは，過去に自社で同種の不正行為が多発していたことを取締役の内部統制システム構築義務違反の判断要素とした新潮社フォーカス事件大阪高裁判決や，同業他社の不正行為を認識していたことを同義務違反の判断要素としたジャージー高木乳業事件名古屋高裁金沢支部判決などを踏襲するものといえる。上記Ⅱ3で述べたとおり，過去に同種の不正行為が発生しているにもかかわらず，それを内部統制システムに反映せず放置していたとすれば（「違法行為の認識放置のケース」），取締役の裁量逸脱，過失が認められやすくなるのは当然であろう。

本判例や下級審裁判例に基づけば，少なくとも過去に自社や同業他社，同業でなくても他社で世間の耳目を集めた同種の不正行為が発生している場合

---

[29] 中井・前掲注（[22]）133頁以下，野村・前掲注（[1]）113頁。

には，取締役は同様の手法による不正行為が行われることを防止する体制を整備しておかなければ，実際に不正行為が発生した場合に，善管注意義務違反を問われる可能性がある。

(4) ④リスク管理体制が機能していなかった**事情**について

本判例は，リスク管理体制について，①通常想定される不正行為を防止しうる程度の管理体制は整えていたことを認定したうえで，④当該リスク管理体制が機能していなかった事情がないことも認定している。

内部統制システム構築義務については，取締役が適切な内部統制システムを**構築・改善**していなかったという事実と，構築された内部統制システムの中で，個々の取締役がそれを機能させるべき職務を怠ったという事実は分けて議論すべきであるが☆30，上記④は，整備された内部統制システムが機能していなかった事情があるかを検討するものといえる。

本判例は，〈1〉売掛金債権の回収遅延につき不正行為者が挙げていた理由が合理的なものであったこと，〈2〉販売会社との間で過去に紛争が生じたことがないこと，〈3〉監査法人も対象会社の財務諸表につき適正であるとの意見を表明していたことから，財務部が，不正行為者による巧妙な偽装工作の結果，販売会社から適正な売掛金残高確認書を受領しているものと認識し，直接販売会社に売掛金債権の存在等を確認しなかったとしても，財務部におけるリスク管理体制が機能していなかったということはできないと認定している。

また，上記〈3〉監査法人も対象会社の財務諸表につき適正であるとの意見を表明していたことを，内部統制システム構築義務違反を否定する根拠にしている点については，ヤクルト事件東京高裁判決などと同様，本判例が監査法人という外部専門家の職務について，取締役の信頼の原則を認めたものといえよう☆31。

(5) **本判例の射程**

以上のとおり，本判例は，一般論を示すものではなく，あくまで事例判断

---

☆30 野村修也「内部統制への企業の対応と責任」企業会計58巻5号（2006年）100頁。
☆31 弥永・前掲注（☆1）61頁，中村・前掲注（☆1）134～135頁。

であるという限界はあり，また，具体的なあてはめ部分が合理性を有するかは評価が分かれるところであり，今日の同種事例で同様の判示がなされるかは，多分に疑義がある。

しかしながら，少なくとも上記①「通常想定される不正行為を防止しうる程度の管理体制」の整備の有無，②実際に発生した不正行為が通常容易に想定しがたい不正行為であったか否か（その場合には，原則として取締役の内部統制システム構築義務違反は否定される），③当該不正行為を予見すべき特別の事情の有無（例外的に，予見可能性のある不正行為があった場合には，それを防止しうる程度の管理体制の整備が求められる可能性がある），④リスク管理体制の機能の有無，という判断枠組みは，従来の主要な下級審裁判例の流れにおおむね沿うもので，判断枠組みとしての合理性も認められるものである。

そのため，上記①〜④の判断枠組みは，今後，取締役の内部統制システム構築義務違反に関する裁判実務における一つの基準として機能していくものと思われる。実際，例えば，本判例後の循環取引による架空売上計上の事案（本判例の事例と同種事案）である広島ガス開発事件☆32 では，本判例の判断枠組みが，ほぼそのまま採用されている。

## 親会社取締役の子会社管理責任に関する主な裁判例

### 1　親会社取締役の子会社管理責任に関する動向

親会社取締役の子会社管理責任については，平成9年の持株会社の解禁による持株会社形態の急増後，これを肯定する学説が多くなっており，平成26年の会社法改正における法制審議会会社法制部会（以下「会社法制部会」という）での議論の状況なども踏まえると，今後，裁判においても，より厳格に親会社取締役の子会社管理責任が認められる可能性がある。

まず，従来の親会社取締役の子会社管理責任に関する代表的な裁判例としては，野村證券事件☆33 が挙げられる。これは，野村證券の米国100％孫会

---

☆32　広島地判平24・10・25（公刊物未登載，第一法規判例ID28182408）。

社が，ニューヨーク証券取引所に対し，米国証券取引委員会規則違反を理由とする課徴金を納付したことについて，野村證券の株主が，同社の取締役の責任を追及した事案である。裁判所は，親会社と子会社が別個独立の法人であることを根拠に，親会社取締役の子会社管理責任について「親会社の取締役が子会社に指図をするなど，実質的に子会社の意思決定を支配したと評価しうる場合であって，かつ，親会社の取締役の右指図が親会社に対する善管注意義務や法令に違反するような場合」に限り責任を負うとし，結論として取締役の責任を否定した。

しかし，平成9年の独占禁止法の改正による持株会社の解禁による，持株会社形態の急増後，株主保護のため，子会社経営の効率性および適法性の重要度が増すこととなり，親会社取締役の子会社管理責任についても，これを肯定する学説が多く示されるようになった☆34。

この点，平成26年6月20日に成立し，平成27年5月1日から施行されている「会社法の一部を改正する法律」（平成26年法律第90号）の立法過程における，会社法制部会での議論のなかでも，親会社取締役の子会社管理責任に関する明文規定を設けるか否かについて議論がなされた。最終的に，経済界の強い反対を受け，このような明文化は見送られたが，この議論の過程において「子会社は，株を持っている親会社の資産の一部であり，その資産を持っている目的に従った管理をする義務が親会社の取締役にあることは恐らく当然である」（第17回会議議事録28頁〔岩原紳作部会長発言〕）とか，前掲野村證券事件判決について「持株会社化が進んだ今日の会社法の下では，平成13年東京地裁判決のような解釈論は，もう生きてはいない」（第20回会議会議事録26頁〔藤田友敬幹事発言〕）などと，親会社取締役の子会社管理責任を認める意見が多く出され，最終回では岩原部会長から「当部会では，親会社取締役会による子会社の監督の職務についても，活発に御議論をいただきました。

---

☆33　東京地判平13・1・25判時1760号144頁・金判1141号57頁・資料版商事法務203号194頁。

☆34　山下友信「持株会社システムにおける取締役の民事責任」金融法務研究会第1分科会報告書『金融持株会社グループにおけるコーポレート・ガバナンス』（金融法務研究会事務，2006年）30～32頁。

監督の職務の範囲の不明確性への御懸念などから，新たな明文の規定を設けることにこそ至りませんでしたが，当部会における御議論を通じて，そのような監督職務があることについての解釈上の疑義は，相当程度払拭されたのではないかと思われます。」との総括がなされた（第24回会議議事録9頁〔岩原紳作部会長発言〕）。

また，平成26年の会社法改正では，内部統制システムの整備についても，株式会社とその子会社から成る企業集団の業務の適正を確保するための体制の整備について，会社法施行規則から，会社法に格上げされた（改正会社348条3項4号，362条4項6号，416条1項1号ホ）。また，会社法施行規則に従前から定められていたグループ内部統制システムの例示についても，より詳細化された（改正会社則98条，100条，112条）。

このような内部統制システムを整備する義務は，あくまで基本方針・大綱・要綱を決定・決議する義務にとどまり，内部統制システムの構築を直接義務づけるものではない☆35。しかし，グループ内部統制の会社法への格上げ等により，今後，裁判になった場合に親会社取締役の子会社管理責任を厳格に解する根拠とされる可能性はあるし，株式会社が定めたグループ内部統制システムの基本方針に沿った内部統制システムが構築されていなかったり，機能していなかった場合には，親会社役員の任務懈怠責任が問われる可能性がある。

近年の裁判例のなかには，子会社に不明瞭な多額の在庫があるとの報告を受け，その後も在庫や借入金が急速に増加し状況が一向に改善しない等の状況を認識していながら有効な措置を講じず，経営破綻の事態が差し迫った状況になった後，支援と称して親会社が当該子会社に貸付け等を行った事案で，親会社取締役の善管注意義務違反を認めたものや（福岡魚市場事件☆36），完全子会社における不動産取得がグループ全体に大きな利害関係がある場合，当該不動産取得に先立つ調査について，親会社の代表取締役の善管注意義務違

---

☆35　相澤哲ほか編著『論点解説新・会社法』（商事法務，2006年）333頁。
☆36　（第1審）福岡地判平23・1・26資料版商事法務327号51頁，（控訴審）福岡高判平24・4・13金判1399号24頁・資料版商事法務360号44頁，（上告審）最判平26・1・30集民246号69頁・判タ1398号87頁・判時2213号123頁。

反が問題になり得るとして，親会社の代表取締役が子会社の行う数々の取引について逐一調査する義務を負うことはないとの親会社代表取締役の主張が排斥された裁判例が存在する（ユーシン事件[☆37]）。

そのため，親会社取締役の子会社管理責任については，野村証券事件と同様の判断枠組みが今後も維持される可能性が高いとはいえず，上記IIからIVの内部統制システム構築義務一般に関する判例・裁判例の動向を踏まえ，適切なグループ内部統制システムを構築しておくことが必要となろう。

## 2 裁判例

上記1の親会社取締役の子会社管理責任についての近時の問題意識を踏まえ，以下では，親会社取締役の子会社管理責任に関連のある主な裁判例を紹介する。

### (1) 野村證券事件[☆38]

#### (a) 事案の概要

野村證券株式会社（以下「野村證券」という）の100％孫会社が，ニューヨーク証券取引所から平成2年および平成7年，証券取引委員会規則違反を理由に課徴金を課せられたことについて，野村證券の株主が，株主代表訴訟により同社取締役の任務懈怠責任を追及した事案である。

#### (b) 判旨

裁判所は，「親会社と子会社（孫会社も含む）は別個独立の法人であって，子会社（孫会社）について法人格否認の法理を適用すべき場合の他は，財産の帰属関係も別異に観念され，それぞれ独自の業務執行機関と監査機関も存することから，子会社の経営についての決定，業務執行は子会社の取締役（親会社の取締役が子会社の取締役を兼ねている場合は勿論その者も含めて）が行うものであり，親会社の取締役は，特段の事情のない限り，子会社の取締役の業務執行の結果子会社に損害が生じ，さらに親会社に損害を与えた場合であっても，直ちに親会社に対し任務懈怠の責任を負うものではない。

---

☆37 東京地判平23・11・24判タ1402号132頁・判時2153号109頁。
☆38 前掲注（☆32）。

もっとも，親会社と子会社の特殊な資本関係に鑑み，親会社の取締役が子会社に指図をするなど，実質的に子会社の意思決定を支配したと評価しうる場合であって，かつ，親会社の取締役の右指図が親会社に対する善管注意義務や法令に違反するような場合には，右特段の事情があるとして，親会社について生じた損害について，親会社の取締役に損害賠償責任が肯定されると解される」と判示したうえで，親会社である野村證券の取締役の任務懈怠責任を否定した。

(c) 検　討

本裁判例は，親会社と子会社が別個独立の法人であることを理由に，親会社取締役の子会社管理責任を極めて限定的に捉えた点に特徴がある。上記1のとおり，平成9年の独占禁止法改正による持株会社解禁後，持株会社形態が急増した現状を踏まえると，現在における持株会社における事業子会社での不祥事事例などで，本裁判例の判断枠組みがそのまま維持される可能性は高いとはいえないであろう。

(2) **りそなホールディングス事件**[39]

(a) **事案の概要**

株式会社りそなホールディングス（以下「りそなホールディングス」という）の株主が，同社の取締役または監査役であった被告らに対し，同社の完全子会社である株式会社大和銀行（以下「大和銀行」という）および株式会社あさひ銀行（以下「あさひ銀行」という）の取締役らおよび監査役らに対し，責任を追及する株主代表訴訟を速やかに提起すべき善管注意義務・忠実義務等を負っていたのにこれを怠り，りそなホールディングスに損害を与えたとして，損害賠償の支払を求めた株主代表訴訟である。大和銀行の取締役らについては，①ニューヨーク支店の従業員による米国財務省証券の無断取引等による損失（これは前掲の大和銀行事件のことである），②日債銀の増資引受けに関する任務懈怠責任が問題とされ，あさひ銀行については，③日債銀の増資引受けと，④ニューヨーク支店での不祥事に基づく課徴金の支払いに関する任務懈怠責

---

[39] 大阪地判平15・9・24判タ1144号252頁・判時1848号134頁・金判1177号31頁。

任が問題とされた。

　(b)　**判　　旨**

　判旨は，大和銀行の取締役らの責任追及のうち，①については，既に大和銀行と取締役らとの間で訴訟上の和解が成立していることから，親会社であるりそなホールディングスの取締役らが大和銀行の取締役らの責任追及をしなかったからといって任務懈怠は認められないとした。また，②③④については，そもそも大和銀行およびあさひ銀行の取締役らに任務懈怠責任は認められず，りそなホールディングスの取締役らの任務懈怠責任も認められないとした。

　(c)　**検　　討**

　本裁判例は，子会社で取締役や監査役の任務懈怠により損失が発生した場合の親会社取締役の子会社取締役等に対する責任追及をする義務について判示したものである。そもそも，子会社と取締役等との間で訴訟上の和解が成立していたり，子会社取締役等の任務懈怠責任が否定されたため，親会社取締役の子会社管理責任について吟味されることなく，親会社取締役らの任務懈怠責任は否定されている☆40。

(3)　**雪印牛肉偽装事件**☆41

　(a)　**事案の概要**

　雪印乳業株式会社（以下「雪印乳業」という）が製造販売した乳製品の食中毒事故が続発したことを原因として，雪印ブランドの信用が低下し，雪印乳業およびその子会社で肉食製品の加工製造販売等を業とする雪印食品株式会社（以下「雪印食品」という）が販売する食製品の売上げが減少し，その経営状態が悪化した。その後，雪印食品は，牛海綿状脳症（BSE）の国内発生に伴う牛肉販売不振対策である救済買上制度を悪用し，同制度の対象外の牛肉も対

---

　☆40　なお，本件のほか，取締役の訴訟の提起・不提起の経営判断について取締役の責任が追及された事案として，東京地判平12・2・3判タ1044号185頁・判時1713号128頁・資料版商事法務191号167頁（東日本旅客鉄道事件）や東京地判平16・7・28判タ1228号269頁・金判1239号44頁・資料版商事法務245号118頁（三越事件）などがある。

　☆41　東京高判平17・1・18金判1209号10頁。

象牛肉であると偽って売却する牛肉偽装事件を起こし，これが発覚したため，販売する食製品の売上げが極端に減少し，経営危機に陥り，解散・清算し，その株式は無価値となった。そこで，雪印食品の株主が，雪印乳業が雪印ブランドの信用を低下させたことから，経営危機に陥った雪印食品において牛肉偽装事件が発生した等と主張して，雪印乳業の不法行為責任等を追及した事案である。

(b) **判　　旨**

第1審は親会社の責任を否定し，控訴審も「株式会社においては，取締役会が会社の業務執行を決定し，代表取締役等が業務を執行する（商法260条参照）。他方，株主は，株主総会を通じて取締役及び監査役の選任をするなどして会社の基本的な意思決定を行うにとどまり，具体的な業務執行に関与するものではない。そうすると，支配株主が取締役等に違法な働きかけをした結果，当該取締役等が違法な業務の執行をするなどした場合に初めて支配株主の不法行為責任が生じることになる」と子会社経営に関する親会社の責任について限定的に捉え，親会社の責任を否定した。

(c) **検　　討**

本裁判例は，子会社に対する親会社の不法行為責任が問われた事案であり，これは親会社取締役が親会社に対して負う子会社管理責任とは，まったく別次元の問題である。

判旨は，親会社は子会社の株主総会を通じて会社の基本的な意思決定を行うにとどまり，具体的な業務執行に関与するものではないことから，支配株主が取締役等に違法な働きかけをした結果，当該取締役等が違法な業務執行をするなどした場合という限定的な場面に限り，親会社の責任を認めた。本件は，親会社（の役職員）が子会社の犠牲の下，自社の利益を図ったといった事情が認定できる事案ではなかったようであり，判旨は妥当であろう。

(4) **福岡魚市場事件**☆42

(a) **事案の概要**

親会社である株式会社福岡魚市場（以下「福岡魚市場」という）の代表取締役

---

☆42　前掲注（☆36）。

らが，子会社である株式会社フナショク（以下「フナショク」という）において，循環取引に類似する「ダム取引」（フナショクが，資金の豊富な仕入業者に対し，一定の預かり期間に売却できなければ，期間満了時に買い取る旨約束したうえで，魚を輸入してもらう取引のこと）「グルグル回し取引」（「ダム取引」の発展形で，ダム取引の預かり期間満了時に，仕入業者から，同期間内に売却できなかった在庫商品をいったん買い取り，そのうえで，当該仕入業者または他の仕入業者に対し，一定の預かり期間に売却できなければ期間満了時に買い取る旨約束して，当該商品を買い取ってもらい，その後，同期間満了時に，同期間内に売却できなかった場合には，同じことを繰り返すという取引のこと）による不明瞭な多額の在庫があるとの報告を受け，その後も在庫や借入金が急速に増加し状況が一向に改善しない等の状況を認識していながら，何らの有効な措置を講じないまま経営破綻の事態が差し迫った状況になった後に，支援と称して貸付け等を行ったことにより福岡魚市場が損害を被ったとして，福岡魚市場の取締役のうち，フナショクの非常勤役員を兼務していた3名について，任務懈怠による損害賠償の支払いを求めた株主代表訴訟の事案である。

(b) 判　　旨

　第1審は取締役3名のフナショクへの融資に関する18億8000万円の任務懈怠責任を認め，控訴審も，以下のように判示して取締役3名（控訴人ら）の責任を認めた。「フクショクのA〔著者注：フナショクの営業担当者〕が行ったダム取引は，当初は，控訴人らが主張する会社の取引の拡大を図る過程における臨時的手段としてされたものであるが，その後，不良在庫や資金不足を会計上一時的に解消するためにも，契約書を作成せず，取締役会の承認も得ないで利用されるようになり，取引枠も数億円単位に拡大されていった。このような態様でのダム取引は，資金繰りの関係からダム取引を繰り返さざるを得なくなるものであって，その発展形であるグルグル回し取引への移行は当然であった。このグルグル回し取引は，それが繰り返されるごとに，手数料や売買利益等が付加されて単価が上がるため，買い戻す度にその在庫商品の見かけ上の簿価は上昇していく。その反面，その在庫商品は冷凍食品等であるので，時間の経過による品質の劣化は免れない。そのため，商品価値は反対に低下して不良在庫化し，会計上でのいわゆる含み損は順次拡大を続け

る。そして，グルグル回し取引の相手方である福岡魚市場にはフクショクに対する手数料等の利益が売掛金債権として帳簿上は増加する。しかし，フクショクにあっては，不良在庫は実質的商品価値はなく，他社に通常の売却もできないため，会社を存続させるにはグルグル回し取引を継続する他はないものの，買戻し代金額は増加を続けるため，やがては経理上での処理では対処ができなくなって破綻することは明らかであった。そのため，福岡魚市場の前記売掛金債権も実質的には無価値になるものであった。すなわち，このグルグル回し取引等は，実質的には商品を担保とする借入れと返済を繰り返す取引であるのに，商品売買として売上げないし利益が帳簿上計上され，不良在庫が処分された形式を採るものであるから，その財務状況が帳簿上正確に反映されず，むしろ実体の伴わない売上げないし利益が積み重ねられて巨額の架空売上げないし利益が計上されるため，その関係会社における粉飾決算の原因とならざるを得ないものであった。」「これらからすると，ダム取引ないしグルグル回し取引は，営業上の必要ないし短期間の資金繰りの必要等からのやむを得ない経営上の事情等があるときに，後にそれに対する適正な回復処理が行われることを前提に，例外的な場合に限って行われたものでない限り，会社経営上において違法，不当なものであることは明らかである。」「それであるのに，フクショクのAは，上記会社経営上の正当な事情もないのに，本件ダム取引を既に平成9ないし10年ころには福岡魚市場との間で5億円という多額の預け在庫枠を設定して行っていたものである。フクショクの代表者らは，平成11年1月，在庫商品内に評価額が異常に高額なものがあることに気付いたので調査したところ，かなりの割合の在庫商品自体に不良品があることが判明した。そこで，控訴人$X_1$に報告したところ，不明瞭な在庫状況等についての調査が指示された。それにもかかわらず，平成14年春ころから，フクショクと福岡魚市場との間で5億円の限度でグルグル回し取引が開始されたものであるが，非正常な取引自体がなされていたことは，在庫状況や借入金の増加，及び帳簿上の商品単価，数量等の徴表を総合すると経営判断上明らかであった。そのためフクショクの取締役会においても，不良在庫等に関する問題として度々取り上げられるようになっていた。このような状況下で，親会社である福岡魚市場の元役員であり，非常勤では

あるものの，子会社のフクショクの役員でもあった控訴人らは，平成15年末ないし平成16年3月ころ，フクショクには非正常な不良在庫が異常に多いなどの報告を受け，本件調査委員会を立ち上げて調査したのであるから，その不良在庫の発生に至る真の原因等を探求して，それに基づいて対処すべきであった。そして，その正確な原因の究明は困難でなかったことは，その取引実態に起因する前記徴表等から明らかであった。それにもかかわらず，控訴人らは，子会社であるフクショクの不良在庫問題の実態を解明しないまま，親会社である福岡魚市場の取締役として安易にフクショクの再建を口実に，むしろその真実の経営状況を外部に隠蔽したままにしておくために，業績に回復の具体的目処もなく，経済的に行き詰まって破綻間近となっていたことが明らかなフクショクに対して，貸金の回収は当初から望めなかったのに，平成16年6月29日から同年12月29日にかけて合計19億1000万円の本件貸付けを実行してフクショクの会計上の損害を事実上補填したが，当然効果は見られず，平成17年2月24日には，そのうち15億5000万円の本件債権放棄を行わざるを得なくなったのに，さらに，同年4月4日から同年5月30日にかけて合計3億3000万円の本件新規貸付けを行ったものである。前記経緯からすると，その経営判断には，原判決が説示するとおり，取締役の忠実義務ないし善管注意義務違反があったことは明らかである。」

(c) 検　討

本裁判例は，親会社取締役の子会社管理の懈怠による善管注意義務違反を認めたものといえる。親会社である福岡魚市場の取締役のうち，子会社であるフナショクの取締役を兼務していた取締役3名についてのみ，責任を認めたものであるため，そのような兼務がなかった場合にも，同様に責任が認められたかは不明である。

もっとも，これら取締役の善管注意義務違反が認められた主な理由は，①フクショクには非正常な不良在庫が異常に多いなどの報告を受け，本件調査委員会を立ち上げて調査したこと，②そのため，その不良在庫の発生に至る真の原因等を探求して，それに基づいて対処すべき義務があったこと，③その正確な原因の究明は困難でなかったこと，④それにもかかわらず，むしろその真実の経営状況を外部に隠蔽したままにしておくために，破綻間近だっ

たフクショクに対して，回収可能性のない貸付けを実行したことと判示されている。すなわち，親会社取締役の責任を認めるにあたり，子会社取締役を兼務していたことは直接の理由には含まれておらず，本件で取締役の責任が認められたのは，違法・異常な子会社の状況を認識しつつ，これを放置し，さらには回収可能性のない融資を実行したという，内部統制システム構築義務違反の関する裁判例で，取締役の責任が認められる一つの典型である，**違法性やリスクの認識後，それを放置**（さらには回収可能性のない融資まで）した**事案**と整理できる。

(5) **ユーシン事件**☆43

(a) **事案の概要**

東証一部上場企業である株式会社ユーシン（以下「ユーシン」という）の完全子会社だった株式会社ユーシン広島（以下「ユーシン広島」という）において，工場等の用に供するための重要な不動産を購入した後に，前主と広島県等との合意に基づく騒音規制が発覚し，工場の稼働を断念せざるをえなくなったことに関し，ユーシンが当時の代表取締役Aらに対し，当該不動産の購入に先立つ調査および当該騒音規制が発覚した後の対応に善管注意義務違反があるとして，損害賠償の支払を求めた事案である。

(b) **判　　旨**

判旨は，上場会社である親会社の代表取締役が子会社の行う数々の取引について逐一調査する義務を負うことはないとの元代表取締役の主張について，「本件不動産の取得の是非がユーシンの取締役会に付議されていたこと，A自身が現地視察を行ったり，取締役会において自ら作成した資料を用いて本件不動産を取得する必要性や財務上の負担について説明するなどして積極的に本件不動産の取得に係る意思形成に関与していたことからすると，本件不動産において工場を稼働させることがユーシン広島のみならずユーシングループ全体に大きな利害関係があると認められ，Aに関しても，ユーシンの完全子会社であるユーシン広島が契約主体となった本件不動産の購入に先立つ調査について善管注意義務違反が問題となり得るというべきである。」と

---

☆43　前掲注（☆37）。

して排斥した。もっとも，Aの不動産購入の前提となる調査の必要性および程度についての判断に著しく不合理な点は認められないとして，その責任を否定した。

(c) **検　　討**

　判旨は，完全子会社における不動産購入において，親会社取締役による一般的な調査義務を認めたものではなく，**親会社取締役が不動産購入に積極的に関与し，当該不動産購入による工場稼働がグループ全体に大きな利害関係があったこと**を根拠に，親会社代表取締役において，当該不動産購入に先立つ調査について善管注意義務が問題になりうると判示したものである。親会社取締役が子会社の取引行為に積極的に関与していた場合の親会社取締役の善管注意義務に関する裁判例として参考になる。

◆高谷　裕介◆

# 第 5 章 公正な情報開示の確保に向けた内部統制システム構築のあり方

　上場会社等に要請される内部統制については，金融商品取引法および内閣府令（財務計算に関する書類その他の情報の適正性を確保するための体制に関する内閣府令）に基づき，有価証券報告書に対する確認書とともに，経営者による内部統制報告書の作成・提出義務が定められ，また監査人による内部統制監査が求められる。さらに現行の東京証券取引所規則（以下「東証規則」という）では，証券市場に対する情報開示の適時性の要請に応える「適時開示体制」の整備が求められるとともに，内部管理体制等に改善の必要性が高いにもかかわらず，改善の見込みがない場合には，上場廃止となるなど，会社法に基づく基礎的な内部統制の構築に加え，資本市場規制の目的に合致した内部統制システムの整備が求められている。

 **Ⅰ　金融商品取引法が求める内部統制システム体制の整備**

## 1　これまでの経緯

　2007年に制定された金融商品取引法において，わが国においても，内部統制法制が整備され，2008年4月以降の事業会計年度から内部統制システムをめぐる本格的な法運用が開始されている。もとより，こうしたわが国における法規制に対する直接の契機は，2004年以降の有価証券報告書虚偽記載を含む，有名企業の企業不祥事の続発にあり，このとき事態を重くみた金融庁は，有価証券報告書提出会社に対して調査を行い，その結果，500社を

超える企業から有価証券報告書の訂正報告書が提出されることとなった。そこで，わが国においても，資本市場に対する国民の信頼が失墜する前に，企業の財務報告のプロセスを確保する内部統制に向けた法的対応が求められ，2004年12月，金融審議会ディスクロージャー・ワーキング・グループ報告「ディスクロージャー制度の信頼性確保に向けて」において，米国のSOX法上に規定された内部統制報告書制度，内部統制監査等を参考に，「財務報告に係る内部統制」に対する経営者の有効性評価，それに対する公認会計士の監査証明，および，より広範な領域の企業情報の適正性を確保するための確認書制度の義務化が提言され，これらを規定の一部とした金融商品取引法が2006年6月に成立した。その後，これに相前後して2005年12月「財務報告に係る内部統制の評価及び監査の基準案」が公開され，そのパブリックコメントの検討を踏まえ，実施基準を加えた形で「財務報告に係る内部統制の評価及び監査の基準並びに財務報告に係る内部統制の評価及び監査に関する実施基準の設定について（意見書）」（以下「実施基準」という）が2007年2月に正式に公表された。現在は，金融商品取引法に基づき，この基準に沿った形で，上場企業等の内部統制の整備・運用が実施されている☆1。以下では，まず，わが国の金商法適用会社に対して求められている内部統制システムを，米国のSOX法上の内部統制規制との比較を踏まえながら，具体的にみていきたい。

## 2　内部統制報告制度

### (1) 意　　義

　　内部統制報告制度の適用会社は，事業年度ごとに，当該会社の属する企業集団および当該会社に係る財務計算に関する書類その他の情報の適正性を確保するために必要な体制について評価した報告書（内部統制報告書）を有価証券報告書と併せて内閣総理大臣に提出しなければならない（金商24条の4の4

---

☆1　その後，内部統制規定の運用をめぐり，以下のガイドラインが公表されている。金融庁総務企画局「『財務計算に関する書類その他の情報の適正性を確保するための体制に関する内閣府令』の取扱いに関する留意事項について（内部統制府令ガイドライン）」（平成19年10月），金融庁総務企画局「内部統制報告制度に関するQ&A」（平成10年10月1日）。

第1項)。ここで「財務計算に関する書類その他の情報の適正性を確保するために必要な体制」とは，財務計算に関する書類その他の情報の適正性を確保するための体制に関する内閣府令(以下「内部統制府令」という)3条により「当該会社における財務報告が法令等に従って適正に作成されるための体制」とされ，実施基準によれば，「財務報告に係る内部統制」を指すものである。これは「財務報告に係る内部統制」の有効性を経営者に評価させ，その報告書の提出を義務づけることにより，その財務資料の作成プロセスの適正性を確保し，もって財務報告の信頼性を高めることを目的とした規定である。その目的のためには，財務計算書類のみならず，「その他の情報の適正性を確保するための体制」についても確保される必要性を示していることに留意すべきである。すなわち，「財務報告に係る内部統制」とは，実施基準によれば「財務報告の信頼性を確保するための内部統制」を指し，「財務報告」については，「財務諸表及び財務諸表の信頼性に重要な影響を及ぼす開示事項等に係る外部報告」と定義づけられており，「財務報告に係る内部統制」の対象とする射程範囲は，実は財務情報に限られないということである。

　なお，金融商品取引法では直接的には内部統制構築を義務づける規定をおいていないが，内部統制の一部である「財務報告に係る内部統制」が有効に機能しているかを，経営者が評価した報告書(内部統制報告書)の作成提出が義務づけられている以上(金商24条の4の4第1項)，かかる報告書提出義務を履行する前提として，「財務報告に係る内部統制」の構築義務が実質的に課されているといってよい☆2。

(2) 適用会社

　まず，内部統制報告書の提出義務を負う会社は，金融商品取引法24条の4の4第1項により，「〔金融商品取引所に上場している〕有価証券の発行者である会社その他の政令で定めるもの」とされ，金融商品取引法施行令4条の2の7第1項により，一定の有価証券を上場または店頭登録している発行会社と規定された☆3。この点，内部統制報告制度の趣旨が有価証券報告書の開

---

☆2　川口恭弘「金融商品取引法における内部統制報告書制度・確認書制度」監査532号(2007年)30頁以下参照。

示内容の適正性を確保する趣旨であれば，すべての有価証券報告書提出会社に対して内部統制報告書提出義務を課すべきところ，金融商品取引法では，さしあたり，幅広い投資家の参加が予定されている流動性の高い流通市場において上場会社等にかぎって適用されている点に注意を要する。なお，上場会社以外であっても，有価証券報告書提出会社は，任意に内部統制報告書を提出することができる（金商24条の4の4第2項）。

(3) 内部統制報告書の記載事項

内国会社の場合は，整備された内部統制の有効性について経営者による評価を記載する内部統制報告書の作成が義務づけられ，そこには内部統制府令の第1号様式に基づき（外国会社は同2号様式），主に以下の事項の記載が要求される。

① 代表者の役職氏名
② 会社が，代表者に準ずる責任を有する者として「最高財務責任者」を定めている場合には，その者の役職氏名

これらの記載により，内部統制報告の最終責任者が明示される。内部統制報告書に虚偽記載等があった場合には，後述（◆6参照）するように民事責任および刑事罰が課される☆4。

③ 財務報告に係る内部統制の基本的枠組みに関する事項

ここでは，以下の事項が内部統制府令第1号様式の注意事項として掲げられている。

　a 代表者および最高財務責任者を定めている場合にはその者が，財務報告に係る内部統制の整備および運用の責任を有している旨
　b 財務報告に係る内部統制を整備および運用する際に準拠した基準の

---

☆3 一定の有価証券とは，①株券，②優先出資証券，③外国の者が発行者である①または②の有価証券の性質を有するもの，④有価証券信託受益証券で①から③までの有価証券を受託有価証券とするもの，⑤預託証券で①から③までの有価証券にかかる権利を表示するもの，である。

☆4 内部統制報告書の虚偽記載に関する民事責任については，金融商品取引法24条4の6，刑事罰については，同法197条の2第2号・5号・6号参照（5年以下の懲役もしくは500万円以下の罰金またはその併科）。

第 5 章 ◆ 公正な情報開示の確保に向けた内部統制システム構築のあり方　151

　　名称
　　c　財務報告に係る内部統制により財務報告の虚偽の記載を完全には防止または発見することができない可能性がある旨
　以上を財務報告に係る内部統制の基本的枠組みに関する事項として記載することが要求されている。

　これらの記載事項の意義については，第1に，aでは「財務報告に係る内部統制」の整備・運用の責任を有することが明示されたが，bにおいて，その整備・運用について一定の準拠基準の明示が求められることになり，一定の質の確保が期待されるものとなった。したがって，従来，東証規則等の自主規制ルールによって，その内容や程度を各社各様で任意に定めることができた内部統制の構築とは異なるものとなったといえる。第2に，cにおいて，内部統制の整備および運用に際して，「財務報告に係る内部統制」が財務報告の真実性について絶対的保証を与える趣旨ではない旨を「固有の限界」として示すが，もとよりこの点は当然の確認事項であり，かかる記載が内部統制整備・運用責任者の免責の抗弁に無限定に利用されることのないように留意すべきである。

　④　評価の範囲，基準日および評価手続に関する事項
　　a　財務報告に係る内部統制の評価が行われた基準日
　　b　財務報告に係る内部統制の評価に当たり，一般に公正妥当と認められる財務報告に係る内部統制の評価の基準に準拠した旨
　　c　財務報告に係る内部統制評価手続の概要
　　d　財務報告に係る内部統制の評価の範囲
　ここでは，内部統制報告書第1号様式における記載上の注意事項として，とくに財務報告に係る内部統制の評価範囲および当該評価範囲を決定した手順，方法等を簡潔に記載することが挙げられている。また，やむをえない事情により，財務報告に係る内部統制の一部の範囲について十分な評価手続が実施できなかった場合には，その範囲および理由を記載すべきであることが示されている。

　なお，内部統制報告書作成の基準日は，当該会社の事業年度の末日と定められ（内部統制府令5条1項），仮に基準日を変更した場合には，その旨および

その変更の理由を内部統制報告書に記載しなければならない（同条2項）。その際に，事業年度の末日が内部統制報告書提出会社の連結決算日と異なる連結子会社がある場合，当該連結子会社の財務報告に係る内部統制については，当該連結子会社の事業年度の末日における評価を基礎として，内部統制報告書提出会社の内部統制報告書を作成することができる。ただし，これは，当該連結子会社の当該事業年度の末日後，当該連結財務諸表に係る連結決算日までの間に当該連結子会社の財務報告に係る内部統制に重要な変更がない場合に限られる（同条3項）。

　この評価の範囲等の記載事項に関しては，以下の点に留意が必要である。第1に，財務報告に係る内部統制の評価にあたり③のbに示された基準の名称の明示と相俟って，「一般に公正妥当と認められる財務報告に係る内部統制の評価の基準」という共通の基準に準拠した旨の記載が求められている。もとより企業会計審議会から公表された実施基準は「一般に公正妥当と認められる財務報告に係る内部統制の評価の基準」に該当することが明示されており（内部統制府令1条4項），おおむね，わが国の上場会社では，かかる「実施基準」に即して，財務報告に係る内部統制の有効性の評価が行われている。ただし，時代や社会状況の進展とともに当該「一般に公正妥当と認められる基準」の内容は変化するものであり，企業会計審議会以外の基準の出現を否定するものではない。

　第2に，④のc，dにおいて「財務報告に係る内部統制」の評価手続の概要と評価範囲の記載において，その評価手続と範囲の決定方法の記載が要求されている点に留意したい。すなわち，経営者による評価範囲の決定が著しく合理性を欠く範囲に限定されてしまうと，内部統制の有効性を評価させる実質的意味が乏しくなってしまう。そのため，経営者による評価範囲の決定の際には，監査人による適切な関与が重要であり，とくに監査人が内部統制監査を行う際に，経営者が確定した評価範囲では，監査人が，最終的な財務報告の信頼性を確保する内実を伴う監査は困難であると判断した場合，対応として内部統制報告書に対しても監査意見を表明しないこともありうる[☆5]。

---

☆5　「実施基準」Ⅱ2．(2)「評価の範囲の決定」［監査人との協議］参照。

このような事態に陥らないように，監査計画を策定する早い時期に経営者と協議を行い，経営者が評価範囲を確定する際に，監査人は経営者との十分なコミュニケーションを図っておくことが不可欠であろう。

　第3に，経営者が合理的理由に基づき，評価範囲から除外せざるをえない事象がある場合（たとえば期末直前の他企業の買収等）には，次に述べる⑤のbにあるように，その旨を理由とともに示す必要があろう。法的視点からは，経営者による評価範囲の決定について，その判断の合理性が後の訴訟において争われることも想定したうえで，その合理性を評価できる証拠を保存しておくことが望ましい。

　⑤　評価結果に関する事項

　財務報告に係る内部統制の評価結果は，次に掲げる4区分に従って記載される。

　　a　財務報告に係る内部統制は有効である旨
　　b　評価手続の一部が実施できなかったが，財務報告に係る内部統制は有効である旨ならびに実施できなかった評価手続およびその理由
　　c　開示すべき重要な不備があり，財務報告に係る内部統制は有効でない旨ならびにその開示すべき重要な不備の内容およびそれが事業年度の末日までに是正されなかった理由
　　d　重要な評価手続が実施できなかったために，財務報告に係る内部統制の評価結果を表明できない旨ならびに実施できなかった評価手続およびその理由

　これらの評価結果に関する記載事項について，留意すべきこととして以下の点が挙げられる。

　第1に，経営者が財務報告に係る内部統制の有効性を評価する際に，全社的な内部統制，業務プロセスに係る内部統制，およびITに係る内部統制につき，統制上の要点等に財務報告に重要な影響を及ぼす可能性が高い場合には，内部統制には開示すべき重要な不備があると判断され，財務報告に係る内部統制が有効であった旨の評価を記載することはできない。ここで「内部統制の開示すべき重要な不備」とは，実施基準によれば，「内部統制の不備のうち，一定の金額を上回る虚偽記載，又は質的に重要な虚偽記載をもたら

す可能性が高いもの」であり，その判断には金額的な面および質的な面の双方について検討を行うものとされている[☆6]。金額的な重要性は，連結総資産，連結売上高，連結税引前利益等に対する比率によって，会社の業種・規模・特性に応じて判断される。一方で，質的な重要性は，たとえば，上場廃止基準や財務制限条項に関わる記載事項が投資判断に与える影響の程度，関連当事者との取引や大株主の状況に関する記載事項が財務報告の信頼性に与える影響の程度などによって判断される。

ただし，評価の過程において内部統制に開示すべき重要な不備が発見されたとしても，最終的な評価時点である期末日までに是正されていれば，有効性の評価を妨げるものではないとされる[☆7]。開示すべき重要な不備が是正されないままの場合には，⑤のｃの記載のように，その内容を内部統制報告書において開示しなければならないので，企業内において内部統制上の不備の早期発見・早期是正を促すインセンティブを与える意義があると考えられる。もっとも，「内部統制の開示すべき重要な不備」が，同時に後述（●1参照）する金融商品取引所が求める適時開示体制の不備に該当するような場合には，リアルタイムでの開示が要求される事態となることもありえよう。もとより資本市場において投資家の投資判断形成に影響を与える重要な企業情報を，可能なかぎり迅速に資本市場に提示し，企業の現在価値に反映させることは，資本市場の公正な価格形成機能の生命線である。したがって資本市場規制の趣旨からは，期末日までに是正措置が講じられていれば，内部統制を有効であると評価できることと，情報開示の適時性の要請とは別次元の問題であることには留意すべきである。なお，内部統制の開示すべき重要な不備が期末日までに是正されず，⑤のｃの記載のように内部統制は有効ではない旨の記載をせざるをえない場合であっても，当該開示すべき重要な不備の是正に向けての方針，当該方針を実行するために検討している計画等を記載することが望ましい（内部統制府令ガイドライン4-5）。

---

☆6 「実施基準」Ⅱ1.②「開示すべき重要な不備の判断指針」ロ「開示すべき重要な不備」参照。

☆7 「実施基準」Ⅱ3.(5)「内部統制の開示すべき重要な不備の是正」参照。

第2に，評価の結果を4つの区分に従って記載するにあたり，とくに⑤のdの記載のように重要な評価手続の不実施により，経営者が内部統制の有効の評価を表明できない場合には，その後の監査人による監査証明も不可能ということになる。したがって監査人が意見不表明として対処せざるをえないとなれば，継続企業の財務情報について期間比較の基礎を損なうものであり，できるかぎり回避されるべきであるが，その場合には，市場秩序維持の視点からは，一時的に資本市場での取引停止措置などを講じ，柔軟かつ厳格に対処していくことも考えられよう☆8。こうした対応の一端は，後述（◉4参照）する東京証券取引所の「特設注意市場銘柄」の指定の理念にも顕れている。

また，このような評価手続の不実施の理由が合理性を欠くと判断された場合に，経営者が評価結果を表明することができないときは，内部統制報告書の提出義務自体に違反したものと解される可能性がある。

⑥　付　記　事　項
　　a　財務報告に係る内部統制の有効性の評価に重要な影響を及ぼす後発事象
　　b　事業年度の末日後に開示すべき重要な不備を是正するために実施された措置がある場合には，その内容

aの注意事項として，決算日以降，内部統制報告書の提出日までに，財務報告に係る内部統制の有効性の評価に重要な影響を及ぼす事象が発生した場合には，当該事象を記載すること，また，bの注意事項として，事業年度の末日には，開示すべき重要な不備があり，財務報告に係る内部統制が有効でないと判断した場合であっても，事業年度の末日後，内部統制報告書の提出日までに，記載した開示すべき重要な不備を是正するために実施された措置がある場合には，その内容を記載すべきことが示されている。

ここではいずれも，経営者が「財務報告に係る内部統制」の有効性を評価した後に，その評価結果に重要な影響を及ぼす後発事象と是正措置の内容を付記することが求められている。もとより，aの後発事象は経営者による内部統制の有効性評価の範囲には含まれていないが，確定したものであれば，

---

☆8　上村達男「流通市場に対する法規制(1)」企業会計53巻7号（2001年）116頁参照。

できるかぎり直近の企業情報が市場に開示されることが，公正な資本市場機能を確保する上で肝要である。他方，bは，開示すべき重要な不備の是正措置が事業年度の末日までには間に合わず，その時点での内部統制は有効とは評価できなかったが，その後の是正により回復された内部統制についてaと同様に，直近の状況を市場に反映させるという意義を有する。

⑦ 特記事項

その他，財務報告に係る内部統制の評価について特記すべき事項がある場合には，その旨および内容を記載することとされている。付記事項には該当しない例外的な状況のときに，投資家の投資判断に影響を与えるものと判断される場合には，その情報開示が必要であるため，とくに記載すべきとしたものと考えられる。

(4) 内部統制報告書の開示

内部統制報告書は，第1に有価証券報告書とともに内閣総理大臣に提出され（金商24条の4の4第1項），第2に，その写しは金融商品取引所に送付され（同条5項），第3に，公衆縦覧に供されることにより，資本市場に開示されることになる（金商25条1項6号）。また，その内容に誤りがあれば訂正内部統制報告書の提出も義務づけられており（金商24条の4の5第1項），有価証券報告書等とともに，財務報告の信頼性を確保する企業内の体制整備の情報として，投資家の投資判断形成の基礎を提供している。

## 3　内部統制監査―内部統制報告書に対する監査証明

(1) 概　　要

次に，このように作成された内部統制報告書は，特別の利害関係のない公認会計士または監査法人の監査を受けなければならない（金商193条の2第2項）。その際，公認会計士または監査法人が作成する監査報告書により，監査証明を行う（内部統制府令1条2項）。かかる報告書は，本府令および「一般に公正妥当と認められる財務報告に係る内部統制の監査に関する基準及び慣行」に従って実施された監査の結果に基づいて，作成されなければならないとしている（同条3項）。なお，この「一般に公正妥当と認められる財務報告に係る内部統制の監査に関する基準」には，少なくとも，現時点では企業会

計審議会によって公表された「財務報告に係る内部統制の評価及び監査に関する基準」は該当することが明らかにされている（同条4項）。

　内部統制監査につき，わが国と米国の最大の違いは，ダイレクト・レポーティングの採用の有無にあるとされる。米国では，外部監査人が開示企業の財務報告に係る内部統制そのものの有効性に対して意見を表明するダイレクト・レポーティングを採用しているが，わが国の場合には，監査人が意見表明を行う対象は，内部統制報告書の記載事項についてであり，内部統制の有効性それ自体に対してではない。もっとも，そうであっても，実施基準では「内部統制の有効性の評価結果をすべての重要な点において適正に表示しているかどうかについて，監査人自らが入手した監査証拠に基づいて判断した結果を意見として表明すること」を求めている点には留意すべきである。すなわち監査人は，独立の立場から監査証拠を入手して，内部統制報告書に対して判断した結果を意見として表明するものである[9]。その入手された証拠に基づいて，内部統制報告書には重要な虚偽表示がないことにつき監査人が合理的保証を与えている。その際に，内部統制監査の対象として，不十分な範囲でしか合理的基礎を得られない場合には，「意見不表明」となることもありうる[10]。このような監査人による証明を受けた財務報告が提供されないという事態は，継続企業として財務情報の期間比較の基礎を失うことにもなりかねない点には留意すべきである。

　なお，平成26年改正により，新規上場企業は，内部統制報告書の監査について上場後3年間は免除を受けることが可能となった。新規上場に際して，内部統制報告書に係る規制コストの負担が重いことから上場を躊躇する企業がみられるとの指摘があったため，上場前に金融商品取引所から厳格な上場審査を受けていることが考慮され，規制コスト負担の軽減策として導入されたものである。ただし，社会的・経済的影響力の大きな新規上場企業（資本金100億円以上または負債総額1000億円以上）の場合には，監査の免除はない（金商193条の2第2項4号）。

---

　　[9]　「実施基準」Ⅲ1.「内部統制監査の目的」参照。
　　[10]　「実施基準」Ⅲ5.(2)「監査範囲の制約」参照。

### (2) 内部統制監査報告書への記載事項

具体的にみていくと，内部統制監査報告書には，「内部統制監査の対象」「経営者の責任」「内部統制監査を実施した公認会計士等の責任」「内部統制報告書に対する監査意見」「追記情報」「会社と当監査法人等との間の開示すべき利害関係」に分けて記載される様式をとり，財務諸表監査報告書の署名者と同じ公認会計士または監査法人の代表者が，以下の事項を報告書に記載し，自署・押印するものとされる（内部統制府令6条1項参照）。

① 内部統制監査の対象（内部統制府令6条1項1号，2項）

前述のように，わが国ではダイレクト・レポーティングを採用していないため，内部統制監査の対象は経営者による内部統制報告書の範囲について記載するものである（内部統制府令6条2項）。

② 内部統制に関する経営者の責任（内部統制府令6条1項2号，3項）

ここでは，内部統制に関する経営者の責任について，いわゆる二重責任の原則に基づき，内部統制の整備・運用および内部統制の有効性を評価した報告書の作成は，第一義的には経営者の責任であり，監査人はその内部統制の有効性に関する経営者の評価に対して意見表明を行い，これに対して責任を負うという原理的態度を確認的に明らかにしている（内部統制府令6条3項1号，4項1号）。もっとも，「財務報告に係る内部統制により，財務報告の虚偽の記載を完全には防止又は発見することができない可能性があること」（内部統制府令6条3項2号）という内部統制の固有の限界が記載されるが，これらの記載事項が掲げられたからといって，監査人の安易な責任免除が法的に認められたわけではないことには留意すべきであろう。

③ 監査人による内部統制監査に関する責任（内部統制府令6条1項3号，4項）
    a 内部統制監査を実施した公認会計士等の責任は，独立の立場から内部統制報告書に対する意見を表明することにあること（内部統制府令6条4項1号）
    b 内部統制監査にあたって，公認会計士等が一般に公正妥当と認められる財務報告に係る内部統制の監査の基準に準拠して監査を実施したこと（同項2号）
    c 財務報告に係る内部統制の監査の基準は，公認会計士等に内部統制

報告書には重要な虚偽表示がないことについて，合理的な保証を得ることを求めていること（同項3号）
d　内部統制監査は，内部統制報告書における財務報告に係る内部統制の評価結果に関して監査証拠を得るための手続を含むこと（同項4号）
e　内部統制監査は，経営者が決定した評価範囲，評価手続および評価結果を含め，全体としての内部統制報告書の表示を検討していること（同項5号）
f　内部統制監査の監査手続の選択および適用は，公認会計士等の判断によること（同項6号）
g　内部統制監査の結果として入手した監査証拠が意見表明の基礎を与える十分かつ適切なものであること（同項7号）

以上の内部統制監査における監査人の責任について留意すべき点を挙げる。第1に，aは，前述した経営者の責任とともに二重責任の原則に基づく監査人の内部統制監査の責任について記したものであり，ダイレクト・レポーティングを採用していないわが国の内部統制監査にあっては，内部統制報告書に対する監査人の独立した立場からの意見表明に関する責任であることを明らかにしている。その監査にあたって，経営者による内部統制の有効性の評価と同様に，「一般に公正妥当と認められる財務報告に係る内部統制の監査に関する基準」に準拠してなされた監査，具体的には前述した「財務報告に係る内部統制の評価及び監査に関する基準」に基づく監査であることがbにおいて求められている。この内部統制監査の基準が要求するのは，cによれば「内部統制報告書に重要な虚偽の表示がないかどうか」について監査人が合理的保証を得ることであり，そのためにdにおいて，内部統制報告書において経営者による内部統制の評価結果に関する監査証拠を得るための手続が求められる。eが示すように内部統制監査は，経営者が決定した評価範囲，評価手続および評価結果を含め，全体として内部統制報告書の表示を検討するものであるが，金融商品取引法の法目的に照らして内部統制監査の基準の趣旨に合致しない監査手続は適切とはいえない点に留意が必要である。もとよりgにおいて，内部統制監査の結果として入手した監査証拠は，意見表明の基礎を与えるのに十分かつ適切なものであることが必要とされるから，内

部統制監査の監査手続の選択および適用は，場合によっては経営者の評価手法とは異なることもあり，fにより，監査人の判断によるとされる[11]。ただし，このことは経営者による評価を監査人が尊重しなくてよいということではなく，各監査人の定めている監査の手続や手法と異なることをもって，経営者に対し，画一的にその手法等を強制することのないように留意すべきである[12]。

　第2に，監査人が内部統制監査において実施する監査手続について，監査人の法的責任という視点から留意すべき点につき言及しておきたい。まず，監査計画の策定において，企業の特性等を踏まえ，経営者による内部統制の整備・運用状況を理解したうえで計画を立てることが求められているが，このとき，監査人は，全社的な内部統制（以下「全社的統制」という）の概要を把握したうえで，業務プロセスの統制に対する監査計画を策定することが必要とされる[13]。独立した監査人が全社的統制を理解するためには，株式会社法が要請する「業務の適正を確保するために必要なものとして法務省令で定める体制」（会社348条4項，362条5項，416条2項等）の整備状況について，監査役・監査（等）委員との意見交換等を踏まえることがとくに肝要である[14]。また，監査役等以外にも，一定の独立性・客観性が確保された内部監査人等との意見交換や，実施された内部監査の作業の利用も，全社的統制の理解を深めるためには有効な手段のひとつと考えられている[15]。こうした企業内部の実態を実質的に把握するプロセスを踏んだうえで実施された内部統制監査手続であることが示されることも，監査人の責任を検討するうえでの重要な意義がある。

---

☆11　監査・保証実務委員会報告第82号「財務報告に係る内部統制の監査に関する実務上の取扱い」（日本公認会計士協会平成24年6月15日改正）Ⅲ4.「内部統制監査の監査手続の選択及び適用」20. 参照。

☆12　「実施基準」Ⅲ．1．「経営者による財務報告に係る内部統制の評価の理解・尊重」参照。

☆13　「実施基準」Ⅲ．3．(1)「監査計画の策定」参照。

☆14　「実施基準」Ⅲ．4．(1)　②「取締役会ならびに監査役又は監査委員会の監視機能の検討」，「監査・保証実務委員会報告第82号」Ⅳ9.(1)「監査役等とのコミュニケーション」44－2. 参照。

第3に，gが示すように，内部統制監査の意見表明を行うためには，ダイレクト・レポーティングをとらなくとも，監査人は意見表明の基礎を得るために十分かつ適切な監査証拠を入手しなければならない。そのため，財務諸表監査および内部統制監査の過程において十分な証拠の確保が必要となり，独立した監査人の監査手続のみならず，多様なチャンネルからの情報入手も監査手続の合理性を確保するうえで重要である。そのため監査人と経営者，取締役会，監査役・監査（等）委員，内部監査人等とのコミュニケーションの実質的な確保が不可欠の前提となろう。もっとも，内部監査人等の作業を利用した場合であっても，監査人の責任が軽減される訳ではなく，監査証拠のための利用には十分に留意が必要である。ここで意見表明に向けた合理的な基礎が得られない場合には，監査人は意見表明できないことになるため，次の④で述べる「内部統制監査の結果」について「意見不表明」という記載となり，資本市場規制の趣旨である公正な市場機能の確保の要請からも支障をきたすおそれがある。

第4に，経営者が決定した内部統制の評価範囲の妥当性の判断については，監査人の責任の観点からも慎重に関与する必要がある。もとより，内部統制監査では，経営者の評価方法の妥当性そのものを監査の対象として検証することは求められていないが，前述（☞2(3)④参照）したように，経営者の評価範囲が著しく合理性を欠くような判断によって限定されていたならば，内部統制の有効性の評価は実質的には無意味なものとなろう。金融商品取引法の法目的に照らして，有効性の評価を行う範囲から一部を除外した事情が合理的であるか，また除外することが財務報告の適正性にどのような影響を及ぼすかについて，十分に確認すべきことも監査人の重要な責務となると解される☆16。具体的には，監査人は，監査計画の策定の段階または監査期間の早期の段階において，経営者による評価範囲の妥当性につき，経営者と協議を行うことが望ましいとされている☆17。そうでなければ，内部統制監査時に，

---

☆15 「監査・保証実務委員会報告第82号」XⅢ1.「内部監査人等の作業の利用」228.229.230.233.234.参照。

☆16 「実施基準」Ⅲ.1.「経営者による財務報告に係る内部統制の評価の理解・尊重」参照。

経営者の評価範囲が不適当であると判明したとしても，評価範囲を再設定し，その有効性の確認を行う時間的猶予を確保できる可能性は少ないからである。

　第5に，監査人が内部統制監査の過程において開示すべき重要な不備を発見した場合には，経営者に報告しその是正を求めるとともに，当該重要な不備の是正状況を適時に評価しなければならない。開示すべき重要な不備が存在するにもかかわらず，内部統制を有効とした経営者評価に対して，監査人は適正意見の表明ができないだけでなく，場合によっては，監査人が財務諸表監査のための合理的基礎を得られない状況にもなりかねないので，経営者による是正状況に対する評価は直ちに行わなければならない。その場合，監査人は，当該重要な不備の内容および是正結果を取締役会および監査役または監査（等）委員会に対して報告することが求められている☆18。

　もとより監査人の報告先となる取締役会および監査役・監査（等）委員会は，取締役会の内部統制決議事項に基づいて，代表取締役，業務執行取締役，執行役が内部統制システムの整備・運用を業務執行の一環として適切に実施しているかを監査・監督する職務を負っている。したがって，こうした監査・監督義務の履行の前提として，独立した専門家である監査人から提供される，このような内部統制上の不備に関わる情報は，監査・監督機関の善管注意義務を適切に履行するうえで入手しておかなければならない判断材料といえる。

　第6に，内部統制上の不備の分類を「開示すべき重要な不備」と「内部統制上の不備」の2類型に整理した点から生ずる問題点について若干の指摘をしておきたい。

　米国の場合，2004年当初から公開会社会計監視委員会（Public Company Accounting Oversight Board：PCAOB）第2号監査基準（2007年に5号監査基準に改訂）に基づき「内部統制の不備（internal control deficiency）」は，企業が

---

☆17　「監査・保証実務委員会報告第82号」Ⅵ 1.(2)「内部統制の評価の範囲に関する経営者との協議の実施」56. 参照。

☆18　「実施基準」Ⅲ．4．(3)「内部統制の開示すべき重要な不備の報告と是正」参照。

開示義務を負う「重要な欠陥（material weakness）」とそれに至らない程度の「著しい不備（significant deficiency）」，および「それ以外の（軽微な）不備（insignificant deficiency）」の３つに区分されている[19]。重要な欠陥とはいえない程度の不備であっても，リスクの萌芽段階での是正を促すべきもの（ただし対外的開示は要求されない）と，軽微な内部統制上の不備を区別しつつ，「重要な欠陥」および「著しい不備」を，監査人が監査過程において発見した場合には，経営者および監査委員会への報告が義務づけられ，これによって企業内の早期是正を促すことで，経営者のリスク管理体制の整備の充実に寄与することが期待されている[20]。また，経営者と監査人の間で，会計方針・実務に関する意見の相違が生じた場合にも，監査人は適時に監査委員会に報告すべき義務がある（34年連邦証券取引所法10 A条(k)）。このように内部統制上の問題の兆候があった場合，できるだけ早期に発見・改善されるよう法令レベルの工夫が凝らされている。

これに対してわが国の場合，内部統制上の不備について「開示すべき重要な不備」以外はすべて，「内部統制上の不備」とする２分法を採用したため，内部統制上の問題の発見時において，実質的に監査人にその不備の重要性判断を委ねることとなった。監査人が「開示すべき重要な不備」と判断した場合には，これを経営者に報告し，かつ，その是正状況を確認する義務を負う。同時に，監査人は，経営者に報告した旨を取締役会，監査役，監査（等）委員会に対しても報告する義務を負う。他方，「開示すべき重要な不備」以外の内部統制上の不備は，しかるべき管理責任者に適時に報告する義務を負うのみである。

この点，監査人は，実際には「開示すべき重要な不備」に該当するにもかかわらず，「それ以外の不備」と判断した場合に生ずる事後的責任を回避するべく，さしあたり，あらゆる内部統制の不備を「開示すべき重要な不備」と評価するなど保守的態度を維持して報告することになれば，「開示すべき

---

[19] Public Company Accounting Oversight Board, Auditing and Standard No. 2 - An Audit of Internal Control Over Financial Reporting Performed in Conjunction with an Audit of Financial Statements, at 213-4（2004）．

[20] PCAOB Release 2007-005 A, June 12, 2007, at 10-11.

重要な不備」のインフレが生じるのではないかと懸念されるところである。これに対して「実施基準」によれば,「監査人による報告では,報告の対象となる不備が内部統制の不備,開示すべき重要な不備のいずれに区別されるのかを明らかにしなければならない。ただし,迅速な報告が必要であると判断した場合に,その時点では当該区別を明らかにしないですみやかに報告し,当該区別については,改めて報告するということも考えられる」とあるが,迅速な報告が必要であると判断された場合,誰に対する報告となるのか必ずしも明らかではない[21]。もっとも,監査人が「不正又は法令に違反する事実を発見した場合」の報告先は,経営者,取締役会および監査役または監査(等)委員会とされ,監査人が,内部統制上の有効性に及ぼす影響を検討したうえで,それが「開示すべき重要な不備」に当たるか否かを判断しなければならない[22]。不正の報告先については,是正義務を直接負う経営者ならびに監査・監督機関である取締役会および監査役等の双方とすることで,不正が早期にかつ確実に是正するプロセスを確保できる。さらにこの点は,平成19年6月の公認会計士法の改正に伴い,金融商品取引法上の財務諸表監査において,法令違反等の不正を発見した場合,監査人は,経営者,取締役会,監査役等に対する報告義務が課され,その後,一定の期間経過後も是正措置が経営者により講じられていない場合には,金融庁に通告するという義務が課されている(金商193条の3参照)。これにより,不正に関わる内部統制の充実も,より一層促されるものと期待される。

　もっとも,わが国の場合,監査人に「開示すべき重要な不備」として指摘されたとしても,内部統制報告書の評価時点である期末日までに是正されていれば,内部統制は有効と認められるとすることで,経営者に対して内部統制上の不備について早期是正のインセンティブを与えたものと考えられるが,監査人にとって,最終的な期末日まで待たなければ,開示すべき重要な不備が是正されないとなると,その欠陥を発見した後の監査手続の実施にも

---

[21] 「実施基準」Ⅲ4.(3) ①「内部統制監査で発見した開示すべき重要な不備等の報告」参照。
[22] 「実施基準」Ⅲ4.(4)「不正等の報告」参照。

支障が生ずる場合もあろう。監査人は，評価時点までに開示すべき重要な不備の是正措置が実施されたとしても，経営者が行った是正措置の評価に対して確認を行わなければならないため，なおさら時間的猶予はない。

したがって，監査人がその後の是正状況の確認義務を負う「開示すべき重要な不備」と，そのような義務を負わない「それ以外の不備」の区別のあり方には，ダイレクト・レポーティングを採用しないわが国の制度設計においては実務上明らかにすべき課題が多いように思われる。

④　内部統制報告書に対する監査意見（内部統制府令6条1項4号，5項）

内部統制報告書が，一般に公正妥当と認められる財務報告に係る内部統制の評価の基準に準拠して，財務報告に係る内部統制の評価結果について，すべての重要な点において適正に表示しているかどうかについての意見を以下の3つの区分に応じて記載する。具体的に以下の事項が内部統制府令6条5項に挙げられている。

　a　無限定適正意見（内部統制府令6条5項1号）

　　ここでは，内部統制監査の対象となった内部統制報告書が，一般に公正妥当と認められる財務報告に係る内部統制の評価の基準に準拠して，財務報告に係る内部統制の評価について，すべての重要な点において適正に表示していると認められる旨を記載する。

　b　除外事項を付した限定付適正意見（内部統制府令6条5項2号）

　　ここでは，内部統制監査の対象となった内部統制監査報告書が，除外事項を除き一般に公正妥当と認められる財務報告に係る内部統制の評価の基準に準拠して，財務報告に係る内部統制の評価について，すべての重要な点において適正に表示していると認められる旨ならびに除外事項および当該除外事項が財務諸表監査に及ぼす影響を記載する。

　c　不適正意見（内部統制府令6条5項3号）

　　これには，内部統制監査の対象となった内部統制報告書が，不適正である旨およびその理由ならびに財務諸表監査に及ぼす影響が記載される。

なお，この3区分以外に，重要な監査手続が実施されなかったこと等により，上記の意見を表明するための合理的な基礎が得られなかった場合には，上記3区分に定める意見表明をしない旨（意見不表明）およびその理由を内部

統制監査報告書に記載しなければならないとされる（内部統制府令6条7項）。

このように区分けされた内部統制報告書に対する監査人の意見に関しては，第1にaの無限定適正意見の意味について，とくに注意を要する。たとえば，経営者が内部統制は「有効でない」旨の評価をした場合に，監査人が監査手続においても内部統制の有効性を検証できなかったとすれば，内部統制監査報告書の記載には無限定適正意見を表明することになる。監査人による無限定適正意見の表明は，内部統制の有効性を保証するものではないことに留意したい。

第2に，bの除外事項を付した限定付適正意見を監査人が表明する場合とは，無限定適正意見を表明することはできないが，経営者の不適切な記載の影響が，内部統制報告書を全体として虚偽表示に当たるとするほどには重大でないと監査人が判断した場合などが該当する。その際，むしろ限定付適正意見の表明それ自体よりも，除外事項の内容および当該除外事項が財務諸表監査に及ぼす影響の記載内容こそが，果たして本当に重大な影響を与えない除外事項であるのかを確認するうえで重要な開示情報といえる。

なお，限定付適正意見には，(i)「意見」に関する除外事項を付した場合，または(ii)監査範囲の制約に関する除外事項を付した場合の2種類があるとされる。(i)は，経営者が行った内部統制評価の記載事項に不適切なものがある場合であり，(ii)は，経営者の評価結果そのものは適切であるが，内部統制の評価範囲が不十分であると監査人が判断する場合である[☆23]。

第3に，cの不適正意見は，一般には経営者が内部統制を有効と評価した場合であっても，監査人が，その内部統制報告書につき，内部統制の評価範囲，評価手続および評価結果について経営者が行った記載に関して，著しく不適切なものがあり，かつ，内部統制報告書が全体として虚偽の表示に当たると判断した場合を指す。想定されるケースとして，(i)監査人が特定した開示すべき重要な不備を経営者は特定しておらず，内部統制報告書に記載していな

---

[☆23]「監査・保証実務委員会報告82号」XVI．6．(2)「意見に関する除外事項を付した限定付適正意見」274．275．参照。(5)「監査範囲の制約に関する除外事項を付した限定付適正意見」278．参照。

い場合，(ⅱ)内部統制の評価範囲，評価手続および評価結果に関して，内部統制報告書の記載内容が事実と異なり，その影響が内部統制報告書全体として虚偽の表示に当たるほどに重要であると判断する場合が挙げられている[24]。

第4に，これ以外の意見不表明とは，重要な監査手続を実施できなかったため，内部統制報告書に対する意見表明のための合理的な基礎を得ることができなかった場合に監査人に求められる態度である。とくに監査範囲の制約を受けた場合には，その影響が内部統制報告書に対する意見を表明できないほどに重要と判断した場合には，意見を表明しない旨とその理由を記載しなければならない。この具体例としては，災害の発生等により経営者が実施した評価範囲に制約が生じた場合などが挙げられている[25]。

なお，監査人による不適正意見または意見不表明のときは，東証規則に基づき，当該企業は，後述（ 3参照）する「特設注意市場銘柄」の指定または「監理銘柄」の指定を受ける場合があることに留意すべきである[26]。

⑤ 追記情報（内部統制府令6条1項5号）

監査人が説明または強調することが適当と判断した場合に，記載されるべき事項として内部統制府令6条6項は以下の事項を挙げている。

 a 内部統制報告書に財務報告に係る内部統制に開示すべき重要な不備の内容およびそれが是正されない理由を記載している場合は，当該開示すべき重要な不備がある旨および当該開示すべき重要な不備が財務諸表監査に及ぼす影響（内部統制府令6条6項1号）

 b aの場合，当該事業年度の末日後に，開示すべき重要な不備を是正するために実施された措置がある場合には，その内容（内部統制府令6条6項2号）

 c 財務報告に係る内部統制の有効性の評価に重要な影響を及ぼす後発事象（内部統制府令6条6項3号）

 d 内部統制報告書において，経営者の評価手続の一部が実施できな

---

[24]　「監査・保証実務委員会報告82号」XVI．6．(3)「不適正意見」276．参照。
[25]　「監査・保証実務委員会報告82号」XVI．6．(4)「意見不表明」277．参照。
[26]　東証有価証券上場規程501条，同施行規則501条，上場管理等に関するガイドラインⅢ1．，東証有価証券上場規程610条・611条，同施行規則605条・606条等。

かったことについて，やむをえない事情によると認められるとして無限定適正意見を表明する場合において，十分な評価手続を実施できなかった範囲およびその理由（内部統制府令6条6項4号）

　この追記情報とは，内部統制報告書が適正に表示されていると判断したうえで，その判断の説明を要する場合に，意見表明とは別に追記事項として記載されるものである。したがって監査人からの情報としての内部統制報告書の利用者に提供されるものではあるが，本来，内部統制報告書の作成責任は経営者にあり，財務諸表監査における取扱いと同様に，内部統制報告書に記載されていない情報を監査人が経営者に代わって提供することを予定するものではなく，追記情報の記載対象は，原則として内部統制報告書に記載されている事項に限定されている☆27。

　そこで，具体的な追記情報の内容についてみていくと，まず，ａの記載事項については，「財務報告に係る内部統制」に開示すべき重要な不備がある旨の経営者による内部統制評価がなされ，これに対して，監査人も経営者のそのような評価を妥当と判断した場合には，「無限定適正意見」を表明できる☆28。だがこの場合，「内部統制が有効ではない」という経営者の評価が監査人によっても確認されたにすぎない以上，投資家にとって実質的に重要な開示情報とは，むしろ是正されていない開示すべき重要な不備が，財務諸表監査に及ぼす影響の程度のほうであろう。

　この点，開示すべき重要な不備が是正されないままであれば，「財務諸表監査において，監査基準に定める内部統制に依拠した通常の試査による監査は実施できないと考えられるため，財務諸表監査の監査計画を修正しなければならない可能性が高い」とされる☆29。その場合は，大幅な追加手続が必要になることも考えられるが，その結果，財務諸表監査の合理的な基礎が得られないことになれば，意見表明はできないということになる。したがって，一般的に想定されるａの記載は，内部統制には重要な欠陥はあるが，財務諸

---

☆27　「監査・保証実務委員会報告82号」XVI 4.「追記情報」258. 259. 参照。
☆28　「監査・保証実務委員会報告82号」XVI 6.（1)「無限定適正意見」273.　②。
☆29　「監査・保証実務委員会報告82号」XI 11.「財務諸表監査に及ぼす影響」221.

## 第 5 章 ◆ 公正な情報開示の確保に向けた内部統制システム構築のあり方　169

表監査に与える影響は小さいという趣旨の記載が通常であろう。

　なお，ここで監査人が「開示すべき重要な不備」に該当するかどうかを検討すべき内部統制の不備の状況を示す例としては，(i)前期以前の財務諸表につき重要な修正をして公表した場合，(ii)企業の内部統制により識別できなかった財務諸表の重要な虚偽記載を監査人が検出した場合，(iii)上級経営者層の一部による不正が特定された場合，などが挙げられている☆30。いずれも，将来において財務報告に虚偽表示が生ずる潜在的可能性が高いものと認められる事実が検出された場合が挙げられている。

　ｂの記載については，内部統制に開示すべき重要な不備がありながら，当該事業年度の末日までには経営者による是正措置がとられなかったが，当該末日以降において是正措置を講じた旨の付記が，経営者の内部統制報告書に記載されていた場合，監査人が，無限定適正意見を表明する際に，とくにその点を強調すべきと判断したときは，これを追記情報として記載する。これにより，補足的にではあるが，当該末日以降の直近の内部統制の有効性を監査人が確認していることが期待される。

　ｃには，事業年度の末日から内部統制報告書の提出日までの間に，経営者が付記事項として記載した，財務報告に係る内部統制の有効性の評価に重要な影響を及ぼす事象の発生につき，監査人がこれを強調すべきと判断した場合に指摘する事項を記載する。当該末日以降に後発事象があった場合，経営者はこれを評価手続に基づき評価したわけではなく，また，監査人も，これに対して通常の監査手続を実施してはいないものの，ｂと同様に，投資家に対して直近の内部統制の状況を示す情報として注意を促す意義を有する

---

☆30 「実施基準」Ⅱ３．(4) ①ハ（「監査・保証実務委員会報告82号」Ⅺ８．「開示すべき重要な不備に該当するかどうかを検討すべき内部統制の不備」210.）参照。さらに以下に挙げる分野で内部統制の不備が発見された場合には，財務報告の信頼性に与える影響が大きいことから，開示すべき重要な不備に該当する可能性を慎重に検討する。①会計方針の選択適用に関する内部統制，②不正の防止・発見に関する制度，③リスクが大きい取引を行っている事業または業務に係る内部統制，④見積りや経営者による予測を伴う重要な勘定科目に係る内部統制，⑤非定型・不規則な取引に関する内部統制（「監査・保証実務委員会82号」Ⅺ８．「開示すべき重要な不備に該当するかどうかを検討すべき内部統制の不備」211．参照）。

ものと考えられる。

　ｄの記載は，経営者が評価手続の一部を実施できなかったことについて，やむをえない事情によると認められるときに，内部統制を有効と評価した場合，監査人がこれに無限定適正意見をつけた場面を想定している。このとき監査人は，経営者が当該範囲を除外した事情の合理性，および当該範囲を除外することが財務諸表監査に及ぼす影響について，十分に検討したうえで意見を表明しなければならない。ここで「やむを得ない事情」とは，期限内に内部統制評価の基準に準拠した評価手続を経営者が実施することが困難と認められる事情がある場合とされ，企業側の責任に帰すべき事情により，内部統制評価が実施できなかった場合は，「やむを得ない事情」には該当しない☆31。もっとも，「やむを得ない理由」により内部統制の評価ができなかった範囲の影響が内部統制報告書に対する意見を表明できないほどに重要であると判断した際には，たとえやむをえない事情が正当なものであったとしても，監査人は意見を表明してはならないとされる点は，留意が必要である☆32。

(3)　**財務諸表監査と内部統制監査の一体監査**（内部統制府令7条，8条，10条）

　以上の内容を記載した内部統制監査報告書は，財務諸表監査を実施する監査人と同一の監査人が財務諸表監査の実施と一体として行うこととされた（内部統制府令7条）。具体的には，監査計画の立案，監査証拠の十分性と適切性に関する監査人の判断，監査証拠を入手するための監査手続の実施，意見

---

☆31　「やむを得ない事情」に当たる例として①期末日直前に他企業を買収または合併し，被合併会社や被買収会社の規模や事業の複雑性を考慮すると，内部統制評価には相当の準備期間が必要であり，当該年度の決算が取締役会の承認を受けるまでの期間に評価が完了しないことに合理性がある場合，②大規模なシステム変更，③大規模な地震や風水害などの災害が発生した場合，④クーデター等の政情不安により企業活動に支障をきたしている場合などを指す。また「やむを得ない事情」には当たらない場合として，内部統制評価の責任を有する役職者や担当者の突然の異動・退職，また内部統制評価の基礎となる重要な文書の不注意による滅失等を指す（「監査・保証実務委員会報告82号」ⅩⅥ5．(3)「やむを得ない事情がある場合」263．）。

☆32　「監査・保証実務委員会報告82号」ⅩⅥ5．(4)①「内部統制報告書に内部統制の評価結果を表明できない旨が記載されている場合」269．参照。

表明までの一連の監査実施の手続が一体として実施されることになる。そしてその監査結果の報告として，当該会社の財務諸表監査の監査報告書と統合して作成される。ただし，「やむを得ない理由」がある場合には，別々の作成も可能である。かかる理由には，両報告書の一方が，やむをえない事情（期末日直近のM&A，災害等）により，提出期日までに提出できない場合などが例示されている[33]。

また，財務諸表監査では，かかる監査の従事者，監査日数その他監査に関する事項の概要を記載した概要書の提出を義務づけられているが，内部統制監査も，一体監査を原則とする観点から，これと同様の事項を，財務諸表監査概要書に合わせて記載するものとされた（内部統制府令8条）。

さらに，一体監査を原則とする以上，内部統制監査の監査人と内部統制監査の被監査人との特別な利害関係の規制についても，財務諸表監査における利害関係人の規定（監査証明府令2条）と同様の規定が置かれ，監査人の独立性が確保されている（内部統制府令11条）。

ここで，内部統制監査と財務諸表監査の相互の影響について，「監査・保証実務委員会報告82号」において指摘されている以下の点について付言しておく。

第1は，内部統制監査が財務諸表監査に与える影響についてである。内部統制監査では，内部統制の評価範囲，評価手続および評価結果について，経営者が行った記載に関して不適切なものがあり，内部統制監査報告書で無限定適正意見を表明することができない場合で，かつ，その影響が内部統制報告書を全体として虚偽の表示に当たるとするほどには重要ではないと判断したときは，除外事項を付した限定付適正意見を表明しなければならないとし，除外した不適切な事項，および財務諸表監査に及ぼす影響について記載しなければならないとされている。また，同様に，内部統制の評価範囲，評価手続および評価結果について，経営者が行った記載に関して著しく不適切なものがある場合について，内部統制報告書が全体として虚偽の表示に当た

---

[33] 谷口義幸＝野村昭文＝柳川俊成「開示制度に係る政令・内閣府令等の概要(上)四半期報告制度・内部統制報告制度」商事1810号（2007年）40頁。

ると判断したときには，内部統制報告書が不適正である旨およびその理由，ならびに財務諸表監査に及ぼす影響について記載しなければならないとされている[34]。

したがって，内部統制監査では，経営者による内部統制報告書の不適切な記載自体の影響が，内部統制報告書を全体として虚偽の表示に当たると判断されるか否かによって，監査人の意見表明の態様が異なることになる。いずれの場合も，財務諸表監査に及ぼす影響について記載しなければならない。

なお，内部統制監査の結果が，「財務諸表監査の監査計画に影響を及ぼす可能性のある主な事項」として以下の内容が想定されている。①経営者が決定した評価範囲について，監査の初期の段階で経営者と協議した結果，評価範囲について全社的な内部統制の評価結果を受けて，業務プロセスに係る内部統制の評価範囲を拡大する必要が生じた場合，②経営者の評価手続について，経営者が財務報告の信頼性に重要な影響を及ぼす内部統制を統制上の要点として適切に識別していない場合である[35]。これらの事項がある場合には，内部統制監査の結果の内容，影響の程度に応じて，適時に監査計画を見直すことによって財務諸表監査が実施される。見直し後の監査計画により，監査手続を実施し，財務諸表に重要な虚偽の表示がないと判断する合理的な基礎が得られれば，財務諸表監査の意見は，無限定適正意見を表明することも可能であるが，ここで合理的基礎が得られない場合には，財務諸表監査に対しても意見を表明してはならないものとされる[36]。

第2は，反対に，財務諸表監査が内部統制監査に影響を与える場合である。たとえば，期中の財務表監査の過程で監査人により発見された虚偽記載について，経営者が財務諸表を修正し，かつ，虚偽記載の生じた原因が内部統制の不備であると判断された場合で，当該内部統制の不備を期末日までに是正

---

[34] 「監査・保証実務委員会報告82号」Ⅳ7.「内部統制監査の結果が財務諸表監査へ及ぼす影響」38. 参照。

[35] 「監査・保証実務委員会報告82号」Ⅳ7.「内部統制監査の結果が財務諸表監査へ及ぼす影響」39.

[36] 「監査・保証実務委員会報告82号」Ⅳ7.「内部統制監査の結果が財務諸表監査へ及ぼす影響」40. 41.

し，監査人がその運用状況の有効性を確認できたときには，通常，内部統制監査では，無限定適正意見が表明されることになる。これに対して，当該不備が期末日までに是正されなかった場合には，その影響の程度に応じて，限定付適正意見，または不適正意見のいずれかの意見表明を行うことになる[☆37]。

このように内部統制監査と財務諸表監査については，同一監査人により一体として実施する方針が「実施基準」において採用されたことにより，内部統制監査は，財務報告・決算プロセスに対する監査を，先行する財務諸表監査の一部を活用して行うことも可能となり，効率的な監査の実現に貢献するものである。他方，財務諸表監査は，内部統制監査において実施される全社的統制環境の把握のもとに実施されるため，不正な簿外債務などが従来よりも発見しやすくなるなど監査基盤のより一層の充実を期待することができよう。

## 4　外国会社または SEC 登録済み本邦会社の場合

(1)　外国会社の財務報告に係る内部統制 （内部統制府令12条～13条）

外国会社に係る内部統制報告書の作成にあたっては，当該外国会社の本国（本拠とする州その他の地域を含む）において開示している財務計算に関する書類を「財務書類」として，かつ，財務報告に係る内部統制の評価報告書を「内部統制報告書」として提出することを，金融庁長官が公益または投資者保護に欠けることがないものと認める場合，当該外国会社の本国における用語，様式および作成方法によることができるものとする。ただし，当該外国会社の作成する内部統制報告書の用語，様式および作成方法については，金融庁長官が必要と認めて指示する事項は除かれる（内部統制府令12条）。

このように内部統制報告書の作成にあたり外国会社の本国における用語等による場合には，①当該内部統制報告書の作成に準拠している用語，様式および作成方法，②内部統制府令12条の規定を適用しないで作成する場合との主要な相違点，③当該内部統制報告書について，わが国の内部統制監査を行う場合との相違点を，追加して記載しなければならない（内部統制府令13条）。

---

☆37　「監査・保証実務委員会82号」Ⅳ．8．「財務諸表監査の結果が内部統制監査へ及ぼす影響」42.-44.

なお，外国会社の内部統制報告書が，内部統制府令12条を適用される場合であって，本国等において公認会計士等に相当する者により，わが国の内部統制監査の監査証明に相当する証明を受けた場合には，わが国の内部統制監査報告書の提出は求められない（金商193条の2第2項1号・2号，内部統制府令12条）。SOX法など本国の内部統制規定に基づき内部統制の整備を行っている外国会社に対しては，わが国の内部統制基準との相違点を開示することを前提に，内部統制報告書の作成を免除し，本国での監査証明の代替性を認めることで，外国会社がわが国おいて上場する際に，無用のコスト負担を回避することを図ったものである。

(2) SECに登録済みの本邦上場企業における「財務報告に係る内部統制」
（内部統制府令18条～21条）

SEC（米国証券取引委員会）に登録している本邦上場企業の財務報告に係る内部統制報告書の作成にあたっては，米国式連結財務諸表の提出について，金融庁長官が，公益または投資者保護に欠けることがないものと認めるときは，金融庁長官が必要と認めて指示する事項を除き，米国における用語，様式および作成方法によることができる（内部統制府令18条）。この内部統制報告書は日本語をもって記載しなければならない（内部統制府令19条）。その際に，この規定を適用しないで作成する場合との主要な相違点を内部統制報告書に記載する必要がある（内部統制府令13条2号）。また，同様に，当該企業の内部統制報告書に対する監査証明は，金融庁長官が，必要と認めて指示する事項を除き，米国における「一般に公正妥当と認められる財務報告に係る内部統制の監査に関する基準及び慣行」（たとえばCOSO基準など）に従って実施することができる（内部統制府令21条1項）。このとき，当該内部統制報告書を作成するにあたって準拠している監査の基準，およびこの規定を適用しないで内部統制監査報告書を作成する場合との主要な相違点等を内部統制監査報告書に記載する必要がある（内部統制府令21条2項）。これらの規定は，(1)とは逆に，わが国の上場企業が，米国のSEC登録企業である場合，米国の内部統制規制に服している以上，あらためてわが国固有の内部統制報告書作成およびそれに対する監査証明の義務を課さないことで，SEC登録内国企業に無用のコスト負担を回避させることを図ったものである。

## 5　内部統制規定に違反した者の責任

　内部統制報告書を提出しなかった場合，刑事罰として代表者には5年以下の懲役もしくは500万円以下の罰金またはその併科が課され，法人には5億円以下の罰金が課される（金商197条の2第5号，207条1項2号）。

　さらに，重要な事項につき虚偽記載のある内部統制報告書を提出した場合にも，同様の刑罰が科される（金商197条の2第6号，207条1項2号）。具体的には，「財務報告に係る内部統制」に開示すべき重要な不備があることを認識し，その是正措置が完了せず期末日に内部統制を有効と評価できないことを知りながら，有効との評価を内部統制報告書に記載した場合，また，評価手続の一部が実施できなかったため限定付き有効との評価をした場合に，その実施できなかった評価手続や理由につき虚偽の記載を行う場合などが想定される。

　それ以外にも会社・役員・公認会計士の内部統制に係る報告書の重要な虚偽記載に係る民事責任については，以下で示すように責任主体別の類型で，内部統制報告書に虚偽の記載等があった場合に損害賠償責任が問われる（金商24条の4の6）。

　第1に，内部統制報告書の虚偽記載につき，発行会社の民事責任については，当初無過失責任および損害額の推定規定が置かれたが，平成26年改正により，発行会社に挙証責任を負わせる過失責任に転換された（金商21条の2第1項，25条1項6号，21条の2第2項）。これにより，発行会社が無過失を立証できれば責任は免除されるため，合理的な内部統制の整備がより一層促されることが期待される。

　第2に，その他の取締役・監査役・執行役等については自ら虚偽の記載を行っていなくとも，その監視義務違反として民事責任を負うが，その場合も，自ら過失のないことを証明することにより，その責任を免れるという挙証責任の転換が図られている（金商24条の4の6，22条，21条1項1号・2項1号・2号）。この場合，発行会社が責任主体となる場合とは異なり，損害額の推定規定はないが，被害者救済の趣旨を及ぼして解釈すべきであろう[☆38]。

　第3に，公認会計士・監査法人による内部統制報告書を対象とした監査証

明責任についても，同様に挙証責任が転換された過失責任が規定された（金商193条の2第1項，21条1項3号・2項2号）。ただし，これについても損害額の推定規定は置かれていない。

## 6　確認書

さらに上場会社は，内部統制報告書のほかに，有価証券報告書とあわせて，有価証券報告書の記載内容が法令に基づき適正であることを確認した旨の確認書を内閣総理大臣に提出しなければならず（金商24条の4の2第1項），上場会社以外の継続開示会社でも，任意に確認書を提示することができる（同条2項）。

従来，有価証券届出書，有価証券報告書，半期報告書についての確認書は，任意の添付書類であったが，内部統制報告書の提出義務が新設されるとともに，有価証券報告書等の記載内容の適正性をより一層高めるために確認書の提出義務が新たに課された。確認書提出が義務づけられる会社は，内部統制報告書制度の適用会社と同一であるが，確認書が必要とされる開示書類は，内部統制報告書の場合とは異なり，有価証券報告書，四半期報告書，半期報告書（金商24条の4の2，24条の4の8，24条の5の2）である。また，確認すべき事項の範囲も，内部統制報告書よりも広範な領域となっている（企業内容等の開示に関する内閣府令17条の10）。すなわち，財務情報以外のさらに広範な企業情報の適正性を確保する確認書制度を導入することで，「財務報告に係る内部統制」が有効に機能し，財務報告の質の向上に貢献することが期待されている。ただし，その確認範囲は会計マターにかぎられないため，内部統制報告書のように公認会計士による監査証明の対象とはされておらず，記載内容について経営者の確認評価があれば足りるとされている。

もっとも確認書を提出しなかった場合には，適用会社の代表者または役員は30万円以下の過料に処され，金融商品取引所に対して当該確認書の写しを提出しなかった場合には，10万円以下の過料に処せられる（金商208条2号，

---

☆38　黒沼悦郎『金融商品取引法入門〔第6版〕』（日本経済新聞社，2015年）106頁参照。

209条3号)。確認書を提出したとしても,有価証券報告書等に虚偽記載があることを知りながら,その記載内容が適正である旨を記載した確認書を提出した場合には,虚偽記載のある有価証券報告書等提出の罪となり,行為者個人に対して10年以下の懲役または1000万円以下の罰金,および法人に対して7億円以下の罰金が課される(金商197条1項1号,207条1号)。なお,確認書が,有価証券報告書等と表裏一体の関係にあり,有価証券報告書等の虚偽記載規定の規定が別途定められていることから,確認書の虚偽記載については,内部統制報告書にあるような民事責任の規定はない。確認書は,提出日から5年間は公衆縦覧に供される(金商25条1項5号,3項)。

##  金融商品取引所規則による内部統制システム整備・評価・開示

最後に,東京証券取引所に代表される金融商品取引所の上場規制に基づく内部統制規程について概観する。

### 1 適時開示に関する宣誓書と「適時開示体制の整備状況」の書面提出

東京証券取引所では,平成17年1月より,上場有価証券の発行者に対して「会社情報の適時開示に係る社内体制の状況」を記載した書面(添付書類)とともに,代表者による宣誓書の提出を義務づけていたが,平成22年6月以降,その書面の内容を「コーポレート・ガバナンスに関する報告書」のなかの「適時開示体制の概要」として記載することを求めている。また,代表者による宣誓書は,同月以降廃止され,代わりに適時開示以外にも企業行動規範の遵守をも対象とした「取引所規則の遵守に関する確認書」を代表者異動時に提出することが求められている。本来,上場会社においてその整備が望まれる「適時開示体制」とは,内部統制システムの構築を前提としながら,時々刻々変化する資本市場に対する情報開示の適時性の要請に焦点を当てた狭義の内部統制にほかならない[☆39]。金融商品取引法に規定される内部統制報告書が,米国のSOX法404条に対応した「財務報告に係る内部統制」に対する経営者評価を記載したものであるのに対して,東証規則に基づく適時

開示体制の整備は，財務情報にかぎらず，非財務情報をも適用対象とした SOX 法 302 条 SEC 規則に規定される「開示統制・手続」の一部に対応するものと解される☆40。したがって，わが国においては，会社法に基づく内部統制システムの基盤として，金融商品取引法の内部統制報告書制度と確認書制度とともに，東証規則に基づく適時開示体制が整備されることで，資本市場規制の法目的実現に向けた内部統制システムの有機的な法体制の確立が期待されるところである。

### 2 「コーポレート・ガバナンス」に関する報告書

東京証券取引所では，「コーポレート・ガバナンスの充実に向けての有価証券上場規程等の一部改正」により，従来，「決算短信」の「コーポレート・ガバナンスに関する基本的な考え方及びその施策の実施状況」において記載されていた内部統制関連事項は，平成 18 年 3 月から，決算短信ではなく，コーポレート・ガバナンス報告書の記載事項の一部に「内部統制システムに関する基本的な考え方及びその整備状況」として要求されている☆41。この報告書は，東京証券取引所の WEB サイトにて検索・閲覧可能であり，同業他社等の情報が簡便に比較可能であるため，副次的には内部統制システムの実質的な内容のボトム・アップに貢献する機能を果たしている。

### 3 上場制度総合整備プログラムが要求する内部統制システムの整備

さらに，内部統制に関する東京証券取引所の規則は，平成 19 年の「上

---

☆39 宣誓書及び上場会社の適時開示体制に関する研究会「適時開示体制の整備の手引きと宣誓書の記載上の留意点」(2005 年)，成松淳「適時開示制度と上場会社に望まれる適時開示体制―『適時開示体制の整備の手引きと宣誓書の記載上の留意点』より」JICPA ジャーナル 604 号 (2005 年) 40 頁以下，土本清幸「上場会社に望まれる適時開示体制と宣誓書添付書類―東証『宣誓書研究会』報告」商事 1741 号 (2005 年) 49 頁以下参照。

☆40 柿崎環『内部統制の法的研究』(日本評論社，2005 年) 389 頁以下参照。

☆41 決算短信の見直しについては，東証・決算短信に関する研究会 (座長：黒沼悦郎：早稲田大学大学院教授)「決算短信に関する研究会報告―決算情報のより適切な開示に向けて」(2006 年) 参照。

場制度総合整備プログラム 2007」を契機に大きく変更され，また平成 25 年の東証規則の改正により，内部統制を含む内部管理体制の改善の必要性が高い会社に対しては特設注意市場銘柄の指定を拡大し，合わせて上場廃止基準の見直しを以下のように行った[42]。

第 1 に，「上場制度総合整備プログラム 2007」に基づき上場内国会社に対しては，「業務の適正を確保するために必要な体制」の整備を決定することを求めている。これにより，会社法では大会社にかぎって義務づけられている「業務の適正を確保するために必要な体制」すなわち，内部統制システムの整備が，会社法上の大会社という区分だけではなく，東京証券取引所に上場するすべての内国会社に対しても要求されることになった[43]。この規程に違反し，かつ取引所が必要と認める場合にはその旨が公表される[44]。

第 2 に，上場審査項目の明確化のひとつとして，従来の上場審査の観点のうち，「企業のコーポレート・ガバナンス及び内部管理体制の有効性」に関する観点が新たな審査項目として明示されており，これは実質審査を要する点にも留意が必要である[45]。

第 3 に，平成 19 年に導入された特設注意市場銘柄制度について平成 25 年に見直しがなされ，内部管理体制等の改善の必要性が高い上場企業を，直接，特設注意市場銘柄に指定可能となった[46]。本来，特設注意市場銘柄とは，上場規則に違反した会社について投資家等に注意喚起を促すため，他と区別した銘柄として指定し，3 年以内の内部管理体制等の改善を条件に上場維持を認める制度であった。しかし，従来の制度では，いったん，上場廃止のお

---

[42] 木村芳彦「上場制度総合整備プログラム 2007 に基づく上場規則の改正」商事法務 1816 号（2007 年）27 頁以下参照，横山淳「上場廃止基準の取扱いの明確化等について」大和総研リサーチ・レポート（2013 年 9 月 12 日），安井良大「上場廃止基準の取扱いの明確化等について」監査 618 号（2013 年）14 頁以下参照。

[43] 東証有価証券上場規程 439 条。

[44] 東証有価証券上場規程 508 条 1 項 2 号，上場管理等に関するガイドラインⅢ 5．(3)の 3．等参照。

[45] 東証有価証券上場規程 207 条 1 項 3 号，上場審査等に関するガイドラインⅡ 4．等参照。

[46] 東証有価証券上場規程 501 条 1 項 2 号。

それのある監理銘柄に指定後に，上場廃止に至らなかった銘柄を特設注意市場銘柄として指定する仕組みをとっていたため，特設注意市場銘柄とは，単に「上場廃止を免れた銘柄」として誤解されるおそれがあった。そこで，特設注意市場銘柄の積極的な活用を図るため，有価証券報告書等に虚偽記載があり，または監査人等による監査報告書に不適正意見等があった場合，上場廃止のおそれの有無にかかわらず，「内部管理体制等の改善の必要性が高い」と判断されたときは，特設注意市場銘柄に指定できるように変更されたのである。ここで「内部管理体制等の改善の必要性が高い」とは，東証が，有価証券報告書等の虚偽記載または監査人等による不適正意見等の原因となった行為や，会社関係者の関与状況，内部管理体制等の整備・運用状況を総合的に勘案して判断されるものである[47]。そのほか，適時開示に関する規定や企業行動規範への違反の場合についても，内部管理体制の改善の必要性が高いと認められるときには，同様に特設注意市場銘柄へ指定できるようになった[48]。

　第4に，同じく平成25年の東証規則の改正により，新たに特設注意市場銘柄に指定した上場会社が所定の期間内に内部管理体制等を改善しなかった場合は，独立した上場廃止基準に当たることとなった[49]。具体的には，上述のように内部管理体制の改善の必要性が高い場合に，特設注意市場銘柄に指定されたのち，「改善の見込みがない」と判断されれば上場廃止となる。「改善の見込みがない」とは，改善の必要性が高いにもかかわらず，事実関係の究明への着手がない場合，または再発防止のための検討を行う方針を明らかにせず，方針を示しても実行可能性がないなどの場合を指す[50]。なお，特設市場銘柄に指定された後に「改善の見込み」を判断する時期は，段階的に設定されており，原則は指定から1年後だが，最長でも指定から1年半の猶予期間を経て，なお改善の見込みがなければ上場廃止となる[51]。従来は3

---

[47]　上場管理等に関するガイドラインⅢ1.。
[48]　東証有価証券上場規程501条1項3号および4号。
[49]　東証有価証券上場規程601条1項11号の2。
[50]　上場管理等に関するガイドラインⅣ4.。
[51]　東証有価証券上場規程501条2項等。

年の改善期間を設定していたため，原則的にはその期間は3分の1に短縮されている。したがって，企業の内部管理体制の改善の必要性を指摘された上場企業は，これまで以上に迅速にその改善が求められ，改善の見込みなく自浄能力なしと判断された企業は，資本市場からの退出を余儀なくされることとなるだろう。

　第5に，平成25年の改正により上場契約違約金についても見直しが実施された。東証では，平成20年の制度改正によって，上場規則違反を行った結果，東証市場に対する株主・投資者の信頼を毀損した上場会社に対し，一律1000万円の上場違約金の支払を求めることができる制度を導入した。しかし，一律1000万円では，上場規則に対する実効性確保の手段としては不十分であるとして，平成25年の改正により，上場会社ごとに市場区分や時価総額に応じて請求する年間上場料を基礎として，その20年分に相当する額を徴収することとなった☆52。

　以上のように，企業の内部統制に問題があっても，直ちに上場廃止というドラスティックな手段をとると投資者に対する影響があまりに甚大であること，他方，事後的な民事・刑事責任という救済手段だけでは，時々刻々変化する資本市場に対する情報開示の公正性を確保するには十分とはいえず，東証が上述のような対応をとることで，適時・適切かつ柔軟に，上場企業の内部統制システムを実質的に補完することが期待されている。

◆柿　﨑　　環◆

---

☆52　東証有価証券上場規程施行規則504条1号。

# 第6章 会社法における内部統制システムの整備の実務
―― 会社法および会社法施行規則の解釈を踏まえて

 会社法における内部統制システムの内容

会社法における内部統制システムは，①財務報告に係るシステムに限られず，会計監査人の会計監査の対象にもならない☆1，②業務の公正性確保のみならず効率性確保のためのシステムでもある☆2，③経営者が使用人を監視するシステムにとどまらず，経営者自身を監督するシステムも含まれ

---

☆1 内部統制システムは，1920年ころから米国を中心に広まった概念で，当初は，財務報告の信頼性確保の前提として，会計監査人が会計監査を行うために必要とした内部牽制のシステムであったが（柿﨑環『内部統制の法的研究』（日本評論社，2005年）10頁），わが国においては，財務報告の信頼性確保は金融商品取引法における内部統制報告制度が担っており（池田唯一編著『〈総合解説〉内部統制報告制度《法令・基準等の要点とＱ＆Ａ》』（税務研究会出版局，2007年）13頁），会社法における内部統制システムは，財務報告に係るものに限られず（法務省「会社法の改正に伴う会社更生法施行令及び会社法施行規則等の改正に関する意見募集の結果について」（平成27年2月6日）第3，2⑾②），また，会計監査人の会計監査の対象にもならないとされている（相澤哲ほか編著『論点解説　新・会社法』（商事法務，2006年）341頁）。

☆2 わが国で内部統制システムが最初に法令上に現れたのは平成14年の商法改正であるが，この改正の立案担当者は，「執行役の職務の執行が法令及び定款に適合し，かつ，効率的に行われることを確保するための体制に関するその他の事項」（当時の商則193条6号）が内部統制システムのことであると述べる（始関正光編著『Ｑ＆Ａ平成14年改正商法』（商事法務，2003年）80頁）。

## 第 6 章 ◆ 会社法における内部統制システムの整備の実務
―――会社法および会社法施行規則の解釈を踏まえて

る☆3☆4☆5，④当該株式会社のみならず，企業集団におけるシステムも含まれる☆6，という特色を有している。

　その内容は，平成 27 年 5 月 1 日に会社法の一部改正法および会社法施行規則の一部改正省令が施行された後は，10 項目から 18 項目に増加した（会社 348 条 3 項 4 号，会社則 98 条，会社 362 条 4 項 6 号，会社則 100 条，会社 399 条の 13 第 1 項 1 号ハ，会社則 110 条の 4，会社 416 条 1 項 1 号ホ，会社則 112 条 2 項）。

　もっとも，この 18 項目の定めは，取締役会（取締役会非設置会社においては取締役の過半数）において「体制そのもの」ではなく，「体制の整備」について基本方針（要綱・大綱）を決議することを求めたものにすぎないから，決議義務が定められている会社（会社 348 条 4 項，362 条 5 項，399 条の 13 第 2 項，416 条 2 項）において，「内部統制システムを設けない」という決議をしたとしても，取締役が事後的に内部統制システムを整備しないことにより善管注意義務（会社 330 条，355 条）違反として任務懈怠責任（会社 423 条）を問われる可能性があることは別として，上記決議義務の定めに違反することにはならないとされる☆7。これは，金融商品取引法における内部統制報告制度とは異なり，

---

☆3　会社法の立案担当者は，会社法における内部統制システムは，適正なガバナンスを確保するための体制であると述べる（相澤哲編著『一問一答新・会社法〔改訂版〕』（商事法務，2009 年）121 頁）。相澤ほか編著・前掲注（☆1）333 頁も同旨。

☆4　鳥羽至英教授は，「会社法が構想したコーポレート・ガバナンスと連動した内部統制観は，会社法第 362 条（第 4 項⑥号）と会社法施行規則 100 条において，極めて巧みに組み込まれている。これは，……著者が最も注目し，かつ，現代における会社経営に対する見識が十分に反映されていると高く評価する条文である。」と述べる（鳥羽至英『内部統制の理論と制度』（国元書房，2007 年）157 頁）。

☆5　江頭憲治郎教授は，わが国では，最初に内部統制システムが法令上に現れたのが，平成 14 年の商法改正によって創設された指名委員会等設置会社（当時の委員会等設置会社）の監査委員会の職務遂行のための体制としてであったため（当時の商特 21 条の 7 第 1 項 2 号），内部統制システムの概念が，経営者の監督体制を含めた意味で使われることが多いと述べる（江頭憲治郎『株式会社法〔第 6 版〕』（有斐閣，2015 年）403 頁）。

☆6　企業集団における体制は，平成 14 年の商法改正においては定められていなかったが，平成 18 年 5 月 1 日施行の会社法施行規則によって初めて明文化され，平成 27 年 5 月 1 日施行の会社法の一部改正法によって，そのうちの当該株式会社および子会社から成る企業集団における体制が法律に格上げされた。

会社法は，18項目について，取締役会の基本方針（要領・大綱）の決議義務を定めるだけで[☆8]，項目ごとに，具体的にどのような要素を含む体制を整備すべきかについては，何ら定めていないことに由来する[☆9]。そこで，経営者は，具体的な体制整備については，善管注意義務の履行として，その裁量の範囲内で[☆10]，個社事情に応じ創意工夫を凝らして行わなければならない[☆11]。

上記②のとおり，会社法における内部統制システムには，業務執行機関内部における統制のみならず，業務執行機関の外部の機関である監査役・監査等委員会・監査委員会による業務執行機関の統制も含まれるが，後者は，既に法令に監査役等の資格，員数・任期，選任や終任，組織・運営，職務・権限等について詳細な定めがあるため，更に体制を具体化するといっても，その内容を考えることは，比較的難しくはない。

これに対し，業務執行機関内部の統制は，取締役会から業務執行の現場に至るまでの業務執行組織全体のあり方という経営管理そのものの問題であるから，定められた型があるわけでなく，経営者の創意工夫が最も求められる場面である。もっとも，立案担当者は，会社法における内部統制とCOSO報告書には直接の関係はないとしつつも，COSO報告書等で取り上げられている業務執行機関内部における統制は，会社法における内部統制システムと

---

☆7　相澤ほか編著・前掲注（☆1）334頁，坂本三郎編著『一問一答平成26年改正会社法』（商事法務，2014年）217頁，坂本三郎ほか「会社法施行規則等の一部を改正する省令の解説〔Ⅰ〕」商事2060号（2015年）10頁。

☆8　相澤ほか編著・前掲注（☆1）335頁。

☆9　大塚和成「会社法が求める内部統制とCOSO報告書・金融商品取引法との関係——葉玉匡美検事のブログを参考にして」金法1778号（2006年）4頁。

☆10　裁判例のなかには，担当取締役は，内部統制システムについて，取締役会が決定した大綱を踏まえて「具体的に決定すべき職務を負う」が，どのような内容の決定をすべきかは，「経営判断の問題であり……，取締役に，広い裁量が与えられている」と説示するものがある（大阪地判平12・9・20判タ1047号86頁・判時1721号3頁・金判1101号3頁。これに対し，内部統制システムの整備に経営判断原則の適用はないとする見解もある（野村修也「内部統制への企業の対応と責任」企会58巻5号（2006年）100頁）。

☆11　取締役会において決議された基本方針（要綱・大綱）に基づいた個々の決定は，必ずしも取締役会で行う必要はない（相澤ほか編著・前掲注（☆1）335頁）。

第 6 章 ◆ 会社法における内部統制システムの整備の実務
　　　　――会社法および会社法施行規則の解釈を踏まえて　　185

内容が重複するとも述べている☆12。そこで，実務上はCOSO報告書の考え方がデファクト・スタンダードであるともいえ，この考え方に沿った体制整備を行えば，少なくとも，善管注意義務違反に問われる可能性は低いといえよう☆13。また，COSO報告書の5つの構成要素にITへの対応を加えた6つの構成要素（①統制環境，②リスク評価，③統制活動，④情報と伝達，⑤モニタリング活動，⑥IT（情報技術）への対応）☆14は，実際に整備した具体的な体制（組織・規程等）を照らし合わせることにより，その位置づけを評価するのに役立つともいえる。

　本章は，内部統制の18項目について取締役会がどのような基本方針（要綱・大綱）を決議すべきかについて論じるものでない☆15。取締役会で決議した基本方針を踏まえ，経営者は，具体的にどのような体制を構築し運用すべきか☆16について論じるものである。

---

☆12　相澤ほか編著・前掲注（☆1）333頁。
☆13　最判平21・7・9集民231号241頁・判タ1307号117頁・判時2055号147頁が，「通常想定される……不正行為を防止し得る程度の管理体制は整えていたものということができ」，また，「本件以前に同様の手法による不正行為があったなど」，代表取締役において「本件不正行為の発生を予見すべきであったという特別の事情も見当たらない」として，代表取締役に「本件不正行為を防止するためのリスク管理体制を構築すべき義務に違反した過失があるということはできない」と判示したことが参考になる。すなわち，取締役が善管注意義務違反に問われないためには，「通常想定される」程度の体制を整備しなければならず，かつそれで足りる。
☆14　平成19年2月15日付け企業会計審議会「財務報告に係る内部統制の評価及び監査の基準並びに財務報告に係る内部統制の評価及び監査の実施基準について（意見書）」基準Ⅰ2。
☆15　取締役会で決議すべき項目ごとのひな型を示すものとして，中村直人ほか『平成26年改正会社法対応内部統制システム構築の実務』（商事法務，2015年）。
☆16　会社法においては，法文上，内部統制システムの「整備」という語が用いられ，これは「構築・運用」を意味するものと解されるが（なお，「運用」という語も，平成27年改正後の会社法施行規則において，用いられている。），金融商品取引法においては，「整備・運用」と用いられるのが一般的である（このことを指摘するものとして，社団法人日本監査役協会（現公益社団法人日本監査役協会）「監査役監査基準の改定について」（平成23年3月10日）Ⅱ7.）。

**継続的な内部統制システムの整備の重要性**

　会社は，内部統制システムを整備するために，まずは，組織を作り，運用を文書化するということを考える。それは，PDCAサイクルにおける計画（Plan）と実行（Do）の局面である。しかし，得てして組織や規程を作ったらそれで事足れりという結果になることも多い。内部統制システムは一度構築したら永遠にそのままでよいというものではない。企業を取り巻く環境は常に変化する。ダーウィンの説く適者生存では，環境変化に最もうまく対応できたものが生き残るというように，有機体としての企業も変化する環境にうまく対応できたものが繁栄する。内部統制システムについても，常に現状を評価（Check）し，変化に対応して改善（Action）していくことが求められている。また，内部統制システムとは，突き詰めれば経営管理全般である。したがって，内部統制統括部門を設置したから，そこが内部統制システムを運用すればそれでよいというものではない。会社の各部門において内部統制システムが適切に運用されるよう常に心がけていかなければならない。また，内部統制統括部門も社内の各部門との協力体制が構築されるよう，留意していかなければならない。

　平成27年改正前の会社法施行規則においては，事業報告の記載事項について，内部統制システムの基本方針について決議の内容の概要を記載しておけば足りたが，同改正後は，内部統制システムの運用状況の概要まで記載することが必要となった（改正会社則118条2号）。同改正の立案担当者は，内部統制システムは，①内部統制システムの基本方針の決議　→　②内部統制システムの基本方針に基づいた具体的な内部統制システムの構築　→　③当該具体的な内部統制システムの日々の運用　→　④当該運用の状況を踏まえた内部統制システムの基本方針または具体的な内部統制システムの見直しといったサイクルで整備され稼働していくことが想定されるとし，同改正後の会社法施行規則118条2号の「当該体制の運用状況」は主に③を記載することを想定したものであるが，②や④も③と関連するものであると考えられるので，あわせて記載することも考えられるとする☆17。

また，事業報告には客観的な運用状況の記載が求められ，運用状況の評価の記載までは求められないとされるが☆18，他方で，どんなに，上記①②が適切に行われたとしても，その内部統制システムが実際には遵守されておらず，取締役がそれを長期間放置しているような場合，すなわち，③④が適切に行われていない場合には，取締役は善管注意義務違反による任務懈怠責任を問われる可能性がある☆19。

金融庁と東京証券取引所を共同事務局とするコーポレートガバナンス・コードの策定に関する有識者会議が平成27年3月5日に公表した「コーポレートガバナンス・コード原案」は，原則4－3で「取締役会は，……内部統制やリスク管理体制を適切に整備すべきである。」とし，補充原則4－3②で「コンプライアンスや……先を見越したリスク管理体制の整備は，適切なリスクテイクの裏付けとなり得るものであるが，取締役会は，これらの体制の適切な構築や，その運用が有効に行われているか否かの監督に重点を置くべきであ」るとしている。なお，同年6月1日から適用が開始された東京証券取引所の「コーポレートガバナンス・コード」に，「コーポレートガバナンス・コード原案」からの内容の変更はない。

##  内部統制システムの18項目

会社法および会社法施行規則が，内部統制システムについて，取締役会（取締役会非設置会社においては取締役の過半数）で決議すべき体制として定める18項目とは，以下のとおりである（会社348条3項4号・会社則98条，会社362条4項6号・会社則100条，会社399条の13第1項1号ロハ・会社則110条の4，会社416条1項1号ロホ・会社則112条）。

---

☆17　坂本三郎ほか「会社法施行規則等の一部を改正する省令の解説〔Ⅱ〕」商事2061号（2015年）21頁。
☆18　坂本ほか・前掲注（☆17）改正省令解説〔Ⅱ〕21頁，法務省・前掲注（☆1）第3，2⑾③。
☆19　相澤ほか編著・前掲注（☆1）335頁。

① 取締役（執行役）の職務の執行が法令および定款に適合することを確保するための体制
② 取締役（執行役）の職務の執行に係る情報の保存および管理に関する体制
③ 損失の危険の管理に関する規定その他の体制
④ 取締役（執行役）の職務の執行が効率的に行われることを確保するための体制
⑤ 使用人の職務の執行が法令および定款に適合することを確保するための体制
⑥ 当該株式会社ならびにその親会社および子会社から成る企業集団における業務の適正を確保するための体制
⑦ 子会社の取締役等の職務の執行に係る事項の当該株式会社への報告に関する体制
⑧ 子会社の損失の危険の管理に関する規程その他の体制
⑨ 子会社の取締役等の職務の執行が効率的に行われることを確保するための体制
⑩ 子会社の取締役等および使用人の職務の執行が法令および定款に適合することを確保するための体制
⑪ 監査役がその職務を補助すべき使用人を置くことを求めた場合における当該使用人（［監査等委員会／監査委員会］の職務を補助すべき取締役および使用人）に関する事項
⑫ 使用人の取締役からの独立性に関する事項
⑬ 監査役（監査等委員会／監査委員会）のその職務を補助すべき（取締役および）使用人に対する指示の実効性の確保に関する事項
⑭ 取締役および会計参与並びに使用人が監査役（監査等委員会／監査委員会）に報告をするための体制
⑮ 子会社の取締役, 会計参与, 監査役, 執行役, 業務を執行する社員, 会社法598条1項の職務を行うべき者その他これらの者に相当する者および使用人またはこれらの者から報告を受けた者が監査役（監査等委員会／監査委員会）に報告をするための体制
⑯ 報告をした者が当該報告をしたことを理由として不利な取扱い

# 第 6 章 ◆ 会社法における内部統制システムの整備の実務
## ——会社法および会社法施行規則の解釈を踏まえて

> を受けないことを確保するための体制
> ⑰ 監査役（監査等委員会／監査委員会）の職務の執行について生ずる費用の前払または償還の手続その他の当該職務の執行について生ずる費用または債務の処理に係る方針に関する事項
> ⑱ その他監査役（監査等委員会／監査委員会）の監査が実効的に行われることを確保するための体制

　このうち，①②③④⑤が業務執行機関内部の統制に係る項目である。もっとも，指名委員会等設置会社以外は，①②④で「取締役の職務」と定められているが，これには業務執行取締役（会社2条15号イ）としての職務に加え，監督（モニタリング）機関としての職務も含まれると解されている[☆20]。会社法における内部統制システムには経営者を監督するシステムも含まれるのである。そこで，取締役が2人以上ある取締役会非設置会社においては，別に，「業務の決定が適正に行われることを確保するための体制」という項目も定められている（会社則98条2項）。指名委員会等設置会社においては，条文の構成が異なるため，取締役の職務の執行に係る情報の保存および管理に関する体制は，⑱に含まれると解されている[☆21]。また，職務の執行が法令および定款に適合することを確保するための体制については，①取締役（執行役）のみならず，⑤使用人についても明文の定めがあるが，取締役（執行役）は，使用人を用いて業務執行を行う場合もあることから，②の「情報」には使用人の行為に関する情報も含まれると解されるし[☆22]，④の体制は使用人の職務執行の効率性を確保するためのものも含まれると解される[☆23]。

　⑥⑦⑧⑨⑩が企業集団における体制に係る項目である。

　⑪⑫⑬⑭⑮⑯⑰⑱が業務執行機関の外部の機関である監査役・監査等委員

---

☆20　相澤ほか編著・前掲注（☆1）336頁。
☆21　相澤哲＝石井裕介「新会社法関係法務省令の解説(3)株主総会以外の機関」商事1761号（2006年）16頁。
☆22　相澤ほか編著・前掲注（☆1）336頁。
☆23　小舘浩樹ほか「会社法における内部統制システムの構築」商事1760号（2006年）45頁。

会・監査委員会による業務執行機関の統制に係る項目である。なお，監査役等が非設置の会社においては，⑪⑫⑬⑭⑮⑯⑰⑱の適用はなく，「取締役が株主に報告すべき事項の報告をするための体制」という項目が定められている（会社則98条3項，100条2項）。

平成26年の会社法の改正で⑥のうち当該株式会社およびその子会社から成る企業集団における体制が会社法本体に格上げされた。また，平成27年の会社法施行規則の改正で，⑦⑧⑨⑩と⑬⑮⑯⑰が新設されて項目数が改正前の10から18に増えた。もっとも，法務省は，⑦⑧⑨⑩は⑥のうち法律に格上げされた部分の例示であり，⑬⑮⑯⑰は監査を支える体制や監査役による使用人からの情報収集に関する体制に係る規定の充実・具体化等を図るものであるが，改正前から⑱という包括的な体制を掲げていることに鑑みれば，この改正も改正前の規定を具体化したものであるから，改正法令の施行前に内部統制システムの整備についての決定を適切に行っている会社であれば，施行後も，会社法362条5項および会社法施行規則100条に違反することはないと考えられるとしている☆24。

##  Ⅳ　業務執行機関内部の統制

### 1　取締役（執行役）の職務の執行に係る情報の保存および管理に関する規程その他の体制（会社則98条1項1号，100条1項1号，110条の4第2項1号，112条2項1号）

(1)　総　　説

会社法の立案担当者は，取締役（執行役）の職務の執行に係る情報の保存および管理に関する体制には，①取締役（執行役）が意思決定，業務執行，監督を行う場合において，それらの行為をしたことをどのような形で記録として残すか，②その記録を何年間，どこに保存するか，③その記録を検索し，

---

☆24　法務省・前掲注（☆1）第3，2(9)(24)。坂本ほか・前掲注（☆7）改正省令解説〔Ⅰ〕9頁も同旨。

閲覧するには、どのような方法をとるか、④使用人の行為をどのように記録・保存・閲覧するか等が該当するとする[25]。また、多くの大企業で設けられている文書等の保存・管理規程を定めることでも足りるとする[26]。

このような内容の体制を具体的に整備するにあたっては、保存・管理すべき情報の範囲が何か、それをどこまで保存・管理するのかといった点を考えることになる。会社法をみると、株主総会議事録や取締役会議事録など一定の書類については、その作成（文書化）義務や備置義務、閲覧等請求について定めが置かれているが（株主総会であれば、会社318条、319条2項～5項、会社則72条。）、会社が保存・管理すべき情報はこれに限られない。どの情報を誰がどう管理すべきかが問題となる。

また、保存・管理というと情報セキュリティの議論になりやすいが、逆に必要な情報がいかに簡便に利用可能な状態になっているかということも踏まえて体制を整備する必要がある。なお、会社法施行規則が念頭に置く情報の利用者はもっぱら監査役（監査等委員会・監査委員会）であると解する見解もあるが[27]、これに限られるとする理由はない。

さらに、情報の取扱いにあたっては、ITの活用も必須である。

(2) 「情報」の範囲

「情報」という語を広い意味で捉えるならば、日常の業務で作成される報告書やe-mailも、ひいては口頭での報告内容もすべて情報である。しかし、いわゆる文書管理規程で、すべての情報を文書化することや、文書の作成者・管理者を定めるといったことは現実的ではないし、そのようなことを包括的に定めることは不可能である。したがって、現実には情報を①重要な情報として文書化し、その保存・管理方法を定めるもの（株主総会議事録、取締役会議事録、社内規程、営業上重要な契約等）、②包括的に秘匿情報としてその守秘性を担保すべきもの（業務遂行のなかで得られた営業秘密等）、③法律でその取扱いに一定の要請が求められるもの（個人情報等）、といった形で整理し、性質に応

---

[25] 相澤ほか編著・前掲注（[1]）336頁。
[26] 始関編著・前掲注（[2]）81頁。
[27] 弥永真生『コンメンタール会社法施行規則・電子公告規則』（商事法務、2007年）558頁、571頁、635頁。

じた規程を整備することになろう。このうち，③は，法令遵守の観点から体制整備が求められるものであるから，「職務の執行についての情報」というよりもコンプライアンス体制のなかで整理すべきものといえるので，ここでは，①および②について論じる。

(3) **重要な情報の文書化，保存・管理についての体制整備──文書管理規程**

　会社を取り巻く環境変化として，株主を含めた各ステークホルダーは，常に会社の行動が適切に行われているかを監視しており（もの言う株主の増加，株主代表訴訟の定着），会社の意思決定が正当になされたことが担保されなければ，いつ訴訟・クレームが発生し，場合によっては企業価値を毀損することになるかが予測できない時代になっている。また，企業にとって有益な情報が一部の個人の知識として存在しているだけでは，そのような情報が有効に活用されているとはいえず，企業価値向上を目的とした企業活動において損失となる。

　そこで，会社は「文書管理規程」といった名称で，重要な情報を文書化し，それを適切な管理者が一定の期間保存・管理するための規程を整備している。そのなかでは，①情報の文書化の義務，②管理対象となる文書の特定，③管理者，④保存期間（廃棄の手順）を定める。特に文書化の義務は，業務の効率性の観点からも重要といえる。

　また，たとえば文書情報を以下のような一覧性のある表にまとめて，利便性を図るのがよい。対象となる文書は会社法等で保管期間が定まったものだけではなく，経営上重要な書類はすべて網羅されるよう，全社的に吸い上げる必要がある。しかし，何が重要かの基準は会社の規模，業容によって異なるので，各会社で検討が必要である。

　文書を保存するにあたっては，その管理部局をあらかじめ定めておく必要がある。表1では関連業務を遂行している部局が管理することをイメージしているが，会社によってより集中的に情報を管理する部局を設けている場合もあろう。

　保存期間については，法定期間があるものについてはそれを最低限とするが，そのほかの文書についても契約書等では訴訟の可能性も考えて最短時効期間とするとか，経理関連であれば，税務上の要請も考慮しつつ，保存期間

## 表1 管理対象となる文書，管理者および保存期間の例

| 文書名 | 管理部局 | 保存期間 |
|---|---|---|
| 株主総会議事録 | 総務部 | 永久 |
| 取締役会議事録 | 総務部 | 永久 |
| 経営会議議事録 | 経営企画部 | ○年 |
| 経伺書 | 経営企画部 | ○年 |
| 社内規程 | 総務部 | 永久 |
| 重要な契約（金額や有効期間による基準を設ける） | 各営業本部 | 契約終了後○年 |
| 計算関係書類 | 経理部 | 永久 |

を定める必要がある。

　また，当然のことながらこのような重要文書については，次項で述べる情報の秘匿性のレベルでいえば最も高いセキュリティが必要な文書であるといえよう。

(4) 守秘性を担保するための体制——情報取扱規程

　会社にとって保存・管理すべき重要な情報を文書化し，一定の方法で管理したとしても，それだけで，企業の営業秘密が外部に漏洩しないことが担保されるわけではない。情報の取扱いについて，情報漏洩を防ぐという観点から包括的に手順を定めた「情報取扱規程」（最近よく使われる呼称でいえば「情報セキュリティ規程」）といった規程が必要となる。これは前述の「文書管理規程」が重要情報の取扱いについてであるのに対し，日常的な情報の取扱いを定めたものといえる。

　紙に印刷された文書でも，e-mailといった電磁的に保存されたデータであっても，その秘匿性を担保するためには，誰かが機密情報として認識して一般の文書と区別し，社内で機密情報として管理されるようにその情報にアクセスすることができる者の範囲を定め，情報が拡散されないようにする必要がある。どのような文書・データであっても，その作成者が存在し，作成者はその文書やデータの秘匿性のレベルについて最も理解する立場にある。

その意味からすると，作成者が当該文書・データの機密のレベルを定めることが妥当だと考えられる。作成者は管理責任者でもあるので，その責任を認識する必要がある。

「情報取扱規程」では，作成者が当該文書・データの機密性のレベルを判断し，その機密性のレベルに応じて異なるルールで管理することを定めることになる。たとえば，「厳秘」「取扱注意」「部外秘」「社外秘」といった分類に応じて，作成者のみが原本管理，写しは作成しない，写しを作成した場合でも用済み後直ちに廃棄するとか，受領者が当該文書・データを利用するにあたって複製は可能かとか，受領者が更に第三者に手交することはできるか，できる場合に二次利用者の特定が必要かとか，会社の手続や実務の実態にあわせた管理が可能となるように定める必要がある。一方で，「情報取扱規程」では，つい文書・データの漏洩を防ぐために過度に厳しい管理手法を広く採用しがちであるが，他方，情報はこれを必要とする者が必要に応じて利用できるようにしておくことが適切な業務遂行のために不可欠であり，この点の配慮を欠いたものでは，本来意図した結果と異なる結果を招くことがあるので，注意が必要である。すなわち，コンプライアンスの事例でも同様であるが，あまりに非現実的な規程は得てして実務上遵守されず，かえってリスクを顕在化させる結果になることがある。

情報の取扱いにあたっては，ITの活用も必須である。必要なときに必要な人間が利用できるようにするために，社内イントラネットを利用して検索の利便性を図るとともに情報ごとに開示の範囲を限定することにより，機密性の担保にも貢献できると考えられる。

ITの活用の長所は，上記で示したような機密性のレベルが，アクセス制御，パスワード管理，コピー禁止，転送禁止といった手法により，簡便に分類できるということが挙げられる。また，サーバー管理者側からは誰がどのような情報にアクセスしたかがすべてわかるので，情報の流れについても容易に把握することができる。

(5) 情報セキュリティマネジメントシステム

情報の漏洩が深刻な社会問題となり，頻繁にマスメディアで報道される現代社会にあっては，一般の会社はもちろん，特に第三者についての情報を常

に取り扱う流通業やIT産業といった業種において，情報セキュリティマネジメントシステム（ISMS：Information Security Management System）をどう構築するかは，企業が全社として取り組むべき課題である。大企業であれば，情報セキュリティを統括する部署を設けるなどして一元的に管理する手法を開発することができる。そうでなくても，何らかの形で情報セキュリティに関する体制構築を考える時代になったといえる。

　その際には，国際規格ISO27000が参考になる。顧客から高いレベルでの情報セキュリティ体制を求められるような企業は，当該規格を取得することも検討すべきである。当該規格は企業全体で求める必要はなく，一部局や一事業本部といった特に必要な組織単位があれば，まずはその組織で取得するべく手続を進めることも検討できる。

## 2　損失の危険の管理に関する規程その他の体制（会社則98条1項2号，100条1項2号，110条の4第2項2号，112条2項2号）

(1) 総　説

　会社法の立案担当者は，損失の危険の管理に関する規程その他の体制とは，いわゆるリスク管理体制のことであり[28]，これには①会社の業態に応じて生ずる可能性があるリスクとして，どのようなものが考えられるか，②リスクの現実化を未然に防止するための手続・機構，③リスクが現実化した場合の対処方法，④当該手続や対処方法を実施するための人的・物的体制に関する事項が該当するとする[29]。また，多くの大企業で設けられているリスク管理システムを定めることで足りるともいう[30]。

　会社法施行規則の文言によれば「損失」に着目をし，上記のとおり立案担当者も「損失の危険」がリスクのことであると述べているが，一般にリスク管理体制というと，たとえば，経済産業省は，リスクを「組織の収益や損失に影響を与える不確実性」とし[31]，企業に損失を及ぼすようなリスクに限

---

[28]　始関編著・前掲注（☆2）80頁。
[29]　相澤ほか編著・前掲注（☆1）336頁。
[30]　始関編著・前掲注（☆2）81頁。

> 表2　会社が直面するリスク

| 定量リスク | 信用リスク，市場リスク，流動性リスク，カントリーリスク |
|---|---|
| 定性リスク | コンプライアンスリスク（法令遵守リスク），訴訟リスク，環境リスク，災害リスク，労務リスク，情報リスク（情報セキュリティリスク） |
| その他 | 品質・技術リスク |

られず，収益機会といった事象をも含むものとして捉えている。この意味では，企業活動は常にリスクを抱えているのであり，訴訟・クレームといった紛争だけでなく，企業価値向上のための投資であっても，そこにはリスクが存在する。本章では，実務に倣い，企業が事業遂行にあたって直面するリスク全般について企業がどのような管理体制を整備していくべきかを論じる。

　リスク管理とは，①企業が事業を遂行するにあたって直面するリスクを洗い出し，②個別のリスクに従って，会社の意思決定プロセスのなかで発生の予防・低減を図り，③リスクが発生した場合の対処方法および是正手段を図ることである。リスクの洗い出しにあたっては，自社や過去の事例に従ってリスク管理部門に抽出させるという方法もあるが，一度営業部門を中心にすべての業務に関してプロセスを分析し，改めて発生するリスクを洗い出すことも考えられる。

　一般的なリスクを挙げると，表2のとおりであるが，これに限らずリスクの分類は様々な観点から可能であり，会社ごとに各リスクの実現性も異なるので，リスク管理体制を整備するにあたっては，自社の業容，規模を含めて，個別に検討する必要がある。

　このなかでコンプライアンスリスクについては，コンプライアンス体制で述べるとして，ここでは，リスク管理全般の①組織，②規程について考察する。

(2)　組　　織

　企業は，明確にリスク管理を経営課題として意識する以前から，事業を遂行するなかで常にリスクに曝されてきた。したがって，労務リスクであれば人事部，災害リスクについては総務部，信用リスクについては審査部といっ

---

☆31　経済産業省経済産業政策局産業資金課編『先進企業から学ぶ事業リスクマネジメント実践テキスト―企業価値の向上を目指して』（経済産業調査会，2005年）14頁。

第 6 章 ◆ 会社法における内部統制システムの整備の実務
　　　　――会社法および会社法施行規則の解釈を踏まえて　　197

た各部門で，それぞれのリスクに対応していた。しかし，現在はトータルリスクマネジメントの考え方が主流となってきており，リスクを統合的に管理できる体制作りが検討されている。会社が直面するリスクが全体としてどうなっているのか，会社が曝されているリスクについて統合的に経営陣に報告する体制はどうするかといった観点から，リスク管理部門を設ける会社が増えてきている。そうしたリスク管理部門の位置づけを踏まえて，既存のリスク管理体制についても必要に応じて見直すことになる。

　リスク管理部門の役割は，企業の規模や業態によって異なって構わないが，全社レベルでのリスク管理体制の構築・運用に責任を有し，少なくとも会社の曝されているリスク（主として定量リスク）を集約し，定期的に経営陣に報告する役割が期待される。また，企業が直面するリスクは内部要因（事業分野の変更，労使関係等）によっても，外部要因（市場環境の変化，業法の改正等）によっても刻々と変化するので，新たなリスクへの対応といったことも含める必要がある。リスクの変化に伴い，後述のリスク管理規程類も日々改定される必要があるが，その管理も当然ながらリスク管理部門の所掌するところである。ただし，企業の規模にもよるが，個別リスクについての既存の対応部局をまとめてリスク管理部門に集約するということまで求められているわけではないと考える。

　さらに，全社レベルでのリスク管理を行うにあたっては，リスク管理の担当役員または，更に上級の社長といった経営執行の責任者を委員長としてリスク管理委員会を設けることも考えられる。そこでは，リスク管理の基本方針の決定やリスク管理体制の状況についての定期的なモニタリングを行うことが考えられる。リスク管理についても最終的には取締役会が責任を有するが，すべてのリスクについて取締役会が管理するのは会社の規模によっては実務的に不可能であるので，一定のリスクを伴う投資や訴訟については，リスク管理委員会で検討ないしは意思決定できる体制が必要となろう。

　ここではリスク管理委員会の役割を，主として定量的なリスクを予防的にかつ定常的に管理することを想定しているが，現実には様々なリスクが企業運営上発生する。たとえば，大規模震災のような一企業では不可避のリスクが顕在化した場合にどのような体制で対応するかもあらかじめ企業としては

決定しておくことが必要である。そのような組織としてリスク管理委員会とは別に,「緊急危機対応委員会」のような非常設組織を設けておくことも考えられる。緊急危機対応においては,委員会の構成だけではなく,緊急時の連絡網を作成しておく,万一の場合の責任者の順位づけ等リスク発生に対して迅速に対応できるようにあらかじめ準備しておく。

(3) 規　　程

　リスク管理体制の整備では,会社の業容に応じて認識されるリスクを明らかにしたうえで,リスク管理の基本的な考え方を明確にした「リスク管理基本方針」を定める。基本方針では,各リスクがどの部門が主管し,社内での報告や意思決定がどのようになされるのかを定める。そのなかで前述のリスク管理委員会の機能,委員の構成やリスク管理部門の役割についても規定する。

　基本方針の内容を受けて,リスクごとの「リスク管理規程」を作成する。信用リスク,市場リスク,法務リスクといったリスクごとにその主管部局(信用リスクであれば審査部,市場リスクであれば資金運用部,法務リスクであれば法務部)が該当する規程を管理し,環境変化に対して適切に対応する体制とする。リスクごとに規程を作成する場合,リスクの発生可能性の高さ,発生した場合に経営に対する影響度を勘案して,どの程度のリスクであればどのレベルでの意思決定が必要かを考慮しなければならない。すべてのリスクについて予防的に網羅することは,予見できないリスクが発生することが常であることを考えれば,現実的には不可能である。また,発生可能性が限りなく低い事象についてまであらかじめ取り決めておくことや,発生しても損害のレベルが無視できる程度に低いものについてまで規定し,管理部門を定めておくことは無駄な場合もある。各社のリスク分析に基づき,具体的に経営資源をどう割り当てるかは経営判断の問題であり,おのずと優先順位がある。

　ただし,法令違反や反社会的勢力との関わり等,企業が絶対にとれないリスク事象もあるので☆32,その点はリスク管理体制のなかでも明確にすることが求められる。

---

　☆32　法令を遵守するか否かについて経営者の裁量は認められないことについて,東京地判平8・6・20判時1572号27頁・金判1000号39頁・資料版商事法務148号64頁,大阪地判平12・9・20資料版商事法務199号248頁。

## 3 取締役（執行役）の職務の執行が効率的に行われることを確保するための体制（会社則98条1項3号，100条1項3号，110条の4第2項3号，112条2項3号）

### (1) 総　説

　会社法の立案担当者は，取締役（執行役）の職務の執行が効率的に行われることを確保するための体制には，①取締役（執行役）が職務執行を行う際に必要な手続（決裁・指揮系統等）や職務分担の合理性を検証する体制，②取締役（執行役）の職務執行に必要な使用人の員数の過不足を把握するための体制等が該当するとする☆33。

　これが内部統制システムの一つと位置づけられているのは，通常の株式会社は利益を上げることを目的としているからである☆34。

　取締役の職務の執行の効率性の確保といっても，組織全体が効率的に活動しなくては，内部統制システムとしては不十分であることから，単に取締役の職務に限らず，使用人の職務執行の効率性を含めていかに確保するかが問題である☆35。その観点から，以下では，①職務分掌および効率的な組織編制，②業務プロセスの見直し・改善，③ITの活用による効率化に分けて解説する。

### (2) 職務分掌および効率的な組織編制

　会社法上の機関では取締役（執行役）が経営執行の責任を負うが，だからといってすべての職務を取締役自らが決定し執行することを求められているわけではない。企業は経営者だけでなくそこで働く従業員を含めた有機体であり，そのなかで一義的には経営執行権限は責任者である取締役（執行役）に帰属するとしても，実際の業務を行うのは企業内の組織体であり，また，権限については取締役会から下部の組織体へ移譲することにより効率的な経営が行われなければならない。そのための組織構成を演繹的に考えるならば，まず前提として会社形態（機関構成）がどうあるべきか，その会社形態（機関

---

☆33　相澤ほか編著・前掲注（☆1）337頁。
☆34　弥永・前掲注（☆27）560頁，573頁，636頁。
☆35　使用人の職務執行の効率性確保のための体制も，この体制に含まれると解されることについて，小舘ほか・前掲注（☆23）45頁。

構成）を前提に会社の経営方針に合致する組織体はどうあるべきか，そのうえで，効率的な組織体運営のための職務分掌はどうあるべきかという順を経ることになるが，実際には全体を一元的に定めないと，効率的な組織は構築できない。このような機関設計，組織編制については，(a)定款，取締役会規則等，(b)組織規程，職務分掌規程（権限規程）といった社内規程により，整備される。

### (a) 定款，取締役会規則等——機関構成の設計

　会社の機関をどう設計するかは，平成14年商法改正前は，大会社であれば，取締役会，監査役および監査役会ならびに会計監査人の設置が強制されたことから，どの会社も大差がなかった。しかし，平成14年商法改正により，指名委員会等設置会社形態の選択が認められ，平成17年会社法の制定により，大会社であっても，機関構成の簡素化を図ることができるようになり，平成26年会社法改正により監査等委員会設置会社形態の選択も認められるなど，会社の規模や事業内容，上場会社かどうか等により様々な会社形態の選択が可能となった。取締役会非設置会社とすれば，取締役は単独で多くの事項を決定することが可能となり（会社348条），スピーディーな意思決定をすることができるようになるが，現実には，経営監督機能の観点から，従来取締役会を設置していた会社が十分な理由なしに取締役会を不設置とすることは，あまり好ましいこととは思えない。簡素な機関構成にはそれに応じた理由が必要である。取締役会設置会社であっても，会社形態の選択によっては，取締役会で必ず決議しなければならない事項，すなわち取締役（執行役）に業務執行の決定を委任することができない事項に差異が生じる（会社362条4項，373条1項，399条の13第4項〜6項，416条4項）。

　こうした機関構成の根本は定款に定められるが（会社326条2項，399条の13第6項），さらに，定款に定められる取締役の員数も実際の経営に重要な影響を与える要素である。また，定款に定められなくとも，社外取締役を置くか，法定外の機関として任意の委員会を設置するか，執行役員制度を導入するかなどは，執行機能と経営監督機能の分離の一環として，会社のあり方を定める大きな要素である。

　そのうえで，常設の機関として，事実上の最高意思決定機関ともいうべき

取締役会で何をどう決定するかを定めるのが取締役会規則や取締役会付議基準といった規程である。これにより，取締役会の開催頻度や運営方法から取締役会への付議・報告事項が定められる。小規模な会社や役員数が限定的であれば，すべての会社の意思決定を取締役会が行うとすることも考えられるが，実際には取締役会への付議・報告事項は経営に重大な影響のある事項に限定し，それ以外の事項については，下部機関としての常務会や経営会議といった呼称の限定的な構成員による会議体を設置し，そこに決定権限を委任するとか（会社373条参照），さらには，代表取締役（代表執行役）や一定の事項を管掌する担当役員を定めて決定権限を委任することが行われている（会社362条4項・363条1項，399条の13第5項・6項，416条4項・418条1号）。

特に，常務会や経営会議といった会議体は，取締役会と同様に常務会規則や経営会議運営規則といった規程により，その運営方法，付議・報告事項が定められる。

(b) 組織規程，職務分掌規程（権限規程）

会社法では，上記のとおり，法定機関としての取締役会，代表取締役（代表執行役）および取締役（執行役）の権限を定めているが，実際の会社運営においては，意思決定機関として，取締役会のみならず，常務会や経営会議といった任意の会議体を設けたり，日々の業務執行もすべてを代表取締役（代表執行役）が決定して行うのではなく，担当役員，本部長，部長といった下部組織に権限を委譲している。円滑な企業経営にどのような組織体系が最も適しているかは企業の規模・業容によって異なる。各会社において，その組織を定め，それぞれの組織の権限を定め，「組織規程」「職務分掌規程」「権限規程」といった形で規程化する必要がある。

規程化する際には，職務を分掌する組織体に応じてその組織単位の長がどのような業務においてどの範囲で意思決定できるのか明確に定める必要がある。規程では，取締役会－代表取締役・担当取締役－事業本部長－部長といった通常業務を行う組織だけでなく，コンプライアンス委員会や環境委員会といったラインマネジメント以外の全社経営に関わる組織単位についてもそれぞれの役割，権限がわかるようにする。

組織，職務分掌は，企業の業態変化，事業拡大に伴うリスクの変化といっ

た内部的要因やコンプライアンス体制の強化の要請といった外部的要因によって変動するものであるので，規程化にあたっては，どの組織単位レベルは，誰の権限で組織や職務分掌を変更できるのかといったことについても手当てしておく。

(3) **業務プロセスの見直し・改善**

会社は，長期的な経営目標・方針に基づいて，各年度の会社全体の戦略および利益計画を策定し，各事業本部がそれぞれの本部ごとに細目を詰めていく。業務の効率性を考える際には，そのような年度の経営サイクルのなかでそれぞれの組織レベルで業務が効率的になされているかを絶えず見直し，改善すべき点があれば改善していくというマインドが必要である。業務の効率性の改善といっても，①全社的な制度についてのものと②事業単位ごとの業務遂行上のものとがある。業務プロセスの見直し・改善を考えるのは，各レベルの組織体自体のこともあれば，内部監査部門による監査結果から導かれることもあるが，内部監査部門については，後述の監査体制の項目で解説するので，本項では各レベルの組織体での見直し・改善について考えたい。

(a) **全社的制度についての見直し・改善**

業務の効率的なプロセスを考えるというと，経営のすべてが考察の対象となるため，あまりにも多岐にわたる要素が考えられるので，ここでは，俗に，経営の三要素は「人・金・もの」といわれるなかで，予算管理と人事評価プロセスについてのみ触れる。

会社の経営方針・目標が策定され，それに基づいて諸施策を実施するにあたり，それを定量的に把握するためには，予決算のプロセスが適切に行われている必要がある。各組織体が予算を立て，その結果を月次，四半期末，年度末に報告し，それが全社レベルで取りまとめられて次期の予算を見直すというプロセスが，経営のニーズにあった形で適時適切に行われているかが常に検証されなければならない。特に，近時は企業業績を判断するための指標が単体から連結に切り替わっており，連結経営を量的に適時に把握するための予決算プロセスのために必要とされる業務量は格段に増加している。また，上場会社であれば，機関投資家から，従来に増して広い範囲で，かつ早いタイミングでの情報開示を求められており，対内的にも対外的にも予決算プロ

セスの効率的なシステム構築は必須である。

　また，経営を実際に行うのは人であり，事業計画においても経営資源としての人をどのように配分するか，すなわち，中長期的にどの程度の業務量が発生し，そのために必要なスキルをもった人員をどれだけ確保できるかは，経営の根幹といえる。各使用人がその職務・職責に応じた能力・技術をもち，これを更に向上させていくために，能力開発のための研修システムの充実や人事評価プロセスの適切な構築・運用が求められる。

(b) **事業単位での業務における見直し・改善**

　さらに，事業単位で業務プロセスをBPR（Business Process Reengineering）☆36によって洗い出し，より効率的なプロセスになるように改善していくことが肝要である。しかし，効率性といっても，すべての営業活動における意思決定の権限をラインマネジメントの下部機関（課長・担当者）に権限委譲すればよいということではない。適切な管理が，効率的に実施されていることが，内部統制システムの観点からは重要である。たとえば，顧客からの受注から入金処理に至るまでの一連の営業活動が，対顧客活動をしている営業員（フロント）にすべて任されるのではなく，受注，契約書締結，入金に至るプロセスが営業員とは別の使用人（バックオフィス機能，経理担当者が行っていることが多い）によって適切に行われていることを確認できる体制になっているかを，BPRを通じて分析し，できていなければ誰が，どのように確認するのか具体的に定めていくことが必要である。

　事業単位における業務プロセスを洗い出し，問題点を改善したうえで，新たに設定された業務プロセスについては，その事業単位に所属するすべての使用人が理解し，実行しなければならない。このことを可能にするためには，その業務プロセスを「業務処理マニュアル」といった形で文書化することが必要かつ有益である。文書化は金融商品取引法における内部統制報告制度対応では必須だが，企業にとっても文書化することによって，組織共通の情報

---

☆36　組織やビジネスルールや手順を根本的に見直し，ビジネスのプロセスに視点を置き，組織，職務，業務フロー，管理機構，情報システムを再設計し，最終的顧客に対する価値を生み出す手法。

として運用することができるようになり，事業単位による将来の見直しにあたっても，また，内部監査部門による内部監査においても基礎資料として役立てることができる。

(4) ITの活用による効率化

ほとんどすべての職種においてコンピューターを通して作業をすることが当たり前になっている。業務の効率化を考える場合でも，ITの活用は当然のことである。「取締役会規則」「職務分掌規程」等上記で掲げた規程類も上記1の取締役（執行役）の職務の執行に関する情報の保存および管理に関する体制の項で触れたとおり，規程を管理するとともに適時適切にこれを必要とする者が閲覧できる体制が求められており，そのために社内ネットワーク，イントラネットの利用が考えられる。

また，規程の閲覧といった組織体制だけでなく，会社の意思決定についても，社内ネットワーク上で実施することによって，稟議書を社内の関係部局に回覧する時間を節約し，ペーパーレス化を図ることが可能になり，情報の機密性もより担保される。ただし，重要な議題であれば実際に会議を開いて関係者が一堂に会して（少なくとも，相互コミュニケーションがとれる環境において）討議したうえで決定すべきであり，定量的，定性的観点からどのような意思決定はネットワーク上で可能かといったことはあらかじめ規程化しておく必要がある。

その他にも日常の業務において，たとえば以下のような業務管理はIT化による効率化が図られているところであろう。

① 予算管理システム
② 就業管理システム
③ 受発注システム
④ 経理システム（勘定, 在庫管理, 審査）

## 4 取締役(執行役)・使用人の職務の執行が法令及び定款に適合することを確保するための体制(会社348条3項4号・会社則98条1項4号,会社362条4項6号・会社則100条1項4号,会社399条の13第1項1号ハ・会社則110条の4第2項4号,会社416条1項1号ホ・会社則112条2項4号)

### (1) 総 説

　取締役・使用人の職務の執行が法令および定款に適合することを確保するための体制とは,いわゆるコンプライアンス体制のことをいうと解されている☆37。取締役(執行役)の職務執行上の法令遵守の確保は,会社法が,会社法施行規則に委ねることなく,自ら定めていることからしても,会社法が求める内部統制システムの中核であるといえる。判例は,取締役等がその職務の執行にあたり遵守すべき法令は,当該会社を名宛人としその事業に関して遵守すべきあらゆる法令が含まれると説示している☆38。さらに,現在では,「コンプライアンス」概念は,法令にとどまらず,社内規範(自社の倫理綱領や社内諸規則)や事業者団体による自主行動基準などの業界自主ルール,さらには,社会の良識や常識(社会規範)まで含むという立場が一般的になっている☆39。

　会社法の立案担当者は,この体制には,①会社の業態に応じて生ずる可能性が高い法令違反行為(横領,談合,顧客に対する欺罔ないし脅迫的行為,業績の粉飾等)の把握,②その典型的な法令違反行為の監視・予防体制(法令遵守マニュアルの作成や使用人間の監督体制),③法令違反行為が生じた場合の対処方法・対処機関に関する事項等が該当するとする☆40。

　以下では,角度を変えて,前記の COSO 報告書に IT 対応を加えた6つの構成要素を参考に,具体的なコンプライアンス体制の整備について,①組織,②規程,③社内啓発活動,④報告・相談ルートの確立(内部通報制度),⑤危

---

☆37　弥永・前掲注(☆27)560〜561頁,573〜574頁,636〜637頁参照。
☆38　最判平12・7・7民集54巻6号1767頁・判タ1046号92頁・判時1729号28頁。
☆39　大塚和成=藤田和久ほか『内部統制対応版　企業コンプライアンス態勢のすべて〔新訂版〕』(金融財政事情研究会,2012年)3〜4頁。
☆40　相澤ほか編・前掲注(☆1)337頁。

機管理体制に分けて，解説する[☆41]。

なお，コンプライアンス体制の整備においては，他の内部統制システムと同様か，むしろそれ以上に，経営トップの強いコミットメントが求められる。以下に述べるようなコンプライアンス体制整備のための組織，規程が整ったとしても，各使用人がコンプライアンスを強く意識し，遵守しようとしなければ，単に絵に描いた餅となる。使用人がコンプライアンス意識を醸成するためには，企業のトップが自らそれを宣言し，コンプライアンスにコミットしなければならない。米国でのコンプライアンス体制の構築度合いを測る調査項目に，企業トップが自社における発言（経営計画の発表や，年頭挨拶等）において，どの程度の頻度でコンプライアンスについて触れるかというものがあるが，そのように，繰り返し，企業トップがコンプライアンスについて発言することが，使用人のコンプライアンス意識の醸成に直結するものである。

(2) 組　　織

本来，コンプライアンス体制整備の責任はトップである社長が負うべきものであるが，会社の規模が一定以上であれば社長の名代としてコンプライアンスを担当する役員（チーフ・コンプライアンス・オフィサー）が任命される。チーフ・コンプライアンス・オフィサーのもとでコンプライアンス委員会が設置され，事務局としてコンプライアンス統括部局が実務を行うという体制が一般的にとられる。ただし，小規模会社では，社長がチーフ・コンプライアンス・オフィサーを兼任するといったことはある。コンプライアンス統括部局についても，会社を取り巻くコンプライアンスリスクの内容によって，特別に部を設置するのではなく，既存の部門（法務部，経営企画部，総務部等）で対応することも考えられる。

チーフ・コンプライアンス・オフィサー，コンプライアンス委員会およびコンプライアンス統括部局の役割をまとめると表3のとおりである。

上記の組織はそれだけで機能するわけではなく，社内の他部局から報告・相談を受け，会社の状況を認識することでコンプライアンスリスクに対応で

---

[☆41] 本章では紙幅の関係から体制の概要の解説となるが，より詳細な解説をしたものとして，大塚＝藤田ほか・前掲注（☆39）87〜324頁が参考になる。

## 表3 コンプライアンス体制における機関と役割

| チーフ・コンプライアンス・オフィサー | コンプライアンス関連施策の実施責任者<br>コンプライアンス違反時の対応責任者<br>コンプライアンス委員会委員長 |
|---|---|
| コンプライアンス委員会 | コンプライアンス関連施策の検討・モニタリング<br>コンプライアンス違反事件の分析・検討<br>再発防止策の策定 |
| コンプライアンス統括部局 | コンプライアンス関連施策の実施<br>コンプライアンス違反事件への対応(内部通報窓口)<br>コンプライアンス委員会事務局業務 |

## 図1 組織図

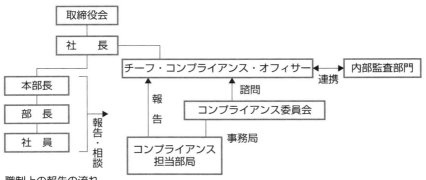

職制上の報告の流れ

出所：大塚和成＝藤田和久ほか『内部統制対応版　企業コンプライアンス態勢のすべて〔新訂版〕』（金融財政事情研究会，2012年）102頁。

きる。特に，内部監査部門との連携は必須である。これらの関係を図示すると図1のとおりである。

また，使用人の数が多い会社の場合，チーフ・コンプライアンス・オフィサーやコンプライアンス統括部局の限りある人員だけで十分な対処を期待することは困難である。その場合には，事業本部，支店，事業所といった事業単位にコンプライアンス責任者を任命することにより，コンプライアンス施

策を浸透させることができる。

(3) 規　　程

　コンプライアンス規程と呼ばれるものには，①企業理念規程，②コンプライアンス組織・運営規程，③個別リスク管理規程がある。

　企業理念規程とは，各社の企業理念・哲学を文章化したものである。本来，どの企業もその創業の理念があるが，必ずしも文章化されているわけではない。そこで，企業理念規程を考えるにあたっては，日本経団連や東京商工会議所等の各種団体が公表している企業行動憲章や企業行動規範[☆42]などを参考に作成するのがよい。

　企業理念規程は，全役職員に配布されるとともに，全役職員が当該規定の内容を理解した旨およびこの理念に従って業務遂行する旨の誓約書の提出を求めるといったことが行われている。誓約書の提出については，理念規程配布時のみならず，その後もコンプライアンス意識を再確認するために後述のコンプライアンス研修において再提出を求めるなどして，繰り返し実施するのが望ましい。

　次に，コンプライアンス組織および運営に関する規程の策定がある。他の組織と同様コンプライアンス組織についても社内規程化し，その権限・役割を定めておく必要がある。このなかでは，各組織（チーフ・コンプライアンス・オフィサー，コンプライアンス委員会，コンプライアンス統括部局）の権限・役割のほか，コンプライアンス違反の報告・相談ルートを明記したり，他部門との分掌についても定める。

　個別リスク管理規程には，その会社が直面する法令違反リスクについて対応を定めるものもあり，これは，コンプライアンス体制が意識される以前から存在していたものであり，リスク管理体制とも重なるものである。ただし，コンプライアンス体制の観点からは，法令違反リスクを洗い出して分析し，既存の規程に不足や不適切な点がないかなどを慎重に判断することが求められる。

---

☆42　日本経済団体連合会「企業行動憲章実行の手引き（第6版）」(2010年9月14日付)，東京商工会議所「企業行動規範〔第3版〕」(2013年3月付)。

(4) 社内啓発活動

　コンプライアンス施策が組織や規程の整備にとどまっていては，コンプライアンス体制が整備されたとはいえない。個別の法令違反リスクについては，社内への告知や研修活動が定期的に必要に応じて行われていると思われるが，それに加えて，コンプライアンス全般についての社内啓発活動が求められている。

　まず，企業理念規程の制定にあたっては，全役職員に一度はその内容について説明するセミナーを開くことが考えられる。その他にも，社員教育のその他プログラムで企業理念規程の内容だけでなく，実際に起きた社内外のコンプライアンス違反事件を例にとって考えさせるプログラムが効果的である。研修プログラムの対象は全役職員だが，担当業務や役職によっても抱えている問題が異なり，また，ケーススタディなどは少人数で実施することが望ましいので，年次や役職に応じて区分して実施することが考えられる。

　社内啓発にあたっては，社内報やイントラネットを利用して役職員が常にコンプライアンス意識を持ち続けることができる施策を考えるように努める。

(5) 報告・相談ルートの確立（内部通報制度）

　コンプライアンス問題でも通常の業務におけるのと同様に職制を通じて報告・相談され，それがコンプライアンス担当部局に集約されるのが，本来的に機能している組織である。しかし，現実にはコンプライアンス違反行為は職場の上司の指示に基づいて行われる組織ぐるみの場合も多い。そこで，報告・相談ルートが単一にならないように定めておくことがコンプライアンス体制としては望ましいものとなる。

　最終的にはすべてのコンプライアンス問題がコンプライアンス担当部局に集約され，そこからチーフ・コンプライアンス・オフィサーに報告されるというルートになるが，使用人側からは，上長を通じてのほか，直接コンプライアンス担当部局に報告・相談できるほか，内部監査部門を通じて発見されたコンプライアンス問題もコンプライアンス担当部局に報告が上がる仕組みにしておく。また，社内の組織だけでなく，社外の弁護士を起用して直接従業員からの報告・相談を受ける仕組みもある。これらが一般にいわれるところの内部通報制度である。

以前は内部通報者の取扱いについて，実際上の不利益を被るのではないかという疑念もあったが，法制度の面からは平成18年4月に施行された公益通報者保護法により，内部告発者に対する保護が法制化された。企業も内部通報制度規程を策定し，そこで，内部通報者の保護，匿名性の確保，リーニエンシープログラム等内部通報制度の運用について規定している。リーニエンシープログラムとは，処罰減免制度と訳され，自らの非を認め積極的に情報提供を行った者に対して処罰措置を減免する制度をいう。

内部通報制度のあり方については，内閣府国民生活局「公益通報者保護法に関する民間事業者向けガイドライン」（平成17年7月19日付）☆43が参考になる。そこで示されている通報案件の処理の手順は図2のとおりである。

こうした内部通報制度が適切に利用されるためには，研修や社内広報を通じて内部通報制度の存在を社内に広く知らしめ，通報者が不利益を被らないことをよく理解してもらう必要がある。

なお，内部通報については，コーポレートガバナンス・コード原案も，原則2－5および補充原則2－5①で規定している。

### (6) 危機管理体制

どんなに予防のための体制を整備しても，すべてのコンプライアンス違反事例（企業不祥事）がなくなるわけではない。そこで，企業不祥事の発生という危機に対応するための，いわば事後の体制として危機管理体制を整備する必要がある。危機が発生してしまった場合，危機自体を隠蔽するとか，嘘をつくといった対応は，結果的に会社に深刻なダメージを与えることになり，事態を拡大化，深刻化，長期化させてしまうことが多い☆44。「人は起こしたことで非難されるのではなく，起こしたことにどう対応したかによって非難されるのである」といわれるとおり☆45，会社は，危機に直面して適切な

---

☆43 公益通報者保護法を踏まえて，事業者のコンプライアンス経営への取り組みを強化するために，労働者からの法令違反等に関する通報を事業者内において適切に処理するための指針（http://www.caa.go.jp/planning/koueki/minkan/files/minkan.pdf）。

☆44 大阪高判平18・6・9資料版商事法務268号74頁参照。

☆45 東京商工会議所「企業を危機から守るクライシス・コミュニケーション――ケース別チェックリストによる実践対応」（平成17年7月付）3頁。

第 6 章 ◆ 会社法における内部統制システムの整備の実務
——会社法および会社法施行規則の解釈を踏まえて　　**211**

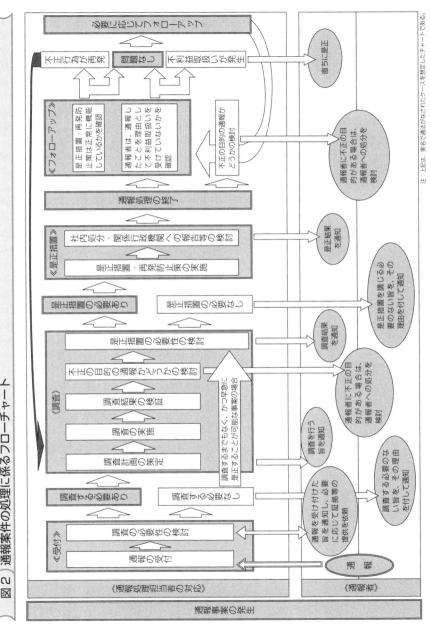

図2　通報案件の処理に係るフローチャート

出所：消費者庁「公益通報者保護制度ウェブサイト」(http://www.caa.go.jp/planning/koueki/minkan/files/nagare.pdf)。

注：上記は、実名で通報がなされたケースを想定したフローチャートである。

対応を行うために，あらかじめ対応策を考えておく必要がある。

具体的には，平常時には，①潜在リスクを洗い出し，②危機管理セミナーを実施し，③緊急連絡網を整備し，④シミュレーショントレーニングやメディアトレーニングを実施する。

そして，実際に危機が発生した時には，適時適切な情報開示やメディア対応を行うとともに，速やかに第三者委員会などの機関を設置して，事実調査とそれに基づいた不祥事発生の原因分析，再発防止策の策定，関係者の処分を行い，再発防止策を実施して自社自浄機能を発揮していく必要がある[46]。

##  企業集団における体制

### 1 はじめに

内部統制システムが初めて法令に現れたのは，平成14年の商法改正であるが，そこでは，企業集団における体制は定められておらず（当時の商特21条の7第1項2号，商則193条），平成18年5月1日に施行された会社法施行規則により，「当該株式会社並びにその親会社及びその子会社から成る企業集団における業務の適正を確保するための体制」として，初めて明文化された。

平成9年以降の急速な企業再編の自由化および規制緩和に伴い，持株会社形態などの企業結合を利用した事業展開が広く利用され，連結経営重視の考え方が浸透し，企業グループとしてのブランド価値向上が求められるなか，企業グループ全体に共通する内部統制システムのツール（企業グループ行動規範，企業グループ内部通報制度等）の策定，グループ企業全体への適用などは，グループ経営という観点から，親会社が進めていかなければならない経営課題となっている。他方で，子会社の側からみれば，企業グループの一員として親会社が進める施策に協力することが，子会社の少数株主を含めた株主共同の利益と一致するときは問題ないが，そうでないときに，どのように適正に対応するかが経営課題となる。

---

[46] 大塚＝藤田ほか・前掲注（[39]）168～214頁。

そこで,「当該株式会社並びにその親会社及びその子会社から成る企業集団における業務の適正を確保するための体制」は,当該株式会社が親会社であるか子会社であるかによって,内容が異なる☆47。そこで,以下では,両者を分けて論じる。

なお,当該株式会社が親会社であるときの企業集団による経営(グループ経営)が進展し,特に,持株会社形態が普及していることから,親会社およびその株主にとっては,その子会社の経営の効率性および適法性が極めて重要なものとなっている。そこで,平成26年の会社法改正では,企業集団における体制のうち,当該株式会社が親会社であるときの体制を,法務省令から法律である会社法に格上げして規定することとされた☆48。

## 2 当該株式会社およびその子会社から成る企業集団における体制

(会社348条3項4号・会社則98条1項5号,会社362条4項6号・会社則100条1項5号,会社399条の13第1項1号ハ・会社則110条の4第2項5号,会社416条1項1号ホ・会社則112条2項5号)

(1) 総　　説

取締役は,当該株式会社およびその子会社から成る企業集団(グループ企業)における内部統制システムをどこまで整備する義務を負うかという点が問題となる☆49。

一般に,親会社の経営者は,法人格否認の法理を適用しうる場合は別として,子会社の業務の決定について職責を負わないのが原則である。そこで,子会社の内部統制システムの整備も,子会社の経営者が職責を負い,親会社経営者の職責とはならない。そもそも,法人格を分けたことは,子会社が一定のビジネスについては独自に行うことを前提としており,子会社の内部統制システム=経営管理全般の構築・運用のすべてが親会社の管理・統制によ

---

☆47　相澤ほか編著・前掲注(☆1)338頁。
☆48　坂本編著・前掲注(☆7)216頁。
☆49　平成26年会社法改正を踏まえて,親会社取締役の職責および責任を論じるものとして,齊藤真紀「企業集団内部統制」神田秀樹編『論点詳解平成26年改正会社法』(商事法務,2015年)126〜140頁。

るものであるというのであれば、親会社の一部門にとどまることと、何ら異ならなくなってしまい、かえって、グループ経営を萎縮させる☆50。子会社における内部統制システムの整備については、基本的には子会社の経営者が実施するものとして、親会社は適切な内部統制システムの構築・運用がなされているかをモニターし、株主権の行使を通じた管理を行うのが、会社法の求めている理念型と解される。平成26年の会社法改正が、企業集団における体制のうち、当該株式会社が親会社であるときの体制を法務省令から法律である会社法に格上げしたのも、実体ないし規律の実質を変えたものではなく☆51、当該株式会社がその子会社における内部統制システムを整備する義務☆52や当該子会社を監督する義務までを定めるものではないとの従来の解釈を変更することを意図したものではないとされている☆53。

　もっとも、他方で、この改正によって、親会社取締役には子会社を監督する責任は、原則として存在しないとする考え方☆54は、少なくともとりにくくなったとの指摘もあり☆55、実際に、平成26年改正法施行前にも親会社取締役の子会社管理責任を認めたと評価しうる裁判例も出されていることから☆56、今後は、各子会社をどのような方針で管理するかについて、再度検討し、明確な方針を定めておく必要がある。具体的には、子会社の重要性や

---

☆50　坂本編著・前掲注（☆7）219頁参照。

☆51　岩原紳作ほか「座談会　改正会社法の意義と今後の課題〔下〕」商事2042号（2014年）5頁〔岩原紳作発言〕、前田雅弘ほか「座談会『会社法の見直しに関する要綱』の考え方と今後の実務対応」商事1978号（2012年）32頁。

☆52　会社法施行規則100条1項5号イ〜ロ等も、子会社自体の体制を指しているものではない（坂本ほか・前掲注（☆7）改正省令解説〔Ⅰ〕5〜6頁、法務省・前掲注（☆1）第3,2(9)③④⑥)。

☆53　坂本編著・前掲注（☆7）217頁。

☆54　たとえば、東京地判平13・1・25判時1760号144頁・金判1141号57頁。

☆55　岩原ほか・前掲注（☆51）5頁〔岩原発言〕。野村修也＝奥山健志編著『平成26年改正会社法─改正の経緯とポイント〔規則対応補訂版〕』（有斐閣、2015年）87〜88頁〔奥山健志〕も参照。

☆56　東京地判平23・11・24判タ1402号132頁・判時2153号109頁、福岡高判平24・4・13金判1399号24頁・資料版商事法務360号44頁。二重橋法律事務所編『Q&A平成26年改正会社法〔第2版〕』（金融財政事情研究会、2015年）211〜212頁〔大塚和成＝小林隆彦〕も参照。

子会社株式の所有目的・態様等によって異なるので、それらを念頭に置きつつどのような体制を定めるのか、グループ管理規程の見直しを含めた対応を検討する必要がある[☆57]。

親会社が子会社を管理するといっても、会社法で認められている権限は株主権の行使である。しかし、株主権の行使といっても、通常は、子会社の株主総会における会社提案の否決や取締役の解任権の行使という形で行われるから、株主権の行使が意識されるのは、既に子会社の管理に失敗したケースである。

むしろ、企業集団としての内部統制を親会社の立場で考える場合には、子会社との円滑なコミュニケーションに基づいて子会社に種々の施策の実行を期待し、ときには要求するということになる。子会社側も親会社の理不尽な要求には応じられないので、親会社からの内部統制システム整備の要請は合理的なものであるべきであり、子会社に一方的に押し付けるのではなく、その意義を子会社に理解してもらい、子会社としても個々の施策実行に意義を見出しつつ取り進められるようにしなければならない。

各社の内部統制システムの射程が広い範囲に及ぶのと同様に、企業集団としての内部統制システムの対象も多岐にわたる。

会社法の立案担当者は、当該株式会社およびその子会社から成る企業集団における体制には、①子会社の管理する情報へのアクセスや子会社に提供した情報の管理に関する事項、②子会社における業務の適正確保のための議決権行使の方針、③子会社の役員・使用人等を兼任する役員・使用人による子会社との協力体制および子会社の監視体制に関する事項、④兼任者・派遣者等の子会社における職務執行の適正確保のための体制、⑤子会社に対する架空取引の指示など子会社に対する不当な圧力を防止するための体制、⑥子会社との共通ブランドの活用またはそれに伴うリスクに関する事項、⑦親会社の監査役と子会社の監査役等との連絡に関する事項等が該当するとする[☆58]。

---

[☆57] 菊地伸＝石井裕介『会社法改正法案の解説と企業の実務対応』（清文社、2014年）129〜130頁。

[☆58] 相澤ほか編著・前掲注（☆1）338頁。

また，平成27年改正後の会社法施行規則で，4項目の具体的な例が示された（会社則98条1項5号イ～ニ，100条1項5号イ～ニ，110条の4第2項5号イ～ニ，112条2項5号イ～ニ）。

しかし，ここでは角度を変えて☆59，①親会社における子会社管理の組織，②グループ運営規程，③グループコンプライアンス体制，④監査体制と分けて，具体的な体制整備を考察する。

(2) 親会社における子会社管理の組織

親会社の経営計画のなかで，企業集団（グループ）としての事業戦略，経営資源配分を考えるうえで，各子会社についても事業戦略，事業範囲，人員，組織といったことを企画・立案し，それに沿って子会社を管理する組織を親会社にも設置する必要がある。当該組織は，子会社の財務情報を含め，多岐にわたる子会社の経営情報を集約し，親会社の観点から子会社経営の方向性を定める。このような組織は，各社の実情によって職能組織の一つとする場合もあれば，複数の子会社を有し，それぞれの事業領域が異なるような場合には，子会社の事業内容を把握するそれぞれの事業領域を担当する事業本部に設置されることもある。また，企業集団全体の戦略を考える組織と個別の子会社を管理する組織を分けて，全体戦略を考える組織を職能部門に，個社の管理を行う組織を事業本部に設置にするということも考えられる。いずれにせよ，子会社管理組織は，子会社とのコミュニケーションの窓口にあたり，多岐にわたる内部統制関連施策を子会社に実行させることが求められる。

他方で，企業集団の内部統制システムとしては企業集団全体で統一感をもった対応が求められる，コンプライアンス体制や環境，特に重要な法令遵守対応等については，親会社において主管する部局が，企業集団においてどのような施策を実施すべきか企画，立案し，それを子会社管理組織が子会社

---

☆59 会社法施行規則における4項目の具体的な例示は，平成27年改正前の従前の定めの解釈を拡大する趣旨ではない。また，この4項目に形式的に区分した決議を求めるものではなく，実質的にそれらの事項について決定がされていればよいので，実質的に，当該株式会社およびその子会社から成る企業集団における体制として，一体のものとして決議することも妨げられるものではないとされる（坂本ほか・前掲注（☆7）改正省令解説〔I〕6頁，法務省・前掲注（☆1）第3, 2(9)②）。

に伝達，施策の実施を依頼するということが行われる。

　また，子会社の経営を定常的に監督するために，子会社に非常勤で取締役や監査役を派遣することが行われるが，その場合，非常勤取締役には，子会社の業務内容をよく知っているとして，子会社管理組織から派遣されることが多い。一方で，非常勤監査役には，子会社を主管する事業本部の経理部の部員が派遣されるといったことが見られる。

### (3)　グループ運営規程

　連結経営のなかで，親会社単体だけでなく，企業集団全体の価値向上が求められるなか，親会社として，企業集団におけるリスク管理が必要となる。子会社の経営上の重要事項については，株主総会決議事項とし，親会社として拒否権が行使できるようにするだけでなく，場合によっては主要株主として事前協議・報告を求めることが必要となろう。経営上の重要事項には，株主総会決議事項が網羅されることはもちろん，子会社における経営計画，財務情報，人事制度（組織・報酬制度），一定金額以上の投資・融資，借入，重要な契約の締結，関連会社の設立・解散等がある。

　このような子会社との事前協議・報告の仕組みについては，グループ運営規程などの形式で社内規程化することによって，子会社を主管する組織が規定の内容に沿う形で事前相談・報告事項について子会社と合意し，実際に運用することが可能となる。また，同時に，その子会社で何が決定できるのか，子会社の権限範囲といったことも明確になる。

　なお，子会社の業務執行について親会社の承認を必要とする等の定めをしている場合には，子会社で不祥事等が発生した場合には，親会社取締役の子会社管理責任が広く問われるおそれがあるので注意を要する[☆60]。

### (4)　グループコンプライアンス体制

　子会社におけるコンプライアンス違反が親会社のレピュテーションを大きく毀損する事例が多々発生している。企業集団における内部統制システムを考える場合にも企業集団におけるコンプライアンス体制の整備は中心的課題といえる。前記のコンプライアンス体制整備と同様，企業集団においても，

---

☆60　中村ほか・前掲注（☆15）91頁。

組織，規程，社内啓発活動，報告・相談ルートの確立，危機対応といった観点から体制整備を進めていく。

　まず，共通の理念規程（グループ企業行動規範）を親会社で策定し，グループ企業で採択してもらうことが考えられる。親会社からの独立性が高い子会社では，独自に理念規程を策定する場合もあるが，企業集団で共通の理念規程を設けることでグループとしての意識の醸成に役立てることができる。

　次に，コンプライアンス規程の整備として，親会社で整備した規程類と同様の趣旨のコンプライアンス組織規程やコンプライアンス関連諸規程を策定することが考えられる。子会社においては，その規模によって，親会社とは異なり，コンプライアンス委員会を設置するまでもない場合や，チーフ・コンプライアンス・オフィサーを任命せず，社長がその役割を担うといったケースも考えられる。コンプライアンス諸規程でも，実情に応じ，子会社の業務と関連したものを採択する。このようなコンプライアンス組織や規程類の整備状況については，親会社のコンプライアンス担当部門で定期的に報告をもらうなどして，一元的に管理できる体制にするのが望ましい。

　親会社においてコンプライアンス誓約書を求めている場合には，子会社においても同様の誓約書を子会社の使用人から提出させることが考えられる。グループ企業行動規範を策定していれば，その内容を理解し，遵守することを誓約する内容の書面を，子会社使用人から同社のチーフ・コンプライアンス・オフィサー（いなければ，社長等の経営執行責任者）に提出する。

　子会社において，コンプライアンス違反が発生した場合，親会社に速やかに報告がなされるような体制も必要である。子会社の不祥事がグループ全体の価値を毀損するケースが増加するなかで，子会社でのコンプライアンス違反事件が適時適切に親会社に報告され，情報が共有化されることによって，コンプライアンス違反によるリスクを最小化することが可能になる。子会社の不祥事等のコンプライアンス違反事件を吸い上げるためには，上述したとおり，内部通報制度を子会社にも導入する一方，子会社の規模によっては子会社単独での制度導入は費用が掛かりすぎるといった場合には，グループ内部通報制度を設置する。グループ内部通報制度の窓口は，親会社のコンプライアンス担当部局にしている例も散見されるが，内部通報者は通常子会社の

使用人であり、子会社とはいえ、独立した法人格を有する会社のコンプライアンス違反について、直接別会社が通報を受けることの是非は考慮する必要がある。むしろ、弁護士事務所といった外部専門家に窓口を依頼し、そこから、事件の内容に応じて適切な形で子会社及び親会社に報告してもらうことが好ましい。グループ内部通報制度運用費用は、子会社の数や業務の実態に応じて、制度を利用する子会社で分担するか、グループコンプライアンス体制の整備の一環であるとして、グループとしてのレピュテーションリスク管理という観点から親会社が負担することも考えられる。

コンプライアンス体制整備には、組織や通報制度等のシステム構築だけでなく、各人のコンプライアンス意識の醸成が重要である。そのためには、グループでの各種コンプライアンス研修の実施も親会社として進めていくことが望まれる。

(5) グループ監査体制

会社法は、親会社の監査役に子会社調査権を認めている（会社381条3項）。他方で、子会社は正当な理由がある場合は報告または調査を拒否できるとされている（会社381条4項）。しかし、親会社と子会社の間で利益の相反があるような場合を除いて、親会社の監査役は子会社の監査役と協力して（会社則105条4項参照）、グループとしての企業経営が適法になされているかを監視している。

一方、多数の子会社が存在する場合、限られた労力と時間しか使えない監査役による監査のみでは監査範囲に限界がある。そこで、親会社の内部監査部門が子会社についても内部監査を実施することが考えられる。親会社の内部監査部門による子会社の監査は法律上認められた権利ではないため、その実施には、子会社による承諾が必要であり、また、子会社の協力についても子会社の任意の判断によるものと考えられる。したがって、親会社の内部監査部門による子会社の監査をするにあたっては、事前に監査の範囲、子会社における協力体制についてあらかじめ合意しておく必要がある。また、監査により知りえた情報については、厳重に管理し、親会社内部でも子会社管理に必要な範囲での利用にとどめ、情報が他の事業目的等に利用されないように親会社としても留意する。

親会社の内部監査部門による子会社監査は子会社の内部統制システムの整備に貢献する側面を有し，監査によって発見された問題点や課題は子会社の経営執行責任者に報告される。

子会社に独自の内部監査部門がある場合には，親会社として，子会社の内部監査部門による内部監査を信頼し，子会社との協議に基づいて同部門からの報告を受けることで親会社による内部監査に代替することも考えられる。ただし，子会社の内部監査部門が適切に機能するよう，親子会社の内部監査部門間でのコミュニケーションを通じて不断にモニタリングしていく必要がある。

## 3 当該株式会社およびその親会社から成る企業集団における体制
（会社則98条1項5号，会社則100条1項5号，会社則110条の4第2項5号，会社則112条2項5号）

### (1) 総　説

会社法の立案担当者は，当該株式会社およびその親会社から成る企業集団における体制には，①親会社の計算書類または連結計算書類の粉飾に利用されるリスクに対する対応，②取引の強要等親会社による不当な圧力に関する予防・対処方法，③親会社の役員等との兼任役員等の子会社に対する忠実義務の確保に関する事項，④子会社の監査役と親会社の監査役等との連絡に関する事項等が該当するとする☆61。

このうち，④は，上記2(5)で論じたとおりであるから，以下では，①②③について論ずる。

### (2) 親会社の計算書類または連結計算書類の粉飾に利用されるリスクに対する対応

親会社の計算書類または連結計算書類の粉飾に利用されるリスクに対する対応については，これらに対して第三者のチェック機能の活用，たとえば計算書類関連であれば，会計監査人を設置するとか，少なくとも公認会計士等

---

☆61　相澤ほか編著・前掲注（☆1）338頁。

にチェックしてもらう等といったことが考えられる。

(3) 取引の強要等親会社による不当な圧力に関する予防・対処方法

取引の強要等親会社による不当な圧力に関する予防・対処方法については，親会社との取引のルールについてあらかじめ親会社との間で取り決めておき，不具合が生じないようにしておくことが考えられる。しかし，子会社の使用人が親会社からの出向者であるような場合等では，ルールで規律したからといってこうした問題が生じないということではなく，企業集団全体でのコンプライアンス意識の醸成こそが不祥事防止につながるというのが実態といえる。

さらに，平成27年の会社法施行規則の改正により，事業報告の記載事項として，親会社等との間の利益相反取引のうち，個別注記表における関連当事者との取引に関する注記が必要となるものについて，株式会社の利益を害さないように留意した事項等が事業報告またはその附属明細書の記載事項とされた（会社則118条5号，128条3号）。これは，所定の事項を開示することにより親会社等との間の取引条件の適正を確保し，子会社少数株主等の利益を保護しようとするものである☆62。ここに「株式会社の利益を害さないように留意した事項」（同号イ）とは，具体的には，当該取引と類似の取引を独立した第三者との間でも行っている場合には，当該第三者との間の取引と同等の取引条件等であることを確認するとか，当該取引と類似の取引を独立した第三者との間で行っていない場合には，独立した第三者同士の類似の取引と同等の取引条件等であることを確認することや，独立した第三者機関から取引条件等が適正であることの確認を得ることをいうとされる☆63。また，コーポレートガバナンス・コード原案の原則1-7においても，取締役会に，関連当事者間の取引について，取引の重要性やその性質に応じて適切な手続を定めて，その手続を踏まえた監視（取引の承認を含む）を行うべきであるとされている。

---

☆62 法務省・前掲注（☆1）第3，2⑾⑨
☆63 坂本三郎ほか「会社法施行規則等の一部を改正する省令の解説〔Ⅲ〕」商事2062号（2015年）39頁。

(4) 親会社の役員等との兼任役員等の子会社に対する忠実義務の確保に関する事項

親会社の役員等との兼任役員等の子会社に対する忠実義務の確保については，親会社が子会社の株式を100％保有する場合には，親会社と子会社の間で利益相反問題が起こる可能性はなく，問題にはならないと考えるが，他の株主が存在する子会社の場合には，親会社としての利益最大化の要請が必ずしも子会社にとっての企業価値最大化につながらない場合（たとえば，親会社との間で取引関係があるような場合や子会社間でのビジネスの重複がある場合等），親会社から派遣された役員がとるべき行為は何かが問題となる。もっとも，他の株主がいるといっても，少数の株主によって設立された合弁会社などでは，株主間協定書を株主が締結することにより，あらかじめ子会社の運営について株主間で一定の合意が図られるので，以下の問題についても株主間での協議により解決が図られる。したがって，以下の記述は，株主間での合意がなされていない場合を想定している。

出向形態での取締役派遣の場合，当該取締役は得てして親会社の意向を反映して子会社での意思決定を行いがちであるが，子会社の取締役である以上，子会社に対して忠実義務を負うのであるから，子会社価値向上を第一義として考えるべきである。そのためには，子会社取締役としてした行為について，親会社での処遇において不利益になることのないような運用が求められる。その点については，会社法上の考え方からは当然のことではあるが，親会社の社内規程で明記するといったことも考えられる。

一方で，子会社の非常勤取締役に任命される使用人は，親会社における当該子会社の管理責任者であることが多く，子会社に対する忠実義務を負うとともに，親会社の利益最大化の観点からの子会社の管理が求められる立場にある。その意味で，子会社の非常勤取締役を兼ねる場合，親会社の管理責任者は①子会社に関する機密情報の親会社における取扱いや②親会社と利益相反する取締役会の議題について対応が難しい場合がある。①の機密情報の取扱いについては，非常勤取締役が取締役会出席などを通じて得た情報をそのまま親会社に開示するのではなく，子会社にとって機密情報であっても親会社にとって必要な情報（たとえば，コンプライアンス違反事件の発生・対応や経営に

重大な影響を及ぼすような投資）をあらかじめ親子会社間で取り決めたうえで，会社対会社の関係として情報が開示されるようにする。②については，子会社の非常勤取締役が親会社を代理して子会社と取引するような会社法上も利益相反取引に明確に該当する場合だけでなく，親会社の利益が関係するような議題の議論においても，当該非常勤取締役は子会社の取締役会に出席しないとする必要がある場合も起こりうる。それでは，親会社の利益が損なわれるという考え方もあるが，それは，取締役会の目的事項として上程される前に親会社と子会社間で協議のうえ解決が図られるべき問題であろう。

## 4　上場子会社について

かつて，子会社化の目標として上場を目指し，上場益を得る一方で，子会社として支配下に置き続けるということが行われていた。しかし，現在のように企業経営が企業集団における価値向上を目指すとき，企業にとって株式上場は，①創業者利益の実現および②成長資金の外部調達の手段でしかない。一方で，上場会社は親会社からの独立性が強く求められ，不特定多数の株主がいることから，リスク分散効果はあるものの，経営支配権の低下・喪失は否めない。その意味からは，上場子会社に対する親会社の管理には限界があることを，まず，認識しなければならない。

特に，上場子会社の取締役の親会社からの独立性については，東京証券取引所のガイドラインにおいても定めが置かれているところであり（上場管理等に関するガイドラインⅢ5.(3)の2 a），新規上場申請においては，「親会社等からの影響を受けやすい部門を管掌する役員及び部門長に出向者が配置されている場合などは，親会社からの独立性の観点で問題があるものと考えられます。」とされているが[64]，既存の上場子会社にあっても，本来は同様の考え方であるべきことからすると，少なくとも経営執行責任者を出向という形態で派遣することは，特別な理由がない限り市場からは賛意を持って受け入

---

[64]　東京証券取引所「2014新規上場ガイドブック（市場第一部・第二部編）」62頁，107頁，「同（マザーズ編）」59頁，124頁，「同（JASDAQ編）」83頁，165頁（2014年8月8日）。

れられないものと考えられる。

　したがって，上場子会社については，上記2の当該株式会社およびその子会社から成る企業集団における内部統制システムの整備といっても，円滑なコミュニケーションに基づく施策の実行は，あくまでも子会社取締役の独自の判断に基づくものであり，子会社取締役は少数の一般株主の利益を念頭に置きながら，子会社にとって最適な内部統制システムの整備を行うことになり，上記3の当該株式会社およびその親会社から成る企業集団における内部統制システムの整備が重要な経営課題になる。親会社にとっては，原則として株主権の行使のみが上場子会社の管理手法となるため，親会社が求める企業集団における内部統制システムが確実に整備されるという保証はない。上場子会社の取扱いについては，親会社の意向を反映させることが少数の一般株主の利益と相反する場合が起こるため，慎重に行う必要がある。欧米企業では，このような理由から上場子会社を保有するケースが少ないのではないかと推察される。むしろ，実態的連結経営の観点では上場子会社の取扱いについては慎重な対応を要するのでないかと思われる。

##  業務執行機関の外部の機関である監査役・監査等委員会・監査委員会による業務執行機関の統制

### 1　会社形態の違いに応じた体制の整備

　業務執行機関の外部の機関が設置されていない会社における内部統制システムには，会社法357条に基づいて業務執行の責任者である取締役が株主に報告すべき事項の報告をするための体制（会社法の立案担当者は，文書による報告を行う際の当該文書送付のための手続等がこれに該当するとする[☆65]。）が含まれるが（会社則98条3項，100条2項），自ら執行し，自ら監視するということにはおのずと限界がある。そこで，一定規模の会社であれば，適正なガバナンスを確保するためには，業務執行機関の外部に監査専任の機関を設置することが望ましい。

---

☆65　相澤＝石井・前掲注（☆21）15頁。

## 第 6 章 ◆ 会社法における内部統制システムの整備の実務
### ——会社法および会社法施行規則の解釈を踏まえて

会社法における内部統制システムは，適正なガバナンスを確保するための体制であり[☆66]，業務執行機関の外部の機関による業務執行機関の統制も含んでいる点に特色がある。

すなわち，監査等委員会設置会社や指名委員会等設置会社では，会社法で，「株式会社の業務……の適正を確保するために必要なものとして法務省令が定める体制」とは別に，監査等委員会や監査委員会「の職務の執行のために必要なものとして法務省令で定める事項」が内部統制システムに組み込まれることを定めている（会社399条の13第1項1号ロ，416条1項1号ロ）。

監査役設置会社においても，監査役は，会社の業務の適正の担保について重要な役割を担うことになるから，会社法施行規則で，「株式会社の業務……の適正を確保するために必要なものとして法務省令が定める体制」に組み込んで，監査役監査の充実を図るための体制が規定されている（会社則98条4項，100条3項）[☆67][☆68]。さらに，会社法施行規則は，取締役会が決定した内部統制システムの内容の概要および体制の運用状況の概要を監査役監査の対象とし，監査役がその内容が相当でないと認めるときは，その旨およびその理由を監査報告に記載することとしている（会社則129条1項5号）。

ここで注意すべきは，内部統制システムに対する監査役監査は，「相当」であるかについての監査であり（同号参照），業務執行の具体的内容に対する適法性等についての監査（同項3号）とは質を異にする点である[☆69]。内部統制システムの不備が善管注意義務違反を構成する程度であればもちろん，そ

---

[☆66] 相澤編著・前掲注（☆3）121頁。

[☆67] 正確には，監査役が従事する監査そのものは内部統制システムではなく，監査役がその職務（監査）を十分に達成することができるような環境（体制）が内部統制システムである（鳥羽・前掲注（☆4）161頁）。

[☆68] 社団法人日本監査役協会（現公益社団法人日本監査役協会）が定めた「監査役監査基準」（昭和50年3月制定，平成23年3月最終改正）にも，適切な内部統制システムの構築・運用および監査役の監査環境の整備（会社則105条2項）が強調されている（江頭・前掲注（☆5）525〜526頁）。

[☆69] これを理由の一つに，監査役の監査が適法性監査に限られるか，妥当性監査をも含むかについては，これを一律に決めることは無理があると指摘する見解として，落合誠一編『会社法コンメンタール8 機関(2)』（商事法務，2009年）395頁〔吉本健一〕。

こまでの不備でなくとも，監査役が求めた補助使用人が配置されていないことや，法令や定款を遵守すべき体制が十分に整っていない等，監査役が，その内容を相当でないと判断した場合には，その旨およびその理由を監査報告に記載しなければならない。取締役の職務執行の効率性については，内部統制システムが効率性を著しく害するような場合には，取締役の善管注意義務に反することとなりうるから，少なくとも，その限りにおいては監査役監査の対象となるとされる☆70。

もっとも，監査役は，適法性監査権限のみを有し，独任制で，通常，監査役が自ら業務・財産等の調査等を行うという方法で監査を行うことが想定されている。これに対し，指名委員会等設置会社の監査委員会は，適法性監査権限のみならず妥当性監査権限をも有し，委員会による組織監査であり，内部統制システムを利用して監査を行うことが想定されている☆71。監査等委員会設置会社の監査等委員会も，指名委員会等設置会社の監査委員会と同様であるとされる☆72。上記のとおり，会社法本体が，監査委員会や監査等委員会「の職務の執行のために必要なものとして法務省令で定める事項」を内部統制システムに組み込んでいるのは，このためである☆73。

そこで，ここで整備すべき体制も，このような会社形態の違いに応じたものになる。もっとも，指名委員会等設置会社の監査委員会も，監査役設置会社の監査役に近い運用が可能ともされており☆74，このような運用をする会社では，監査役設置会社に近い体制が整備されることになろう。

---

☆70　相澤ほか編著・前掲注（☆1）342頁。
☆71　岩原紳作編『会社法コンメンタール9 機関(3)』（商事法務，2014年）95〜97頁〔伊藤靖史〕。
☆72　坂本編著・前掲注（☆7）37頁。
☆73　坂本編著・前掲注（☆7）54頁。
☆74　岩原編・前掲注（☆71）98頁〔伊藤〕。

## 2 補助使用人に係る体制[※75]

(1) 監査役がその職務を補助すべき使用人を置くことを求めた場合における当該使用人（[監査等委員会／監査委員会]の職務を補助すべき取締役および使用人）に関する事項（会社則98条4項1号，100条3項1号，110条の4第1項1号，112条1項1号）

　監査役による監査体制の構築は，内部統制システムの一部である以上[※76]，あくまで当該体制の構築義務は取締役が負うことになるが，他方，監査役の監査体制は，監査役の主導によるべきものであることから，補助使用人の要否は，第一義的には監査役が判断することとしている[※77]。すなわち，監査役が補助使用人を使うかどうかは，監査役がまず検討すべき事項であり，取締役会が，監査役の意見も聴取せずに決める問題ではない。監査役が補助使用人を求めない場合，監査役の独立性の観点から補助使用人を置くことは妥当ではない。監査役が補助使用人を求めなかった結果，不十分な監査しかできなかった責任は，原則として監査役が負う。逆に，監査役が補助使用人を求めたのに取締役会が不要と判断した場合にはそれにより十分な監査ができなかったことに対する任務懈怠責任は原則として取締役が負うとされる（会社則105条2項参照）[※78]。

　これに対し，監査等委員会設置会社や指名委員会等設置会社においては，常勤者の選定が必須とされないので，「補助使用人を置くことを求めた場合」という留保は定められていない。また，委員会を補助すべき「取締役」を置くことも義務づけられてはいない[※79]。なお，「職務を補助すべき取締役」とは，たとえば，監査等委員会や監査委員会が社外取締役のみで構成されてい

---

[※75] 条文としては，(2)(3)の体制は，(1)の体制に含まれるものの例示という関係に立つわけではないが（法務省・前掲注（☆1）第3, 2(9)⑧），この3項目に形式的に区分した決議を求めるものではなく，複数の号に掲げる事項をまとめて決議することも許容される（法務省・前掲注（☆1）第3, 2(9)⑩）。
[※76] 前掲注（☆67）参照。
[※77] 相澤＝石井・前掲注（☆21）15頁。
[※78] 相澤ほか編著・前掲注（☆1）339頁。
[※79] 法務省・前掲注（☆1）第3, 2(9)⑰。

る場合において，当該委員会の情報収集活動に協力することを職務とする取締役や，監査委員会を始めとした各委員会相互間の情報共有に寄与することを職務とする取締役等が考えられ[☆80]．また，内部監査を担当する取締役も想定される[☆81]。

会社法の立案担当者は，監査役がその職務を補助すべき使用人を置くことを求めた場合における当該使用人に関する事項には，①監査役が補助使用人を求めた場合に，補助使用人を置くのか，②監査役専属の補助使用人を置くのか，他の部署と兼務か，③補助使用人の人数や地位をどうするのかなどが該当するとする[☆82]。

(2) **使用人の取締役からの独立性に関する事項**（会社則98条4項2号，100条3項2号，110条の4第1項2号，112条1項2号）

会社法の立案担当者は，補助使用人の取締役からの独立性に関する事項には，①補助使用人の異動についての監査役会の同意の要否，②取締役の補助使用人に対する指揮命令権の有無，③補助使用人の懲戒についての監査役会の関与等が該当するとする[☆83]。

(3) **監査役（監査等委員会／監査委員会）のその職務を補助すべき（取締役および）使用人に対する指示の実効性の確保に関する事項**（会社則98条4項3号，100条3項3号，110条の4第1項3号，112条1項3号）

監査役（監査等委員会／監査委員会）のその職務を補助すべき（取締役および）使用人に対する指示の実効性の確保に関する事項は，平成27年改正により新たに増えた項目であるが，広い意味では上記(1)といえるし，(1)(2)と共通の体制として定めることも多いと想定されるが，監査を支える体制の規定の充実・具体化を図る観点から，条文上，広く「監査役の指示の実効性の確保に関する事項」を規定することが適切であると考えられたため，別号として規定が新設されたものである[☆84]。

---

☆80　相澤＝石井・前掲注（☆21）16頁。
☆81　法務省・前掲注（☆1）第3, 2(9)⑮。
☆82　相澤ほか編著・前掲注（☆1）339頁。
☆83　相澤ほか編著・前掲注（☆1）339頁。
☆84　坂本ほか・前掲注（☆7）改正省令解説〔Ⅰ〕6～7頁。

この改正の立案担当者は,これには,①補助使用人を監査専属とするか他の部署と兼務させるのか,②補助使用人の異動についての監査役の同意の要否,③取締役の補助使用人に対する指揮命令権の有無,④補助使用人の懲戒についての監査役の関与等が該当すると考えられるが,上記(1)(2)と共通の内容となることも多いことが想定されるとする☆85。

(4) 具体的な体制整備

　実際は,会社の規模によっては,監査役だけで十分機能を発揮できる場合もあるが,一定規模の会社では補助使用人が置かれることが多いと思われる。特に監査役会設置会社においては,いくら常勤監査役が選定されるとしても(会社390条3項),監査役の半数以上が社外ということもあり(会社335条3項),補助使用人は必須と考えられる。補助使用人の役割については,監査役の秘書的業務から監査役会の事務局,監査業務のサポートと幅広い機能が考えられるが,具体的にどのような業務を行うかは各企業の実態に応じて異なる。補助使用人には,これだけの機能を発揮できるだけの能力(財務・会計・法務)を備えていることが期待されているうえ,業務執行機関側から報告を円滑に受けるためにも,信頼される人材が求められる。しかし,すべての分野で高い専門性を備えた人材は希少であることから,すべての業務を補助使用人が行うことは現実的ではない。実際には,法務関係であれば弁護士,会計であれば公認会計士,税務であれば税理士といった外部の専門家を起用できる体制をとることが考えられる。その際には,監査役の独立性を確保する観点から監査役が執行側に干渉されることなく独自に起用できる体制にしておく必要がある。監査役の予算にはそのような専門家起用も含めて,ある程度の枠を確保しておく必要がある。

　補助使用人については,「監査役室」といった組織を作り,そこに専任者が任命されるのが原則と考えられるが,実際には内部監査部門や法務,経理部門といったスタッフが兼務している例もあるようである。しかし,監査役の独立性の確保の観点からいえば,本来,業務執行機関側の部署の使用人が監査役の補助使用人になることについては疑問なしとしない。もっとも,監

---

☆85　坂本ほか・前掲注(☆7)改正省令解説〔Ⅰ〕7頁。

査役室に監査役スタッフが設置されていながら，社長直属の内部監査部門が設置されていない場合，監査役スタッフの監査機能は，監査役監査を支援しているのか，それとも内部監査機能を事実上担っているのか，微妙な問題が生じ，その結果，監査役監査が執行の側に取り込まれる，いわゆる監査役監査の内部監査化[86]といわれる状況が生じないようにしなければならない（会社則105条3項）[87]。さらに，補助使用人の昇格，昇給，評価についても，取締役（執行側）からの独立性を担保するためには，他の業務執行機関の使用人とは別に行うべきである。

## 3　監査役（監査等委員会／監査委員会）への報告に係る体制

(1)　**監査役（監査等委員会／監査委員会）への報告に関する体制**（会社則98条4項4号，100条3項4号，110条の4第1項4号，112条1項4号）

監査役（監査等委員会／監査委員会）への報告に関する体制には，その例示として，取締役および会計参与ならびに使用人が監査役（監査等委員会／監査委員会）に報告をするための体制（各号イ）と子会社の取締役，会計参与，監査役，執行役，業務を執行する社員，会社法598条1項の職務を行うべき者その他これらの者に相当する者および使用人またはこれらの者から報告を受けた者が監査役（監査等委員会／監査委員会）に報告をするための体制（各号ロ）が定められている。前者は，平成27年改正前にも定められていたが，後者は，当該株式会社およびその子会社から成る企業集団における体制が法律に格上げされたことを踏まえて，平成27年の改正により新設されたものである[88]。後者については，グループ監査体制について述べた上記Ⅴ2(5)のとおりである。

会社法の立案担当者は，取締役及び使用人が監査役に報告するための体制その他の監査役への報告に関する体制には，①監査役に報告すべき事項の範

---

☆86　監査役が，取締役の職務の執行を監査する職務を避け，「経営執行に奉仕する監査」を標榜し，本来「執行側の論理で行われるべき内部監査」に監査役監査が埋没している状況（鳥羽・前掲注（☆4）437頁）。

☆87　鳥羽・前掲注（☆4）282頁。

☆88　坂本ほか・前掲注（☆7）改正省令解説〔Ⅰ〕7頁。

囲，②使用人が，直接，監査役に報告するものとするか（ヘルプライン）等が該当するとする[89]。

　監査役がその機能を発揮するためにも，監査役は会社業務の適法性に関する事項を適時に入手する必要がある。監査役は取締役会に出席するので，取締役会に上程される事項については直接知りうる立場にあるが，それ以外の事項についても，取締役または担当部局から報告が適時適切になされる必要がある。監査役に報告すべき事項としては，たとえば以下のものが挙げられる。

---

① 決算報告
② 会社業績に重大な影響を及ぼす投資・融資・借入れ
③ 会社に重大な損害を及ぼすようなクレーム・争訟
④ 法令，定款，社内規程違反等のコンプライアンス上重大な問題のある事項
⑤ 常務会等の経営会議の決議事項
⑥ 内部監査報告

---

　このうち，①②③については取締役会付議事項となっていることが多いと考えられるが，②③については，会社の規模によって取締役会付議事項が非常に多額なものに限定されているので，監査役への報告事項はその範囲を広げて考えるべきである。いずれにせよ，どのような事項を監査役にどのようなルートで報告するかは監査役監査の実効性を高めるためにも，あらかじめ社内規程で定めておく必要がある。上述のリスク管理規程では経伺ルートについても定めているが，そのなかに監査役に報告されるものも定めておくべきである。

　一方で，規程で定める報告ルートは公式の経伺の方法であり，それだけで重要な事項のすべてが理解され，監査役としてその適法性について十分な確信を得られるわけではない。実際には特に重要な事項については，取締役なり担当部局から事前に監査役に説明がなされたり，監査役が疑問や疑念を

---

[89] 相澤ほか編著・前掲注（[1]）340頁。

もった場合には，必要に応じ情報を求めそれが実際に得られることが，監査役の機能の発揮という点から重要である。そのためには，取締役から使用人まで監査機能の重要性を認め，適時適切に報告することが必要である。その際には，コンプライアンス体制と同様，トップマネジメントが日頃からそのような姿勢を示すことによって，そのようなマインドが会社に根づくようになる。

会社経営の適法性を確保するという点では，通常の報告体制だけでは，なかなか違法行為は監査役の知るところとならない。コンプライアンス体制で説明したとおり，コンプライアンス問題を吸い上げる制度として内部通報制度があるが，その窓口の一つとして監査役または監査役室（補助使用人）を定めることにより，監査役は更に幅広く情報を入手することができる。コーポレートガバナンス・コード原案の補充原則2－5①も，「経営陣から独立した窓口の設置（例えば，社外取締役と監査役による合議体を窓口とする等）を行うべき」としている。ただし，企業によっては，業務執行機関側の制度としての内部通報制度の窓口として直接使用人が監査役に通報できるという制度まで行っていない場合もあるが，その場合でも，コンプライアンス体制が機能していることを監査役が認識するためにも，コンプライアンス担当部局からコンプライアンス事例の報告を受けるなど，コンプライアンス担当部局と監査役（室）との連携は必要である。

また，内部監査部門との連携も図る必要がある（公益社団法人日本監査役協会の「監査役監査基準」34条参照）。また，前述のとおり，監査役監査の実効性を確保するためにも外部専門家を起用する場合がある。

このように，監査役および補助使用人が社内外と密なコミュニケーションをとることが，監査機能の発揮には必要である。

(2) 報告をした者が当該報告をしたことを理由として不利な取扱いを受けないことを確保するための体制（会社則98条4項5号，100条3項5号，110条の4第1項5号，112条1項5号）

上記(1)の体制が整備されても，監査役に報告をした者が当該報告をしたことを理由として不利な取扱いを受けることになっては，当該体制の実効性が損なわれる。そこで，平成27年の会社法施行規則の改正により，この項目

が新設された。

　この改正の立案担当者は，報告をした者が当該報告をしたことを理由として不利な取扱いを受けないことを確保するための体制には，監査役への報告を理由とする解雇等の不利益な処分を禁止することのほか，当該株式会社またはその子会社の役職員から当該株式会社の監査役への報告が，直接に，または，当該役職員の人事権を有していない仲介者を介して，当該監査役に対してされる体制が考えられ，上記(1)と共通の体制として整備されることも考えられるとする☆90☆91。

　なお，この(2)の「体制」は，監査役に対する報告についての体制として規定されたものであるから，コーポレートガバナンス・コード原案2－5①に，内部通報における「情報提供者の秘匿と不利益取扱の禁止に関する規律を整備すべきである」と定められているところにいう「規律」や，公益通報者保護法上の公益通報者保護制度に関する会社の体制とは，重なり合う部分もありうるが，一致はしない☆92。

## 4 監査役（監査等委員会／監査委員会）の職務の執行について生ずる費用の前払または償還の手続その他の当該職務の執行について生ずる費用または債務の処理に係る方針に関する事項（会社則98条4項6号，100条3項6号，110条の4第1項6号，112条1項6号）

　会社法388条において，監査役は，その職務の執行について生ずる費用の前払いもしくは償還または負担した債務の債権者に対する弁済等を会社に対して請求することができるとされているところ，各社において各社の状況に応じて当該費用または債務の処理に係る方針についての決定を行っておくことは，その処理についての監査役の予測可能性を高め，監査役の職務の円滑な執行に資すると考えられたことから，平成27年の会社法施行規則の改正

---

　☆90　坂本ほか・前掲注（☆7）改正省令解説〔Ⅰ〕7頁。
　☆91　条文の内容としては，(2)の体制は，(1)の体制の例示という関係に立つわけではない（法務省・前掲注（☆1）第3，2(9)⑬）。
　☆92　坂本ほか・前掲注（☆7）改正省令解説〔Ⅰ〕8頁。法務省・前掲注（☆1）第3，2(9)⑫⑭も参照。

により，この項目が新設された。

　この改正の立案担当者は，監査役の職務の執行について生ずる費用の前払いまたは償還の手続その他の当該職務の執行について生ずる費用または債務の処理に係る方針に関する事項には，明文で例示されているとおり，監査役の職務の執行について生ずる費用の前払いまたは償還の手続について決定することなどが考えられるとする[☆93]。

### 5　その他監査役（監査等委員会／監査委員会）の監査が実効的に行われることを確保するための体制（会社則98条4項7号，100条3項7号，110条の4第1項7号，112条1項7号）

　この項目は，包括的な体制を定めたものであり[☆94]，会社法の立案担当者は，上記2から4の事項以外で，監査役（監査等委員会／監査委員会）の監査が実効的に行われることを確保するための体制があれば，この項目として決定し，整備することが考えられるとする[☆95]。

　監査役は，上記3のとおりの報告を受けるほか，コンプライアンス違反事例の疑いを知ったときには自ら調査活動を行い，内部統制システムに不備がなかったかの監査を行う（会社則129条1項5号）。また，内部監査部門がある企業においては，内部監査による監査報告書を利用して内部統制システムの健全性について監査を行う。こうしたことは，できる限り監査役の権限として社内規程化しておくことが望ましい。

### 6　内部監査部門との関係

　最後に，内部監査部門との関係について付言する。

　多くの大企業では監査役とは別に内部監査部門を置いていることが多い。監査役監査は，適法性監査であり，妥当性監査，すなわち業務の有効性と効率性を確保することまで含まれていない。したがって，このような妥当性監

---

☆93　坂本ほか・前掲注（☆7）改正省令解説〔Ⅰ〕8頁。
☆94　法務省・前掲注（☆1）第3，2(9)㉔，坂本ほか・前掲注（☆7）改正省令解説〔Ⅰ〕9頁。
☆95　相澤ほか編著・前掲注（☆1）40頁。

査を行う組織として内部監査部門を設置するわけである。このような内部監査は，監査役監査および会計監査人による会計監査とあわせて三様監査と呼ばれる。

内部監査部門は業務執行機関内部の統制として，取締役会に直属させるか，業務執行部門を所管しない取締役（たとえば社長）に所掌させることにより，監査役（およびその補助使用人である監査役室等）とは組織上の体系を分けることが望ましい[96]。

内部監査部門は，専任スタッフにより構成される独立した組織であり，業務としては企業の各部門の業務についてその有効性・効率性までに立ち入って，財務情報だけでなく，業務プロセスにおける問題点等を含めて監査することである。監査を実施した場合には，問題点の指摘とその解決策まで提案する形で監査報告書をまとめ，速やかに担当役員（または取締役会直轄の場合は取締役会）に報告する。内部監査部門の長が取締役会でない場合でも，特に重要な問題を発見した場合には，適宜，取締役会に報告するなど，経営上重要な情報は取締役に伝わるような体制を構築しておく。また，コンプライアンス違反事例などは，コンプライアンス担当部局にも連絡するなど，社内の関連部局との円滑なコミュニケーションは必須である。

通常，監査役による監査は人員が限られており，適法性監査に限定して行われるため，おのずと限界がある。監査役がその機能を十分に発揮するためにも，内部監査報告書は必ず監査役にも回付されるようにする。

監査役設置会社形態における監査役と内部監査部門等内部統制部門との関係を図式化すると図3のとおりとなる。

これに対し，上記1のとおり，監査等委員会設置会社形態や指名委員会等設置会社形態においては，監査等委員会や監査委員会は，内部統制システムを通じて業務の妥当性監査を行う職責を負い，執行役が運用する内部統制システムの有効性を監視し，有効性が欠如していない限り，これに依拠して監査することができる。このような職責を果たすため，図4のとおり，内部監査部門を補助使用人と位置づけることも許されるものと解される。この点

---

[96] 大塚＝藤田ほか・前掲注（[39]）77～79頁。

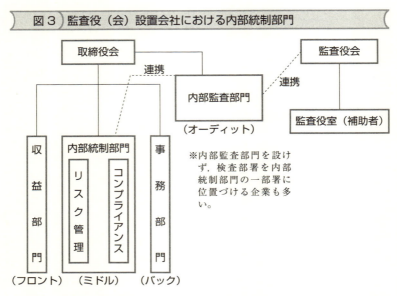

出所：大塚和成＝藤田和久ほか『内部統制対応版　企業コンプライアンス態勢のすべて〔新訂版〕』（金融財政事情研究会，2012年）79頁。

で，内部監査部門を執行機能の一組織として，監査役の補助使用人と切り離して考える監査役設置会社形態とは異なると考えられる[97][98]。

---

[97] 大塚＝藤田ほか・前掲注（☆39）80〜82頁。
[98] 企業組織における内部監査部門の位置づけについて論じるものとして，鳥羽・前掲注（☆4）281〜284頁。

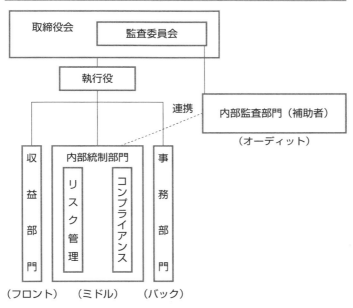

図4　指名委員会等設置会社における内部統制部門―理想型

出所：大塚和成＝藤田和久ほか『内部統制対応版　企業コンプライアンス態勢のすべて〔新訂版〕』（金融財政事情研究会，2012年）82頁図10。

◆藤　田　和　久＝大　塚　和　成◆

Internal Control

# 第Ⅱ部

## 企業における内部統制の実務と弁護士・公認会計士の関与の実際

# 内部統制システムの構築および運用段階における弁護士の役割

 はじめに

　内部統制システムの構築および運用において弁護士がその専門性を発揮できるのは，主としてコンプライアンス態勢に関わるものになることが一般的であろう。そこで，本章においては，主としてコンプライアンス態勢の構築および運用の段階において，弁護士がどのような役割を果たせるか，逆にいえば，企業として，どのように弁護士を活用していくことができるかという点について述べる。

 役員向けのコンプライアンス研修

　まず，法令等遵守を目的とした内部統制システムの構築および運用は，法令等遵守という企業目的達成に向けた社風・慣行を醸成し，統制環境を整えることから始まる。そして，そのためには，コンプライアンス態勢構築に向けた企業トップの意識改革が不可欠である。
　そこで，そのために，一般に，役員向けのコンプライアンス研修などが行われる。このような内部統制システム（コンプライアンス態勢）構築時に開催されるコンプライアンス研修は，チーフ・コンプライアンス・オフィサーなどのコンプライアンス責任者によって行われる場合も多いが，顧問弁護士等に依頼することも有益であると思われる。

「コンプライアンスは重要である」というテーマ自体は，至極，あたり前のことであるため，通り一遍のことを説明するだけでは，退屈になりがちである。そこで，うまく裁判例を具体的に説明することで聞き手に興味をもってもらうなどの工夫が必要になる。筆者の経験上，たとえば，ジャージー高木乳業事件☆1（行政による指導を受けて，代表取締役は，部下に対して法令遵守を指示したが，その部下がとった措置の内容やその結果を報告させ，法令違反状態の解消を確認しなかった結果，法令違反が発生し，会社が破産に至ったとして，代表取締役が旧商法266条の3〔現行会社法で429条に該当〕に基づき元従業員から2年分の給与の請求を受け，責任が認められた事例）やダスキン事件☆2（不祥事を認識しながら，取締役会が，自ら積極的にはこれを公表しないという方針を採用した結果，後に不祥事が発覚したという事例において，取締役と監査役に信用回復などのためのキャンペーン費用などについて損害賠償責任が認められた事例）が，特に，コンプライアンス態勢構築の重要性を認識してもらううえで，聞き手の関心を惹いているように思われる。

##  リスク評価と対応のためのデュー・ディリジェンス

「リスク評価と対応」は，内部統制システムの重要な要素の一つであり，リーガル面でいえば，自社の業態から遵守すべき法令・社会規範を整理したうえで，それを遵守するための組織体制等を整備することである。

この点，一般的には，各企業においていかなるリスク事項があるかについての洗い出しを部外者が行うことは困難である場合が多く，特にある程度の規模を有する企業の場合，いかに顧問弁護士であっても企業のすべての活動を網羅的に把握しているわけではない（専門分野ごとに複数の顧問弁護士事務所をもち，これを使い分けている場合も少なくない。）。そこで，リスク事項の洗い出し作業については，例えば，各従業員からアンケート方式で回答を得たりする等して，各社において，苦心して行われている場合が多いように思

---

☆1　名古屋高金沢支判平17・5・18判時1898号130頁・労判905号52頁。
☆2　大阪高判平18・6・9判タ1214号115頁・判時1979号115頁。

われる。

　しかしながら，企業において，いかなるリーガルリスクがあるかを抽出し，当該リスクが，実行しようとしているディールにとって致命的なものであるかを評価し，また，当該リスクが顕在化しないための措置を提示することは，まさに，M＆Aの際に行われるデュー・ディリジェンスと同じ作業である。

　そこで，リーガル面における「リスク評価と対応」を行っていくうえで，弁護士によるデュー・ディリジェンスを受けるということが考えられる。問題は，大規模なデュー・ディリジェンスを行う場合，それなりのコストが生じてしまうことにあると思われる。このデュー・ディリジェンスは，個人にたとえればいわば人間ドック的な意味合いがあるので，本来であれば，スポットを限定せずに，ビジネス，資産，負債，知的財産，人事労務など企業活動全体からのリスク事項の抽出を依頼することが望ましい。もっとも，費用的に難しいようであれば，今年は，この部分，来年は，この部分などと分けてリスク事項の抽出を依頼することも考えられよう。

##  コンプライアンス担当部署と顧問弁護士との連携

　日常的な活動において発生する法律問題については，社内組織としてコンプライアンス担当部署が設置され，ここに企業活動に伴い発生する法令違反リスクを識別・分析する機能がもたせられ，当該部署で日常的な法律問題に関する適切な対応を選択する役割が求められることになる。

　そこで，コンプライアンス担当部署においては，まず，顧問弁護士に確認を要する事項か否かを選別したうえで，確認を要すると判断される事項については顧問弁護士と連携して対応を検討することが求められる。また，専門分野ごとに複数の顧問弁護士事務所をもち，これを使い分けているような規模の企業の場合は，どの顧問弁護士事務所の専門分野かを判断する必要があるが，この点についても，メインの顧問弁護士事務所を決めておき，その顧問弁護士事務所に相談するということでもよいと思われる。

## コンプライアンス委員会の委員の委嘱

 ある程度の規模の会社においては，コンプライアンス経営を担う組織としてコンプライアンス委員会が設置される事例が増えており，コンプライアンス委員会において，①コンプライアンス施策の検討，②コンプライアンス施策の実施状況のモニタリング，③コンプライアンス違反事件についての分析・検討，④再発防止策の策定などが検討される。このコンプライアンス委員会の位置づけは，チーフ・コンプライアンス・オフィサーの諮問機関などとされる場合が多いようである。
 このようなコンプライアンス委員会の委員としても弁護士の活用が有用である。なお，顧問弁護士を委員として委嘱することの相当性に関しては，後述の不祥事発覚時の第三者委員会の場合と比べれば，独立性・公正性の確保の要請は低いとはいえるが，③④については，不祥事発覚時の第三者委員会と共通する部分もあるため，場合によっては顧問弁護士が委員に就任することが適切ではないような場合も考えられる。

 ## 規程類の整備・チェック

 リスクを評価した後は，それを統制するための組織化と制度化が必要であり，①コンプライアンスに関する基本方針，②企業理念規程，③組織・運営規程，④稟議・文書管理規程，⑤個別リスク管理規程，⑥コンプライアンス・マニュアルなどの文書化が必要となる。
 規程類については，コンサルタントなどから入手したひな形などを参考に作成される場合が多いようにも思われるが，各規程の切り貼りになってしまい，統一性や整合性が図られていない場合が多々見られる。また，企業活動を行っていくうえで問題が生じたことなどを契機として，後から，規程類が追加作成される場合もよくあり，この場合，先行している他の規程類との整合性が検討されずに，ひな形として渡された規程をそのまま採用したという事例も散見される。

そこで，各規程類の統一性や整合性を確認するために，弁護士のレビューを受けることが望ましい。

また，個別のリスク管理規程においても，たとえば，個人情報保護規程やインサイダー取引防止規程などの場合，法令の内容がそのまま規程類に反映されていることが多い。そこで，仮に，このような規程が，法令の誤った理解のもと，作成されていた場合には，かえって，法令違反を誘発することになりかねないので，弁護士のチェックが必須である。また，このような規程類については，該当法令が改正された場合には，これに合わせて改正が必要になる場合も考えられるので，コンプライアンス担当部署において法令改正の動向をチェックしつつ，必要に応じて，規程類の改正の要否についても弁護士の確認を得ることが望ましいと思われる。

## Ⅶ　ヘルプラインの構築

内部統制における情報と伝達のルートとして，内部通報窓口の制度（いわゆるヘルプラインの制度）が設けられていることは，ある程度の規模以上の企業にとっては常識になりつつある。その目的は，企業内部において存在するコンプライアンス違反の可能性を，より早期の段階で察知し，当該コンプライアンス違反が企業にとって致命的なものになる前に対応することを可能としたり，また，外部告発を受けたマスコミ等に企業不祥事を公表される前に，自ら対応策とともに公表することで企業に自浄作用があることを示し，レピュテーション被害等によって企業が被るダメージを最小化することなどである。

そこで，ヘルプラインを構築するうえでは，できるかぎり，従業員が利用しやすいものにしなければ，せっかくこれを構築する意味が半減してしまう。この点，ヘルプラインを構築するうえでは，単なる誹謗中傷や嫌がらせの類を防止するために匿名通報を禁止したりすることもあるが，間口はできるかぎり，広くしておくことが本来の目的に資するといえる。

そこで，このような観点からは，社内の通報窓口だけではなく，弁護士に外部窓口を依頼することが望ましい。外部窓口を依頼する先としては，弁護

士事務所のほか、コンサルタント会社を指定している実例も存在し、必ずしも、これも否定されるものではないが、弁護士の方が法律上の守秘義務を課されており、また、一般論としては、社会的信頼も高いといえるので、利用者が安心できる度合いが高いと考えられる。そこで、より利用しやすいヘルプライン制度の構築という観点からは、弁護士事務所を外部窓口とする方が目的に適うように思われる。

　弁護士事務所を外部窓口にする場合の検討事項として、顧問弁護士事務所を外部窓口にするか、それとも、顧問弁護士事務所以外の弁護士事務所を外部窓口にするかという問題がある。この点については、どちらの点にもメリット・デメリットがあるといえ、一概にどちらがよいとはいえないだろう。筆者の経験上、ヘルプラインの通報者は、伝えたいことを整理できておらず、また、具体的に、どの事実について、コンプライアンス違反の可能性があると考えているのかについてもはっきりと説明できない場合が多い。このこと自体は、ヘルプラインの間口をできるだけ広くするという観点から見て、まったく問題ないことであるが、通報者が、社内の人間であれば、当然、わかっていることは、通報窓口の弁護士もわかっているという前提のもと、社内の特殊な用語などで説明した場合、顧問弁護士事務所でない場合には、会社の業務の基本的な流れがわかっていない場合も多いため、さっぱり伝わらない場合または時間がかかる場合がある。そこで、このような観点からすれば、業務の基本的な流れがわかっている顧問弁護士の方がよいともいえる。しかしながら、他方で、顧問弁護士は、会社の利益を無視することはできないので、会社の利益と通報者の利益が相反するような場合には、構造的に公平な判断が期待できない場面も考えられる。また、顧問弁護士は、通常、会社の代表取締役又は取締役会と親密な関係にあることが多いため、これらの経営陣に関する通報についても、構造的に公平な判断が期待できない場面も考えられる。そして、このような構造的な問題が、「顧問弁護士だから、どうせ経営者側の意見しか言うはずがない」と捉えられ、利用者のヘルプラインの利用についての心理的妨げになってしまうのであれば、できるだけ間口を広げて、利用しやすいヘルプライン制度を構築するという目的を阻害することも考えられる。そこで、顧問弁護士事務所をヘルプライン制度における外部

窓口とする場合には、上記のような利用者の心理的な妨げとならないようにする工夫が必要である。この点、顔を知ってもらうということが信頼感を得てもらううえで重要であるので、定期的に従業員向けのコンプライアンス研修を行ったり、社内報に写真を載せるなどが有効である（なお、顔を知ってもらうことによって信頼感を得るということは、顧問弁護士事務所以外の事務所が外部窓口となる場合でも同様であるので、これらの工夫は、顧問弁護士事務所以外の事務所が外部窓口となる場合も有効である）。

## 現場の従業員に対する日常的な研修

　社員にコンプライアンス意識を植え付け、コンプライアンス経営を推進していくためには、上記Ⅱの役員向けのコンプライアンス研修とは別に、現場の個々の従業員の法令理解を深めて、コンプライアンスの意義を理解してもらい、会社が直面しているコンプライアンス・リスクにいかに対応すべきかを認識してもらう必要がある。

　ここでの研修は、総論的なコンプライアンスの理解はもちろんのこと、現場の従業員の具体的な業務に落とし込んだ研修内容とすることが有効であることから、弁護士のような外部者ではなく、現場のコンプライアンス責任者が研修の講師を務めることの方が多いと思われるが、複数回行う研修のうち、年に一度か、二度かは、顧問弁護士等の外部者に講師を委嘱することも考えられる。たとえば、これをヘルプラインの担当弁護士が行うなどすれば、上記Ⅶで述べたような顔を知ってもらうということの契機になりえよう。

## 不祥事発覚時の対応指導

　コンプライアンス態勢の構築は、企業不祥事を未然に防止するためのものではあるが、そうはいっても、現実には不祥事は起こりうるものである。そこで、実際に不祥事が起きてしまったときに、いかにダメージ・コントロールをするかという点、すなわち、いかに危機管理体制を整備・構築するかも内部統制システムを構築するうえで重要な点である。

マスコミ対応を含めたダメージ・コントロールについては，専門のコンサルタントも存在するので，そのようなコンサルタントに依頼することも有益であるが，不祥事対応を専門とする弁護士も増えているので，このような弁護士に依頼することも考えられる。不祥事対応において重要なことは，迅速に，かつ，的確に，情報及び対応策を開示することである。したがって，対応として，最も悪いことは，複数の専門家の意思統一が図れないことによって迅速な意思決定が阻害されることである。そこで，平時において，危機対応マニュアルを整備して，迅速な意思決定のためのプロセスを定めておき，意思決定に関与する専門家もあらかじめ定めたうえで，緊急時の対応マニュアルの中に組み込んでおくことが有効である。

 **不祥事発覚時の第三者委員会の委員の委嘱**

また，企業不祥事が発覚した場合，最近では，第三者委員会が設置されることが，常識になりつつある。企業不祥事が発覚した際に，企業がなすべきことは，企業に自浄作用があることをアピールし，不祥事発覚によって失った社会の信頼を取り戻すことである。そして，そのためには，①どのような事象が，②どのようなことが原因で発生したのか，③当該事象に広がりはないのか，④再発防止のためにどのような措置を講じるのか，⑤関係者の処分，を早期に公表することが有用であるといわれている。もっとも，不祥事が発覚した企業（特に企業トップ）のインセンティブとしては，事案を矮小化したいと考えるのがむしろ普通であるし，⑤の関係者の処分については，自らの処分にもつながる場合も少なくない。そこで，企業が自ら，上記の①ないし⑤を公表しても，必ずしも社会の信頼回復にはつながらないことから，企業から独立した有識者によって構成される第三者委員会が設置されている。この第三者委員会に関しては，2010年に日本弁護士連合会から「企業等不祥事における第三者委員会ガイドライン」（以下「日弁連ガイドライン」という）が公表されており，そこでは，「企業等と利害関係を有する者は，委員に就任することができない。」とされ，「顧問弁護士は，『利害関係を有する者』に該当する。企業等の業務を受任したことがある弁護士や社外役員について

は，直ちに『利害関係を有する者』に該当するものではなく，ケース・バイ・ケースで判断されることになろう。」とされている。日弁連ガイドラインは，「本ガイドラインは第三者委員会があまねく遵守すべき規範を定めたものではなく，あくまでも現時点のベスト・プラクティスを取りまとめたものである」とはされているものの，上場企業の場合，たとえば，東京証券取引所は，2010年8月に公表した「上場管理業務について──虚偽記載審査の解説」（以下「東証解説」という）において「上場会社による虚偽記載が発覚した際には，いわゆる第三者委員会が設置され調査及び結果公表を行うという実務慣行が定着しつつある」としたうえで「第三者委員会の設置に関しては日本弁護士連合会策定『企業不祥事等における第三者委員会ガイドライン』をご参照ください」，「本書では，虚偽記載審査における第三者委員会について記載していますが，その他の上場廃止基準に抵触する可能性がある事象が発生した場合についても，本書の記載に準じた対応が望まれます」と記載されていた。この東証解説は，有価証券上場規程等の一部改正に伴い，2013年8月9日に廃刊とされたが，現在でも，参照されるべきものとされ，事実上，東京証券取引所や証券取引等監視委員会などは日弁連ガイドラインに準拠した第三者委員会の設置を要請している☆3。

##  反社会的勢力対応関連

　最後に，企業活動の中で生じるリスク事項の一つとして，反社会的勢力によるリスクが注目を集めているので，この点についても簡単に触れておく☆4。2011年に東京都において暴力団排除条例が施行されたことにより，すべての都道府県において暴力団排除条例（以下「暴排条例」という）が設けられる

---

　☆3　新島早織「東証自主規制法人における虚偽記載審査の概要」商事1910号（2010年）35頁，中家華江「不正会計における第三者委員会」会計・監査ジャーナル664号（2010年）66頁，尾崎恒雄監修・執筆／西村あさひ法律事務所危機管理グループ『役員・従業員の不祥事対応の実務──調査・責任追及編』（レクシスネクシス・ジャパン，2014年）105頁。

　☆4　大塚和成編著『内部統制対応版企業コンプライアンス態勢のすべて〔新訂版〕』（きんざい，2012年）261～324頁〔水川聡〕に詳しい。

ことになったが，特に，上場企業をはじめとした大企業などにおいては，金融商品取引所等を通じて，単に暴排条例を遵守することが求められているというだけではなく，反社会的勢力との一切の関係遮断の徹底が求められており，暴排条例の施行についても，施行されたから対応しなければならないというよりは，このような動きを加速させる一つの契機であると捉えられている。そこで，各企業においては，「暴力団関係者」に該当しうるような，いわゆるブラック認定の企業との関係遮断はもちろんのこと，そこまでは至らない，いわゆるグレー認定の企業との関係についても，遮断または見直しが検討されている。そこで，漫然と今までどおりの取組みを続けたことにより，意図したわけではなくても，結果として，反社会的勢力との間で取引をしてしまっていたという結果が生じた場合，他の企業からグレー認定を受けてしまうことも考えられ，そうなれば，関係遮断または取引見直しの対象にされてしまうという事態も生じるようになっている。

そこで，企業活動を行ううえでは，①取引先の反社チェックと②万が一，反社会的勢力と接触してしまった場合の対応がより一層，重要になっている。

この点，①の反社チェックに関しては，警察や特防連，暴力追放運動推進センター等に照会をかけることも考えられるが，反社会的勢力対応を取り扱っている弁護士であれば，日常業務の中から，ある程度の情報を有している。また，インターネット検索エンジンや日経テレコンなどの有料データベースを利用して検索を行う場合の有効な検索ワード（たとえば，あらかじめ，「暴力団」，「総会屋」，「容疑」，「逮捕」，「疑い」，「反社」，「反市」，「不正」，「処分」，「違反」，「インサイダー」などのキーワードを決めておき，これらと取引先の商号，代表者や取締役等の名前，主要株主の名称などを組み合わせて検索する等）や，商業登記簿からわかるいわゆるフロント企業などに多く見られる兆表（たとえば，ある時期にすべての役員が入れ替わっており，これが何度か繰り返されていたり，本店所在地が頻繁に変わっていたり，ある時期に事業目的がやたらと追加されているというケース）などについて適切・有効な助言を行うことも可能であるので，有効に活用すべきである。

また，②の反社会的勢力と接触してしまった場合の対応については，まずは警察に相談するべきであるが，その後は，一切，直接のやりとりは行わず，

すべてのやりとりは弁護士を通じて行うことを徹底することが望ましい。

◆西岡　祐介◆

# 第2章 連結ベースでの経営基盤整備の観点からの内部統制対応
## ——三菱商事株式会社の事例

 **会社の概要**

### 1 三菱商事について

　三菱商事株式会社（以下「当社」という）は，国内および海外約90か国に200超の拠点をもち，600社を超える連結対象会社とともにビジネスをグローバルに展開する総合商社である。

　地球環境・インフラ事業，新産業金融事業，エネルギー事業，金属，機械，化学品，生活産業の7グループに，ビジネスサービス部門を加えた体制で，幅広い産業を事業領域としており，貿易のみならず，パートナーとともに，世界中の現場で開発や生産・製造などの役割も自ら担っている。

　当社の業務は，貿易取引や事業投資など多岐にわたるが，その本質は，お客様や社会が抱えるニーズやシーズに着目し，ビジネスの仕組みを構想して，その実現と推進に必要な機能やサービスを安定的に提供することにある。

　歴史的に主要業務の一つである貿易取引では，ビジネスの最前線で得る豊富な情報を活かして，物流・金融・マーケティングなどの機能を融合させながら付加価値の高いサービスを提供している。

　パートナーとして事業に参画する際には，自らもリスクをとりながら，当社の組織力やグローバルなネットワークを活かして必要な経営資源を調達することを通じ，事業価値の向上を図っている。

また，開発から調達，生産，流通・販売にわたる事業経営全般について最善の解決策を提案し，その実行をサポートすることや，異なる事業を組み合わせ，お客様同士の結び付きをコーディネートすることも重要な役割である。

さらに，社会や市場の将来の動きをいち早く捉え，自らが主体となって事業を開発することも，活発に行っている。

これらの業務を，グローバルに，そして連結ベースで行うために，常に自らを変革し，ビジネスに必要とされる最先端の機能を追い求めている。

そのため，健全な財務力と高いリスク管理能力を備えることはもちろんのこと，人材をもっとも重要な資産と位置づけ，先見性と行動力，創意工夫を働かせる知恵を重んじながら，常に公明正大で品格のある行動を信条に，コーポレート・ガバナンスや内部統制に対する様々な取組みを行っている。

## 2　コーポレート・ガバナンスに対する取組み

まずは，コーポレート・ガバナンスに対する取組みであるが，当社は，「三綱領（所期奉公，処事公明，立業貿易）」を企業理念とし，公明正大を旨とする企業活動を通じ，継続的に企業価値の向上を図るとともに，物心ともに豊かな社会の実現に貢献することが，株主の皆さまやお客様をはじめとするすべてのステークホルダーのご期待に応えるものと考えている。

---

〔三綱領〕
所期奉公（しょきほうこう）
　：事業を通じ，物心ともに豊かな社会の実現に努力すると同時に，かけがえのない地球環境の維持にも貢献する。
処事公明（しょじこうめい）
　：公明正大で品格のある行動を旨とし，活動の公開性，透明性を堅持する。
立業貿易（りつぎょうぼうえき）
　：全世界的，宇宙的視野に立脚した事業展開を図る。

---

この「三綱領」は，三菱四代社長岩崎小彌太の訓諭をもとに，1934年に

旧三菱商事の行動指針として制定された。

旧三菱商事は1947年に解散したが，1954年に新しく発足した三菱商事においてもこの三綱領は企業理念となり，その精神は役職員の心の中に息づいている。

当社は，経営の健全性，透明性，効率性を確保するために，監査役設置会社形態を基礎としている。

独立役員の要件を満たす社外取締役・社外監査役の選任による「経営監督機能の強化」，執行役員制度の導入等による「意思決定や業務執行の迅速化・効率化」を図りながら，実効性のある企業統治体制を構築している。

(1) 取締役会

当社の取締役会は，社外取締役5名を含む14名で構成されており，社外取締役は取締役総数の3分の1以上を占めている。

また，社外監査役3名を含む監査役5名が取締役会に出席している。

取締役会は，原則として月1回開催し，経営上の重要事項の決定と業務執行の監督を行っており，社外取締役・社外監査役の客観的，専門的な視点を通して，適切な意思決定・経営監督の実現を図っている。

(2) 取締役会の諮問機関

当社は，取締役会の諮問機関として，社外役員・社外委員を中心とする「ガバナンス・報酬委員会」および「国際諮問委員会」を設置している。

「ガバナンス・報酬委員会」では，コーポレート・ガバナンス関連の課題を継続的にレビューするとともに，役員報酬の決定方針や報酬水準の妥当性など役員報酬制度のあり方も審議し，その運用のモニタリングを行っている。

また，「国際諮問委員会」では，グローバルな観点から，経営課題について議論を行い，当社経営への助言をいただいている。

(3) 業務執行

当社は，会社の最高責任者として社長を，経営意思決定機関として社長室会を置き業務を執行しているが，経営上の重要事項については，社長室会（月2回程度開催）で決定後，取締役会の審議を経て決定している。

また，業務執行を行う役員の機能・責任の明確化のため，執行役員制度を導入しており，業務執行の迅速化・効率化を図っている。

## 第 2 章 ◆ 連結ベースでの経営基盤整備の観点からの内部統制対応
### ——三菱商事株式会社の事例

#### (4) 監査役監査

監査役監査については，社外監査役3名を含む5名の監査役が，監査役直属の監査役室スタッフを活用しながら，取締役会および重要会議にも出席し，国内外の主要拠点を含む社内各部局との対話を行うとともに，連結経営上，重要な子会社などを中心に往査を実施している。

#### (5) 内部監査

内部監査については，監査部が全社的見地から，本社，現地法人および関係会社の監査を行っている。

これらの内部監査は，年間の監査計画に基づき，監査先を選定のうえで実施しており，監査の結果については，そのつど，社長および監査役等に報告するとともに，定期的に取締役会および社長室会に報告している。

また，各営業グループもそれぞれ必要に応じて内部監査組織を設け，グループ特性に応じたテーマを設定するなどにより，管下組織の業務を対象として監査を行っている。

#### (6) 会計監査

当社の会計監査は，監査人に監査法人トーマツを選任し，担当パートナーのもとで，公認会計士，会計士補，その他補助者によって執行されている。

#### (7) 役員報酬

当社の役員報酬制度は，業績との連動強化，株主の皆さまとの価値共有，業績向上に対する意欲や士気向上を図ることをねらいとして設定しており，他社水準等を考慮したうえで，業績に見合った額を支給している。

また，取締役に対する報酬等の決定方針や報酬水準の妥当性，運用状況については，社外役員・社外委員が過半数を占める「ガバナンス・報酬委員会」で審議・モニタリングを行っている。

なお，社外取締役や監査役については，月例報酬のみを支給しており，業績による変動要素はない。

### 3　内部統制に対する取組み

グローバリゼーションの進展，地球環境への関心の高まりなど，経営環境が大きく変化するなかで，企業の社会的責任は更に重みを増していることか

### 図1　当社のコーポレート・ガバナンス，内部統制システムの体制

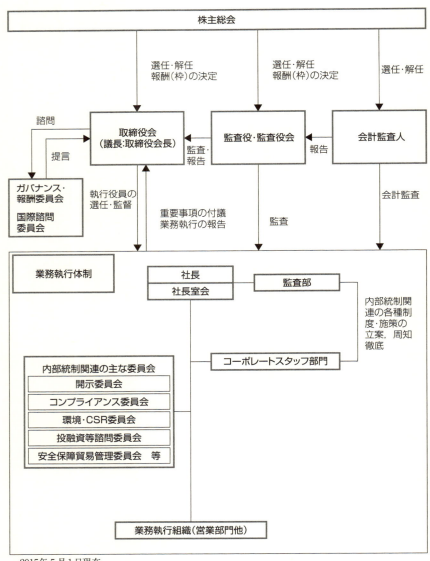

2015年5月1日現在。

ら，当社は，業務を適正に遂行して企業価値の向上を図り，社会的責任を果たしていくための経営システム（内部統制システム）の継続的な改善・強化に努めている。

具体的には，法令や社会規範を遵守し（コンプライアンス），企業情報の開示の信頼性を確保しながら（財務報告等），業務を適正に効率的に行う体制（計画的な経営の遂行，合理的な組織編制，指揮命令系統の明確化，リスク管理等）を構築しており，毎年その運用状況につきモニタリングを行い，取締役会で改善状況等の確認を行っている。

また，子会社の増加や業態の多様化など，連結経営における内部統制の重要性が高まるなか，監査部が，監査役，会計監査人等とも連携して，業務の適性を確保するための体制を整えている。

## 連結ベースでの経営基盤整備の観点からの内部統制対応

### 1　連結ベースでの経営基盤整備

ここまで，当社のコーポレート・ガバナンス体制，内部統制システムの体制について触れてきた。

既に冒頭でも申し上げていることだが，当社は，国内および海外約90か国に広がる200超の拠点ネットワークと，600社を超える連結対象会社とともに，企業グループ（三菱商事グループ）（以下「MCグループ」という）を形成している。

ゆえに，当社のコーポレート・ガバナンス体制，内部統制システムの体制を，このMCグループにおいて有効に，そして適切に機能させるためには，MCグループ企業各社が会社経営やビジネス活動を行うにあたっての基礎インフラとなる様々な経営基盤を，グローバルに連結ベースで展開していくことが必要となる。

また，この連結ベースでの経営基盤の整備（以下「連結経営基盤整備」という）にあたっては，外部環境の変化はもちろんのこと，内部環境の変化への対応も継続的に求められる。

258　第Ⅱ部 ■ 企業における内部統制の実務と弁護士・公認会計士の関与の実際

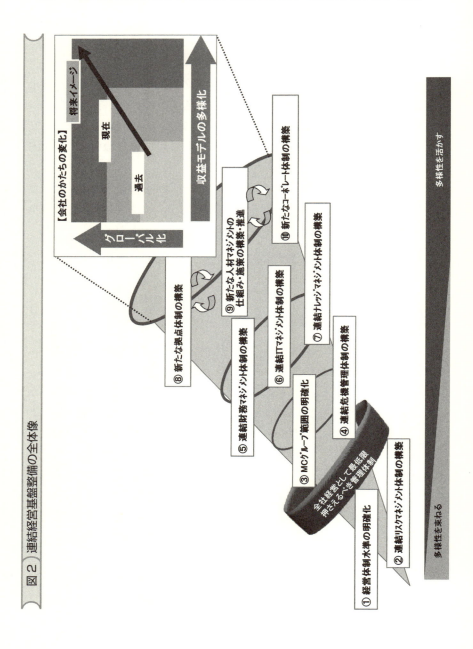

図2　連結経営基盤整備の全体像

## 第 2 章 ◆ 連結ベースでの経営基盤整備の観点からの内部統制対応
　　　——三菱商事株式会社の事例

　MCグループのビジネス活動は，総合商社の伝統的なトレーディングをはじめ，資源投資や，メーカーやオペレーターなどの事業を自ら経営して収益をねらうものなど，内部環境面においては多様化が進み，大きな拡がりを見せている。

　こうした収益モデル・ビジネスモデルの変化・多様化と，それに起因するグループ企業へのビジネスの推進母体の移転といった，内部環境の変化を総称して，"会社のかたち"の変化と表現している。

　これまで，当社の各種制度・ルール，拠点ネットワーク，人事政策，危機管理体制，IT基盤などの経営インフラは，「本社」「トレーディングビジネス」を前提として構築されてきたが，この"会社のかたち"の変化に伴い，これらの経営インフラが，MCグループとしての企業経営・ビジネス活動の実態にマッチしなくなってきた。

　そこで，各種経営インフラを，従来の「本社」「トレーディングビジネス」の視点から，「MCグループとしての連結経営」「多様な収益モデル・ビジネスモデル」の視点に置き換え，抜本的かつ総合的に見直している。

　抜本的かつ総合的に見直すにあたっては，インフラというものは整備したそばから陳腐化が始まることから，"会社のかたち"の変化も，ある程度の将来イメージ，つまり近未来の"会社のかたち"をイメージしながら整備することになる。

　具体的には，連結ベースでの様々な経営インフラを「10の切り口」に区分したうえで，連結経営基盤整備の様々な施策を実施している。

〔連結経営基盤整備の「10の切り口」〕
① 経営体制水準の明確化
② 連結リスクマネジメント体制の構築
③ MCグループ範囲の明確化
④ 連結危機管理体制の構築
⑤ 連結財務マネジメント体制の構築
⑥ 連結ITマネジメント体制の構築
⑦ 連結ナレッジマネジメント体制の構築
⑧ 新たな拠点体制の構築
⑨ 新たな人材マネジメントの仕組み・施策の構築・推進
⑩ 新たなコーポレート体制の構築

## 2 連結経営基盤整備の一環としての「経営体制水準の明確化」

　連結経営基盤整備の「10の切り口」のうち,「①経営体制水準の明確化」は,内部統制対応に直接関連する切り口であり,MCグループとしての多様性を束ね,コーポレート・ガバナンス体制や内部統制システムの体制を有効かつ適切に機能させるためにも,大変重要な役割を担っている。

　ここでは,「①経営体制水準の明確化」の切り口の施策として,「経営基盤チェックリスト」と「MCグループ経営理念及びMCグループ企業運営に係る基本ポリシー」についてご紹介する。

　一つ目の「経営基盤チェックリスト」は,会社法の内部統制と金融商品取引法（以下「金商法」という）の財務報告に係る内部統制（全社レベルの内部統制）の双方をカバーしているといった特徴があり,ウェブベースでのモニタリングシステムも兼ね備えている。

　また,二つ目の「MCグループ経営理念及びMCグループ企業運営に係る基本ポリシー」は,MCグループとして大切にすべき共通の理念・ポリシーをまとめたものである。

## 第 2 章 ◆ 連結ベースでの経営基盤整備の観点からの内部統制対応
——三菱商事株式会社の事例

### (1) 「経営基盤チェックリスト」
——金商法の財務報告に係る内部統制と会社法の内部統制対応の連携

　金商法の財務報告に係る内部統制の対応を行う場合，財務報告の信頼性を担保するために，業務レベルの内部統制やIT統制のほかに，全社レベルの内部統制への対応も必要となる。

　この金商法の全社レベルの内部統制対応を行う際には，現場での実務的な対応として，"会社法の内部統制への対応とは切り離した形で単独で実施するケース"と，"会社法の内部統制への対応とリンクさせる，あるいは，一体化した形で実施するケース"の大きく分けると2パターンの対応が考えられる。

　金商法の全社レベルの内部統制として，どちらのパターンを選択するのかは，内部統制に携わる人間にとって判断が分かれるところで，企業によって対応が異なっているのが実状である。

　当社も，金商法の財務報告に係る内部統制を導入した当初は，業務レベル統制・IT統制対応に係る業務負荷や，導入までの時間的制約などもあり，会社法の内部統制への対応とは切り離し，金商法の全社レベルの内部統制への対応を個別に単独で実施していた。

　今回"会社のかたち"の変化に対応し，連結経営基盤整備を行うにあたっては，グローバルベース・連結ベースでの"効率的"な運用や，財務報告の領域だけでなく会社の経営体制全般をカバーする"統合的"な運用を追求し，金商法の内部統制対応と会社法の内部統制対応の連携を図ることとした。

　連結企業集団を構成するMCグループ企業各社が"最低限満たすべき経営体制水準"を整理し提示するとともに，それを効率的に実現・モニタリングするための仕組み作りを，連結経営基盤整備の一環として実施した。

　財務報告の領域のみが対象となる，金商法の全社レベルの内部統制への既存の対応を，経営体制全般に拡充することで，会社法の内部統制対応との連携・一体化を実現した。

　具体的には，「MCグループとして最低限満たすべき経営体制水準」を16領域に整理し，領域ごとにその水準を設定したうえで，16領域合計で約120の設問を設定し回答を求める「経営基盤チェックリスト」を導入した。

〔MCグループとして最低限満たすべき経営体制水準（16領域）〕
① 企業理念，経営者・役職員の倫理観・姿勢
② 取締役・取締役会，監査役
③ 経営計画
④ 組織構造，権限・責任，付議・報告体制
⑤ 人的資源に係る方針と運用
⑥ コンプライアンス
⑦ リスクの評価
⑧ 財務報告の信頼性確保
⑨ 情報資産の管理とITの活用
⑩ 事業投資管理
⑪ モニタリング
⑫ 総務関連
⑬ 環境・CSR
⑭ 危機対応（防災含む）
⑮ 広報対応，三菱商号・三菱マーク／ロゴ
⑯ 委託業務

　この「経営基盤チェックリスト」の設問には，既存の金商法の全社レベルの内部統制に係る設問も包含されている。
　本チェックリストを通じ，MCグループ企業各社が定期的に自らの状況を自己評価し，改善すべき点は改善するとともに，その評価結果・改善状況をベースに関係部局がモニタリングする仕組みである。
　本チェックリストは，すべての連結子会社・海外拠点が対象で，グローバルベースでの展開も意識し，日本語版に加え英語版，中国語版も用意している。
　また，本チェックリストを利用する関係者の業務負担を軽減するとともに，グローバルベース・連結ベースでの内部統制に関する評価・モニタリング体制を効果的に充実させるべく，本チェックリスト専用のウェブサイトを開設し，本ウェブサイトを通じて，自己評価結果の提出，モニタリングの実施等の効率的・効果的な運用に努めている。

(2) 「MC グループ経営理念及び MC グループ企業運営に係る基本ポリシー」

　連結経営基盤整備を展開するにあたっては，その前提となる MC グループとして大切にすべき共通の理念・価値観や，日々の企業運営において参照すべき指針・ポリシーを再整理した「MC グループ経営理念及び MC グループ企業運営に係る基本ポリシー」(以下「理念及びポリシー」という) を策定した。

　"理念及びポリシー"は，三綱領をはじめとする4つの経営理念と，11の企業運営に係る基本ポリシーで構成されており，"理念及びポリシー"に関する FAQ や用語集などを掲載した"解説集"も別途用意している。

　また，言語については，前述の「経営基盤チェックリスト」と同様に，日本語版，英語版，中国語版の3言語を揃えている。

図3　"理念及びポリシー"の概要・体系

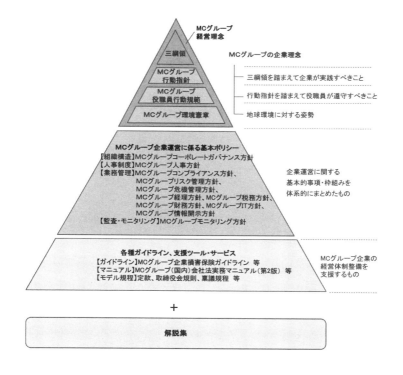

"理念及びポリシー"は，長年の歴史のなかで当社が培ってきた，MCグループとしての連結経営に対する基本的な考え方をベースにするとともに，"会社のかたち"の変化にも対応する形で再整理したものである。

連結経営基盤整備の10の切り口ごとに各種施策の検証を行うにあたって

図4 "理念及びポリシー"と「経営基盤チェックリスト」との関係性

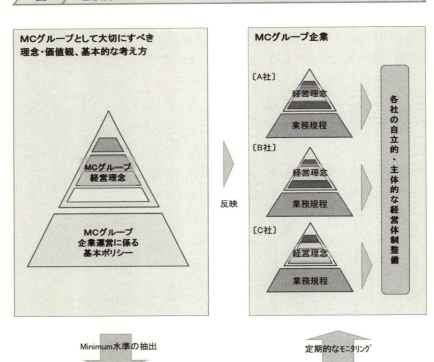

は，この"理念及びポリシー"の考え方を前提としている。

一例を挙げると，「経営基盤チェックリスト」の設問のベースとなっている「MCグループとして最低限満たすべき経営体制水準（16領域）」も，"理念及びポリシー"の考え方に基づき，文字どおりMCグループとして最低限満たすべき経営体制水準を抽出し，16領域にまとめたものである。

そして，その領域ごとに整備すべきものとして策定された設問が「経営基盤チェックリスト」である。

また，当社は，"理念及びポリシー"の考え方に基づき，MCグループ企業向けに，より具体的なルールを定めた各種ガイドラインや，MCグループ企業の経営体制の整備を支援するためのマニュアル，モデル規程といった各種ツール・サービスなども提供している。

MCグループ企業各社は，"理念及びポリシー"だけでなく，「MCグループとして最低限満たすべき経営体制水準(16領域)」「経営基盤チェックリスト」「各種ガイドライン・マニュアル・モデル規程」などのツール・サービスも踏まえたうえで，自社の規模，業種・業容に応じた適切な経営体制を，自立的・主体的に整備することになる。

そして，MCグループ企業各社において整備された経営体制については，「経営基盤チェックリスト」を利用し自己評価し，その評価結果などを，毎年ウェブベースでモニタリングし，自社の経営体制の整備状況を定期的・継続的に確認・改善していくことになる。

この"理念及びポリシー"と「経営基盤チェックリスト」との関係を示したのが，図4となる。

## 3　連結経営基盤の観点からの内部統制対応の浸透・定着に向けて

連結経営基盤という言葉は，連結ベースで会社経営・ビジネス活動を行ううえで必要なインフラと言い換えることができる。

身近にあるインフラといえば，道路・橋，空港・鉄道などの社会インフラがあげられる。

これらのインフラもコストと労力をかけて整備したはいいが，実際にユーザーに利用されなければ無用の長物となり，管理コストだけが発生する不稼

働資産として扱われることとなる。

　その考え方と同様に，会社として整備した各種の経営基盤・経営インフラも，ユーザーに活用されなければ，意味をなさない。

　そのため，連結経営基盤整備を行うにあたっては，当初より，整備した後の活用にも注意を払い，連結経営基盤整備に関する施策をユーザーに浸透・定着させるための各種ツールやサポート体制などの仕組み・仕掛けも，同時並行的に整備している。

　ここでは，連結ベースでの「情報共有サイト」「サポート体制」「研修・説明会」「専任組織」といった浸透・定着の仕組み・仕掛けについて説明する。

(1) **連結ベースでの情報共有サイト**

　"会社のかたち"が変化することで，ビジネスの推進母体がMCグループ企業に移転し，ビジネス主体が多様化している状況では，MCグループ内に蓄積されたビジネスノウハウ・情報・ナレッジを，効果的・効率的に共有する仕組みが必要となる。

　そのような背景もあり，連結ベースでの情報共有サイトとして「MCグループポータル」（以下「ポータル」という）を，他の連結経営基盤整備の施策と同時並行的に構築している。

　本"ポータル"を通じて，連結経営基盤整備の様々な施策の紹介・説明，有益なコンテンツの掲載などを実施することで，MCグループ企業各社のユーザーへの連結経営基盤の浸透・定着を図っている。

　なお，"理念及びポリシー"は，小冊子としても配布しているが，ユーザーの利便性も考慮して，いつでもどこからでも必要なものにアクセス可能といったポータルサイトの特徴を活かし，本"ポータル"への掲載も行っている。

　さらに，"理念及びポリシー"だけでなく，各種ガイドライン・マニュアル・モデル規程なども本"ポータル"に掲載している。

　これらの規程類は，日本語版に加え英語版もすべて本"ポータル"に掲載し，一部は中国語版も掲載している。

　また，「経営基盤チェックリスト」のウェブシステムへは，本"ポータル"からもアクセス可能である。

第 2 章 ◆ 連結ベースでの経営基盤整備の観点からの内部統制対応
　　　　　──三菱商事株式会社の事例

図5　MCグループポータルの画面構成

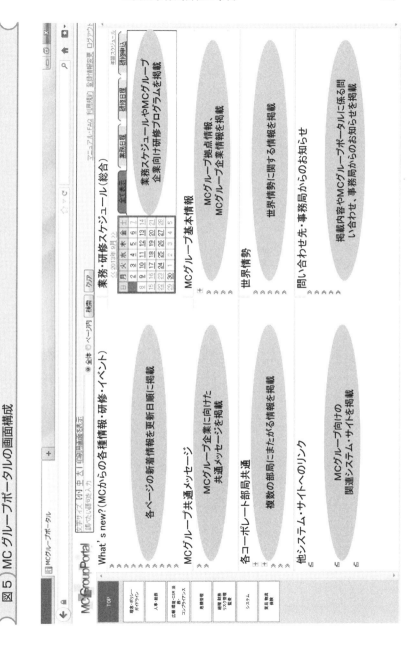

この「経営基盤チェックリスト」のウェブシステムも含め，MCグループ企業がアクセスし活用している複数のシステムについても，本"ポータル"からリンクし，共通のID・パスワードで利用できる仕組み（シングルサインオン機能）を整備している。

これにより，セキュリティは確保しつつ，二度同じID・パスワードを入力するといった重複作業による負担を廃し，ユーザーの利便性を追求している。

本"ポータル"の主な機能をまとめると〔MCグループポータルの主な機能〕のとおりとなる。

---

〔MCグループポータルの主な機能〕
① 会社経営・ビジネス活動に資する各種情報提供・情報共有
② 各種規程・マニュアル類の共有（"理念及びポリシー"など）
③ MCグループ企業関連の各種スケジュールの表示
④ MCグループ企業向けの各種研修等の案内と申込み受付
⑤ MCグループ企業が利用するシステムへのリンク（シングルサインオン機能）
⑥ 新着情報のメール自動配信

---

なお，本"ポータル"には，内部統制対応に関するものも含め，連結経営基盤整備の各種施策について，グローバルベースでの浸透・定着を図るために，日本語のコンテンツを掲載する「日本語ページ」だけでなく，英語のコンテンツを掲載する「英語ページ」も用意している。

(2) 連結ベースでのサポート体制

グローバル化の進展に伴うビジネス主体の多様化や，収益モデル・ビジネスモデルの多様化といった"会社のかたち"の変化のみならず，複雑化する社会的要請の増加や自然災害の発生に伴う危機管理対応の増加などの外部環境の変化に伴い，日々の企業運営のなかで発生する経営課題も多様化，複雑化し続けている。

このような予測困難な経営環境にあっても，MCグループとして持続的成

# 第 2 章 ◆ 連結ベースでの経営基盤整備の観点からの内部統制対応
## ——三菱商事株式会社の事例

長を遂げ，継続的に企業価値を向上させるためには，「ビジネス」とその遂行のために必要とされる「経営基盤」をうまく組み合わせて，スピード感をもって成果に結び付けていくことが必要となる。

そのためには，連結経営基盤整備に係る様々な施策を，グローバルベース・連結ベースで展開し，現場に浸透・定着させ，MCグループ企業各社のビジネスの基礎となる経営体制や内部統制システムをしっかりと構築していくことが必要不可欠となる。

MCグループ企業各社が，"理念及びポリシー"「経営基盤チェックリスト」「MCグループポータル」を活用することで，自社で自立的・主体的に対応し，経営体制や内部統制システムを構築することが，MCグループとしては第一優先ではある。

その一方で，会社の規模・陣容によっては，自社の体制だけでは，すべてに対応することが難しい会社や，タイムリーな対応が難しい会社が存在することも事実である。

そのようなケースでは，自社の体制だけで対応するのではなく，他社のサポートが必要となってくる。

当社では，その際のサポートを，MCグループに属するサポート会社が提供できる体制を整えている。

このMCグループのサポート提供会社は，「MCグループの理念及びポリシー」「MCグループとして最低限満たすべき経営体制水準」「経営基盤チェックリスト」「MCグループの内部統制システム」といった，MCグループの経営体制に関する基本的な考え方を共有している。

ゆえに，これらのMCグループのサポート提供会社は，MCグループにおける種々の基本的な考え方を踏まえながら，サポート提供会社各社がこれまでのMCグループ内外へのサービス提供を通じて培ってきた知見・ノウハウなども駆使して，MCグループの事業に通じたきめ細かい対応を行うことができるのが特徴である。

このMCグループ企業向けのサポートは，国内では，財務・経理，人事，総務，広報，ITなどのサポートの領域ごとに設立された機能子会社において対応している。

また，海外では，「北米」「中南米」「欧州・アフリカ」「中東・中央アジア」「東アジア」「アジア・大洋州」といった地域ごとに「広域コーポレートセンター」を設置することで対応しており，グローバルベースでのサポート体制を整備している。

さらに，国内においては，サポートを行う機能子会社が，国内のMCグループ企業向けに，具体的にはどのようなサポートを提供することができるのか，をまとめた「MCグループ企業向けサポートメニューブック」（以下「サポートメニューブック」という）を作成している。

この"サポートメニューブック"では，サポートを提供する機能子会社各社の主なサポート内容をメニュー化し，サポート事例を一覧化している。

また，その具体的なサポート事例について，サポートを受けるMCグループ企業が抱える経営課題とその経営課題解決のポイントも含め，臨場感あふれる形で掲載することによって，他のMCグループ企業が活用しやすい効果的な事例紹介となるよう工夫している。

MCグループの多数の関係者の目に触れるよう，国内のMCグループ企業を中心に，本"サポートメニューブック"の冊子を配布するとともに，同じ内容のものを「MCグループポータル」にも格納している。

本"サポートメニューブック"では，サポートを提供する機能子会社ごとのサポート事例だけでなく，「企業ライフサイクル」の視点や，「年間企業活動スケジュール」の視点からのサポートメニューも用意している。

まず，「企業ライフサイクル」の視点からのサポートメニューであるが，「創生期」「成長・成熟期」「衰退・再生期」といった3つのライフステージに区分けしたうえで，「新会社設立」「海外進出」「新規事業」「合併・会社分割」「清算」といったイベント単位でのサポートメニューを掲載している。

各ライフステージでMCグループ企業が向き合うイベントごとに，サポート可能な事項とそのサービス提供会社を体系的にまとめている。

例をあげると，新会社を設立する際には，「どのようなサポートを，どの会社が提供可能なのか」を一覧できるよう，そのイベントごとのサポートメニューがリスト化され，MCグループとしてワンストップでサポート可能な体制にあることも明示している。

## 図6　MCグループ企業向けサポートメニューブックの全体像

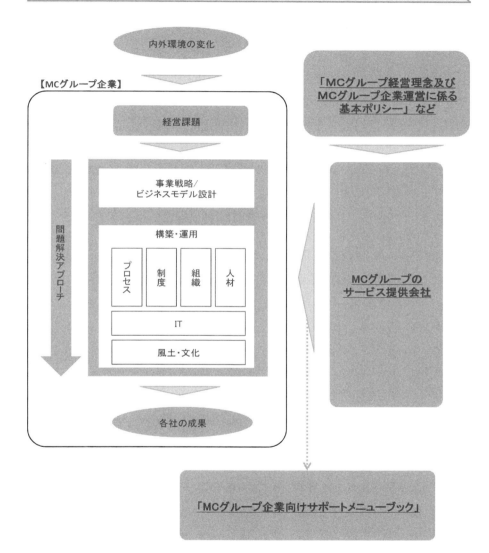

272 第Ⅱ部 ■ 企業における内部統制の実務と弁護士・公認会計士の関与の実際

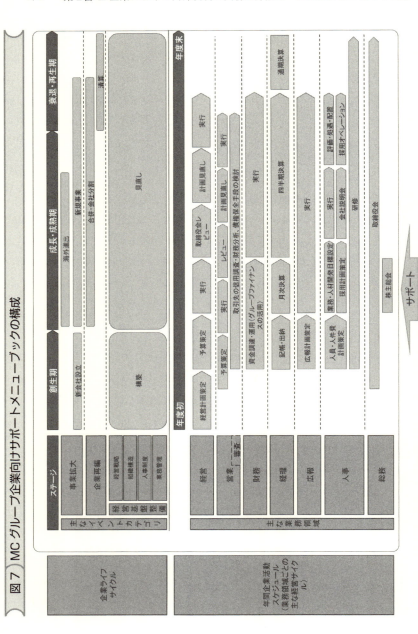

図7 MCグループ企業向けサポートメニューブックの構成

次に,「年間企業活動スケジュール」の視点からのサポートメニューであるが,MCグループ企業各社は,「経営計画・予算策定」「資金調達・運用」「決算」「信用調査・取引与信」「広報」「人員計画・採用・評価」「取締役会・株主総会」といった企業を維持するために必要な業務を恒常的に行っている。
　企業維持に必要な主な業務を,年間活動スケジュールに落とし込み,その業務ごとにサポート可能な事項とそのサービス提供会社を体系的にまとめている。
　なお,本"サポートメニューブック"から派生するコンテンツとして,サポートを提供する機能子会社による直近のサポート事例の紹介や,問合せの多い事項,世間で話題となっているトピックなどの解説を,「MCG＋通信(MCグループプラス通信)」と称して,「MCグループポータル」に掲載している。
　「MCG＋通信」の掲載は,毎月1社から2社で,サポートを提供する機能子会社が持ち回りで担当している。
　この「MCG＋通信」を通じて,最新のサポート事例を蓄積し,いつでも更新可能な環境を整えている。
　そのうえで,"サポートメニューブック"を,「MCグループポータル」上では年に1回程度,冊子では4ないし5年程度で更新し,必要に応じて更新版を配布することで,"サポートメニューブック"の陳腐化を避ける仕組みを確保している。

(3) 連結ベースでの研修・説明会

　MCグループ企業向けに整備された国内外の連結ベースでのサポート体制は,自社にて自主的・主体的に対応することが困難か,あるいは,自社の経営体制を効率的・効果的に整備したいと考えているMCグループ企業からの問合せがあって初めて機能することとなる。
　当社としては,内部統制対応も含めた連結経営基盤整備に関する各種施策を現場に浸透・定着させるためには,MCグループ企業からの問合せといった「受動的な対応」に加えて,MCグループ企業への「能動的な働きかけ」もセットで行うことが必要不可欠と考えている。
　「能動的な働きかけ」については,まず,初期段階に必要なステップとして,MCグループ企業各社に整備した連結経営基盤を説明し,その機能や有効性

を理解してもらうことが必要である。

また，初期段階での各種説明にある程度目途がたった次の段階で必要となるステップは，MCグループ企業各社の現場で実際に活用されている事例の収集と，そのMCグループ内での共有である。

活用事例の収集にあたっては，同時に，実際に利用してみて改善が必要と感じた点や，新たな経営基盤のニーズなどの要望事項についてもアンケートをとり，連結経営基盤の維持・改善のためのメンテナンスに繋げていくことも重要なアクションとなっている。

このような初期段階での「MCグループ関係者への説明による理解度向上」や，次のステップとしての「活用事例の収集とそのMCグループ内での共有」，「既存の経営基盤の改善や，新規の経営基盤へのニーズといった各種要望事項の収集」などを目的として，大小様々な機会を効率的・効果的に活用することで，連結ベースでの研修・説明会を，1年間でおおむね70回程度開催している。

具体的には，この1年間で延べ約3500人が研修・説明会に出席しており，連結経営の重要性を手始めに，連結経営基盤整備の背景・目的，主要な施策の意義・活用方法について説明するとともに，現場での活用事例や改善要望事項などのアンケートなども実施している。

この研修・説明会は，国内だけでなく，海外の各地域でも開催することによって，グローバルベースでMCグループ企業に対して，内部統制も含めた連結経営基盤整備への理解や，現場への浸透・定着，活用事例の共有，改善要望の吸い上げにも一役買っている。

(4) 連結ベースでの専任組織

当社は，連結経営基盤に関する業務を担当する専任組織（MCグループ・ビジネスインフラ・サポート室）を有している。

この専任組織は，現在，主に以下の3つの役割・機能・業務を担っている。

## 第 2 章 ◆ 連結ベースでの経営基盤整備の観点からの内部統制対応
──三菱商事株式会社の事例

> 〔専任組織の主な役割・機能・業務〕
> ① 連結経営基盤の「浸透・定着」のための仕組み・仕掛けの構築と運営
> ② 連結経営基盤の継続的改善（含む新規導入）のための「メンテナンス」
> ③ MCグループ企業の「よろず相談窓口」

　まず，一つ目の役割・機能・業務については，これまで記載してきたとおり，経営基盤・経営インフラというものは，ユーザーに活用してもらって初めて意味を成すものであるため，現場での「浸透・定着」に向けての仕組み・仕掛けが必要となる。

　そのため，専任組織の主な役割・機能・業務の一つが，この内部統制関連の施策も含めた連結経営基盤の「浸透・定着」のための仕組み・仕掛けの構築と，その運営となる。

　連結経営基盤の整備が一通り完了した現状では，連結経営基盤の更なる利用促進にフォーカスすべく，「情報共有サイトであるMCグループポータルの管理・運営（含む，その利用状況の分析）」，「MCグループ企業向けのサポートメニューブックの更新とMCG＋通信（MCグループプラス通信）の発行」，「連結ベースでの研修・説明会の企画・開催・運営」，「活用事例などの各種アンケートの実施とその共有」といった役割・機能・業務が，非常に重要となってくる。

　そして，二つ目の専任組織の役割・機能・業務は，連結経営基盤を継続的に活用可能な状態に保つべく，各インフラがもつ機能の維持・改善のためのメンテナンスである。

　企業における道路や橋といった社会インフラを例にとると，整備当初は問題ないが，その後の維持・改善のためのメンテナンスを怠ると，インフラ自体の陳腐化のスピードが加速し，再度インフラをまとめて整備する際には多大なコストと労力が必要となる。

　連結経営基盤も同様で，その維持・改善のためのメンテナンスを怠ると，

一定年数経過後に当該インフラを再整備する際のそのコストと労力は多大なものとなる。

そのため，早い段階から，現場で改善すべき点や，新たなニーズをヒアリングし，定期的にメンテナンスしていくことが大事であり，前述したが，MCグループ企業の現場に連結経営基盤の活用事例をアンケート・ヒアリングする際に，同時並行的に現場から改善すべき点や新たなニーズをアンケート・ヒアリングすることが必要不可欠となる。

最後に専任組織の三つ目の役割・機能・業務は，MCグループ企業の「よろず相談窓口」である。

MCグループ企業各社が，連結経営基盤を活用するにあたっては，より具体的に知りたい点や，不明な点が出てくる。

このようなケースで，誰に問い合わせたらよいかわからない場合には，MCグループの「よろず相談窓口」として，専任組織が問合せ対応を行うこととなる。

また，その専任組織に対して問合せをしやすい環境をということで，専用の電話番号と専用のメールアドレスもあり，MCグループ企業各社にその番号とアドレスを知らしめている。

専任組織への問合せ事項やその内容は，専任組織内で記録として残し，ログ管理を行ったうえで，主な問合せについては，FAQとして取りまとめ，「MCグループポータル」などを通じて，MCグループ企業各社と共有することになる。

##  おわりに

実務的な対応といった側面では，「金商法の財務報告に係る内部統制の対応は導入当初の混乱も落ち着き，ひと段落ついた」，というのが現場関係者の本音といえる。

その一方で，昨今の内外環境の変化のなかで，金商法の財務報告に係る内部統制対応の重要性はもちろんのこと，経営体制全般をカバーする会社法上の内部統制への対応の重要性も増してきている。

図8 連結経営基盤整備の観点からの内部統制の仕組みの全体像

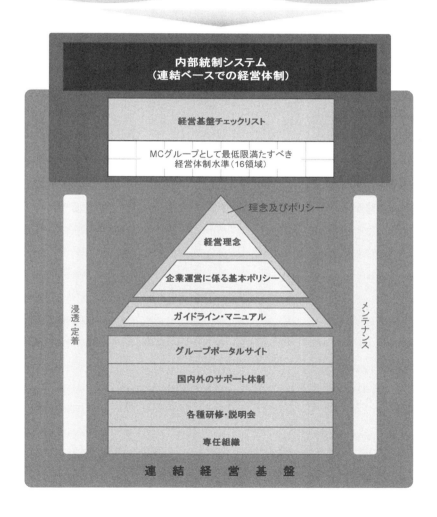

このような状況下，当社としても，「安定的」「効果的・効率的」「継続的」に，連結ベースでの内部統制システムをグローバルベースで機能させることが生命線となる。

その一つの対応策が，連結経営基盤整備の観点からの内部統制対応ということになる。

最後にまとめると，連結経営基盤整備の観点からの内部統制対応には，3つのポイントがある。

一つ目のポイントは，連結経営基盤整備に係る各種施策について，「経営基盤チェックリスト」や「MCグループ経営理念及びMCグループ企業運営に係る基本ポリシー」などのツールを通じて，MCグループ企業各社の現場での浸透・定着を図ることで，内部統制システムそのものの「安定的」な運営に繋げていくことである。

また，二つ目のポイントは，MCグループ企業各社の現場で，「MCグループポータル」「MCグループ企業向けサポートメニューブック」などの連結経営基盤関連のサポートツールの活用をグローバルベースで促進させることによって，内部統制システムの「効果的・効率的」な運営をサポートしていくことである。

そして，最後の三つ目のポイントは，各種の「研修・説明会」や連結経営基盤整備の「専任組織」などを通じて，連結経営基盤の理解度向上，活用事例の共有，改善要望の吸い上げなどの地道なメンテナンスを図ることで，内部統制システムの「継続的」な維持・改善に寄与していくことである。

◆渡部　修平◆

# 第3章 宝印刷株式会社の内部統制システムについて

## I 会社の概要

　宝印刷株式会社(以下「当社」という)は,創業(1952年6月)以来有価証券報告書等の金融商品取引法に基づくディスクロージャー書類の印刷およびそれに関連する事業を主力業務とする会社である。1960年4月に株式会社に改組し,会社法関連,IR(Investor Relations)関連にも事業領域を増やしているが,一貫してディスクロージャー関連印刷物の製造,販売および支援サービスを行っている。近年は,「e-Disclosure Solutions」を基本コンセプトとし,情報のデジタル化に対応し,デジタル情報サービス業としての色彩を強めている。

　当社株式は,1988年に店頭登録(現,東証ジャスダック),1998年東京証券取引所市場第二部,2003年5月に同証券取引所市場第一部の指定を受けている。2015年5月末現在の時価総額は,約155億円である。

　当社の2014年5月31日現在の株主は22,038人,企業集団での従業員数は676名(うち,執行役員〔取締役兼務を除く,同年8月末現在〕15名),同年8月末現在,取締役7名(うち,社外取締役2名),監査役3名(うち,社外監査役2名)である。

　当社の2014年5月期の主な財政状態および経営成績(連結)は,次のとおりである。

　　資本金2,049百万円(12936千株),純資産額13,532百万円
　　売上高12,645百万円,経常利益1,465百万円

### 図1　宝印刷の「トリプル・ボトムライン」とチャレンジの方向性

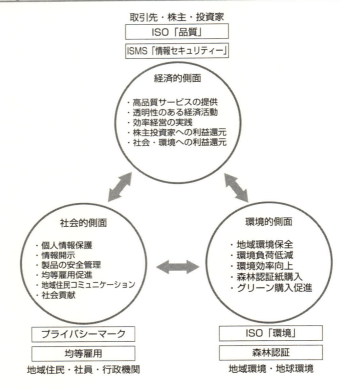

　2015年5月現在，本社および5つの営業拠点と1つの工場を有し，小規模な子会社6社（うち，連結子会社2社）を有するものの，単一のセグメント事業であり，海外との直接的な取引はない。
　当社は，1981年からオフィスコンピュータの導入を進め，株式上場を目指した1988年ころから組織的な運営を行うため，諸規程の整備，運用，文書化の推進および内部監査を行い業務の改善に努めるとともに，次期の利益計画を作成してきたが，内部環境および外部環境分析を行い，各ステーク・ホルダーを意識した経営計画の必要性を感じ，1998年に売上目標，ROE（株主資本利益率）重視の利益目標，活動目標を骨子とする中期経営計画を策定，運用し，その後，社会・環境・経済のトリプル・ボトムラインを意識した目

標（図1）を加えるなどの更新を行い，継続的に中期経営計画を策定している。中期経営計画の実行計画として各年度予算を策定し，全社的な目標を設定のうえ，各部門でその具体策を立案し，社訓とともに，これに則して経営を行ってきた。

 ## CSRについて

当社は，証券取引委員会に勤務していた野村正道氏（創業者）が，証券取引法（現在は金融商品取引法）に基づく開示資料（有価証券届出書や目論見書）を「スピーディーに印刷して納める会社を作りたい。そうすれば喜んでもらえるのではないか。」とする理念に従い，戦後復興期の1952年に宝商会として創業したベンチャービジネスであった。1960年には「宝印刷」として株式会社に改組されたが，その創業の精神を1979年に社訓として定め，理念の共有化を図っている。

> 「私たちは，ディスクロージャーのパイオニアとして，お得意様に感動していただける最善のサービスを提供し，社業の発展に努め，情報化社会に貢献します。」

その後，上場会社にふさわしい社内体制の整備を進め，最近では，役職員が遵守すべき行動規範を含む「倫理・コンプライアンス規程」や各種のリスクに対応し，被害を最小化するための「危機管理規程」，公益通報者保護法に対応した「内部通報者規程」等を新設し，順次施行し，現在では，定款および一般規程21本，業務関係規程30本，役員関係規程13本を備え，組織的な運営を行っている。

当社は，金融商品取引法，会社法等の法定のディスクロージャー書類の印刷を専門とする会社であり，ミスが許されない製品を作成することが主要業務であるため，一層の品質の管理が重視される。そのため，ISO（国際標準化機構）の品質基格（ISO9002：1994）を全社に先駆け，2000年6月に工場にお

いて取得し，2004年には全社において，品質規格（ISO9001：2000）ならびに環境規格（ISO14001：2004）を取得した。

全社的な社員教育は，法令等の改正内容，最近の開示傾向，金融庁が管理，運営する金融商品取引法開示書類の提出，閲覧システムである EDINET への理解，それに対応した当社のディスクロージャー書類作成支援ツール等を中心に OJT 教育で対応しているが，顧客の作成した原稿のチェックならびに校正の作業や，EDINET 提出に必要な財務報告書類作成のためのコンピュータ言語である XBRL への対応には，経験豊かな社員を中心に専門部署において行っている。

また，未公開の機密情報を全社的に扱うため，情報セキュリティに対応すべく，プライバシーマークの取得，ISMS（情報セキュリティマネジメントシステム）認証を範囲を限定して取得するとともに，世界的な環境への配慮から「森林認証」などの国際認証を取得したほか，日本印刷産業連合会が認定するグリーンプリンティング工場の認定を 2009 年に取得した。

これらの認証が要求するマネジメントシステムについて，CSR（企業の社会的責任）運用マニュアルとそれに付随する 17 本の規程類および書式を定め，一体化して運用し，「CSR 体制」と位置づけ，社長が CSR 推進委員長となり，この活動を，全社員の 15％強を占める内部監査員が監査する体制を構築した。

具体的には，年 2 回以上の CSR 内部監査を実施し，認証機関の実施する外部監査として，ISO 関連は年 1 回，プライバシーマーク関連は 2 年に 1 回対応するとともに，日々の活動を支援するため，2006 年 8 月には，その専門担当部署として CSR 室（現在は CSR 部）を設置した。そのほか，CSR 部では業務監査を計画的に実施している。

##  Ⅲ　CSR 経営に対応する体制

### 1　情報システムの管理

内部統制を実効性の高いものに整備するためには，情報システムの管理が欠かせないが，当社では，情報企画部が担当部署となり，内部統制における

IT統制の実現および各マネジメントシステムの支援のため「情報システム基本規程」（社内規程）に従って，情報システムの管理を行っている。

### 2　各種の認証ならびに内部統制に関連するコンピュータシステム概要図

当社の各種の認証ならびに内部統制に関連するコンピュータシステムの概要を図で表すと図2　コンピュータシステム概要図（284頁）のようになる。

### 3　マネジメントシステムの相互関係

実り多い内部統制の実現には，常にPDCAを回す必要があるが，当社では，図3　マネジメントシステムの相互関係（285頁）のように，大きく回すPDCA（plan-do-check-act）サイクルと小さく回すPDCAサイクルに分けて実施している。

## 　会社法上の内部統制システム

### 1　企業統治の体制

当社は，社外監査役を含めた監査役による監査体制が経営監視機能として有効であると判断し，監査役会設置会社形態を採用している。

当社の取締役は，社外取締役2名を含む7名（うち，代表取締役は1名）で構成され，その任期は1年として，経営責任の明確化を図っている。

社外取締役は，取締役会などにおける重要な業務執行に係る意思決定プロセス等において当社の業務執行を行う経営陣から独立した中立的な立場から経営判断をしていただくために，幅広い，かつ奥行きのある豊富な経験と高い見識を有する方を選任するものとしている。

社外監査役は取締役会などにおける重要な業務執行に係る意思決定プロセス等において，一般株主の利益に配慮した公平で公正な決定がなされるために，公認会計士，弁護士としての専門的な知識や経験などを有する方を選任するものとしている。

### 図2　コンピュータシステム概要図

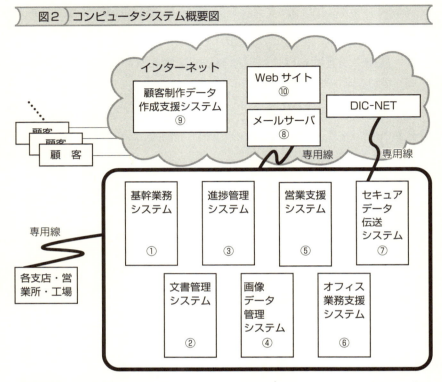

① 基幹業務システム：顧客管理（受注時，顧客情報登録／顧客単位で受注品目等を管理），受注・売上管理（原稿受領時に受注情報〔体裁・日程・数量等〕を登録し，必要に応じて情報更新／納品日を売上計上日とし，請求書の発行・入金までを管理する），生産管理（校正予定，修正完了予定を管理／下版から納品までの進捗管理），購買管理（外注への発注書発行，納品物の検収／請求（支払）額の確定，材料の入庫・出庫管理），財務会計処理（予算・実績管理）等を行う
② 文書管理システム：文書管理サーバを用いて原稿データ等の更新履歴管理，保管を行う
③ 進捗管理システム：制作工程における日程管理および作業実態の分析を行うシステム
④ 画像データ管理システム：編集データを保管・管理するシステム
⑤ 営業支援システム：顧客情報，営業日報，クレーム報告書，事故報告書，受注・非受注報告書等の登録・回覧・照会を可能とするシステム
⑥ オフィス業務支援システム：社員のスケジュール管理，回覧板，会議室その他設備の利用の管理等を行うシステム
⑦ セキュアデータ伝送システム：顧客との回線を通じた電子データ（校正・納品データ）の送受信を提供するシステム
⑧ メールサーバ：社員間，下請負契約者，顧客とのe-mailによる情報交換を管理するシステム
⑨ 顧客制作データ作成支援システム：顧客が自社で文書を作成する場合，その作成を支援するシステム
⑩ Webサイト：宝グローバルホームページを中心とした宝印刷グループ全体のWebサイトを維持・管理するシステム

## 第 3 章 ◆ 宝印刷株式会社の内部統制システムについて

### 図3　マネジメントシステムの相互関係

**大きくダイナミックに回す PDCA**

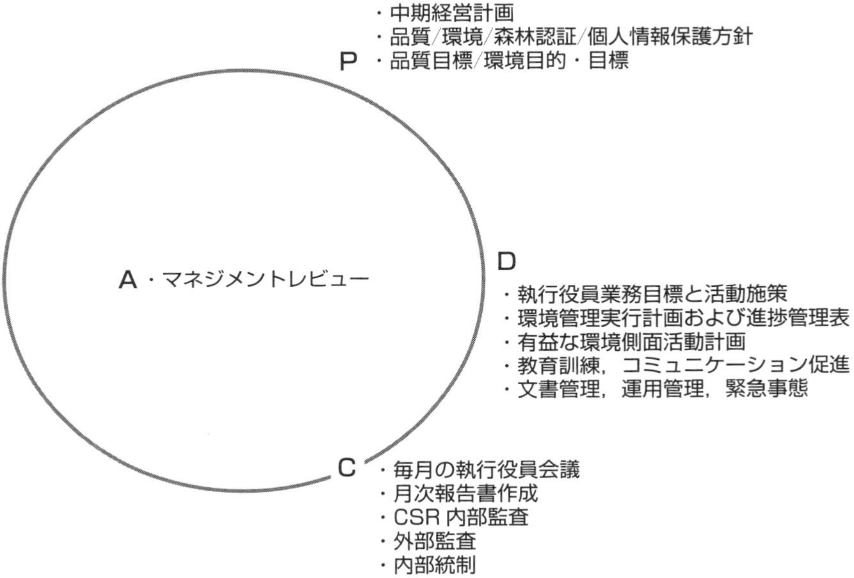

P
・中期経営計画
・品質／環境／森林認証／個人情報保護方針
・品質目標／環境目的・目標

A・マネジメントレビュー

D
・執行役員業務目標と活動施策
・環境管理実行計画および進捗管理表
・有益な環境側面活動計画
・教育訓練，コミュニケーション促進
・文書管理，運用管理，緊急事態

C
・毎月の執行役員会議
・月次報告書作成
・CSR 内部監査
・外部監査
・内部統制

**小さく早く回す PDCA**

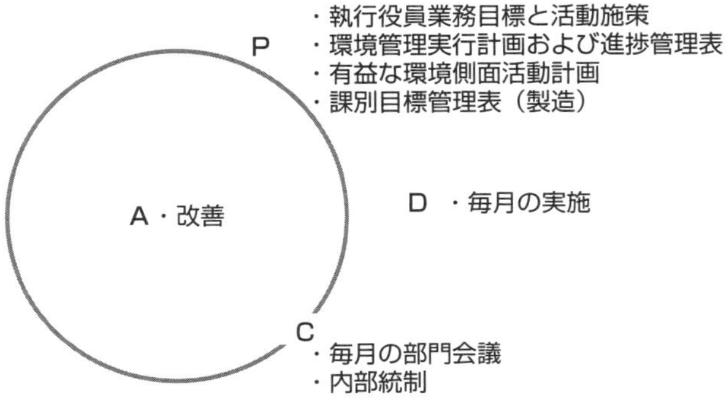

P
・執行役員業務目標と活動施策
・環境管理実行計画および進捗管理表
・有益な環境側面活動計画
・課別目標管理表（製造）

A・改善

D ・毎月の実施

C
・毎月の部門会議
・内部統制

社外役員候補者の選定にあたっては，東京証券取引所の定める独立役員の判断基準等を参考に，当社との人的関係，資本的関係，または取引関係，その他利害関係を確認し，一般株主と利益相反が生じるおそれのない独立役員を社外役員として確保している。

現在，東証には，独立役員として，社外取締役2名，社外監査役2名を届け出ている。

## 2 株主総会

当社を取り巻く各ステーク・ホルダーに対して，企業価値向上を経営上の基本方針とし，社訓および中期経営計画，年度計画に則り，CSR重視の経営を行っている。

その一環として，経営者の説明責任を果たすため，開かれた株主総会を心がけるとともに，議決権行使のWEB，携帯対応を実施し，株主総会招集通知の早期発送，英文招集通知の発送を行うとともに，個人投資家説明会を年1回以上，アナリスト・機関投資家向け説明会を年2回以上開催することとし，IR情報の提供にあたっては，ホームページの充実等を進めている。

なお，会社法309条2項に定める株主総会の特別決議については，議決権を行使することができる株主の議決権の3分の1以上を有する株主が出席し，その議決権の3分の2以上をもって行う旨を定款に定めている。その目的は，株主総会における特別決議の定足数を緩和することにより，株主総会の円滑な運営を行うためである。

## 3 取締役会・取締役・執行役員制度

取締役会は，代表取締役社長を議長とし，月2回の定例会を原則とし，法令で定められた事項および経営に関する重要事項を審議，決定するとともに，取締役の業務執行の状況を監督している。2014年5月期には21回の取締役会が開催された。

当社は，会計監査人設置会社で，取締役の任期を1年としている。よって，当社は，会社法459条1項各号に定める事項について，定款にその内容を定め，取締役会の決議によって行うことができる体制を採用した。その目的は，

剰余金の配当については，経営環境の変化に対応した機動的な配当政策を図るため，また，自己株式の取得については，経済情勢の変化に対応して財務政策等の経営諸施策を機動的に遂行することを可能にするためである。

取締役候補者は，代表取締役社長が選定し，取締役会の承認を得た後，株主総会の決議により選任している。

なお，2006年8月には経営の意思決定と業務執行機能を分離し，それぞれの機能を高め，経営および業務執行のスピードアップを図るため，執行役員制度を導入し，2014年8月末現在19名（社外取締役を除く5名の取締役は，執行役員を兼務している）の執行役員を置いている。

取締役会への付議議案は，取締役会規則に則り提出され，各取締役が会議に先立ち十分な準備ができるようあらかじめ資料を配布する体制をとっている。

社長の業務執行を支援する協議機関として，常勤取締役を構成員とする経営会議を設置し，月2回の開催を原則として，取締役会への付議事項の事前審議を行うとともに取締役会が決定した基本方針に従い，その業務推進方針，計画，重要な業務の実施に関する審議を行っている。

執行役員の指名は，代表取締役が行い，取締役会の承認を得ている。執行役員は，取締役会からの権限委譲を得て業務執行を行う体制となっている。各執行役員は，月前の業務執行状況を社長に報告し，それを執行に反映させるための執行役員会は，月1回開催している。

## 4　監査役会・監査役・会計監査人

監査役会は，常勤監査役1名，社外監査役2名（弁護士および会計士）の3名によって構成され，各監査役は監査役会が定めた監査役監査基準，監査計画および職務分担に基づき，業務執行の適法性を監査している。また，社外監査役は，それぞれの専門的な見地から監査を行うとともに，取締役会に出席し，同様な見地を含む意見を発している。2014年5月期には15回の監査役会が開催された。なお，当社常勤監査役から，その規模に鑑み監査役会を補助する従業員は要求されていない。

代表取締役は，3名の監査役と定期的に会合をもち，コンプライアンス，内部統制の整備状況等について意見交換を行っている。

会計監査人には，和泉監査法人を選任し，監査役および会計監査人は，相互の監査計画の交換ならびにその説明，報告を行い，定期的面談の実施による監査環境等に関する当社固有の問題点に係る認識の共有化を図り，期末のたな卸しおよび本社・支店・営業所ならびに工場に対する監査の立会い等を連携して行い，監査の質的向上を図っている。取締役会は，正確な経営情報を迅速に提供するなど，公正不偏な立場から監査が実施される環境を整備している。

### 5　役員報酬

取締役および監査役の報酬ならびに賞与は，株主総会の決議によりそれぞれの報酬総額の最高額を決定し，その内容を決算短信および有価証券報告書に開示している。各取締役の報酬額等は，取締役会から授権された代表取締役が，当社の定める基準に基づき決定し，取締役会に報告している。各監査役の報酬額等は，監査役の協議により決定している。

取締役および監査役への退職慰労金は，株主総会の決議に基づき，当社の定める基準に従い，相当の範囲以内において贈呈している。

### 6　内部監査体制

内部監査およびCSR経営の監査に従事するための組織として，CSR部（2015年5月現在3名）の名称を用い，設置している。そのほかに当社各部署には，兼務で各種認証に係る内部監査および金融商品取引法上の内部統制に係る業務プロセスの監査を行うCSR内部監査員を100名程度配置している。

常勤監査役およびCSR部は，同一の事務所フロアに配置され，相互の監査計画の交換ならびに説明，月次での報告を行い，業務の効率性および財務報告の適正性の状況，コンプライアンス体制，リスク管理体制等について連携を確保している。

### 7　業務の適正性を確保するための体制

当社では，会社法施行規則100条に規定する業務の適正性を確保するための体制として，表1　会社法上の内部統制システムのとおり，取締役会で決議している。

## 表1　会社法上の内部統制システム

### 業務の適正を確保する体制

(1) 取締役の職務の執行が法令および定款に適合することを確保するための体制

　株主の皆様やお客様をはじめ，取引先，地域社会，従業員等の各ステーク・ホルダーに対する社会的責任を果たすため，企業価値向上を経営上の基本方針とし，その実現のため，倫理・コンプライアンス規程「反社会的勢力および団体への対処」の項目を含む行動規範を制定・施行し，取締役ならびに従業員が法令・定款等を遵守することの徹底を図るとともに，内部通報制度を含むリスク管理体制の強化にも取組み，内部統制システムの充実に努める。

(2) 取締役の職務の執行に係る情報の保存および管理に関する体制

　取締役の職務の執行に係る情報・文書は，当社社内規程およびそれに関する各管理マニュアルに従い適切に保存し管理する。

(3) 損失の危険の管理に関する規程その他の体制
　① 取締役会がリスク管理体制を構築する責任と権限を有し，これに従いリスク管理に係る危機管理規程を制定施行し，リスク管理体制を構築する。
　② リスク管理部門として総務部がリスク管理活動を統括し，規程の整備と検証・見直しを図る。
　③ 内部監査を担当するCSR部は定期的に業務監査実施項目および実施方法を検討し，監査実施項目が適切であるか否かを確認し，必要があれば，監査方法の改訂を行う。
　④ 法令・定款違反その他の事由に基づき損失の危険のある業務執行行為が発見された場合には，直ちに取締役会および担当部署に通報し，発見された危険の内容およびそれがもたらす損失の程度等について担当部署が把握に務めるとともに，対応し，改善する。

⑤ 大規模災害等が発生した場合に備え，事業継続計画（BCP）を策定する等，緊急時の体制を整備する。

(4) 取締役の職務の執行が効率的に行われることを確保するための体制
① 事業運営については，経営環境の変化を踏まえ中期経営計画を策定し，その実行計画として各年度予算を策定し，全社的な目標に基づく具体策を各部門で立案し，実行する。また，CSRの理念を重視した経営体制を整備するため，CSR部を設置し，会社法および金融商品取引法上の内部統制システムの監査を含めたCSR経営推進のための体制を構築する。また，金融商品取引法上の内部統制体制を整備し，評価するため，「内部統制プロジェクト」を組成し，その対応にあたる。
② 変化の激しい経営環境に対し機敏な対応を図るため，執行役員制度を導入し，所管する各部署の業務を執行する。
③ 定例の取締役会を原則月2回開催し，重要事項の決定および業務執行状況の監督等を行うとともに，業務執行上の責任を明確にするため，取締役の任期を1年と定めている。
④ 取締役会への付議議案については，取締役会規則に定める付議基準に則り提出し，取締役会における審議が十分行われるよう付議議題に関する資料は事前に全役員に配布する。
⑤ 日常の職務執行に際しては，基本組織規程等に基づき権限の委譲が行われ，効率的に業務を遂行する。

(5) 使用人の職務の執行が法令および定款に適合することを確保するための体制
① 従業員に法令・定款の遵守を徹底するため，倫理・コンプライアンス規程，行動規範を制定・施行し，それらを遵守するとともに，従業員が法令・定款等に違反する行為を発見した場合の報告体制としての内部通報制度を構築するため，内部通報規程を制定・施行する。
② 担当役員は，倫理・コンプライアンス規程に従い，担当部署に

コンプライアンス責任者その他必要な人員配置を行い，かつ，コンプライアンス・マニュアルの実施状況を管理・監督し，従業員に対して「社員向けコンプライアンステキスト」を配布するなど，適切な研修体制を構築する。また，社内通報窓口に加え，第三者機関（外部のコンサルティング会社）を内部通報窓口とする内部通報窓口（宝リスクホットライン）規程を制定・施行する。

(6) 当社および子会社から成る企業集団（以下，「当社グループ」という。）における業務の適正を確保するための体制
① 当社グループの業務の適正性を確保し，グループの戦略的経営を推進するため，代表取締役社長および常務執行役員ならびに子会社役員を構成員とする会議を原則月1回開催する。
② 当社グループの業務の適正については，関係会社管理規程に従い管理し，業務執行の状況について，CSR部，総務部，人事部，経理部，総合企画部等の各担当部が当社規程に準じて評価および監査を行う。
③ 当社グループ間の取引については，一般的な取引条件を勘案し，取締役の稟議決裁により決定する。
④ CSR部，総務部，人事部，経理部，総合企画部等の各担当部は，子会社に損失の危険が発生し，各担当部がこれを把握した場合には，直ちに発見された損失の危険の内容，損失の程度および当社グループに及ぼす影響等について，当社の取締役会および担当部署に報告する体制を確保し，これを推進する。
⑤ 当社グループは，当社の定める内部通報規程および内部通報窓口（宝リスクホットライン）規程に従う。

(7) 監査役がその職務を補助すべき使用人を置くことを求めた場合における当該使用人に関する事項
監査役会がその職務を補助する従業員を置くことを求めた場合には，当該従業員を配するものとし，配置にあたっての具体的な内容（組織，人数，その他）については，監査役会と相談し，その意見を十分考慮する。

(8) 監査役の職務を補助すべき使用人の取締役からの独立性に関する事項および当該使用人に対する指示の実効性の確保に関する事項
　① 監査役の職務を補助すべき従業員の任命・異動については，監査役会の同意を必要とする。
　② 監査役の職務を補助すべき従業員は，当社の業務執行に係る役職を兼務せず監査役の指揮命令下で職務を遂行し，取締役の指揮命令は受けない。
　　また，当該従業員の評価については監査役の意見を聴取する。

(9) 取締役および使用人ならびに子会社の取締役・監査役等および使用人またはこれらの者から報告を受けた者が監査役に報告をするための体制その他の監査役への報告に関する体制
　当社グループの役員および従業員は，当社グループの経営，業績に影響を与える重要な事項や重大な法令・定款違反行為その他会社に著しい損害を与える事項について発生次第速やかに当社の監査役に報告する。
　また，当社グループの役員および従業員は，監査役から報告を求められた場合には，速やかに必要な報告および情報提供を行う。

(10) 監査役へ報告をした者が当該報告をしたことを理由として不利な取扱いを受けないことを確保するための体制
　当社の定める内部通報規程において，監査役への内部通報について不利な扱いを受けない旨を規定・施行する。

(11) 監査役の職務の執行について生ずる費用の前払または償還の手続その他の当該職務の執行について生ずる費用または債務の処理に関する方針に関する事項
　監査役がその職務の執行について，当社に対し費用の前払等の請求をした際には，担当部門において審議のうえ，当該請求に係る費用または債務が当該監査役の職務の執行に必要でないことを証明した場合を除き，速やかに当該費用または債務を処理する。

⑿　その他監査役の監査が実効的に行われることを確保するための体制
　①　取締役は，法令に基づく事項のほか，監査役が求める事項を適宜，監査役へ報告する。
　②　監査役会，CSR部および会計監査人は必要に応じ相互に情報および意見の交換を行うなど連携を強め，監査の質的向上を図る。
　③　代表取締役社長は，監査役と定期的に会合し，コンプライアンス面や内部統制の整備状況などについて意見交換を行う。
　④　代表取締役社長は，内部監査部門の実施する内部監査の計画，内部監査実施の経過およびその結果を監査役へ報告する。

⒀　反社会的勢力排除に向けた体制整備
　倫理・コンプライアンス規程，行動規範を制定・施行し，取締役ならびに従業員への徹底により，社会の秩序や安全に脅威を与える反社会的勢力および団体との関係を遮断・排除する。
　取締役および従業員は，反社会的勢力に対して常に注意を払うとともに，万一不当要求など何らかの関係を有してしまったときの対応については危機管理規程に従い，総務部を中心に外部専門機関と連携して速やかに関係を解消する。

## 宝印刷株式会社の行動規範

　宝印刷の役員および社員は，次の10項からなる行動規範を共有するとともに，常に高い倫理観と社会的良識をもって行動し，宝印刷が社会から信頼される会社として評価され，持続的に発展するように努めなければならない。

1．法令の遵守
　　法令を遵守し，立法の趣旨に沿って公明正大な企業活動を遂行する。

2．顧客の信頼獲得
　　市場における自由な競争のもと，顧客のニーズにかなう商品・サービスを提供するとともに，正しい商品情報を的確に提供し，顧客の信頼を獲得する。

3．取引先との信頼関係
　　平素の取引を通して顧客との信頼関係を築き，相互の発展に努める。

4．株主・債権者の理解と支持
　　公正かつ透明な企業経営により，株主・債権者の理解と支持を得る。

5．社員の連帯と自己発現への環境づくり
　　社員が企業の一員としての連帯感を持ち，自己の能力・活力を発揮できるようにその環境づくりを行う。

6．社会とのコミュニケーション
　　広く社会とのコミュニケーションを図るために社会の要求に耳を傾け，必要な企業情報を積極的に開示する。

7．個人情報等の厳正な管理
　個人情報や顧客からお預かりするインサイダー情報等を厳正に管理する。

8．政治・行政との関係
　政治・行政と健全かつ透明な関係を維持する。

9．反社会的勢力および団体への対処
　社会の秩序や安全に脅威を与える反社会的勢力および団体とは関係を持たない。

10．地域社会との共生
　地域の発展と快適で安全な生活に資する諸活動に協力するなど，地域社会との共生を目指す。

> 表2 ディスクロージャーポリシー

ディスクロージャーポリシー

(1) 情報開示の基準

　当社は，金融商品取引法等の諸法令および東京証券取引所の定める有価証券上場規程の「会社情報の適時開示等」（以下，「適時開示規則」といいます）に従って，透明性，公平性，継続性を基本とした迅速な情報開示を行います。また諸法令や適時開示規則に該当しない場合でも，株主や投資家の皆様に当社を理解いただくために重要あるいは有益であると判断した情報につきましては，積極的かつ公平に開示します。

　なお，個人情報，顧客情報，および関係者の権利を侵害することになる情報につきましては開示しません。

(2) 情報開示の方法

　適時開示規則の定める情報の開示は，同規則に従い東京証券取引所の提供する適時開示情報伝達システム（TDnet）を通じて行うとともに，同システムにより公開した後は，速やかに当社ホームページにも掲載します。適時開示規則に該当しない情報につきましても，重要あるいは有益であると判断した情報につきましては，当社ホームページへの掲載等により広く開示します。

(3) インサイダー取引の未然防止

　インサイダー取引の防止等につきましては，情報管理規程ならびにインサイダー取引管理規程を制定しその防止を図っております。また，毎年，役員・従業員を対象にインサイダー取引規制に関する勉強会を開催する他，解説書を配布するなどし，その趣旨の周知徹底と理解啓蒙に努めるとともに，適宜，社内通達にてインサイダー取引に関する注意を喚起しています。

## (4) 業績予想および将来情報の取り扱い

当社が開示する業績予想，将来の見通し，戦略，目標等のうち，過去または現在の事実に関するもの以外は将来の見通しに関する記述であり，これらは，当社が現時点で入手している情報および合理的であると判断される一定の前提に基づく計画，期待，判断を根拠としております。したがって，実際の業績等は，経済情勢等様々な不確定要素の変動要因によって，開示した業績予想等と異なる結果になる可能性があります。

## (5) 沈黙期間

当社は，決算情報（四半期決算情報を含む）の漏洩を防ぎ，かつ情報開示の公平性を確保する観点から，決算（四半期決算）期末日の翌日から各決算発表日までを沈黙期間と定めております。この期間中は，決算・業績見通しに関する質問への回答やコメントを差し控えることとしております。ただし，この期間中に業績予想が大きく変動する見込が出てきた場合には，適時開示規則に従い，適宜公表することとしております。

## (6) 社内体制の整備について

当社は本ディスクロージャーポリシーに則り，諸法令や適時開示規則に従った適切な情報開示を行うために，社内体制の整備・充実に努めております。

### 図4 模 式 図

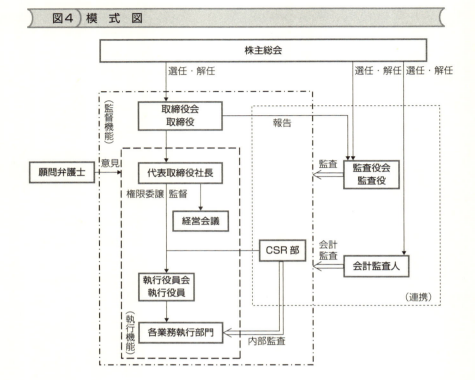

 **V** **金融商品取引法上の財務報告に係る内部統制の構築**

### 1 2007年度の対応

　当社の金融商品取引法に規定するいわゆるJ-SOXへの具体的な取組みは，2006年11月に開始した。既に東京証券取引所の規定により「適時情報開示に関する宣誓書」および「有価証券報告書に関する確認書」を2005年2月以降提出しているため，企業会計審議会の報告を待って，今後の対応を検討することとした。

　当社のJ-SOXへのプロジェクト名を，「内部統制整備推進プロジェクト」

(現在は，内部統制プロジェクト）とし，筆者がそのリーダーとなり，サブリーダーには公認会計士資格を有する者を1名配し，メンバーに取締役および執行役員を含む10名，オブザーバーに常勤監査役2名で構成した。今後，プロジェクトの進展により主に作業を行うスタッフについては，各メンバーが指名することとした。

当社の内部統制構築にあたっては，当社社訓に基づいた企業風土，株式上場のために行った組織的な運営体制，業務の効率化のために構築したIT環境，ISOを中心としたCSR重視の経営体制および会社法施行規則100条に従った体制が前提として既にあり，証券取引所の規定に基づく宣誓書，確認書を提出する際に確認した体制を踏まえ，企業会計審議会が示した内部統制に係る4つの目的（①業務の有効性および効率性，②財務報告の信頼性，③事業活動に関わる法令等の遵守，④資産の保全）の前提となる体制の整備はある程度確認できているとの認識のもと，「CSR経営を重視し，社会に貢献するために，現行の内部統制環境を見直し，財務報告の適正性を確保し，適切な管理を行い，もって持続的な社業の発展を目指す。」ことを基本方針とし，制度に対応した運営状況をいま一度確認するとともに，業務の効率化の進展を図ることとした。

そのコストについては，当社グループ全体の内部統制の現状把握や業務プロセスの文書化，確認作業に必要となる日程，評価項目およびそれらに必要な人件費（管理職分を除く）を200人日程度と見積もった計画書を作成し，2006年12月の取締役会に報告した。

## 2　2008年度の対応

当社は，5月31日が決算日であるため，2009年5月期が最初の金融商品取引法193条の2第2項に基づく内部統制報告書に対する監査法人による監査の対象となった。

そこで2007年1月から6つの基本的要素（①統制環境，②リスクの評価と対応，③統制活動，④情報と伝達，⑤モニタリング，⑥ITへの対応）に関して具体的な評価作業を開始し，全社に係る内部統制の改善策は，2007年5月までに提示し，それに基づき改善が行われた。

その後，業務プロセスについては，後に記述のとおりその評価範囲を絞り，2008年5月末までに内部統制環境の確認，改善を行い，金融商品取引法の要求に対応することとした。

当社グループの内部統制環境に係る6つの基本的要素についての確認項目は，公認会計士協会監査委員会研究報告第15号「経営環境等に関連した固有リスク・チェックリスト」（現在は廃止）等を参考に選定した質問項目を中心に，2008年2月に書面によるアンケートを行い，それに基づきプロジェクトリーダー，サブリーダーが中心となり，同年4月に社長以下の常勤役員一人ひとりに経営環境等のリスクをヒアリングし，明らかになった問題点に関する改善指示を行い，指示内容についての改善の完了を同年6月に確認した。

決算・財務報告プロセスおよびIT統制に関するアンケートおよびヒアリングは，同年6月から8月に行い，改善を確認した。

## 3 評価範囲の検討および業務プロセスの文書化

当社の業務プロセス別の評価範囲は，企業会計審議会が示した連結ベースでの売上高などの「3分の2程度」の範囲とすると，本社および工場のみで足りるが，「重要性」の判断から，大阪支店も対象とした。

当社のセグメント事業は1種類であり，有価証券報告書に記載している製品区分は，「金融商品取引法関連」，「会社法関連」，「IR関連」および「その他」の4種類であり，これを39の品目別売上高として管理している。このうち，売上高を100とした場合で5％以上の金額を占める品目は7品目であり，品目別売上高上位14品目で90％以上の金額を占める。

また，財務諸表の各勘定科目を金額的重要性および質的重要性で検討すると，前者の判断は，連結貸借対照表では，資産合計を100としてその5％以上の勘定科目に，連結損益計算書では，売上高を100としてその5％以上の勘定科目に絞り，後者の質的重要性の判断は，当社のサブリーダー（公認会計士）が行った。その結果をH，M，Lの総合評価に区分し，M以上となる26の勘定科目を抽出し，それを6つの業務プロセスに分類し，評価範囲とした。

第 3 章 ◆ 宝印刷株式会社の内部統制システムについて　301

表3　業務プロセスの文書化例

| | 総合評価 | 業務プロセス ||||| 決算・財務 | 情報システム（IT） |
| --- | --- | --- | --- | --- | --- | --- | --- | --- |
| | | 購買 | 販売 | 資金管理 | 人事管理 | | | |
| 現金および預金 | H | ○ | ○ | ○ | | | | ○ |
| 受取手形および売掛金 | H | | ○ | | | | | ○ |
| 有価証券 | H | | | ○ | | | ○ | |
| たな卸資産 | H | ○ | ○ | | | | | |
| 繰延税金資産 | H | | | | | | ○ | |
| 貸倒引当金 | H | | | | | | ○ | |
| ソフトウェア | H | ○ | | | | | | ○ |
| 投資有価証券 | H | | | ○ | | | ○ | |
| 前払年金費用 | H | | | | ○ | | | |
| 買掛金 | M | ○ | | | | | | ○ |
| 未払法人税等 | H | | | | | | ○ | |
| 未払費用 | H | ○ | | | ○ | | ○ | ○ |
| 役員賞与引当金 | H | | | | ○ | | ○ | |
| 繰延税金負債 | H | | | | | | ○ | |
| 退職給付引当金 | H | | | | ○ | | ○ | |
| 役員退職慰労引当金 | H | | | | ○ | | ○ | |
| 売上高 | H | | ○ | | | | | ○ |
| 売上原価 | H | ○ | | | | | | |
| 役員報酬 | H | | | | ○ | | | ○ |
| 給与手当 | H | | | | ○ | | | ○ |
| 役員賞与引当金繰入額 | H | | | | ○ | | ○ | |
| 退職給付引当金繰入額 | H | | | | ○ | | ○ | |
| 役員退職慰労引当金繰入額 | H | | | | ○ | | ○ | |
| 投資事業組合投資利益 | H | | | | | | ○ | |
| 投資有価証券評価損 | H | | | | | | ○ | |
| 貸倒引当金繰入額 | H | | | | | | ○ | |

なお，連結キャッシュ・フロー計算書および連結株主資本等変動計算書は，前記の財務諸表から導き出されるものであり，範囲は絞り込まず，資金管理プロセス，決算プロセスおよび情報システム等を確認するなかで評価することとし，財務諸表に関連した項目として有価証券報告書に記載される事項についての評価も同様とした。

表4　6つの業務プロセス

- ✓ 購買プロセス
- ✓ 販売プロセス
- ✓ 資金管理プロセス
- ✓ 人事管理プロセス
- ✓ 決算・財務プロセス
- ✓ 情報システム（IT）

業務プロセスの文書化は，2007年8月に着手し，2008年2月には，問題点を洗い出し，同年3月にフローチャート，業務記述書，リスクコントロールマトリクスの3点セットを完成させ，同年4月から5月に3点セットの見直しとウォークスルーによる確認を行い，関係部署に3点セットを配布した。

## 4　適用初年度の対応および2年目以降

2009年5月期（適用初年度）に係る全社統制環境の確認にあたっては，プロジェクトリーダーが，新任の常勤取締役および執行役員を対象に企業会計審議会が示した「財務報告に係る全社的な内部統制に関する評価項目の例」の42項目の質問を利用し，2008年7月にヒアリングを行い，改善指示ならびに改善の完了を9月末までに確認した。

決算・財務報告プロセス体制およびIT統制に係る確認は，経理担当執行役員，IT担当責任者に対し，監査法人等が出版物に掲載している質問項目を参考にヒアリングし，規程の整備と合わせて同年10月末に確認を終了し

た。

　業務プロセスに係る確認および評価にあたっては，2009年5月期の第2四半期の連結四半期報告書を用い，2009年3月に各プロセスごとにキーコントロール25件のサンプリング調査を行い，不備のない体制であることを確認した。

　2009年7月には，2009年5月期の未確定財務諸表を用いて追加のサンプリング調査を各プロセスごとに4件行い，さらに最終の評価を行い，その結果を監査法人に報告し，その回答を踏まえ，現段階では内部統制が有効である旨を8月4日および8月18日開催の取締役会に報告し，8月21日開催の株主総会の終結後，2009年5月期に係る有価証券報告書とともに内部統制報告書を金融庁に提出した。

　適用2年目以降の対応については，プロジェクトメンバーを実務者中心に絞り，新たに総務担当執行役員，経理担当執行役員と筆者からなる検討会議を設けた。

　全社統制環境については，①常務執行役員へのインタビュー，会社諸規程と実態との検討を行い，②決算・財務報告プロセスについては，財務報告に係るチェックシートを活用することを中心に，また，見積り誤りの起こりやすい勘定科目への対応，重要度が変化した勘定科目の抽出，追加サンプルを4件から3件に変更し，③IT統制については，変更されたシステムの確認を行い，④業務プロセスについては，フローチャートと実務の整合性の確認，変更を中心に行っている。

## 5　おわりに

　当社は，単一セグメントの会社であり，製品品目も39と少なく，東証一部上場会社のなかでも規模的には小さな部類に属する会社である。また，市場第一部への指定やISO等の認証を取得，更新をしていることもあり，会社法への対応や金融商品取引法のJ-SOXへの対応は，従来整備してきた過程の確認作業と位置づけ，その後，簡素化できるところは簡素化し，報告，改善については，取締役会，監査役の意見を取り入れながら対応している。

　この報告については，当社のように極めて単純な構造をもつ小規模な会社

の一例として，参考となれば幸いである。

◆田村　義則◆

# 第4章 内部統制システムの整備・構築と実務対応——財務報告に係る内部統制システム構築・運用と監査役監査・会計監査

 **内部統制報告制度**

## 1 金融商品取引法上の内部統制

(1) 導入経緯

金融商品取引法ではその目的を次のように定義している。

> 「<u>企業内容等の開示の制度を整備する</u>とともに，金融商品取引業を行う者に関し必要な事項を定め，金融商品取引所の適切な運営を確保すること等により，有価証券の発行及び金融商品等の取引等を公正にし，有価証券の流通を円滑にするほか，資本市場の機能の十全な発揮による金融商品等の公正な価格形成等を図り，もって国民経済の健全な発展及び投資者の保護に資することを目的とする」（金商1条）〔下線は筆者〕

すなわち，国民経済の健全な発展と投資者保護が主目的であり，そのためには，まず，投資者の投資判断に有用な信頼できる情報が適切に開示されることが期待されている。

そして，企業内容等の開示制度については，適時かつ適正な財務・企業情報の開示を確保するといった観点から，四半期開示を法定化するとともに，内部統制報告制度を導入し，財務報告に係る内部統制の強化を図っている。

このうち，内部統制報告制度については，西武鉄道株式会社の株式名義偽造事件等による不適切な開示事例の発生が導入背景にある。このような不適

切な開示については，企業の内部統制が有効に機能すれば，予防・発見することができるという期待のもとに，開示企業における内部統制の更なる充実を図るために制度化されたものである。

(2) 改訂までの経緯

内部統制報告制度は平成20年4月1日以後開始する事業年度より，すべての上場会社に対して適用が強制され，その後複数事業年度が経過した。3月決算会社では，早くも当該制度への対応は8年目になる。

制度導入初年度は，多くの企業が内部統制構築に係る各種可視化作業に苦しんだ。そのさなかに起きた平成20年9月のリーマン・ブラザーズ・ホールディングス社（米国）の経営破綻を契機として，世界経済は大きく縮小傾向をたどり，日本経済も大きな影響を受けた。このため，わが国の上場企業にとっては，内部統制報告制度の導入に加え，世界同時不況への対応という二重の圧力がかかり，その苦しみは倍増されたものと推察する。

内部統制報告制度導入2年目以降は，可視化作業は既に終了していることから，そのような企業にとっては，初年度ほどの負荷はなかったはずである。しかし，このころの日本経済は，景気回復の兆しが見られたものの，まだ本格化していなかったこともあり，内部統制報告制度対応のために，経営資源を十分配分できない企業も存在していた。

このため，より簡素化を図るべきではないかという声が制度対応している企業等からわきあがり，これに対応する形で金融庁企業会計審議会内部統制部会が平成22年5月に再開された。その後複数の議論を経て，平成23年3月に「財務報告に係る内部統制の評価及び監査の基準並びに財務報告に係る内部統制の評価及び監査に関する実施基準の改訂について（意見書）」が金融庁より公表された。そして，改訂内部統制報告制度が，平成23年4月1日以後開始する事業年度より適用されている。

以下では，改訂後の「財務報告に係る内部統制の評価及び監査の基準」ならびに「財務報告に係る内部統制の評価及び監査に関する実施基準」を，それぞれ「内部統制基準」，「実施基準」と表記する。

## (3) 内部統制報告制度の全体像

企業の経営者は、財務報告の信頼性を確保するために、内部統制の基本的枠組みに従って内部統制を構築・評価したうえで財務諸表を開示するとともに、内部統制報告書を有価証券報告書と併せて内閣総理大臣へ提出しなければならない。

### (a) 内部統制の構築

実施基準によると、「内部統制の評価及び報告に先立つ準備作業として求められる一般的な手続を示す」と説明されているので、内部統制の構築とは、内部統制の評価や報告ならびに監査に対応できるような体制の準備作業であると解釈することができる。具体的には、会社で決定した内部統制の基本方針を踏まえて財務報告に係る内部統制を実施するための基本的計画および方針を定めるとともに、内部統制の整備状況を把握しその結果を記録・保存する。そして、その過程で把握した内部統制の整備状況の不備に対しては、内部統制の基本的計画および方針に従って是正措置をとることになる。

### (b) 内部統制の評価・報告

内部統制の評価・報告については、トップダウン型のリスク・アプローチを活用しながら、①評価範囲の決定、②全社的な内部統制の評価、③業務プロセスに係る内部統制の評価、④経営者による有効性評価、⑤経営者による報告、といった流れで実施される。

また、監査人による内部統制監査についても概ね経営者評価と同様の流れで実施されるが、財務諸表監査と同一の監査人が実施することが求められている。内部統制監査で得られた監査証拠および財務諸表監査で得られた監査証拠は、双方で利用することが可能となり、効果的かつ効率的な監査の実施が期待されるからである。

### (c) 内部統制報告制度の改訂

(2)で述べたように、簡素化を主たる目的として内部統制報告制度は改訂されているが、合わせて、企業関係者から嫌悪感の強かった「重要な欠陥」という用語が改められている。

## 2　会社法上の内部統制との関係

両者の関係について明文規定は存在しないが，内部統制報告制度検討の過程において次のような資料がある。

---

会社法（商法）との関係について

(1)　内部統制の整備の主体

　商法上の委員会等設置会社，また，今般成立した会社法では，大会社である取締役会設置会社おいても，取締役会が内部統制の体制整備を決定しなければならないとされているとともに，当該決議事項の概要については，営業報告書の記載事項とされている。

　一方，会社代表者は，組織のすべての活動について最終的な責任を有しており，また，特に証券取引法では，有価証券の発行会社に企業内容等に係る開示義務が課され，有価証券報告書等は，代表者がその役職名を記載し，提出することとされている。

　以上を踏まえ，内部統制の整備・運用に係る基本方針を決定するのは取締役会であるが，財務報告に係る内部統制の整備及び運用を含め，開示書類の信頼性に係る最終的な責任は，代表取締役，代表執行役などの執行機関の代表者が負うものとして整理している。

(2)　監査役と（会計）監査人との関係

　我が国会社法（商法）において，監査役等は，独立した立場で経営者の職務執行について監視すべく業務監査の責務を担っていることから，企業等の内部統制に係る監査は監査役等による業務監査の領域でもある。また，大会社については，監査役等が会計監査人の実施した監査の方法と結果の相当性を評価することとされている。

　一方，内部統制監査において，（会計）監査人は，監査役が行った業務監査の中身自体を検討するものではないが，財務報告に係る全社的な内部統制の評価の妥当性を検討するに当たり，監査役等を含めた経営レベルにおける内部統制の整備及び運用状況を統制環境の一部として考慮することになる。

　いずれにせよ，企業等における財務報告に係る内部統制の充実を図っていく上では，監査役等と（会計）監査人とが適切に連携していることが重要となる。

---

（出所）　企業会計審議会内部統制部会第11回（平成17年7月6日）資料4。

(1) 相違点

会社法上の内部統制と金融商品取引法上の内部統制の基本的な相違点を掲げると表1のとおりである。

### 表1　会社法上の内部統制と金融商品取引法上の内部統制の相違点

|  | 会社法上の内部統制 | 金融商品取引法上の内部統制 |
| --- | --- | --- |
| 業務対象範囲 | 全般 | 財務報告中心 |
| 柔軟性 | 比較的自由 | 準拠すべき基準が存在 |
| 罰則規定 | なし | あり |
| 監査役の関与 | 直接的 | 間接的 |
| （会計）監査人の関与 | 間接的 | 直接的 |

会社法では，内部統制システムそのものを定義しているわけではないが，「取締役の職務の執行が法令及び定款に適合することを確保するための体制」（会社348条3項4号）を指すものと考えられている。このように，会社法上の内部統制は取締役の善管注意義務を基礎として，その対象範囲は全般にわたる。一方，金融商品取引法上の内部統制は開示面の信頼性確保が主目的であることから，業務対象範囲も財務報告中心となる。

また，会社法では内部統制システムの構築の基本方針について取締役会で決定するとともに，その内容の概要を事業報告に記載すると規定されている程度である。このため，会社の規模や状況等に応じて比較的柔軟な設計が可能である。これに対して，金融商品取引法は，内部統制府令，財務報告に係る内部統制の評価及び監査の基準，財務報告に係る内部統制の評価及び監査に関する実施基準等，準拠すべき具体的な評価基準が存在することから，会社法と比較すると各会社の状況によった柔軟な対応は難しい面が存在する。

さらに，監査役には取締役の職務執行について監査をする義務があるため，会社法上の内部統制についても監査役監査の対象となるが，財務報告に係る内部統制の有効性を監査役自らが評価することは，会社法上は求められていない。

一方，（会計）監査人は，金融商品取引法上，財務報告に係る内部統制の

有効性を監査する必要があるが、会社法上の内部統制の有効性についての監査は求められていない。会社法上、監査人による会計監査の対象は、連結計算書類及び計算書類ならびに附属明細書に限定されているからである。

(2) 実務対応

会社法上、内部統制システムが定められたのは、平成14年の商法改正においてである。委員会等設置会社について、「監査委員会の職務の遂行のために必要なものとして法務省令で定める事項」の決定義務が明文化された（旧商特21条の7第1項2号、旧商則193条）。ここでは委員会等設置会社以外の株式会社についての規定は特段設けられなかった。平成18年5月1日に施行された会社法では、すべての大会社について内部統制システムの基本方針の決定が義務づけられることとなった。

一方、金融商品取引法上の内部統制報告制度については、金融庁企業会計審議会内部統制部会が平成17年2月からスタートし、計16回の議論を踏まえた結果、平成19年2月に「財務報告に係る内部統制の評価及び監査の基準並びに財務報告に係る内部統制の評価及び監査に関する実施基準の設定について（意見書）」が公表された。そして平成20年4月1日以降開始する事業年度より上場会社を対象としてその適用が義務づけられている。

このように、会社法と金融商品取引法とでは、検討開始や立法化の時点が近かったこともあり、当時は実務面で多少の混乱が生じていたことも否定できない。特に、(1)で述べたような様々な相違点があることも、企業として具体的にどのように対処すればよいのかわかりにくくさせる要因になったものと思料する。

法律論としては、両者を同質ないし異質とする2つの考え方が併存するようだが、実務においては、両者を別のものと考えそれぞれ個別に対応していたのでは極めて非効率である。

金融商品取引法上の内部統制が財務報告中心とはいっても、内部統制の基本的要素は相互補完的な関係にあることや、財務報告は業務全般の成果を計数化したものと捉えれば、両者は相当程度重複する部分があると考えられる。

このため、実務的には両者を一体的に捉えたうえで、整備・運用することが効率的である。実際、内部統制報告制度導入後数年が経過した現在では、

多くの会社が一体的運用を行っているようである。

## 3　内部統制報告制度運用実績

### (1) 開示すべき重要な不備

図1で示したように，開示すべき重要な不備（改訂前基準では「重要な欠陥」，以下同じ）があり，有効でないと報告した企業数は導入初年度100社強あったものの，2年目以降は大幅に減少している。

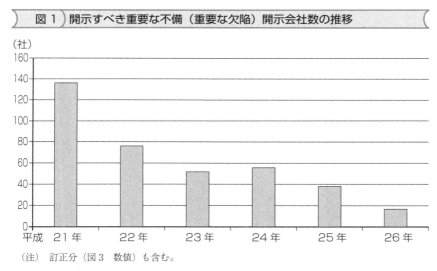

図1　開示すべき重要な不備（重要な欠陥）開示会社数の推移

（注）　訂正分（図3　数値）も含む。

### (2) 意見不表明

「内部統制の評価結果を表明できない」と報告した企業数は極めて少ない状況である。なお，直接的な関連はないものの，その多くは，行政処分勧告等を受けている点が特徴的である。

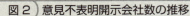

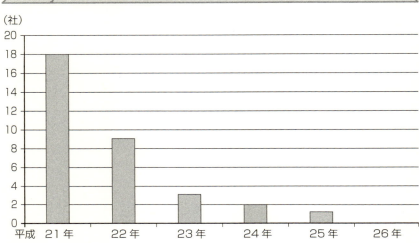

### (3) 訂正内部統制報告書

　会計不正等を理由に，既に提出済みである内部統制報告書の内容を訂正する（「内部統制は有効でない」とする）ケースがある。

　当該提出件数自体は減少傾向ではあるものの，「開示すべき重要な不備（重要な欠陥）」の減少幅からすると小さいものとなっている。

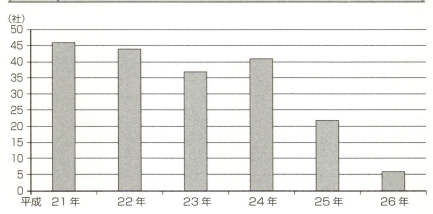

(4) 総　　括

　平成27年5月現在の上場企業数が約3,600社あることを考えると，開示すべき重要な不備ないし意見不表明の割合は非常に限定されたものとなっていることがわかる。

　これは，財務報告の信頼性確保に対する各企業の意識が高まったことが要因だと主張する前向きな意見もある。一方，図4と図5にあるように，不適切な会計・経理を開示した会社は毎年一定数存在している。また，上述したように，訂正内部統制報告書の提出件数も毎年存在すること等の理由から，内部統制報告制度自体に対する後ろ向きの意見も少なからず聞こえているのが実情である。会計不正等が発覚し当初提出した内部統制報告書上の評価結果を訂正するような企業が存在しているということは，内部統制上，何らかの問題がある企業が潜在的にはもっと存在しているのではないかということである。

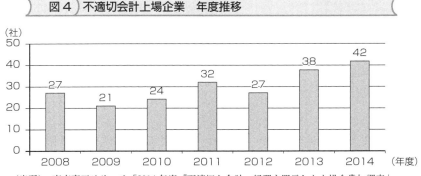

図4　不適切会計上場企業　年度推移

（出所）　東京商工リサーチ「2014年度『不適切な会計・経理を開示した上場企業』調査」。

### 図5　不適切会計企業　発生当事者別社数

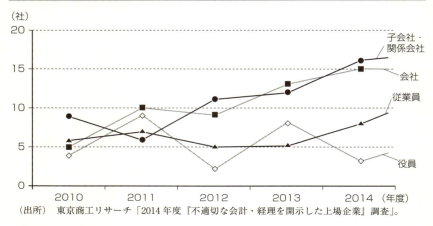

（出所）　東京商工リサーチ「2014年度『不適切な会計・経理を開示した上場企業』調査」。

## Ⅱ　内部統制評価・報告スケジュール

　内部統制評価・報告スケジュールは企業規模や事業形態，内部統制環境等により異なるものの，一例（3月決算会社）を示すと図6のとおりである。

### 1　評価範囲の決定

　内部統制報告制度導入後複数事業年度が経過した現在では，新たに評価範囲を検討する必要はなく，前年度の評価範囲について見直しの要否を検討する程度の企業も多いと考えられる。もっとも，事業計画としてM&A等による新規事業への参入や特定部門の大幅縮小等，連結ベースでの経営環境変化が予定されている場合には，当該変化が評価範囲に与える影響を早目に検討しておくことが肝要である。なかでも，全社的な内部統制については原則としてすべての事業拠点が評価範囲となる点には留意すべきである。実施基準では重要性の考慮（売上高で全体の95％に入らないような連結子会社）があるが，これは例示にすぎず，経営者層が認識しているビジネスリスクやガバナンス意識の重要性等と整合させながら検討することが望まれる。

　また，内部統制報告制度は期末日時点における内部統制の有効性を評価・

報告する制度であるため，毎事業年度ごとに期初に検討した評価範囲は期末時点で再確認しなければならない点には留意が必要である。

## 2　全社的な内部統制の評価

評価範囲と同様，前年度の評価結果を踏まえ，ビジネス構造の変化等を考慮したうえで評価することになる。この結果によって，業務プロセスに係る内部統制の評価範囲，検証範囲の拡大・縮小が判断されるため，全社的な内部統制の評価は，業務プロセスの評価に先立って実施される。このため，第1四半期から第2四半期までの間に実施する企業が多いようである。

## 3　決算・財務報告プロセス

決算・財務報告プロセスは，主として経理部門が担当する業務プロセスであり，その性質上，すべての事業拠点について全社的な観点で評価することが適切と考えられるものと固有の業務プロセスとして考えることが適切と考えられるものに区分整理される。

評価方法の違いはあるものの，両者は財務報告に直結する川下のプロセスであり，財務報告の信頼性に重要な影響を及ぼすプロセスであるという点では共通し，不備が発生した場合の影響も相対的に大きいものとなる。実際これまで発生した開示すべき重要な不備（重要な欠陥）事例についても，決算・財務報告プロセスに関連するものが多い。

また，他の業務プロセスと異なり，実施頻度が少ないという特徴がある。他の業務プロセスは通常，日常の手続であることが多いため，不備を発見し，その是正を確認できる機会が相対的に多い。一方，主な決算・財務報告プロセスは年に1回（年度決算）ないし2回（中間決算および年度決算）しか実施されない。月次決算や四半期決算を実施している場合でも年度末の決算手続よりも簡便な方法を採用している場合が多いことを考慮すると，不備を発見できる機会およびその是正を確認できる機会が極めて少ない。

このため，他の業務プロセスよりも優先的に早い段階で行うことが肝要である。

図6 内部統制報告制度・年間スケジュール例

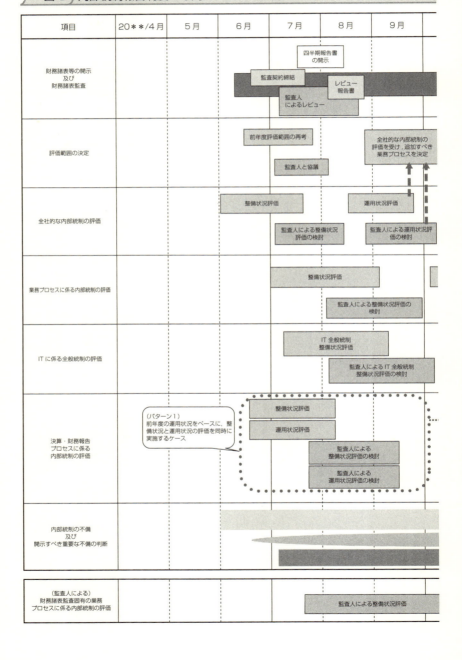

# 第 4 章 ◆ 内部統制システムの整備・構築と実務対応
—— 財務報告に係る内部統制システム構築・運用と監査役監査・会計監査　317

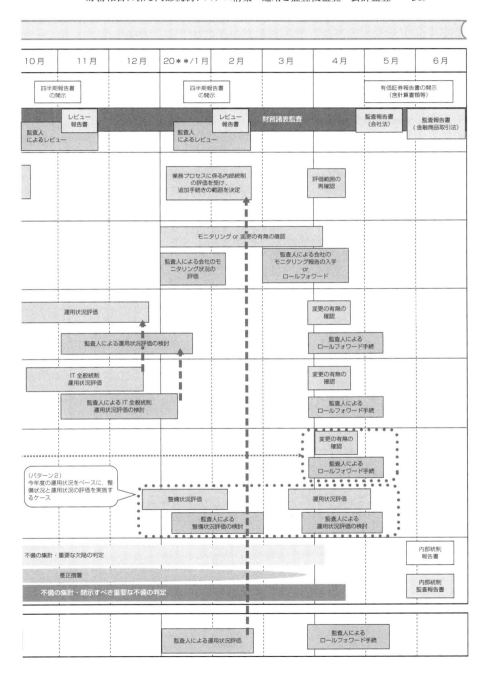

### 4　業務プロセスに係る内部統制の評価

業務プロセスは評価対象拠点数やキーコントロール数等が会社により大きく異なるため，どのようなスケジュールを設計すればよいのかについては，一概にはいえない。しかし，一般的には，次のような点に留意しつつ，整備・運用状況の評価実施時期を各社が工夫しながら検討することになる。

① 業務プロセスは事業年度を通じて実施頻度の高いケースが多い。このため，年間を通じて内部統制の有効性を検証すべきである。この場合，一定時点のみを評価するのではなく，評価対象を検証するための十分な評価期間が必要となる。

② 取引頻度や取引数が多いため，一定のサンプリングにより母集団全体の有効性を検証することになる。

③ 制度上，求められている評価時点は期末日であるため，期中で検証した内部統制の有効性が期末日時点でも継続していることを再確認する手続（ロールフォワード手続）が必要となる。

また，決算・財務報告プロセスと異なり，その他の業務プロセスは複数のサブプロセスに展開され，しかも，複数の部門にまたがることが多い。このため，評価作業にあたっては，被評価部門の繁閑も考慮したうえで関係部署とのスケジュール調整を行う必要があろう。

### 5　IT全般統制

ITを利用した内部統制は，全社的な内部統制の一部であるITへの対応，業務処理統制としてのITに係る業務処理統制と，それが有効に機能する環境を保証するための統制活動であるITに係る全般統制に分類することができる。そして，ITに係る業務処理統制とIT全般統制は日々の業務の中に組み込まれ，実行される統制という点で共通しており，それらの評価の流れは**表2**のとおりである。

このうち，IT全般統制は，IT業務処理統制と異なり財務報告における重要な虚偽表示が発生するリスクに直接的に繋がることはない。しかしながら，IT全般統制が整備されていない場合，ITに係る業務処理統制が有効に機能

第4章 ◆ 内部統制システムの整備・構築と実務対応
——財務報告に係る内部統制システム構築・運用と監査役監査・会計監査

**表2　ITを利用した内部統制の評価の流れ**

|  | ITに係る業務処理統制 | ITに係る全般統制 |
|---|---|---|
| ①評価範囲の決定 | 評価対象とされた業務プロセスに関連するシステムの範囲を明確にする | 評価対象とされた各業務プロセスにおけるシステムを支援するIT基盤の概要を把握する |
| ②評価単位の識別 | 個々のシステムごとを評価単位とする | IT基盤の概要をもとに評価単位を識別する |
| ③有効性の評価ポイント | ・入力情報の完全性，正確性，正当性等の確保<br>・エラーデータの修正と再処理機能の確保<br>・マスタ・データの正確性の確保<br>・アクセス管理 | ・ITの開発，保守<br>・システムの運用・管理<br>・アクセス管理などのシステムの安全性確保<br>・外部委託に関する契約の管理 |

するように整備されているとしても，その運用の有効性を継続的に維持できないおそれがある。このため，ITに係る全般統制は原則として毎年評価しなければならないが，次の要件を充足した場合にはその旨を記録することで，前年度の運用状況の評価結果を継続して利用することができる。

〔前年度の運用状況の評価結果を継続して利用することができるケース〕
①　財務報告の信頼性に特に重要な影響を及ぼす項目ではない
②　前年度の評価結果が有効である
③　前年度の整備状況から重要な変更がない

　また前年度の評価結果を継続利用する結果として，一定の複数会計期間内に一度の頻度で，ITに係る全般統制の運用状況評価が実施される，いわゆるローテーションが容認されている。
　ただし，当該ローテーションは当然に容認されるのではない点に留意が必要である。上述した前年度の運用状況の評価結果を継続して利用できる要件を充足しているか，十分に吟味・検証することが前提となる。

以上より，前年度評価結果を利用するかどうかにより，具体的な対処方法も異なることから，当該検討は期初の早い段階で実施することが望まれる。

また，IT に係る全般統制は，上述したように財務報告における重要な虚偽表示が発生するリスクに直接的に繋がることはないため，当該不備の発生が直ちに開示すべき重要な不備と評価されるわけではない。

IT 全般統制に係る不備に関しては，下記のように，有効な代替的・補完的な統制によりリスクヘッジすることができるとしている。

> 「2．例えば，IT に係る全般統制のうち，<u>プログラムの変更に適切な承認を得る仕組みがないなどプログラムの変更管理業務に不備がある場合</u>でも，事後的に業務処理統制に係る実際のプログラムに変更がないことを確認できたような場合には，稼働中の情報処理システムに係る業務処理統制とは関連性が薄いため，当該システムの内部統制は有効に機能していると位置づけることができると考えられる。」（金融庁「内部統制に関するQ&A」（問14）より引用。）〔下線部は筆者作成〕

これは予防的統制の脆弱面を発見的統制により補完しようということにほかならない。実務対応としても，IT 全般統制そのものの脆弱面を是正することは容易ではない。たとえば，上述の下線部のような不備自体を改善しようとした場合には，あるべき承認フローをシステム上に反映させるため，システムをカスタマイズしなければならず，時間とコストがかかるはずである。これに対し，実際にプログラム変更がないことを確認することは，当該変更頻度の多くない会社にとっては比較的工数もかからないはずである。

このように，予防的統制と発見的統制をバランスよく取り入れたセキュリティ体制を策定することが肝要であろう。

## 6　経営者による報告

内部統制報告制度が適用となる上場会社については，有価証券報告書の提出と併せて「内部統制報告書」を内閣総理大臣へ提出しなければならない（金商24条の4の4，24条の4の5）。

内部統制報告書への記載事項は次のとおりである。

## 第 4 章 ◆ 内部統制システムの整備・構築と実務対応
—— 財務報告に係る内部統制システム構築・運用と監査役監査・会計監査

(1) 財務報告に係る内部統制の基本的枠組み

内部統制報告書には代表者の役職氏名を記載することが求められている（内部統制府令第1号様式〔記載上の注意(3)〕）が，代表者に加え，最高財務責任者を定めている場合，その最高財務責任者が代表者に準じて財務報告に係る内部統制の整備および運用の責任者となる（内部統制府令第1号様式〔記載上の注意(6)〕）。

また，最高財務責任者は会社内部における役職のいかんにかかわらず，財務報告に関し代表者に準ずる責任を有する者であり，単に財務担当をしている者は含まない（内部統制ガイドライン4 - 1）。また，最高財務責任者は，会社が任意に定めればよく，法令上取締役会等の決議を必要としているものではなく，届出や登記等も求められていない（金融庁「内部統制に関するQ&A」（問80））。

なお，代表者および最高財務責任者については，内部統制報告書提出日現在のものを記載することに留意が必要である（内部統制府令ガイドライン4 - 6）。

(2) 評価の範囲，基準日および評価手続

次の記載が求められている。

(a) **財務報告に係る内部統制の評価が行われた基準日**
(b) **財務報告に係る内部統制の評価にあたって，一般に公正妥当と認められる内部統制の評価の基準に準拠した旨**
(c) **財務報告に係る内部統制の評価手続の概要**
(d) **財務報告に係る内部統制の評価の範囲**

なお，決算日変更等により基準日を変更した場合には，その旨および変更の理由を記載することが求められている（内部統制府令5条2項）。

〔開示例　平成26年12月期　株式会社アシックス〕
「なお，当社は，連結決算日を毎年3月31日としていたが，決算日が12月31日の連結子会社と決算期を統一することにより適時・適切な経営情報の開示を徹底し，かつ当社グループの予算編成や業績管理等，経営および事業運営の効率化を図るため，連結決算日を12月31日に変更した。この変更に伴い，評価の基準日を12月31日に変更している。」

また，やむを得ない事情により評価範囲に制約があった場合には，その範囲およびその理由を記載する必要がある（内部統制府令第1号様式〔記載上の注意(7)〕）。

> 〔開示例　平成26年12月期　株式会社クロス・マーケティンググループ〕
> 「なお，連結子会社である Kadence International Business Research Pte. Ltd. を含めた Kadence グループ11社は，評価範囲に含めておりません。同社グループは，平成26年11月18日付けで株式を取得し，子会社化したものであり，株式の取得が当社の事業年度終了直前に行われ，内部統制の評価には相当の期間を要することから，やむを得ない事情により財務報告に係る内部統制の一部の範囲について，十分な手続きが実施できなかった場合に該当すると判断したためです。」

このように，決算期変更ややむを得ない事情により評価範囲の一部に制約を受ける場合には，追加記載項目が要求されるが，記載する企業の側からすると，これらは日常的な事象ではないこともあり，記載が漏れる，記載内容が不十分である等，といった誤りを起こしやすいため，留意が必要である。

(3)　**評価結果**

求められる記載内容は次の4パターンである。

(a)　**財務報告に係る内部統制は有効である旨**
(b)　**評価手続の一部が実施できなかったが，財務報告に係る内部統制は有効である旨ならびに実施できなかった評価手続およびその理由**

> 〔開示例　平成26年12月期　株式会社クロス・マーケティンググループ〕
> 「連結子会社である Kadence International Business Research Pte. Ltd. 含めた Kadence グループ11社は，平成26年11月18日付けで子会社となったものであり，株式の取得が当社の事業年度終了直前に行われたため，やむを得ない事情により財務報告に係る内部統制の一部の範囲について，十分な手続きが実施できませんでしたが，平成26年12月31日現在の当社の財務報告に係る内部統制は有効であると判断しました。」

(c) **開示すべき重要な不備があり，財務報告に係る内部統制は有効でない旨ならびにその開示すべき重要な不備の内容およびそれが事業年度の末日までに是正されなかった理由**

〔開示例　平成26年9月期　ジャパンベストレスキューシステム株式会社〕
「下記の財務報告に係る内部統制の不備は，財務報告に重要な影響を及ぼす可能性が高く，開示すべき重要な不備に該当すると判断いたしました。したがって，当事業年度末日時点において，当社グループの財務報告に係る内部統制は有効でないと判断いたしました。

記

(1) 平成26年4月28日付で，会計監査人より，当社の連結子会社である株式会社バイノス（以下，「バイノス」という）の売上計上に懸念を生じさせる事実がある旨の通知を受け，当社は事実関係の調査，認定，評価に基づく提言が必要であると判断し，当社と利害関係を有しない中立・公正な外部の専門家から構成される第三者委員会を平成26年5月2日付で設置いたしました。

その結果，平成26年6月3日付にて受領した第三者委員会の調査報告書により，バイノスにおいて，当時のバイノスの経営者である代表取締役社長と管理部門の実質的責任者である取締役の両名が中心となって作成した売上計画を達成するため，意図的に売上の先行計上を行う等，不適正な売上計上（以下，「本件不適正な売上計上」という）をしていたことが判明いたしました。

本件不適正な売上計上を予防または発見できなかったのは，除染事業自体が新しいものであり，収支構造やビジネスリスクを想定することが困難であったこと，また，バイノスは，除染事業の受注以前に建設・土木系の請負工事の経験がなく，十分な知識・経験の蓄積がないことから除染事業受注の急拡大と比較して計数管理が追いついていない状況であったこと，バイノスの販売に係る業務プロセスの内部統制において，適正な売上計上を実施する為のルール策定が不十分であったこと，実態とは異なる内容の「検収書」等や「残高確認書」に発注者の現場工事事務所所長の押印を受領することについて，過剰な接待に依存した営業手法が誘因となった可能性が否定できないこと，並びにグループ全体におけるコンプライアンス意識が十分でなかったことの不備によるものです。

本件に対する当社の対応として，平成25年9月期（第17期）第2四半期以降の過年度決算を訂正し，平成25年9月期第2四半期から平成26年9月期（第18期）第1四半期までの有価証券報告書及び四半期報告書について訂正報告書を提出するとともに，第17期内部統制報告書（自　平成24年10月

1日　至　平成25年9月30日）の訂正報告書を平成26年6月13日付で提出いたしました。その後，第17期内部統制報告書の訂正報告書に記載しておりますとおり，第三者委員会からの提言を踏まえ，以下のとおり再発防止策を策定し，実行に着手しております。

①適切な業務手順の確定及び運用

　　バイノスに係る環境メンテナンス事業において，従来売上計上に使用していた「出来高明細」ならびに「検収書」を本件不適正な売上計上の判明以後は使用せず，バイノスの債権と取引先との債務が一致する「入着高・出来高調査表」及びそれに基づく「請求書」を証憑とし，また，従来売上入力は「管理部担当者」が入力し，「管理部上席者」が確認を行うとしていた手続きについては，承認者を「管理担当取締役」と明確に定め，「管理担当取締役」が承認したうえでの売上計上を徹底する等，業務手順を確定し，運用しております。

②新規事業に対する事前調査及び着手後のリスクコントロール制度の整備

　　新規事業にあたっては，翌月の当社取締役会の審議に先立ち，当社役員及びシニアマネージャー以上の役職者で構成するリスク管理委員会において，新規の投融資を含む資本提携及び新規事業に係る業務提携等の個別具体的なリスクについて，十分審議したうえで，当社取締役会に上程いたします。

　　なお，第17期内部統制報告書の訂正報告書の提出後現在に至るまで，当社が異業種への参入を企図したことはないため，外部のビジネスデューデリジェンスを利用した実績はありませんが，異業種への参入にあたっては，従前から実施していた財務及び法務デューデリジェンスに加えて，外部のビジネスデューデリジェンスを利用し，当該業種のビジネスリスクを把握したうえで，当社取締役会に上程いたします。

③子会社の管理体制の見直し

　　従前，関係会社の管理を行っていた管理部関係会社管理グループを2名増員し，3名体制とするとともに，(1)当社から子会社・関連会社に対して派遣している役員の職責及び権限の明確化(2)報告内容検証のためのマニュアル整備とその運用(3)関係会社に関する相談窓口の一本化(4)子会社・関連会社の取締役会への出席(5)内部通報制度運用規程，コンプライアンス・マニュアル，コンプライアンス・プログラム等の策定とその周知徹底を図っており，今後も継続的に実施してまいります。

④過剰な接待に依存する営業手法の禁止

　　バイノスにおける接待交際費に関し，当社の基準に準じて，飲食に係

る交際費の上限を全役員一律1回20万円までとする社内規程の見直しを行うとともに，その他の子会社・関連会社の役員に対しても，過剰な接待に依存する営業手法の禁止を周知徹底しており，今後もグループ各社の経理担当者がその運用を継続的に実施してまいります。

⑤監査役会室の設置及び内部監査室の拡充

　当社監査役の職務を補助するため，2名体制の監査役会室を新設し，監査役会室員が子会社・関連会社の監査役に就任し，個別の監査役監査業務を担うとともに，当社監査役による子会社・関連会社の監査役の兼任を原則として取りやめ，当社監査役会は専ら当社単体の監査及び当社グループの連結監査を担うことで，監査業務の分掌を明確化し，監査体制を強化しております。

　また，内部監査室を1名増員し，3名体制とするとともに，内部監査時に検証するサンプル件数の増大及び監査手法を強化するため，内部監査調書作成マニュアル等の変更を行っております。

⑥コンプライアンス意識の徹底

　当社グループにおけるコンプライアンス体制確立の指針となるコンプライアンス・マニュアルを策定するとともに，その具体的な行動計画であるコンプライアンス・プログラムを定め，コンプライアンス研修会を定期的に実施する等，さらなるコンプライアンス意識の醸成に努めております。

　しかしながら，本件発覚以降，財務報告に係る内部統制の不備を是正するために，再発防止策を講じることにより，内部統制の改善を図り，当事業年度末時点において整備は完了しておりますが，当事業年度末日までに新規事業に対するリスクコントロール制度の運用実績が少ないことや，コンプライアンス意識の醸成に努めてはいるものの，全役職員にコンプライアンス意識が浸透・定着するまでには十分な運用・評価期間が確保できなかったこと等により，第17期内部統制報告書の訂正報告書に記載した開示すべき重要な不備すべてが必ずしも是正されているとは評価できないことから，当事業年度における当社グループの財務報告に係る内部統制は有効ではないと判断いたしました。

　当社グループは，財務報告に係る内部統制の重要性を強く認識しており，翌事業年度においては適切な財務報告の信頼性を確保するため，管理体制の改善に全社一丸となって取り組んでまいります。

(2)　平成26年10月20日付で，当社グループの元関係者から文書（以下，「本件告発文書」という）による告発を受け，本件告発文書の記載内容等には信憑性に疑義があるものの，会計監査人からも告発の内容が当社代表取締役に

関わるものであり，会計数値へ影響を及ぼす事項も含まれているとの指摘を受けたことから，当社と利害関係を有しない中立・公正な外部の専門家から構成される第三者委員会を設置し，調査を進めてまいりました。

　当該調査の結果，当社代表取締役個人による出資に伴う関連当事者の範囲の網羅性について，関連当事者に該当する可能性を否定できない一社があるものの，当社と当該会社との間の取引は存在せず，有価証券報告書に記載すべき関連当事者の注記は過去においても不要であったと判断されました。しかしながら，当社としましては，関連当事者の把握及び取引集計に関する決算・財務報告プロセスに不備があったものと認識し，開示すべき重要な不備に該当すると判断いたしました。

　上記の事実は当事業年度末日以降に判明したため，当該開示すべき重要な不備を当事業年度末日までに是正することができませんでした。この件に関しましては以下の再発防止策を策定し，既に実行に着手しており，翌事業年度においては，適切な財務報告の信頼性を確保する方針です。

①関連当事者の把握手続の見直し

　　従前より，当社及び当社連結子会社の役員から「関連当事者確認書」を徴求し，関連当事者の把握に努めてまいりましたが，当該確認書は，当社及びその連結子会社と取引をしている法人について，役員及びその2親等以内の親族が「実質的に支配（持株比率50％以上）している法人」がないことを役員が確認する内容となっておりました。この点，役員及びその2親等以内の親族の持株比率が50％以上の法人に限られるものではなく，「関連当事者確認書」の一部に見直すべき点が認められたことから，その点を変更しております。

②取締役会における報告の義務化

　　上記「関連当事者確認書」は半期ごとに徴求しておりますが，決算業務との重複等による把握漏れを防ぐため，毎月の当社定時取締役会において，各役員に報告を求め，関連当事者を適時に把握できるよう取締役会規程の変更を行い，その確認を実施しております。

③関連当事者に関する研修会の実施

　　関連当事者の範囲及び開示対象となる取引，重要性の有無等について，当社及び当社連結子会社の役員が理解を深めることにより，関連当事者の網羅性を担保するため，公認会計士による講習会等への参加を通じて，関連当事者を適切に把握するための体制を一層確保してまいります。なお，当該関連当事者研修会は，既に実施しており，今後も継続的に実施してまいります。」

第 4 章 ◆ 内部統制システムの整備・構築と実務対応
　　——財務報告に係る内部統制システム構築・運用と監査役監査・会計監査　　327

(d) **重要な評価手続が実施できなかったため，財務報告に係る内部統制の評価結果を表明できない旨ならびに実施できなかった評価手続およびその理由**

〔開示例　平成25年3月期　明治機械株式会社〕
「平成25年3月に実施した過年度決算訂正に関して，平成24年11月から平成25年2月にかけて行われた第三者調査委員会による調査および平成25年2月から平成25年3月にかけて行われた社内調査委員会による調査の結果，取締役会および監査役会の監督機能の不足や内部監査機能の不足など当社グループの全社的な内部統制の有効性に疑義があることを示唆する指摘がなされました。

　当社は，当該指摘を受けて，当初の計画段階においては評価範囲として選定していなかった事業拠点や業務プロセスも含めた評価範囲の見直しが必要と判断しましたが，関連する第三者調査委員会および社内調査委員会による調査報告書の公表が基準日である期末日直前であったことや，過年度決算訂正に関する有価証券報告書等の訂正報告書の提出その他社内調査等に優先的に注力せざるを得なかった等の理由により，評価範囲の見直し作業を実施することができませんでした。

　したがって，当社は，財務報告に係る内部統制の評価について，重要な評価手続が実施できなかったため，当事業年度末日時点において，当社グループの財務報告に係る内部統制の評価結果を表明できないと判断いたしました。」

　Ⅰ3で述べたように，開示すべき重要な不備や意見不表明案件は限定されており，多くの企業が(a)のパターンで開示している。ただ，M&A等の組織再編が活発化していることもあって，(b)の開示例も比較的多い。

(4) **付記事項**

　内部統制報告制度における評価基準日は期末日であるため，期末日後に発生する，いわゆる後発事象については評価対象とはならない。

　しかし，投資家への注意喚起という観点から，次の項目について記載が求められている。

(a) **財務報告に係る内部統制の有効性の評価に重要な影響を及ぼす後発事象**

〔開示例　平成26年12月期　ＧＭＯアドパートナーズ株式会社〕
「財務報告に係る内部統制の有効性に重要な影響を及ぼす可能性がある後発事象
　平成27年2月より，当社及び連結子会社6社において，新たな販売管理システムへ段階的に移行しております。
　当該システムの移行が，翌事業年度以後の内部統制の有効性に重要な影響を及ぼす可能性があります。」

(b) **事業年度の末日後に開示すべき重要な不備を是正するために実施された措置がある場合には，その内容**

〔開示例　平成26年3月期　株式会社メッツ〕
「3．評価結果に関する事項に記載した全社統制に関する開示すべき重要な不備を是正するために，当事業年度末日後に以下の対応を行いました。その結果として，内部統制報告書提出日時点で当該開示すべき重要な不備が是正されていることを確認しました。
　(1)　印章管理規程の改定による印章管理の強化
　(2)　全役員・全社員のコンプライアンス意識の向上
　(3)　コンプライアンス統括室による監視の強化
　(4)　取締役会における監視体制の強化」

　開示すべき重要な不備（重要な欠陥）事例が少ないこともあり，(b)の事例も多くないが，(a)については，(b)と比べると圧倒的に多い。
　もっとも，ここで開示対象となる後発事象は，あくまで財務報告に係る内部統制の有効性評価に関係するものであり，財務諸表上，開示後発事象として取り扱われるものすべてが対象となるわけではない点に留意が必要である。

(5)　**特記事項**

　財務報告に係る内部統制の評価について特記すべき事項がある場合には，その旨および内容の記載が求められる。
　具体的な記載内容は基準上明示されていないものの，たとえば，内部統制

## 図7　内部統制報告書上の開示対象となる後発事象

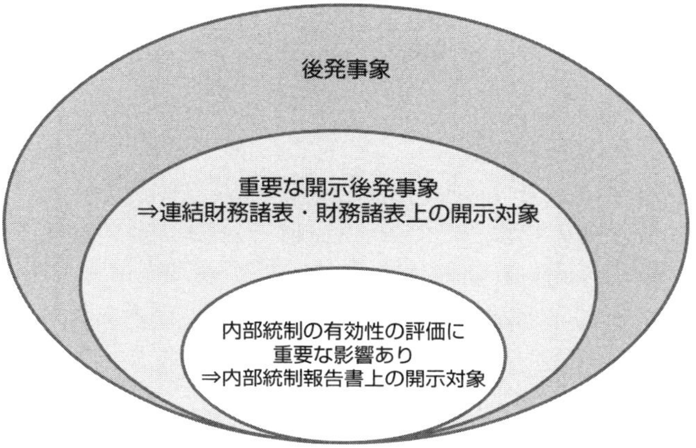

```
後発事象
  重要な開示後発事象
  ⇒連結財務諸表・財務諸表上の開示対象
    内部統制の有効性の評価に
    重要な影響あり
    ⇒内部統制報告書上の開示対象
```

報告書に関する利害関係者の判断を誤らせないようにするため，特に必要と認められると企業が判断した事項等を記載することが考えられる（金融庁「内部統制に関するQ&A」（問107））。

平成25年3月期決算会社における実際の開示としては，次のような記載例がある。

① 過年度ないし期中に発生した内部統制の不備に関する是正状況
② 情報システムの導入ないし変更
③ 合併等の組織再編
④ 米国証券取引委員会（SEC）へ米国預託証券（ADR）を登録していたが，今後登録廃止予定の旨

〔開示例　平成25年3月期　神姫バス株式会社〕
「当社は，当事業年度に判明した，当社子会社元役員による不正行為を受け，平成23年3月期第1四半期から平成25年3月期第1四半期までの連結財務諸表を訂正するとともに，当該期間の内部統制の一部に重要な欠陥または開示すべき重要な不備があったとし，平成23年3月期及び平成24年3月期の内部統制報告書の訂正報告書を平成24年11月14日付で提出しております。
　その後，第130期（自　平成24年4月1日　至　平成25年3月31日）有

価証券報告書の「第2 事業の状況 3．処すべき課題」に記載していますとおり，当社は以下の再発防止策の実行に努めてまいりました。
　① 子会社代表者兼務の原則禁止
　② 当社グループにおけるガバナンスの強化　③ 内部公益通報制度の見直し
　④ 当社による会計・経理業務支援
　⑤ コンプライアンス委員会の活動強化
　その結果，当事業年度末時点において，開示すべき重要な不備は是正され，当社の財務報告に係る内部統制は有効であると判断致しました。
　今後，これまでの取り組みを継続的にモニタリングするとともに，全社を挙げてコンプライアンスを重視する企業風土を醸成し，関係者の皆様からの信頼回復に全力を尽くしてまいります。」

##  経営者の視点でみる実務対応

### 1　柔軟な制度対応

経営者による内部統制評価について，内部統制基準（Ⅱ3⑴）では次のように説明している。

> 経営者は，有効な内部統制の整備及び運用の責任を負う者として，財務報告に係る内部統制を評価する。経営者は，内部統制の評価に当たって，連結ベースでの財務報告全体に重要な影響を及ぼす内部統制（以下「全社的な内部統制」という。）の評価を行った上で，その結果を踏まえて，業務プロセスに組み込まれ一体となって遂行される内部統制（以下「業務プロセスに係る内部統制」という。）を評価しなければならない。(＊1)
> 　なお，経営者による内部統制評価は，期末日を評価時点として行うものとする。
> 　（注）　企業において具体的にどのような内部統制を整備及び運用するかは，個々の企業の置かれた環境や事業の特性等によって様々である。経営者は，内部統制の枠組み及び評価の基準を踏まえて，それぞれの企業の状況等に応じて自ら適切に内部統制を整備及び運用するものとする。(＊2)（内部統制基準Ⅱ3⑴）〔下線および＊は筆者による。〕

(＊1)の部分はトップダウン型のリスク・アプローチについて説明したものである。すなわち，まず全社的な内部統制の評価を行い，その結果を踏まえて，財務報告に係る重要な虚偽表示リスクに着目しながら，必要な範囲で業務プロセスに係る内部統制を評価する。

経営者は企業経営を推進していく過程で常日頃から様々なリスクにさらされており，これらに随時対応しているはずである。こうした経験を生かしながら，財務報告に係る重要な虚偽表示リスクについても把握・分析したうえで対応することが期待されているのである。一方，経営資源は限られているため，効率性を意識しながら各種リスクに対応しなければならず，財務報告に係る虚偽表示リスクについても同様の考慮が必要となる。

また，(＊2)にあるように，画一的な対応ではなく，企業の状況に応じた柔軟な対応が求められているのである。

## 2　リスク対応

### (1)　財務報告リスクの絞り込み

実施基準（Ⅰ2(2)）ではリスクについて次のように説明している。

> リスクとは，組織目標を阻害する要因をいう。具体的には，天災，盗難，市場競争の激化，為替や資源相場の変動といった組織を取り巻く外部的要因と，情報システムの故障・不具合，会計処理の誤謬・不正行為の発生，個人情報及び高度な経営判断に関わる情報の流失または漏洩といった組織の中で生ずる内部的要因など，様々なものが挙げられる。ここでのリスクは，組織に負の影響，すなわち損失を与えるリスクのみを指し，組織に正の影響，すなわち利益をもたらす可能性は含まない。

そして，内部統制報告制度上は，財務報告に係る重要な虚偽表示リスク（以下「重要な虚偽表示リスク」という）に着眼している点が特徴である。このため，重要な虚偽表示リスクをどのように見極め，絞り込むかがポイントとなる。この「見極めや絞り込み」が適切に行われないと，経営資源に限りがあることと相まって，財務報告とは直結しない内部統制や重要性のないものまで形式的に評価することになってしまい，いたずらに時間を要することになって

しまう。また，多くのリスク項目を評価対象としてしまうことで，リスク評価自体が形式化してしまい，結果として，重要な虚偽表示リスクを十分かつ適切に評価することができなくなってしまう可能性がある。

実際，制度導入初年度においては，制度対応期限に間に合わせることを優先し，外部コンサルティング会社や監査法人等から提供された一般的なリスクデータベースをそのまま利用した会社も多数あったようである。多数のリスク項目を形式的に評価する作業に追われ，徒労感だけが残ったという声も少なからず耳にした。

制度導入2年目以降は，各企業が創意工夫をしながら虚偽表示リスクの絞り込みや見極めに努力しているようである。他方で，企業は内部統制報告制度にだけ対応しているわけではなく，一概には定義しにくい様々なリスクについて，適時適切な対応をしているはずである。

また，前述（2）したように，会社法上の内部統制と金融商品取引法上の内部統制を統一的に整備・運用すべきという観点からすると，財務報告リスクに限定することなく，広くコンプライアンス態勢の一環として，会社がさらされている重要なリスクを見極めることが肝要であろう。

周知のことではあるが，会社がさらされているリスクは，どのような内部統制システムを構築したとしてもゼロになるわけではない。このため，影響度や発生可能性の低いものにまで一つ一つ対応していくのでは，いたずらに作業工数等のコストがかさみ，限られた経営資源を浪費し，ついには，企業の競争力を阻害してしまいかねない。

要するに，メリハリを利かせ重要なリスクに絞ることが，実務対応としてはもっとも重要視されることになる。

(2) **財務報告リスクとアサーション**

財務報告リスクを識別するに際して，適切な財務情報を作成するための要件のうち，どの要件に影響を及ぼすかについて理解することが重要であるとされている。

当該要件は「アサーション」ともいわれ，それを阻害するリスク例とあわせ，**表3**で示すことができる。

「アサーション」は非常に曖昧で抽象的な概念であるため，理解を進める

## 表3 アサーションとリスク例

| アサーション | | リスク例 |
|---|---|---|
| 実在性 | 資産及び負債が実際に存在し、取引や会計事象が実際に発生していること | ・架空売上及び債権の計上<br>・売上の二重計上 |
| 網羅性 | 計上すべき資産、負債、取引や会計事象をすべて記録していること | ・簿外債務の存在 |
| 権利と義務の帰属 | 計上されている資産に対する権利及び負債に対する義務が企業に帰属していること | ・社内承認のない担保提供資産や貸与資産の存在 |
| 評価の妥当性 | 資産及び負債を適切な価額で計上していること | ・債権等の回収可能性の判断誤り<br>・外貨換算誤り |
| 期間配分の適切性 | 取引や会計事象を適切な期間に配分していること | ・前払費用等の費用配分計算誤り<br>・固定資産の減価償却計算誤り |
| 表示の妥当性 | 取引や会計事象を適切に表示していること | ・税効果注記誤り<br>・関連当事者注記範囲誤り |

ためには、個々の取引種類や勘定残高、開示等にブレークダウンしたうえで、考えてみるとよいかもしれない。たとえば、「商品」という勘定残高に関連する棚卸資産プロセスで「権利と義務の帰属」というアサーションを再定義してみると、「会社として検品(納品確認、検収等)したものだけが商品であり、他社からの預り在庫や未検収在庫は含まれない」と説明することができる。

また、表3で示した6つのアサーションのなかでも、日常反復的に行われるプロセスに関連してとくに重要となるのは、「実在性」、「網羅性」、「権利と義務の帰属」の3つである。粉飾決算等の不正の手口を考えた場合、架空資産や資産の水増し等資産項目の過大計上、すなわち、「実在性」が問題となる。一方、負債項目については簿外負債の存在が代表的なリスクで、負債の過少計上、すなわち、「網羅性」が問題となる。このような点を考慮すると、売掛金や商品のような資産勘定残高については、当該資産の過大計上がリスクとして考えられるため、「実在性」というアサーションが重要になるし、

借入金のような負債勘定残高については，「網羅性」というアサーションが重要となる。次に，残りの3つのアサーション（「評価の妥当性」，「期間配分の適切性」，「表示の妥当性」）については，期末決算作業の過程で重要となるものであり，主として，決算・財務報告プロセスに関連するものである。

このように，各勘定残高や取引種類（プロセス），開示項目によりリスクは異なるはずなので，各アサーションを総花的に紐づけることはせず，当該リスクレベルに応じて重視すべきアサーションを意識することが，評価作業の効率化，適切なリスク把握といった観点から肝要である。

(3) リスク評価体制

では，具体的なリスクの見極めや絞り込みはどのように実施すればよいだろうか。

各現場に認識しているリスクを抽出させると，自分達の作業プロセスに従って不正や誤謬が発生するリスクをすべて抽出しがちである。製造業における販売プロセスのうち，出荷部分を例にとってみると，①販売部門からの出荷指示について，工場担当者がシステムやメール等で確認するのを失念するリスク，②販売部門からの出荷指示（アイテム・数量）とは異なるものを工場担当者が手配してしまうリスク，③販売部門からの出荷指示（納品先）とは異なる配送手配を工場担当者がしてしまうリスク，④出荷データと整合しない会計記録（売上計上）がなされるリスク等，考えられるリスクを網羅的にリストアップしてしまうのである。しかし，繰り返し述べてきたように，すべてのリスクに全力投球して備えるのは現実的ではないことから，有価証券報告書中の連結財務諸表を中心とした財務報告に重要な影響を与えるリスクを大局的に識別することが肝要である。

このような大局的な見方ができるのは，常に俯瞰的な視点で会社を見ている経営者を始めとする上層部のはずである。実際，制度対応を適切かつ効率的に行おうという真摯な姿勢を保持している会社ほど，事務担当者に任せきりにすることなく，経営層が主体的かつ能動的に関与しているものである。

(4) 重要性の判断

財務報告に係る重要な虚偽表示リスクは，識別したリスクの発生可能性と当該リスクが発生した場合の影響度を考慮しながらその重要性を検討するこ

## 図8 リスクの発生可能性と影響度

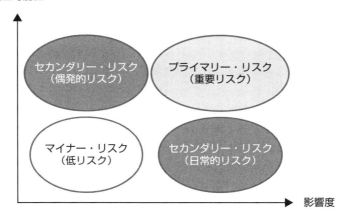

とになる。

そのうえで，図8にあるようなプライマリー・リスクについては，重要な虚偽表示リスクとして優先的に対応を検討し，他のリスクについては，財務報告以外のリスクへの対応や費用対効果等を考慮しながら，個別に対応するかどうか，対応する場合のその深度等を検討することになろう。

### 3 統制上の要点（キーコントロール）

(1) リスクと統制上の要点

経営者は多種多様なリスクに晒されているが，それらを低減させるために，様々な内部統制を組み込んでいる。財務報告に係る虚偽表示リスクに対する内部統制もその一部であるが，内部統制報告制度上は，アサーションを確保するためにどのような内部統制が必要かといった観点から識別される。識別された内部統制は，「統制上の要点」といわれ，実務上は「キーコントロール」という名称で代用されているケースも多い。そして，個々の重要な勘定科目に関係する各々の統制上の要点について，その整備および運用状況の評価を行い，当該評価を通じて内部統制の有効性の判断基準となる内部統制の基本的要素が有効に機能しているかどうかを判断することになる。

## (2) キーコントロールの絞り込み

内部統制報告制度が導入され複数事業年度が経過し，評価作業の効率化・合理化を志向する動きが毎年進んでいる。そして，多くの企業が，制度導入初年度と比較すると識別するリスクに加え，キーコントロールの数も減らしてきているようだ。

ここで，一例ではあるが，キーコントロールを絞り込むポイントを掲げてみたい。

**(a) 1つのリスクに複数のコントロールが選定された場合，効果の高いコントロールのみを選定する**

たとえば，営業部門担当者のシステムへの出荷入力業務について図9のようなチェック体制があったとしよう。職位に着目した場合，①本人がセルフチェックするよりも，②担当者の所属部門の責任者によるチェックの方が高い効果が期待できる。また，③担当者の所属部門以外のメンバーがチェックするのであれば内部牽制機能がより強く働くことが期待されるため，結果として最も効果の高い③を選定する，といった考え方である。

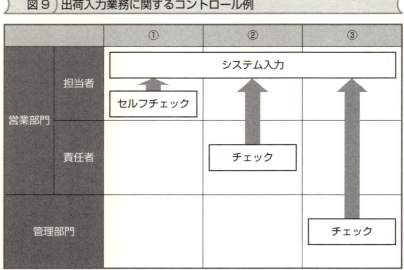

図9　出荷入力業務に関するコントロール例

(b) **複数のリスクを低減させる（アサーションをある程度網羅的にカバーできる）コントロールを選定する**

たとえば，出荷基準により売上計上される場合，出荷入力プルーフ，受注データおよび運送会社からの引取証と照合するといったキーコントロールにより，売上計上に関する実在性，権利と義務の帰属，網羅性，期間配分の適切性という複数のアサーションを充足させ，これをもって，架空売上，二重売上，先行売上，計上漏れ等といった財務報告の虚偽表示リスクを低減できると考えるのである。

(c) **川上にあるコントロールよりも川下にあるコントロールを重視する**

財務諸表全体レベルのリスク把握が前提ではあるものの，財務報告の重要な虚偽表示リスクを低減させるという観点からすると，会計記録の生成過程を反対に見ていくことが効率的である。

たとえば，売上という勘定科目に至る業務プロセスを考えてみると，売上に関する重要な虚偽表示リスクを十分低減できることを確認したうえで経理部門が仕訳起票するのであれば，当該確認作業がキーコントロールとなるため，極論をいうとそれ以外のコントロールは評価不要ということになる。そ

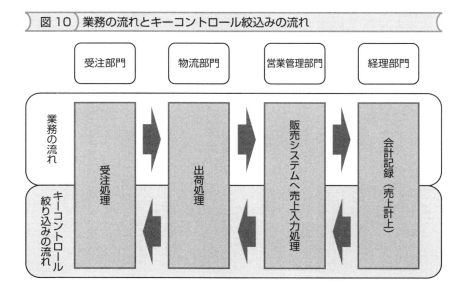

図10　業務の流れとキーコントロール絞込みの流れ

して，経理部門における仕訳前の確認作業だけでは，主要なアサーションを充足できないと判断した場合には，営業管理部門におけるコントロールを選定し，それでも充足しない場合には，物流部門へといったように遡って検討していくのである。

## 4　内部統制の有効性評価

財務報告に係る内部統制の評価・報告の流れは，図11のとおりである。

(1)　評価範囲の決定

内部統制報告制度上，対象としている財務報告は，財務諸表だけでなく財務諸表の信頼性に重要な影響を及ぼす開示事項等も含まれており，有価証券報告書における「経理の状況」に記載される開示項目には限定されていない（実施基準Ⅱ1①）。

ここで留意が必要なのは，財務報告すべてに係る内部統制の有効性を判断する必要はなく，その信頼性に重要な影響を及ぼすものが評価対象となる。いわゆるリスクベースの考え方である。

(2)　全社的な内部統制の評価

全社的な内部統制は企業集団全体を対象とし，企業全体に広く影響を及ぼすものである。その評価方法自体は，チェックリストを採用する等，実務慣行がある程度習熟しているものの，実務上，次の2点がよく議論となる。

(a)　評価単位

これは，グループガバナンス体制がどうなっているかにより，左右されるもので，いわゆる中央集権的なガバナンス体制をとっている場合には，企業集団全体で共通したチェックリスト等を用いて評価することが可能である。一方，地方分権的なガバナンス体制の場合には，拠点ごとに内部統制環境が異なる可能性が高いため，評価単位も拠点ごとになることが多い。

(b)　評価サンプル数

業務プロセスのように日常反復的に行われる内部統制が評価対象とならないことも多く，一律25件といったような形式的なルールを設定することは難しいため，当該統制頻度や強度等を勘案し，各企業が個別に判断しているケースが多い。

第 4 章 ◆ 内部統制システムの整備・構築と実務対応
　　　——財務報告に係る内部統制システム構築・運用と監査役監査・会計監査　　339

図11　財務報告に係る内部統制の評価・報告の流れ

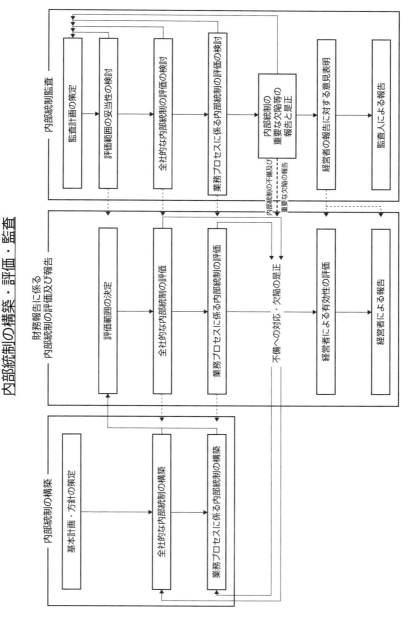

(出所)　企業会計審議会内部統制部会第11回資料2。

(3) 業務プロセスに係る内部統制の評価

　評価対象とした業務プロセスについて，財務報告の重要な虚偽表示につながるリスクを識別し，当該リスクを低減させるための統制上の要点（キーコントロール）を，アサーションの充足を意識しながら選定する点は上述したとおりである。

　選定されたキーコントロールについては，その整備・運用状況を評価することになるが，整備状況については，内部統制のデザインが財務報告の虚偽表示リスクに対して適切に対処されているかどうか，といった観点で評価される。また，この評価には，規程などの存在確認だけでなく，一定時点において内部統制が実際に運用されているかどうかを確かめる手続も含まれる。一方，運用状況については，一定期間にわたって実際の業務が規程などの取り決めに従って行われているかどうかという観点で評価される。

(4) 不備等への対応，経営者による有効性の評価

　まず，全社的な内部統制は，企業集団全体を対象とするため，これに不備があった場合には，内部統制の有効性に重要な影響を及ぼす可能性がある。また，全社的な内部統制の評価結果は業務プロセスの評価範囲に影響を与えるため，当該不備は早期に是正することが必要である。

　次に業務プロセスに係る不備については，その重要性を「発生可能性」と「影響度」の両面を検討したうえで，当該不備が「開示すべき重要な不備」に該当するかどうか判断することになる。もっとも，「発生可能性」と「影響度」は相互依存的な関係にあるため，検出された不備ごとにまとめて検討することが効率的である。また，個々の内部統制を切り離して検討するのではなく，発生した不備を補う補完統制の有無ならびにその有効性についても一緒に検討することが効率的である。また，期中で発見された不備については早期に是正する必要があるが，これには一定の期間を要することが想定される。このため，当該是正期間を考慮したうえで内部統制の評価および報告に係る計画を立案することが望ましい。

　次に，内部統制評価担当者ないし評価部署等が不備ないし開示すべき重要な不備を識別した場合には，上位管理者層のしかるべき関係者へすみやかに報告するとともにすみやかに是正措置を求めなければならない。上位管理者

等への報告に加え，適宜，経営者，取締役会，監査役または監査委員会および監査人への報告も必要となる。

また，内部統制報告制度上，評価基準日は期末日のため，期中で発見された不備ないし開示すべき重要な不備も，期末日までに是正されていれば，当該事実の開示義務はない。これがかなわず期末日後内部統制報告書提出日までに是正された場合については，当該是正措置を内部統制報告書へ付記事項として記載することが求められている。

 **Ⅳ　監査役の視点でみる実務対応**

### 1　内部統制報告制度と監査役監査との関係

前述（Ⅰ2）したように，監査役は，財務報告に係る内部統制の有効性を自ら評価することまでは求められていない。監査役は取締役の職務執行に対する業務監査（会社381条）の一環として，経営者の内部統制報告制度への対応状況について確認することになる。

この点，日本監査役協会では，以下の基準を公表するとともに，これらのなかで「財務報告内部統制の監査」の章を設定し，表4のようなポイントを示している。

① 監査役設置会社の「内部統制システムに係る監査の実施基準」（平成19年4月5日制定・最終改正平成23年3月10日）（以下「監査役実施基準」という）

② 委員会等設置会社の「内部統制システムに係る監査委員会監査の実施基準」（平成20年2月4日制定）

次に，内部統制報告制度上，監査役の機能は内部統制の基本的要素の一つである「統制活動」の一例として掲げられている。そして，当該機能の有効性について経営者や監査人からの評価対象となる。

一方，会社法上，監査役は会計監査人の職務遂行の相当性を監査することになるため，結果として，相互にチェックし合っているような関係になってしまっている。

このような交錯関係自体の是非については法律専門家に任せるとして，実

### 表4　財務報告内部統制に関する監査

**重大なリスク（監査役実施基準13条1項）**
- 財務担当取締役が主導または関与して不適正な財務報告が行われるリスク
- 会社の経営成績や財務状況に重要な影響を及ぼす財務情報が財務担当取締役において適時かつ適切に把握されない結果，不適正な財務報告が組織的にまたは反復継続して行われるリスク
- 会計監査人が関与または看過して不適正な財務報告が行われるリスク

**重要な統制上の要点（監査役実施基準13条2項）**
- 財務担当取締役が，会社経営において財務報告の信頼性およびその実効的体制の整備が必要不可欠であることを認識しているか，財務報告における虚偽記載が適時かつ適切に発見・予防されないリスクの重大性を理解しているか。
- 財務報告を所管する部署に会計・財務に関する十分な専門性を有する者が配置されているか。
- 日常的な監査活動を通じて監査役が把握・確認している事項に照らして，以下の点（ただし，以下は例示であり，会社の事業内容等の特性に照らして過不足のない点に絞るものとする）について財務担当取締役が適切に判断・対応し，かつ，会計監査人が適正に監査を行う体制が整備されているか。
  - 売上・原価の実在性と期間配分の適切性，棚卸資産の実在性，各種引当金計上の妥当性，税効果会計の妥当性，減損会計の妥当性，ヘッジ会計の妥当性，オフバランス事項その他重要な会計処理の適正性
  - 重要な会計方針の変更の妥当性
  - 資本取引，損益取引における重要な契約の妥当性
  - 重要な資産の取得・処分等の妥当性
  - 資金運用の妥当性（デリバティブ取引等を含む）
  - 財務報告に重要な影響を及ぼすIT全般統制・情報システムの整備状況
  - 会計基準や制度の改正等への対応
  - 剰余金処分に関する方針の妥当性
  - 連結の範囲および持分法適用会社の範囲の妥当性
  - 連結決算に重要な影響を及ぼす企業集団内の会社に関する，上記の各事項の適正な会計処理
- 開示すべき財務情報が迅速かつ網羅的に収集され，法令等に従い適時に正確かつ十分に開示される体制が整備されているか
- 会社の経営成績や財政状況に重要な影響を及ぼす可能性が高いと認められる事項について，財務担当取締役と会計監査人との間で適切に情報が共有されているか。
- 会計監査人の会社からの独立性が疑われる特段の関係が形成されていないか。
- その他会計監査人の職務の遂行が適正に行われることを確保するための体制が整備されているか。

第 4 章 ◆ 内部統制システムの整備・構築と実務対応
――財務報告に係る内部統制システム構築・運用と監査役監査・会計監査　343

図12　内部統制に関連する監査役・経営者・監査人の関係

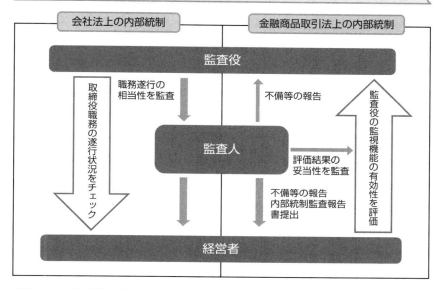

務的には，監査役と監査人は，ともに相手の機能や職務遂行状況等について適時・適切なコミュニケーションをとることで，十分な連携をとることが必要となろう。

## 2　業務監査上の留意点

社団法人日本監査役協会が平成20年9月に公表した「監査役からみた財務報告に係る内部統制報告制度に関するQ&A」等を参考に，財務報告に係る内部統制に関して監査役が業務監査を実施するうえでの主な留意点を示してみたい。

(1)　トップダウン型のリスク・アプローチ

取締役の下記職務遂行状況について監査することが重要である。すなわち，内部統制報告制度上求められる経営者によるトップダウン型のリスク・アプローチについて，監査役も同様の視点で確認することが効果的という趣旨である。

①　自社の事業等のリスクを十分に把握・分析しているか

② 把握したリスクに基づき全社的な内部統制を中心として財務報告内部統制の整備の基本方針と整備計画を適切に作成しているか
③ 当該整備の取組みが適切に進捗しているか
④ 整備された財務報告内部統制が適切に運用・評価されているかどうかを把握できる体制になっているかどうか

さらに，監査役としては，これらの取組みが経営トップの十分な関与のもとで行われているかを監査することが肝要である。

(2) 状況ヒヤリング

内部統制の有効性評価時点は事業年度末ではあるものの，次の点については，事業年度を通じて適時に情報収集することが肝要である。
① 取締役（内部監査部門等を含む）からは評価実施状況
② 監査人からは監査実施状況の報告・説明

取締役からは取締役会，経営会議等の会議体のなかで情報収集することが一例として考えられる。また，監査役や内部監査部門とは，監査計画の摺り合わせや監査結果の情報交換等，相互協力することで監査の重複を避けることが有用であり，多くの企業で実践されている。当該相互協力の一環として，内部統制関連についても定期的に情報交換することが考えられる。

(3) 不備等の報告

下記3で別途，詳述するが，不備等の発見に関する報告体制が適切に整備・運用されていることを確認する必要がある。

## 3 不備が見つかった場合の対応

(1) 不備等の報告

経営者による評価の過程で発見された財務報告に係る内部統制の不備および開示すべき重要な不備については，発見時点が期中である場合には適時に是正措置がとられることになる。したがって，監査役としては，当該状況につき随時速やかに報告を受けることが必要である。

また，監査人が内部統制監査の過程で発見した不備等については，経営者に対して是正を求めるとともに，その事実を監査役にも報告することが求められている。監査役は当該報告を適時に受けるとともに，監査人と連携しな

がら経営者の行う是正措置を適切に探ることになろう。とくに，発見された不備の内容が「開示すべき重要な不備」に該当する可能性の高い重要な内容であれば，是正の状況いかんで監査役監査報告書への記載にも影響を及ぼす蓋然性も発生することになるため，より慎重かつ深度のある状況確認が必要となる。

なお，監査役監査報告書作成後に「開示すべき重要な不備」が発覚することも理論上は考えられるものの，実務上は大きな問題とはならないはずである。なぜならば，経営者や監査人と事業年度を通じて適時にコミュニケーションをとってさえいれば，当該懸念を相当程度払しょくできると考えられるからである。

(2) 監査役監査報告書への記載

金融庁が公表している「内部統制報告制度に関するQ&A」（問48）によると，「開示すべき重要な不備」の存在は，それ自体が直ちに法令違反となるということではない。経営者がそれを開示することによって企業が抱える様々な経営上の課題の一つとして認識し，自社内の財務報告に係る内部統制が有効なものとなるように改善していくことが重要とされている。

このように，「開示すべき重要な不備」は内部統制に関する客観的な事実の存在を意味するものであり，取締役の善管注意義務違反に直結するわけではない。

このため，「開示すべき重要な不備」が取締役の善管注意義務違反を構成するかどうかは，下記のような点に留意しながら個別に判断することになる。

① 「開示すべき重要な不備」を是正しないことにより財務情報に重要な虚偽表示等が生じる可能性の高さ
② 当該虚偽表示が会社または株主等の利害関係者に著しい損害を与える蓋然性の程度
③ 会社の経営資源の状況
④ 事業年度に採用される財務報告に係る内部統制の不備の是正策およびその計画

〔開示例　平成26年9月期　株式会社みんなのウェディング　内部統制報告書〕
「下記に記載した財務報告に係る内部統制の不備は，財務報告に重要な影響を及ぼす可能性が高く，開示すべき重要な不備に該当すると判断いたしました。したがって，当事業年度末日時点において，当社の財務報告に係る内部統制は有効でないと判断いたしました。

記

　平成26年10月，当社会計監査人から，平成26年9月のBrideal事業本部の売上の一部において，実態を伴わない売上が計上されている可能性がある旨を指摘され，当社監査役会に内容の調査を求められたため，当社社外取締役及び社外監査役らは社内調査を実施いたしました。
　同調査の結果，同事業本部の平成26年9月の売上において，当社従業員（以下，「担当者」）の親族のウェディング施行に係る12百万円の売上が計上されておりましたが，実際には担当者の親族のウェディング施行は行われておらず，当時の代表取締役及び当時の担当取締役が担当者に指示をして同事業本部のプロモーション用の撮影を行ったものであり，当該売上に係る入金は当時の代表取締役の個人資金から拠出されていたことが判明いたしました。
　Brideal事業本部においては，ウェディング施行の事実を確認の上で売上高を計上するプロセスとなっておりますが，挙式の内容等について文書で記録しておらず，また，ウェディング施行に関する証憑の入手が徹底されておりませんでした。そのため，当時の代表取締役が売上高に充当する目的で入金した取引が，その適切性について検証されないまま，売上高として計上されている状況にありました。
　また，みんなのウェディング事業本部におけるタイアップ広告の売上高について，本来は，当社とクライアントとの間で締結した契約等に基づき，売上高の期間帰属をみんなのウェディング事業本部及びコーポレート本部で検討した上で計上すべきところ，十分な検討を経ないままに計上されている取引があることが判明いたしました。また，取引の実行にあたり入手すべき証憑が収集されていない取引があることも判明いたしました。
　以上のことから，当社の全社的な内部統制，Brideal事業本部における販売の業務プロセス及びみんなのウェディング事業本部におけるタイアップ広告に係る販売の業務プロセスに関連する内部統制について，開示すべき重要な不備があると判断いたしました。
　事業年度の末日までに是正されなかった理由は，当事業年度末日後に上記事実が発覚したためであります。

なお，上記の開示すべき重要な不備に起因する必要な修正は，社内調査の結果特定され，全て財務諸表に反映しております。

当社は，財務報告に係る内部統制の整備及び運用の重要性を認識しており，今後は再発防止策を講じ，直ちに内部統制の改善に努め，適切な内部統制を整備・運用する方針であります。再発防止策の具体的内容は，以下のとおりです。

① コンプライアンス体制の強化及び企業風土の改善
② 職務権限や職務分掌の見直し
③ Brideal 事業本部における業務プロセスの見直し
④ みんなのウェディング事業本部におけるタイアップ広告に係る業務プロセスの見直し
⑤ 決算財務報告プロセスの強化
⑥ 内部通報制度の充実」

〔開示例　平成26年9月期　株式会社みんなのウェディング　監査役会監査報告書〕
「2．監査の結果
　(1) 事業報告等の監査結果
　一　〔略〕
　二　取締役の職務の執行に関する不正の行為又は法令もしくは定款に違反する重大な事実は，以下を除き，認められません。
　　　事業報告に記載のとおり，当社代表取締役及びBrideal事業担当取締役の主導の下，Brideal事業において，実態を伴わない売上12百万円が計上されておりました。
　三　内部統制システムに関する取締役会決議の内容は相当であると認めます。また，当該内部統制システムに関する事業報告の記載内容及び取締役の職務の執行については，前述したものを除き，指摘すべき事項は認められません。
　　　前述の事実に対する社内調査の結果，再発防止策として，コンプライアンス体制の強化及び企業風土の改善，職務権限や職務分掌の見直し，Brideal事業本部における業務プロプロセスの見直し，決算財務報告プロセスの見直し及び内部通報制度の充実が指摘されており，監査役会としては，引き続きその実施状況を監視して参ります。」

**監査人の視点でみる実務対応**

## 1　財務諸表監査と内部統制監査の一体化

　内部統制報告制度上，内部統制監査は原則として同一の監査人により財務諸表監査と一体となって行われることが求められている。なお，「同一の監査人」とは，監査法人ないし監査事務所のみならず，業務執行社員も同一であることを意味している。

　これは，米国SOX法に対する批判を教訓として，規定されたものである。同法では，監査事務所を同一にするという規定のみが存在していたため，内部統制監査担当者と財務諸表監査担当者がそれぞれ別々になり，結果として無用な重複作業を行ってしまう事例が少なからずあったようである。

　監査人は，会社の置かれた状況等に応じて経営者による内部統制の整備ならびに運用状況および評価の状況を十分理解し，監査上の重要性を勘案することが必要である。また，経営者が行った内部統制の評価を検討する場合，監査人は，財務諸表監査の実施過程において別途一定の監査証拠を入手していることが通常であるため，その場合には，当該監査証拠を利用することで，内部統制監査と財務諸表監査を一体として効果的かつ効率的に実施することが求められている。

　次に，財務報告に係る内部統制に開示すべき重要な不備があり，内部統制が有効でないと判断された場合，一般的には財務諸表監査において監査基準に定める内部統制に依拠した通常の試査による監査は制限されると考えられる。財務諸表監査上，とくに，日常反復的に行われる取引については，リスク・アプローチという考え方に基づいて監査を実施することが主流となっている。固有リスクと統制リスクの評価を通じて虚偽表示リスクを識別し，それに応じて監査人が行う監査手続やその実施時期および範囲を策定するための基礎となる発見リスクの水準を決定するのである。その結果，監査リスクを許容できる一定水準以下のレベルまで抑えるという考え方である。重要な虚偽表示リスクの高い項目について重点的に監査の人員や時間を充てること

第 4 章 ◆ 内部統制システムの整備・構築と実務対応
　　――財務報告に係る内部統制システム構築・運用と監査役監査・会計監査

により，監査を効果的かつ効率的なものにしようというもので，国際的な監査基準においても広く一般的に採用されている。

ここで，3つのリスク要素は次のような関係にある。

> （固有リスク×統制リスク）×発見リスク≦監査リスク

左辺の固有リスクや統制リスクが高い場合には，発見リスクを低く抑えることで，監査リスクをより一定水準以下にすることができる。発見リスクを低く抑えるためには，より強力な監査証拠を入手し，実施時期に気を配り，試査範囲を拡大するなど等といった，より詳細な監査手続を実施することが必要となる。

すなわち，財務報告に係る内部統制に開示すべき重要な不備があり，内部統制が有効でないと判断された場合には，上記統制リスクが高くなることから，監査リスクを一定水準以下に抑えられるよう，監査計画を修正する等，しかるべき対応が必要になるということである。

## 2　監査計画と評価範囲の検討

### (1)　監査計画

監査人は，内部統制監査目的と財務諸表監査目的の両者を考慮し，綿密な監査計画を策定する必要がある。その際には，限られた監査資源のなかで効率的かつ効果的に監査を実施するため，両者の目的ができるかぎり同時に達成できるような計画立案が求められる。

財務諸表監査では，監査の初期の段階で策定する詳細な監査計画においてリスク評価手続をリスク対応手続のそれぞれに係る実施の時期および範囲について，過年度の監査実施の結果等を考慮して決定する。また，リスク対応手続は，内部統制の運用状況の評価手続と実証手続で構成されており，監査人は，財務諸表項目レベルの重要な虚偽表示のリスクに関する評価に基づいて，リスク対応手続の立案および実施に関する適切な監査アプローチを検討することになる。

このため，財務諸表監査における実証手続の立案も視野に入れながら内部統制の評価の検討時期について検討する必要がある。

## (2) 評価範囲の変更

　M&A等の組織再編によるビジネス構造の変更に伴い，経営者が評価範囲の変更を迫られるケースがある。評価範囲の変更は新たなリスクや統制の識別作業に時間がかかるだけでなく，被評価部門との各種調整業務も必要となる。とくに，評価範囲の追加先が海外子会社となった場合には，経営者は新たな評価範囲に係る内部統制の有効性評価手続に時間的な制約等の困難を伴う場合も想定される。

　このため，監査人としては，企業のビジネス構造の変化に関しては，事実が発生する前から，取締役会議事録の閲覧，経営者とのコミュニケーション等を通じて，できるかぎり早目に情報収集し，事実が発生した場合の対応策について会社と協議しておくことが肝要である。

## 3　内部統制監査の実施と報告

　監査人による内部統制監査は，概ね経営者による内部統制の評価の流れに準じて，たとえば，次のようなステップで実施される。

### (1) 全社的な内部統制の評価の検討

　全社的な内部統制の整備および運用状況や取締役会ならびに監査役または監査委員会の監視機能等について検討する。

### (2) 業務プロセスに係る内部統制の整備・運用状況の検討

　業務プロセス（ITを含む）に係る内部統制について，経営者が行った評価の妥当性について検討する。なお，評価対象となる業務プロセスに委託業務が含まれている場合には，監査人は，当該委託業務に関する内部統制の有効性についても検討が必要となる。

　この点につき，金融庁「内部統制に関するQ&A」（問18）では以下のように説明している。

> 「2．これらのうち統制上の要点や識別の妥当性の検証は，評価手続の検証に属するものと考えられるが，実施基準では，それ以上に，内部統制の整備状況及び運用状況の有効性に関する経営者評価の検討において，監査人が経営者の評価結果を利用する場合を除き，経営者が具体的にどのような評価方法

を行ったのか（例えば，運用テストの具体的内容等）についての検証は求められておらず，監査人が監査するのは，ご指摘のとおり，経営者の評価結果についてである。」

次に，評価対象となった業務プロセスに係る内部統制の整備および運用状況の評価については，原則として財務諸表監査における内部統制評価と一体的に実施し，運用状況の評価に関しては，通常，監査人自ら抽出したサンプルを用いた試査により，必要十分な監査証拠を入手していくことになる。

なお，実施基準（Ⅲ4(2)①ロa）では，サンプル数について，次のように例示している。

「日常反復継続する取引について，統計上の二項分布を前提にすると，90％の信頼度を得るためには，評価対象となる統制上の要点ごとに少なくとも25件のサンプルが必要となる。」

また，作業効率化の観点から，監査人は，一定条件が満たされれば，経営者が抽出したサンプルを自ら抽出したサンプルの一部として利用することもできる。

(3) 不備の検討

経営者と同様，監査人も識別された不備が開示すべき重要な不備に該当するかどうかを検討することが求められている。

そして，内部統制監査の実施過程で開示すべき重要な不備を発見した場合，経営者に報告して是正を求めるとともに，当該是正状況を適時に検討する必要がある。加えて，経営者に報告した旨およびその是正結果について，取締役会および監査役または監査委員会に報告することが求められている。

開示すべき重要な不備以外の不備については，監査人は経営者への報告等が義務づけられていないものの，評価管理責任者等といった適切な者への報告が求められている。このように，開示すべき重要な不備とそうでない不備とでは報告対象が異なるし，報告を受ける経営者等にとっても，対応レベルが違うはずなので，両者を区別することはリスクベースといった観点からも重要となろう。

また，監査人は，不正または法令に違反する事実を発見した場合にも，開示すべき重要な不備を発見した場合と同様の報告措置等が求められる。

(4) 関係者とのコミュニケーション

監査人が内部統制監査を実施するにあたっては，上記(1)から(3)までの内容のほか，監査役または監査委員会との連携や，他の監査人等の利用についても考慮することが求められている。

また，実施基準上，経営者の主張を理解・尊重することが強調されている。相手の主張をきちんと理解・尊重したうえで，自己の立場も整然と主張し，相手に理解してもらうという基本的な議論の能力が問われているといってもよいだろう。

加えて，内部統制報告制度へのさらなる効率化対応のためには，監査人は経営者・評価担当者等と適宜協議することが不可欠となる。この際，監査人は原則として経営者の主張に対して職業的懐疑心を保持しながら協議を進めなければならない。もっとも，内部統制報告制度が強制適用となる会社（平成27年5月現在，約3,600社）のなかには，明瞭な主張のないまま時が過ぎてしまうリスクのある企業も存在する。このような企業に対しては，監査人として指導性を発揮しながら協議を進めていくことが求められるのである。

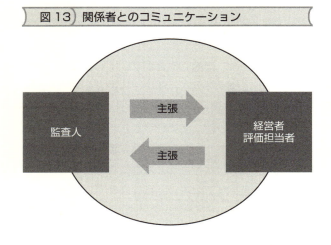

図13　関係者とのコミュニケーション

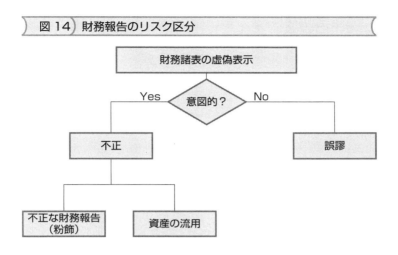

図14 財務報告のリスク区分

## 4 財務報告リスクへの対応

(1) 財務報告リスク区分

内部統制報告制度の主目的は財務報告の信頼性を担保することであるが、当該信頼性を阻害する財務諸表の虚偽表示リスクを要因別に整理すると、図14のように区分することができる。そして、不正と誤謬は財務諸表の虚偽表示の原因が意図的か否かで区分される

(2) 誤　謬

(a) 定　義

誤謬はその名のとおり、誤り、間違いのことであり、極めて広い概念であるため、ここでは「意図しない財務諸表の虚偽表示」と定義し、この後の説明を進めたい。

誤謬を発生させる主体は複数存在するが、もっとも影響が大きいのは人間の行為により生ずるいわゆるヒューマンエラーである。これに関する研究はもともと安全工学分野でなされてきたものであるが、昨今では広くリスクマネジメントの観点で議論されることも多くなってきている。

(b) ヒューマンエラーの分類

ヒューマンエラーには、様々な分類方法があるが、一例として、原因から

みた区分を掲げると**表5**のとおりである。

**表5　ヒューマンエラーの分類例**

| 分　類　例 |
|---|
| 能力の限界 |
| 判断の錯誤（取り違い，思い違い，考え違い等） |
| 記憶の失念（思い出せない，し忘れ等） |
| 能力不足，技量不足，知識不足 |
| 違反（手抜き，怠慢等） |

(c) **誤謬と内部統制**

　誤謬が主たる原因で財務報告の信頼性が阻害される代表的なものは決算・財務報告プロセスに係る内部統制であることが，次の開示例を見ると理解できる。

〔開示例　平成26年9月期　マルマン株式会社〕
「下記に記載した財務報告に係る内部統制の不備は，財務報告に重要な影響を及ぼすこととなり，開示すべき重要な不備に該当すると判断いたしました。したがって，当事業年度末日時点において，当社の財務報告に係る内部統制は有効でないと判断いたしました。

記

　当社は，以下の会計処理について誤りのあることが判明したため，平成24年9月期第1四半期から第3四半期における四半期報告書並びに平成24年9月期の有価証券報告書，平成25年9月期第1四半期から第3四半期における四半期報告書並びに平成25年9月期の有価証券報告書及び平成26年9月期第1四半期から第3四半期における四半期報告書について訂正報告書を提出いたしました。
　①繰越欠損金にかかる繰延税金資産の計上における会計処理の誤り
　②連結子会社への貸付金に対する未収利息の計上と貸倒引当金の計上に関する誤り
　③持分法適用関連会社による子会社の吸収合併に関する持分法仕訳の処理誤り
　上記の誤りが発生した原因は，それぞれ該当する会計基準等に関する理解不足及び当社の決算財務報告プロセスにおける該当項目の内部統制が不十分

であるなど，正確な財務数値を作成するための当社の経理体制に起因した不備であり，全社的な観点で評価する決算・財務報告プロセスに開示すべき重要な不備があると判断いたしました。

　なお，当事業年度の末日までにこれらの内部統制の不備が是正されなかった理由は，是正措置策定が当事業年度の末日以降となり，是正措置の有効性を当事業年度の末日において確認するに至らなかったためです。

　当社といたしましては，財務報告に係る内部統制の整備及び運用の重要性を強く認識しており，以下の方針に基づく再発防止策を講じ，財務報告に係る内部統制の開示すべき重要な不備を是正してまいります。

(1) 決算マニュアルの充実と相互チェック体制の確立

　決算資料の記載内容の充実及び決算作業マニュアルの充実化を通じて，異なる担当者が決算業務を行うことを可能とする体制を整備し，相互チェック体制を確立してまいります。

(2) 経理人員の増強

　経理部門の人員は当事業年度において1名増員しておりますが，経験の少ないスタッフに対し，今後，OJTに加えて，決算作業マニュアル等を用いた教育を実施し，担当者による業務をより機能的なものにしてまいります。また，経理部門の増強により，各人の日常業務への負担を軽減し，決算等における会計処理について，誤りがないか点検する業務への比重を高めてまいります。

(3) 連結対象会社の管理体制の充実と決算処理に関する情報の共有化

　連結対象会社，とりわけ海外の連結対象会社が作成した決算資料について，指導・修正するための体制を構築してまいります。当社から現地に当社担当者が訪問して確認・指導する機会を増やし，現地で作成した決算資料の正確性を確保するとともに，会計処理方法に関する情報の共有化を図ってまいります。併せて，通常経理業務の中に連結決算対象会社の月次決算資料を検証・確認する作業プロセスを組み込み，四半期・期末決算時の業務集中による会計処理ミスの発生しやすい状態を改善してまいります。

(4) 社内外の研修を通した経理・決算業務に関する基礎及び専門知識の習得

　経理実務担当者は，経理・決算業務に関する各種セミナーへの参加や社内の勉強会を通じ，積極的にスキルアップを図ってまいります。

(5) 外部専門家との連携と決算財務報告プロセスの再構築

　決算財務報告プロセスの整備が十分でなかったことから，現在，外部専門家の協力を得て，整備及び見直しに取り組んでおります。また，決算財務報告プロセスの再構築の他，外部専門家の指導により，会計知識に関するレベルアップを図ってまいります。」

ここでは，その原因について，上述したヒューマンエラーとの関連で検討してみたい．

　(ア)　能力の限界

　仕訳データを保存せず従業員の頭のなかに記憶させる，目の見えない人に点字ブロックもないPCを操作させて仕訳入力させる等，人間の能力を超えたタスクを従業員に強いることは，通常考えにくい。このため，財務報告作成プロセスの過程で生じる可能性は低いと考えられる。

　(イ)　判断の錯誤

　錯誤は取り違いや思い込みによるエラーであり，ベテランであるほど増える傾向がある。

　「ベテラン」は経験を積んでいるため，通常の操作はもちろん，異常事態にとるべき行動まで熟知している。その操作はパターン化していて，自分の知識を総動員して対処方法を考えたり，当該対処方法を選択したりするようなプロセスをたどらない。すなわち，無意識のうちに行動できるので時間がかからないのである。しかし，反対にいうと，情報を得た瞬間に処理してしまうため，注意もしておらず，思い込みでまったく違う操作をしてしまう危険が内在するということになる。これは，デンマークの認知学者ラスムッセンのSRKモデルの考え方で，ベテランの経理担当者等が陥りやすい傾向でもあるといえる。

　ベテランほど，本人が初心に帰って謙虚な姿勢を保持しながら職務遂行するという精神論はもっともかもしれないが，内部統制という観点からは，まず，ベテランだからこそ，このようなエラーを起こすリスクがあるということを組織として認識することが重要であろう。このため，ベテランが実施する作業といえども，ダブルチェック体制を構築する等，リスクに応じた一定の相互牽制機能は必要となるはずである。

　(ウ)　記憶の失念

　これは記憶に関連するヒューマンエラーで，作業主要部分の直前・直後や未来記憶の失念等，財務報告作成プロセスの様々な過程で発生する。

●作業主要部分の直前・直後の失念例
 ・原紙証憑の内容をきちんと確認しないまま仕訳起票してしまう
 ・棚卸ルールをきちんと現場へ周知させないまま,棚卸を実施してしまう
 ・子会社から提出された連結パッケージの内容を吟味しないまま連結精算表作成手続を行ってしまう
 ・経理データを保存しないままシステムをシャットダウンしてしまう
 ・棚卸原票の回収を忘れてしまう
●未来記憶の失念例
 ・財務報告に関連する親会社からの指示(特に前年度からの変更点)を忘れる
●対策例
 ・関係者への周知活動や文書化等による可視化

　㈱　能力不足・技量不足・知識不足

　決算・財務報告プロセスに関連するヒューマンエラーのなかで最も悩ましいのが,能力不足・技量不足・知識不足を原因とするものである。

　昨今の目まぐるしい会計基準変更へ対応するため,ベテランの経理担当者でも苦慮していることが多い。企業業績が芳しくなく,管理部門の人的リソースも制限されるなか,日常業務に忙殺され新しい知識の習熟のために時間をとる余裕のない人も少なからず存在している。

　しかしながら,「開示すべき重要な不備」事例をみると,「決算処理を適切に遂行するための能力および経験を有した人材の補充を行うことができない」といったことが理由とされるケースもある。決算・財務報告プロセスに係る業務は財務報告の信頼性に直結するため,当該業務を担う経理担当者等の責務は大きい。また,決算・財務報告プロセスに係る業務は,見積り要素が多いなど,専門性が高く,複雑なものが数多く存在する。

　したがって,財務報告の信頼性確保のためには,決算・財務報告プロセスの業務に関与する人員のスキル維持・向上は必要不可欠なものである。

　このためには,社内で経理知識を習熟させるような教育訓練プログラムを立案・実行することが考えられよう。また,人的リソース等の関係で社内対応が難しい場合には,監査法人等の外部機関が主催する定期研修会等へ積極

的に参加することも一案であろう。

(3) 不　　正

　(a) 定　　義

　広辞苑では，「不正」を「正しくないこと。正義でないこと。よこしまなこと。」と説明しており，非常に広範囲な概念であることがわかる。本項目では，財務諸表の虚偽表示リスクに関連するという観点から，日本公認会計士協会・監査基準委員会報告書240号「財務諸表監査における不正」で示されている次の定義をベースに説明を進めてみたい。

> 不当又は違法な利益を得るために他者を欺く行為を伴う，経営者，取締役等，監査役等，従業員又は第三者による意図的な行為をいう。また，不正には，不正な財務報告（いわゆる粉飾）と資産の流用がある。

　(b) 不正な財務報告（いわゆる粉飾）

　財務諸表の利用者を欺くために財務諸表に意図的な虚偽表示を行うことであり，計上すべき金額を計上しないことまたは必要な開示を行わないことを含んでいる概念である。具体例としては次のとおりである。

> ・財務諸表の基礎となる会計記録や証憑記録の改ざん，偽造または変造
> ・取引，会計事象または重要な情報の財務諸表における虚偽の記載や意図的な除外
> ・金額，分類，表示または開示に関する意図的な会計基準の不適切な適用

　また，内部統制を無効化させる一要因である経営者による不正例は次のとおりである。

> ・経営成績の改ざん等の目的のために架空の仕訳入力（特に期末日直前）を行う。
> ・会計上の見積りに使用される仮定や判断を不適切に変更する。
> ・会計期間に発生した取引や会計事象を認識しないこと，または認識を不適切に早めたり遅らせたりする。
> ・財務諸表に記載される金額に影響を与える可能性のある事実を隠蔽する，または開示しない。
> ・企業の財政状態または経営成績を偽るために仕組まれた複雑な取引を行うこ

# 第4章 ◆ 内部統制システムの整備・構築と実務対応
―― 財務報告に係る内部統制システム構築・運用と監査役監査・会計監査

と。
・重要かつ通例でない取引についての記録や契約条項を変造すること。

次に，不正な財務報告による重要な虚偽表示に関するリスク対応手続例として，監査基準委員会報告書240号では次のような例を示している。

《1．アサーション・レベルにおける検討事項》
　不正による重要な虚偽表示に関するリスク対応手続は，不正リスク要因の種類や組合せ，又は識別した状況，並びにこれらが影響する取引種類，勘定残高又は開示等及びアサーションによって異なる。
　リスク対応手続の例は，次のとおりである。
・　予告なしに事業所を往査するか，又は特定の監査手続を実施する。例えば，前もって監査人が参加することが伝えられていない事業所の実地棚卸立会を実施する，又は抜打ちで現金を実査する。
・　棚卸資産の実地棚卸完了日と期末日との間に残高の操作が行われないようにするため，期末日又は期末日近くに棚卸をするよう企業に依頼する。
・　主要な得意先及び仕入先に対して確認状を送付するとともに，直接連絡をとることにより多角的な情報を得る。
・　期末の修正仕訳を詳細に検討し，取引内容や金額について通例でないと思われるすべての仕訳を調査する。
・　重要性のある異常な取引，特に期末日又は期末日近くに発生する取引について，関連当事者との取引の可能性や資金移動の裏付けを調査する。
・　各種データを使用して分析的実証手続を実施する。例えば，売上高と売上原価について地域別，事業セグメント別又は月別に，監査人が算出した推定値と比較する。
・　不正による重要な虚偽表示リスクを識別した部門の担当者に対して，不正リスクに関する見解と対応について質問する。
・　他の監査人が子会社等の財務諸表を監査している場合には，関連当事者との取引等から生じる不正による重要な虚偽表示リスクに対応するため，実施すべき監査業務の範囲を当該他の監査人と討議する。
・　不正による虚偽表示が行われる可能性が高い財務諸表項目について，専門家が行った業務が特に重要である場合には，当該専門家による仮定，方法又は結果に関して追加手続を実施し，その結果が非合理的ではないことを確認する。確認できなかった場合は，他の専門家への依頼を検討する。
・　会計上の見積りや判断を伴う項目，例えば，引当金がその後どのように取

り崩されたかを評価するために，当年度の開始残高からの変動を分析する。
- 期中に実施された調整の検討を含め，企業が作成した勘定残高の調整表等の調整事項について調査する。
- CAATを用いて手続を実施する。例えば，データマイニングにより母集団から異常取引を抽出する。
- コンピュータ処理された記録や取引の信頼性を検証する。
- 外部証拠を追加して収集する。

《2．不正な財務報告による重要な虚偽表示に関するリスク対応手続》

不正な財務報告による重要な虚偽表示に関するリスク対応手続の例は，次のとおりである。

《(1) 収益認識》

- 各種データを利用して，収益に関する分析的実証手続を実施する。例えば，月別及び製品別又は事業セグメント別に，当年度の収益を前年度の収益と比較する。CAATは，通例でない又は予期せぬ収益間の関係や取引の識別に有用な場合がある。
- 会計処理は特定の条件又は契約により影響を受けるが，これらの事項，例えば，リベートに関する算定基礎や算定期間が十分に明記されていないことが多いため，契約条件及び付帯契約がないことを取引先に確認する。検収条件，引渡条件，支払条件，製品の返品権，保証された再販金額，解約条項又は払戻条項がある場合には，このような状況が当てはまる。
- 販売担当者，マーケティング担当者又は法務部門担当者に，期末日近くの売上と出荷，及びこれらの取引に関連する通例でない条件や状況について質問する。
- 期末日に複数の事業所を往査し，出荷準備が完了した若しくは返品処理待ちの商品を観察する，又は売上や棚卸資産のカットオフ手続を実施する。
- 収益に関する取引がコンピュータ処理されている場合には，計上された収益に関する取引の発生と記録に関する内部統制の有効性を検討する。

《(2) 棚卸数量》

- 実地棚卸手続において特に留意すべき事業所や品目を識別するため，在庫記録を査閲する。
- 特定の事業所の実地棚卸に予告なしに立ち会う，又は各事業所で一斉に現物のカウントを実施する。
- 実地棚卸完了日と期末日との間に残高の操作が行われないようにするため，期末日又は期末日近くに棚卸を実施するよう企業に依頼する。
- 実地棚卸立会中に追加手続を実施する。例えば，箱詰された品目の内容，

商品の積み方又はラベルの添付方法，及び香料や特殊な化学物質のような液体物質の品質（純度，等級，濃度等）について，より厳密に調査する。専門家の業務を利用することは，このような場合に有用である場合がある。
- 棚卸資産の種類や区分，所在場所又は他の分類基準ごとに当年度の数量を前年度の数量と，又は実際在高を継続記録と比較する。
- 実地棚卸の結果を検証するために，CAATを利用する（例えば，タグ・コントロールを検証するために棚札番号順に並べる，又は，品目の脱落や重複の可能性を検証するために項目番号順に並べる）。

《(3) 経営者の見積り》
- 経営者から独立した専門家に依頼し，経営者の見積りと比較する。
- 見積りの前提となる事業計画を遂行する経営者の能力と意図を裏付けるため，経営者や経理部門以外の者にまで質問対象を広げる。

《3．資産の流用による重要な虚偽表示に関するリスク対応手続》
　資産の流用による重要な虚偽表示に関するリスク対応手続は，通常，特定の勘定残高や取引に対して行われる。状況によって，上記の1又は2に記載した対応を適用することも可能であるが，その範囲は，資産の流用に関係する不正による重要な虚偽表示のリスクに関して得た情報を考慮し決定する必要がある。
　資産の流用による重要な虚偽表示に関するリスク対応手続の例は，次のとおりである。
- 期末日又は期末日近くにおいて現金や有価証券を実査する。
- 得意先に直接，監査対象期間の取引活動（マイナスの請求書の発行金額，売上返品及び支払日）について確認する。
- 償却済み債権の回収分析を行う。
- 保管場所別又は製品種類別に，棚卸資産の減耗について分析を行う。
- 主要な棚卸資産比率について業界平均と比較する。
- 棚卸資産の差異に関する分析資料を検討する。
- 仕入先リストと従業員リストをCAATにより照合し，住所や電話番号が一致していないかどうかを確かめる。
- 給与支払記録をCAATにより調査し，住所，従業員番号又は銀行口座の重複がないかどうかを確かめる。
- 業績評価がないなど実在性の疑われる従業員がいないかどうかについて人事記録を調査する。
- 異常な売上値引や返品について分析する。
- 第三者との特殊な契約条件を確認する。

- 契約が約定どおり履行されていることを確かめる。
- 多額で通例でない費用について妥当性を検討する。
- 経営者とその関係者への貸付に関する承認や帳簿残高を検討する。
- 経営者から提出された経費報告書の妥当性を検討する。

### (c) 資産の流用

資産の流用事例としては次のようなものがある。

- 受取金の着服（例えば，売掛金の回収金を流用すること，又は償却済債権の回収金を個人の銀行口座へ入金させること）
- 物的資産の窃盗又は知的財産の窃用（例えば，棚卸資産を私用又は販売用に盗むこと，スクラップを再販売用に盗むこと，競合企業と共謀して報酬と引換えに技術的情報を漏らすこと）
- 企業が提供を受けていない財貨・サービスに対する支払（例えば，架空の売主に対する支払，水増しされた価格と引換えに売主から企業の購買担当者に対して支払われるキックバック，架空の従業員に対する給与支払）
- 企業の資産の私的な利用（例えば，企業の資産を個人又はその関係者の借入金の担保に供すること）

資産の流用による重要な虚偽表示に関するリスク対応手続は，通常，特定の勘定残高や取引に対して行われるが，そのリスク対応手続として，監査基準委員会報告書240号では次のような例を示している。

《3．資産の流用による重要な虚偽表示に関するリスク対応手続》
　資産の流用による重要な虚偽表示に関するリスク対応手続は，通常，特定の勘定残高や取引に対して行われる。状況によって，上記の1又は2に記載した対応を適用することも可能であるが，その範囲は，資産の流用に関係する不正による重要な虚偽表示リスクに関して得た情報を考慮し決定する必要がある。
　資産の流用による重要な虚偽表示に関するリスク対応手続の例は，次のとおりである。
- 期末日又は期末日近くにおいて現金や有価証券を実査する。
- 得意先に直接，監査対象期間の取引活動（マイナスの請求書の発行金額，売上返品及び支払日）について確認する。
- 償却済み債権の回収分析を行う。

- 保管場所別又は製品種類別に，棚卸資産の減耗について分析を行う。
- 主要な棚卸資産比率について業界平均と比較する。
- 棚卸資産の差異に関する分析資料を検討する。
- 仕入先リストと従業員リストをCAATにより照合し，住所や電話番号が一致していないかどうかを確かめる。
- 給与支払記録をCAATにより調査し，住所，従業員番号又は銀行口座の重複がないかどうかを確かめる。

(d) **「不正」と「開示すべき重要な不備」**

昨今の「開示すべき重要な不備」開示事例の多くが「不正」関連である。

平成26年3月決算期を例にしてみると，重要な不備の内容は，不正に関連したものが4件，会計処理誤り等が4件となっており，原因の半数が不正関連となっている。

(e) **不正が発覚した場合の監査人の対応**

近年，不正や誤謬といった不適切な会計処理の発覚が増加していることから，これに対する監査人の対応につき，日本公認会計士協会は，平成24年3月に「不適切な会計処理が発覚した場合の監査人の留意事項について」を「研究報告」という形で公表している。

本研究報告では，**表6**について言及されているが，何よりも通常の監査業務のなかで不適切な会計処理の兆候を早い段階で把握するとともに適時適切な対応をとることが重要であるとされている。そのためには，強固な監査体制の確立および虚偽表示リスクの的確な評価など，深度ある監査を実施することが求められる。この他，企業会計審議会から平成25年3月に「監査における不正リスク対応基準」が公表され，同基準は，平成26年3月決算に係る財務諸表監査から適用となっている。これは，財務諸表監査における重要な虚偽表示リスク（不正リスク）に対応する監査手続等を規定したものである。

次に，不適切な会計処理の発覚により有価証券報告書の訂正報告書が提出されるケースがあるが，これをもって直ちに連動して財務報告に係る内部統制に開示すべき重要な不備がないと記載した内部統制報告書について訂正報告書を提出しなければならないということにはならない。ただし，次のよう

### 表6 不適切な会計処理が発覚した場合の監査人の対応

| | |
|---|---|
| 内部調査委員会・第三者委員会への監査人の対応 | ・内部調査委員会・第三者委員会の役割の理解<br>・第三者委員会のヒヤリング対応と調査報告書の検討 |
| 証券取引所への監査人の対応 | ・上場廃止基準・監理銘柄（審査中）等の理解<br>・被監査会社に対する証券取引所への事前相談の提言<br>・被監査会社の開示情報の検討<br>・証券取引所からの虚偽表示審査 |
| 会社法上の対応 | 会計監査人は，取締役の職務の執行に関し不正の行為または法令もしくは定款に違反する重大な事実があることを発見したときは，会社法397条に基づき監査役への報告が義務づけられている。 |
| 金融商品取引法上の対応 | ・金融商品取引法193条の3（法令違反等事実発見への対応）の理解<br>・監査契約解除の検討 |
| 開示書類の訂正，過年度遡及会計基準の適用と監査対応 | ・金融商品取引法における訂正報告書と過年度遡及会計基準との関係の理解<br>・会社法計算書類と過年度遡及会計基準との関係の理解<br>・会社が訂正報告書を提出しないと判断した場合<br>・訂正後の財務諸表に対する監査計画策定等における留意事項<br>・訂正内部統制報告書と監査報告書の関係の理解<br>・監査人交代後に過去の不適切な会計処理が発覚した場合の訂正後の財務諸表の監査対応<br>・訂正後の財務諸表の監査報告書における追記情報との関係 |

な場合には，当該内部統制報告書についての訂正報告書が提出されることもある。

① 内部統制の評価範囲内からの財務報告に重要な影響を及ぼすような内部統制の不備から生じたものであると判断される場合

② 内部統制の評価範囲自体が，結果として適切に決定されていなかった

場合

　一方，適切に決定された評価範囲の外から開示すべき重要な不備に相当する事実が発見された場合には，内部統制報告書に記載した評価結果を訂正する必要はない。

　なお，訂正内部統制監査報告書は監査人による内部統制監査の対象外となる（内部統制府令ガイドライン1－1）。このため，訂正有価証券報告書が提出される場合には，監査人は財務諸表に係る監査報告書の再提出の要否を検討することで足りる。

◆鈴木　裕司◆

## 事項索引

### あ

IT 業務処理統制 ･････････････････････････ 318
IT 全般統制 ･････････････････････ 300, 302, 318
IT の活用 ･･･････････････････････････････ 204
アサーション ･･･････････････ 332, 333, 337, 340
委員会等設置会社 ･･････････････････････････ 54
意見不表明 ･･･････････････････ 167, 311, 313, 327
ISO27000 ･･･････････････････････････････ 195
一般に公正妥当と認められる財務報告に係る内
　部統制の監査に関する基準 ･････････････ 156
一般に公正妥当と認められる財務報告に係る内
　部統制の評価の基準 ･･･････････････････ 152
XBRL ･･････････････････････････････････ 282
EDINET ････････････････････････････････ 282
MC グループ企業向けサポートメニューブック
　（三菱商事）･･････････････････ 270, 273, 275
MC グループ経営理念及び MC グループ企業運
　営に係る基本ポリシー（三菱商事）
　････････････････････････ 260, 263-266, 269
MC グループとして最低限満たすべき経営体制
　水準（三菱商事）･･････････ 261, 262, 265, 269
MC グループプラス通信（三菱商事）･･･ 273, 275
MC グループポータル（三菱商事）･･･ 266, 268,
　　　　　　　　　　　　　　　　　　269, 275
エンロン事件 ･････････････････････････････ 77
親会社取締役 ･････････････････････････････ 81
――の子会社管理責任 ･･･････････ 135, 214, 217
親会社における子会社管理の組織 ･･･････････ 216

### か

海外不正支払防止法（FCPA）･････････････････ 6
会計監査 ･･･････････････････････････････ 255
会計監査人 ･･･････････････････････････ 60, 71
会計監査人設置会社 ･･･････････････････････ 61
外国会社の財務報告に係る内部統制 ････････ 173
外国公務員贈賄防止条約 ･･････････････････ 8, 23
開示すべき重要な不備 ････････ 153, 162-164, 169,
　　　　　　　　　　311, 313, 327, 328, 340, 344,
　　　　　　　　　　345, 348, 349, 351, 357, 363
開示・統制手続 ････････････････････････････ 11
会社が直面するリスク ････････････････････ 196
会社法の一部を改正する法律 ････････････････ 136
改訂版 COSO ･････････････････････････････ 12
改訂版 COSO フレームワーク ･･･････････････ 31
確認書 ･････････････････････････････････ 176
ガバナンス・報酬委員会 ･･････････････････ 254
株式会社とその子会社から成る企業集団の業務
　の適正を確保するための体制 ･･････････ 137
株式会社の業務の適正 ･････････････････････ 50
株式会社の利益を害さないように留意した事項
　････････････････････････････････････ 221
株主の権利行使に関する利益供与 ････････････ 79
監査委員会 ･･････････････････････ 60, 225, 226
――の監査 ･･･････････････････････････ 66, 75
監査委員会監査基準 ･･･････････････････････ 77
監査委員会職務補助取締役等 ････････････ 75, 77
監査委員会の監査が実効的に行われることを確
　保するための体制 ････････････････････ 234
監査委員会の職務の執行について生ずる費用の
　前払または償還の手続その他の当該職務の
　執行について生ずる費用または債務の処理
　に係る方針に関する事項 ･･････････････ 233
監査委員会の職務の執行のため必要な体制
　･････････････････････････････････････ 77
監査委員会のその職務を補助すべき（取締役お
　よび）使用人に対する指示の実効性の確保
　に関する事項 ････････････････････････ 228
監査委員会への報告に係る体制 ････････････ 230
監査基準2号（公開会社会計監視委員会）････ 13
監査等委員 ･･･････････････････････････････ 71
監査等委員会 ･････････････ 71, 72, 74, 225, 226
――の監査 ･･･････････････････････････ 66, 73
監査等委員会職務補助取締役等 ･････････････ 72

監査等委員会設置会社‥‥53, 57, 60, 71, 225-227
監査等委員会の監査が実効的に行われることを確保するための体制‥‥234
監査等委員会の職務執行のため必要な事項‥‥72
監査等委員会の職務の執行について生ずる費用の前払または償還の手続その他の当該職務の執行について生ずる費用または債務の処理に係る方針に関する事項‥‥233
監査等委員会のその職務を補助すべき（取締役および）使用人に対する指示の実効性の確保に関する事項‥‥228
監査等委員会への報告に係る体制‥‥230
監査役‥‥225
── のリスク管理体制に対する監視義務‥‥100
監査役会設置会社‥‥67
監査役監査‥‥63, 66, 67, 255
── の内部監査化‥‥230
監査役職務補助使用人‥‥70
監査役職務補助使用人の取締役からの独立性に関する事項‥‥228
監査役設置会社‥‥67, 225
監査役の職務の執行について生ずる費用の前払または償還の手続その他の当該職務の執行について生ずる費用または債務の処理に係る方針に関する事項‥‥233
監査役のその職務を補助すべき使用人に対する指示の実効性の確保に関する事項‥‥228
監査役への報告に係る体制‥‥230
監査役補助使用人‥‥67
監視義務‥‥55, 59
関連当事者取引‥‥69, 221
機関構成の設計‥‥200
危機管理規程‥‥281
危機管理体制‥‥210
企業会計審議会‥‥306, 310, 363
企業集団‥‥68
── における体制‥‥212
企業集団内部統制‥‥69
── システム‥‥80
企業集団における業務の適正を確保するための体制‥‥5, 67
企業不祥事‥‥210
企業理念規程‥‥208
キーコントロール‥‥303, 317, 335-337, 340
基本方針（要綱・大綱）‥‥184, 185
機密情報‥‥193
業務記述書（宝印刷）‥‥302
業務処理マニュアル‥‥203
業務の適正を確保するための体制‥‥25, 34, 389
業務の有効性および効率性‥‥299
業務プロセス‥‥300, 303
── の見直し・改善‥‥202
緊急危機対応委員会‥‥198
グループ運営規程‥‥217
グループ監査体制‥‥219
グループ企業行動規範‥‥218
グループコンプライアンス体制‥‥217
グループ内部通報制度‥‥218
グループ内部統制システム‥‥137
経営会議‥‥201
経営基盤チェックリスト（三菱商事）‥‥260, 261, 263, 265, 266, 268, 269
経営判断原則‥‥118
経済協力開発機構（OECD）‥‥8
継続的な内部統制システムの整備‥‥186
決算・財務報告プロセス‥‥300, 302, 315, 334, 354, 357
権限規程‥‥201
限定付適正意見‥‥165, 166
公益通報者保護制度‥‥233
公益通報者保護制度ウェブサイト‥‥211
公益通報者保護法‥‥210, 233
公益通報者保護法に関する民間事業者向けガイドライン‥‥210
公開会社会計監視委員会（PCAOB）‥‥13, 162
構築すべき内部統制システムの水準‥‥119
行動規範（宝印刷）‥‥294
効率的な組織編制‥‥199
子会社管理‥‥80
子会社取締役‥‥222, 224
国際諮問委員会‥‥254
COSO‥‥48

事項索引　369

COSO 報告書·················29, 50, 184, 185
COSO モデル·····························49
個別注記表······························69
コーポレート・ガバナンス················253
コーポレートガバナンス・コード······28, 187
コーポレートガバナンス・コード原案
　···························187, 221, 232, 233
コーポレートガバナンス・コードの策定に関する有識者会議····························187
コーポレート・ガバナンス報告書·········178
固有の限界·····························151
コンプライアンス························205
コンプライアンス委員会·············206, 244
コンプライアンス規程····················208
コンプライアンス研修····················241
コンプライアンス組織・運営規程·········208
コンプライアンス体制··196, 205, 206, 208, 217
コンプライアンス・プログラム·········19, 22

## さ

最終完全親会社等························79
最小規模上場会社························14
財務諸表監査と内部統制監査の一体監査····170
財務報告に係る内部統制······10, 26, 27, 51, 149
財務報告に係る内部統制—中小規模上場会社のためのガイダンス····················15, 30
財務報告に係る内部統制の評価及び監査に関する基準································157
財務報告に係る内部統制の評価及び監査の基準並びに財務報告に係る内部統制の評価及び監査に関する実施基準の設定について
　··········································148
財務報告の信頼性························299
　——確保······························51
財務報告の適正確保·······················52
差止請求·································6
三綱領（三菱商事）·················253, 263
34 年連邦証券取引法 13 条(b)(2)·············7
34 年連邦証券取引法 Rule10A-3···········15
サンプリング···························318
三様監査·······························235
CSR 経営（宝印刷）····················282

事業活動に関わる法令等の遵守···········299
事業報告·····················66, 81, 186, 221
資産の保全·····························299
執行役員制度···························200
司法省（DOJ）··························16
指名委員会等設置会社····53, 57, 59, 74, 225-227
社外取締役····················69, 71, 200, 227
ジャージー高木乳業事件··················93
重大な不備······························33
10 の切り口（連結経営基盤整備，三菱商事）
　····································260, 264
重要な虚偽表示リスク·······331, 332, 348, 363
出向形態での取締役派遣··················222
出訴期限の延期合意·······················20
小規模公開会社諮問委員会·················13
小規模上場会社··························14
常勤監査·······························229
常勤者·································227
上場契約違約金·························181
上場子会社·····························223
使用人の職務の執行が法令および定款に適合することを確保するための体制·············205
情報セキュリティ規程···················193
情報セキュリティマネジメントシステム（ISMS）
　·········································194
情報と伝達·······························43
情報取扱規程······················193, 194
常務会·································201
職務分掌···························65, 199
職務分掌規程···························201
処罰減免制度···························210
JOBS 法·································16
新潮社貴乃花事件······················112
新潮社フォーカス事件····················95
信頼の原則····························119
信頼の権利·······················35, 36, 55
誓約書の提出···························208
全社的な内部統制·······················160
　——の評価······················307, 315
全社的リスク・マネジメントのフレームワーク
　··········································30
全社統制（環境）··················160, 302

組織監査‥‥‥‥‥‥‥‥‥‥‥‥‥‥ 226
組織規程‥‥‥‥‥‥‥‥‥‥‥‥‥‥ 201
訴追延期合意‥‥‥‥‥‥‥‥‥‥ 18, 20
訴追免除合意‥‥‥‥‥‥‥‥‥‥ 19, 21
SOX 法‥‥‥‥‥‥‥‥‥‥‥‥ 3, 9, 30
　　――302 条「財務報告に対する会社責任」
　　‥‥‥‥‥‥‥‥‥‥‥‥‥‥‥‥ 11
　　――404 条「経営者による内部統制評価」
　　‥‥‥‥‥‥‥‥‥‥‥‥‥‥‥‥ 10
その他監査役の監査が実効的に行われることを
　　確保するための体制‥‥‥‥‥‥ 234
損失の危険の管理に関する規程その他の体制
　　‥‥‥‥‥‥‥‥‥‥‥‥‥‥‥ 195

## た

大会社‥‥‥‥‥‥‥‥‥‥‥‥ 53, 56
大起産業事件‥‥‥‥‥‥‥‥‥‥‥ 97
第三者委員会‥‥‥‥‥‥‥‥ 212, 248
ダイレクト・レポーティング‥‥‥ 157
大和銀行事件‥‥‥‥‥‥‥ 54, 65, 85
宝印刷‥‥‥‥‥‥‥‥‥‥‥‥‥ 279
多重代表訴訟制度‥‥‥‥‥ 49, 68, 80
ダスキン事件‥‥‥‥‥‥‥‥‥‥ 103
妥当性監査権限‥‥‥‥‥‥‥‥‥ 226
チーフ・コンプライアンス・オフィサー‥‥ 206
追記情報‥‥‥‥‥‥‥‥‥‥ 167, 168
ディスクロージャーポリシー（宝印刷）‥‥ 296
適時開示体制の概要‥‥‥‥‥‥‥ 177
適法性監査権限‥‥‥‥‥‥‥‥‥ 226
当該株式会社およびその親会社から成る企業集
　　団における体制‥‥‥‥‥‥‥‥ 220
当該株式会社およびその子会社から成る企業集
　　団における体制‥‥‥‥‥‥‥‥ 213
当該株式会社並びにその親会社及びその子会社
　　から成る企業集団における業務の適正を確
　　保するための体制‥‥‥‥‥‥‥ 212
統制活動‥‥‥‥‥‥‥‥‥‥‥‥‥ 42
統制環境‥‥‥‥‥‥‥‥‥‥‥‥‥ 36
統制上の要点‥‥‥‥‥‥‥‥ 335, 340
特設注意市場銘柄‥‥‥‥‥‥‥‥ 155
特設注意市場銘柄制度‥‥‥‥‥‥ 179
特定責任‥‥‥‥‥‥‥‥‥‥‥‥‥ 79

独任制‥‥‥‥‥‥‥‥‥‥‥‥‥ 226
独立取締役‥‥‥‥‥‥‥‥‥‥‥‥ 77
独立の企業コンプライアンス監視人‥‥ 19
独立役員‥‥‥‥‥‥‥‥‥‥‥‥ 286
トータルリスクマネジメント‥‥‥ 197
特記事項‥‥‥‥‥‥‥‥‥‥‥‥ 156
Dodd-Frank 法‥‥‥‥‥‥‥‥‥‥ 22
取締役
　　――の監視義務‥‥‥‥‥‥‥‥ 63
　　――の善管注意義務‥‥‥‥‥‥ 54
　　――の第三者に対する責任‥‥‥ 64
取締役会‥‥‥‥‥‥‥‥‥‥‥‥ 254
取締役会規則‥‥‥‥‥‥‥‥‥‥ 201
取締役会設置会社‥‥‥‥‥‥‥‥‥ 71
取締役会付議基準‥‥‥‥‥‥‥‥ 201
取締役（執行役）の職務の執行が効率的に行わ
　　れることを確保するための体制‥‥ 199
取締役（執行役）の職務の執行が法令及び定款
　　に適合することを確保するための体制
　　‥‥‥‥‥‥‥‥‥‥‥‥‥‥‥ 205
取締役（執行役）の職務の執行に係る情報の保
　　存および管理に関する体制‥‥‥ 190
トリプル・ボトムライン（宝印刷）‥‥ 280

## な

内部会計統制‥‥‥‥‥‥‥‥‥‥‥ 7
内部会計統制条項‥‥‥‥‥‥‥‥‥ 16
内部監査‥‥‥‥‥‥‥‥‥ 219, 228, 255
　　――部門‥‥‥‥‥‥‥‥‥‥‥ 234
内部告発者‥‥‥‥‥‥‥‥‥‥‥ 210
内部告発者報奨金プログラム制度‥‥ 22
内部通報者規程‥‥‥‥‥‥‥‥‥ 281
内部通報制度‥‥‥‥‥ 209, 210, 218, 232, 245
内部通報窓口‥‥‥‥‥‥‥‥‥‥ 245
内部統制‥‥‥‥ 184, 255, 260, 261, 276, 283, 298
　　――に係る 4 つの目的‥‥‥‥‥ 299
　　――の定義‥‥‥‥‥‥‥‥‥‥ 32
　　――の評価範囲の決定‥‥‥ 307, 314
内部統制監査‥‥‥‥‥ 344, 348, 349, 351, 352
内部統制規定に違反した者の責任‥‥ 175
内部統制システム‥‥‥‥‥‥‥‥‥ 83
　　――構築義務‥‥‥‥‥‥‥‥‥ 84

事項索引　371

——に対する監査役監査·················225
——の基準時·····························118
——の18項目·····························187
内部統制上の不備····················162, 163
内部統制報告書············149, 307, 320, 321,
　　　　　　　　　　　　328, 329, 341, 363
内部統制報告制度·························148
西松建設事件·····························117
二重責任の原則··························158
日経インサイダー事件····················115
日本システム技術事件············65, 84, 120
任意の委員会·····························200
任務懈怠責任·····························59
野村證券事件······················135, 138

### は

反社会的勢力······························79
PDCA（Plan-Do-Check-Action）······78, 283
——サイクル·····························186
BPR·······································203
付記事項··································155
不起訴とする処分······················20, 21
福岡魚市場事件······················137, 141
付随的救済·································6
不適正意見···························165, 166
フローチャート（宝印刷）·················302
文書管理規程························192, 193
米国証券取引委員会（SEC）··············6, 29
ヘルプライン·····························245
暴力団排除条例···························249
補助使用人································227
——に係る体制··························227

### ま

丸荘証券事件······························90
三菱商事·································252

無限定適正意見······················165, 166
6つの基本的要素（宝印刷）·············300
免責の抗弁································59
持株会社の解禁···························135
モニタリング活動·························45

### や

ヤクルト事件······························106
やむを得ない事情·························322
有罪答弁合意······························18
雪印牛肉偽装事件·························140
ユーシン事件······················138, 145
よろず相談窓口（三菱商事）·············276

### ら

利益相反取引·····························221
利益相反問題·····························222
リスク····································195
——管理·································196
——評価·································39
リスク管理規程···························198
リスク管理基本方針·······················198
リスク管理体制············54, 55, 65, 86, 195
リスクコントロールマトリクス（宝印刷）
　　　　　　　　　　　　　　　　　·····302
りそなホールディングス事件··············139
リーニエンシープログラム···············210
倫理・コンプライアンス規程··············281
連結経営基盤整備（三菱商事）····257, 259-261,
　　　　　　　　　　263, 264, 266, 268, 269, 273, 274
連邦量刑ガイドライン··················19, 21
ロールフォワード手続···················318

### わ

賄賂禁止条項······························16

# 判例索引

## 最高裁判所

最判平 12・7・7 民集 54 巻 6 号 1767 頁・判タ 1046 号 92 頁・判時 1729 号 28 頁 ............... 205
最判平 17・11・10 民集 59 巻 9 号 2428 頁・判タ 1203 号 74 頁・判時 1925 号 84 頁 ............... 95
最決平 20・2・12 公刊物未登載 ................................................................ 103
最判平 21・7・9 判タ 1307 号 117 頁・判時 2055 号 147 頁・金判 1330 号 55 頁・金法 1887 号 111 頁・
　　集民 231 号 241 頁 ................................................................ 54, 65, 84, 185
最決平 21・11・9 刑集 63 巻 9 号 1117 頁・判タ 1317 号 142 頁・判時 2069 号 156 頁・金法 1986 号
　　71 頁 ............................................................................... 132
最判平 22・7・15 判タ 1332 号 50 頁・判時 2091 号 90 頁・金判 1353 号 26 頁・金法 1916 号 89 頁・
　　集民 243 号 225 頁 ................................................................... 132
最決平 22・12・3 資料版商事法務 323 号 11 頁 .................................................. 106
最判平 26・1・30 判タ 1398 号 87 頁・判時 2213 号 123 頁・集民 246 号 69 頁 .................. 137

## 高等裁判所

大阪高判平 14・11・21 民集 59 巻 9 号 2488 頁 ........................................... 95, 114
東京高判平 17・1・18 金判 1209 号 10 頁 ..................................................... 140
名古屋高金沢支判平 17・5・18 判時 1898 号 130 頁・労判 905 号 52 頁 ............... 63, 93, 242
大阪高判平 18・6・9 判タ 1214 号 115 頁・判時 1979 号 115 頁・資料版商事法務 268 号 74 頁
　　.................................................................... 41, 103, 210, 242
東京高判平 20・5・21 判タ 1281 号 274 頁・金判 1293 号 12 頁 ......................... 54, 106
東京高判平 20・6・19 金判 1321 号 42 頁 .................................................... 123
東京高判平 23・7・28 公刊物未登載 ........................................................ 112
福岡高判平 24・4・13 金判 1399 号 24 頁・資料版商事法務 360 号 44 頁 ............... 137, 214
名古屋高判平 25・3・15 判時 2189 号 129 頁・金法 1974 号 91 頁 ............................. 97

## 地方裁判所

東京地判平 8・6・20 判時 1572 号 27 頁・金判 1000 号 39 頁・資料版商事法務 148 号 64 頁 .... 198
東京地判平 12・2・3 判タ 1044 号 185 頁・判時 1713 号 128 頁・資料版商事法務 191 号 167 頁
　　................................................................................. 140
大阪地判平 12・9・20 判タ 1047 号 86 頁・判時 1721 号 3 頁・金判 1101 号 3 頁
　　................................................................. 54, 63, 65, 85, 184
東京地判平 13・1・25 判時 1760 号 144 頁・金判 1141 号 57 頁・資料版商事法務 203 号 194 頁
　　........................................................................... 136, 214
大阪地判平 14・2・19 判タ 1109 号 170 頁 ........................................... 63, 95, 114
神戸地裁平 14・4・5 所見・商事 1626 号 52 頁 ............................................... 63
東京地判平 15・2・27 判時 1832 号 155 頁 ................................................... 90

大阪地判平 15・9・24 判タ 1144 号 252 頁・判時 1848 号 134 頁・金判 1177 号 31 頁 ············ 139
東京地判平 16・7・28 判タ 1228 号 269 頁・金判 1239 号 44 頁・資料版商事法務 245 号 118 頁
  ································································································································ 140
東京地判平 16・9・28 判時 1886 号 111 頁 ························································· 130
東京地判平 16・12・16 判タ 1174 号 150 頁・判時 1833 号 3 頁・金判 1216 号 19 頁 ······ 54, 63, 106
大阪地判平 16・12・22 判タ 1172 号 271 頁・判時 1892 号 108 頁・金判 1214 号 26 頁 ····· 54, 63, 103
東京地判平 19・11・26 判時 1998 号 141 頁・金判 1321 号 43 頁 ···························· 123
東京地判平 21・2・4 判タ 1299 号 261 頁・判時 2033 号 3 頁 ································ 112
東京地判平 21・10・22 判タ 1318 号 199 頁・判時 2064 号 139 頁 ·························· 115
福岡地判平 23・1・26 資料版商事法務 327 号 51 頁 ················································ 137
東京地判平 23・11・24 判タ 1402 号 132 頁・判時 2153 号 109 頁 ··················· 138, 214
名古屋地判平 24・4・11 判時 2154 号 124 頁・金法 1974 号 111 頁 ·························· 97
広島地判平 24・10・25 公刊物未登載（第一法規判例 ID28182408）···························· 135
大阪地判平 25・12・26 判時 2220 号 109 頁・金判 1435 号 42 頁 ····························· 99
東京地判平 26・9・25 資料版商事法務 369 号 72 頁 ················································ 117

## 内部統制システムの法的展開と実務対応

2015年7月15日　初版第1刷印刷
2015年8月10日　初版第1刷発行

Ⓒ編著者　大塚　和成
　　　　　柿﨑　　環
　　　　　中村　信男

発行者　逸見　慎一

発行所　東京都文京区本郷6丁目4の7　株式会社　青林書院
振替口座　00110-9-16920／電話03(3815)5897〜8／郵便番号113-0033

印刷・三松堂印刷㈱／落丁・乱丁本はお取り替え致します。

Printed in Japan　　ISBN978-4-417-01657-1

〈JCOPY〉〈(社)出版者著作権管理機構　委託出版物〉
本書の無断複写は著作権法上での例外を除き禁じられています。複写される場合は，そのつど事前に，(社)出版者著作権管理機構（電話03-3513-6969，FAX03-3513-6979，e-mail：info@jcopy.or.jp）の許諾を得てください。